KB245756

한국재벌과 지주회사체제: LG와 SK

한국재벌과 지주회사체제: LG와 SK

김동운 지음

이담 Books

지은이의 말

지주회사(持株會社, holding company)가 새로운 지배구조로 각광받고 있다.

지주회사는 다른 회사의 주식 보유가 주된 목적인 회사로서 자회사, 손자회사 및 증손회사를 단계적으로 거느리면서 상하 · 주종관계의 지배체제를 형성한다. 1999년 2월 설립 · 전환이 허용된 이후 지주회사에 대한 관심이 해를 거듭할수록 고조되어 오고 있으며, 2007년 이후 보다 큰 흐름을 형성하고 있다. 특히 한국경제에서 절대적인 비중을 차지하고 있는 재벌들의 참여가 매우 적극적이다.

얼마나 많은 기업 · 재벌들이 지주회사체제를 채택하고 있는가? 왜, 어떤 방식으로 채택하고 있는가? 채택한 이후 어떤 변화가 일어나고 있는가? 그 변화는 긍정적인가 부정적인가? 지주회사체제가 바람직한 대안적 지배구조로서 제대로 자리매김하고 있는가? 지금의 지주회사 설립 · 전환 열기가 앞으로도 계속될 것인가?

이 책은 이러한 궁금증들에 대한 답을 찾기 위해 그리고 실마리를 얻기 위해 집필되었다. 특히 지주회사체제를 채택하고 있는 대표적인 두 재벌인 LG그룹과 SK그룹의 경험을 심층 분석함으로써 시사점을 도출하려고 노력하였다.

모두 다섯 개의 장으로 구성되어 있다: 제1장 (공정거래법상 지주회사의 설립 동향); 제2장 (한국재벌과 지주회사체제); 제3장 (LG그룹의 지주회사체제); 제4장 (SK그룹의 지주회사체제); 제5장 (종합 및 전망). 부록에는 지주회사 관련 기초 자료를 일목요연하게 정리하였다.

*****

2011년은 지주회사의 설립·전환이 허용된(1999년 2월) 지 12년째가 되는 해이다. 또 SK엔론이 공정거래법상 지주회사 제1호로 탄생하면서(2000년 1월) SK그룹이 한국재벌 최초로 지주회사체제를 도입한 지 11년째가 되는 해이기도 하다.

지주회사는 1987년 재벌의 경제력집중 억제를 위한 대규모기업집단지정제도가 도입되면서 설립·전환이 금지되었는데, 1997년 IMF외환위기 이후의 재벌 구조조정과정에서 1999년 2월 설립·전환이 다시 허용되었다. 기존의 순환적·중층적 소유구조 대신 하향·단선적 소유구조를 도입함으로써 민주적인 지배구조를 정착시킨다는 취지에서였다.

2000년 1월 SK엔론(이후 SK E&S)이 처음으로 공정거래법상 지주회사로 지정되었으며, 이후 매년 다수의 지주회사가 생겨나고 특히 2000년대 후반에 그 수가 급증하여 2010년 9월 현재까지 모두 127개가 신설되었다. 이들 중 법률상의 요건을 충족하면서 2010년 9월 현재에도 공정거래법상 지주회사로 존속하고 있는 회사는 96개(84개 일반지주회사, 12개 금융지주회사)이다.

한국기업들이 새로운 지배구조로서의 지주회사 실험 대열에 대거 동참해 오고 있으며, 특히 대규모사기업집단들 즉 재벌들의 참여가 매우 적극적이다. 2010년 9월 현재의 84개 일반지주회사 중 22개(26%)는 17개 대규모사기업집단의 계열회사들이며, 이 17개 집단은 2010년 공정거래위원회 지정 43개 집단의 2/5(40%)를 차지하고 있다. 2001년 이후로는 공정거래법상 일반지주회사를 계열회사로 둔 대규모사기업집단은 25개이다.

지주회사가 새로운 지배구조로 성공적으로 자리 잡고 있는지에 대한 종합적인 평가가 절실한 상황이다. 지주회사와 관련된 적지 않은 연구 성과가 나오고는 있지만 '한국재벌과 지주회사체제'를 본격적으로 분석, 정리 및 평가하는 학계의 노력은 아직 미미한 실정이다. 이 책은 그러한 노력의 일환이자 첫걸음으로 기획되었다. 모두 5개의 장으로 구성되어 있다.

제1장(공정거래법상 지주회사의 설립 동향)과 제2장(한국재벌과 지주회사체제)에서는 공정거래법상 지주회사 및 지주회사체제를 채택한 대규모사기업집단과 관련된 일반적인 추세와 주요 특징들을 정리하였으며, 제3장(LG그룹의 지주회사체제)과 제4장(SK그룹의 지주회사체제)에서는 지주회사체제를 채택하고 있는 대표적 재벌인 LG그룹과 SK그룹의 사례를 집중 분석하였다. SK그룹은 2000년 지주회사체제를 '최초로 도입한' 재벌이며, LG그룹은 2001년 지주회사체제를 '두 번째로 도입하면서 최초로 적극적으로 채택한' 재벌이다. 5대 재벌에 속하면서 새로운 지배구조를 도입한 재벌들이기도 하다. 제5장(종합 및 전망)에서는 앞의 논의를 정리하면서 '한국재벌과 지주회사체제'에 대한 잠정적인 평가 그리고 주요 연구 과제를 제시

한다. 부록에는 지주회사 관련 기초 자료를 정리하였다.

본 연구자는 다른 주요 재벌들의 사례연구도 순차적으로 진행해 오고 있으며, 궁극적으로는 이 사례들을 바탕으로 '한국재벌과 지주회사체제'를 만족스럽게 종합 평가하는 작업을 시도할 계획을 가지고 있다. 한국에서의 지주회사 역사는 아직 일천하며 그 실험은 아직 진행형이므로 새로운 지배구조로서의 성공 여부에 대한 판단은 상당 기간 잠정적으로 남을 수밖에 없으며, 그런 만큼 정리 및 평가 작업이 다양한 시각에서 지속적으로 진행될 필요가 있다. 이 책을 계기로 '한국재벌과 지주회사체제'가 학계의 주요 화두로 자리 잡고, 그럼으로써 한국재벌의 바람직한 지배구조에 대한 논의가 활발하게 이루어질 수 있기를 기대해 본다.

여기에 실린 글들은 학술지에 게재되었거나 학술대회에서 발표한 논문들을 바탕으로 작성되었다. <경영사학>, <기업경영연구> 및 <지역사회연구>의 학술지 심사위원들, 그리고 한국경영사학회, 한국기업경영학회, 한국산업조직학회, 한국사회경제학회, 한국경제연구학회 및 Economic History Society of Australia and New Zealand 주최 학술대회의 논평자들과 참석자들은 유익하고 애정 어린 지적과 질책을 아끼지 않았다. 이 자리를 빌려 감사의 말씀을 전하며, 부족한 점은 계속 보완해 나가겠다는 약속을 드린다.

학술지 발표 논문: (1) 'LG그룹 지주회사체제의 성립과정과 의의' (2007년 6월), <경영사학> 제22집 제1호; (2) '한국재벌과 지주회사체제 - SK그룹의 사례' (2010년 6월), <경영사학> 제25집 제2호; (3) '대규모기업집단과 지주회사' (2011년 3월), <지역사회연구> 제19권 제1호; (4) '공정거래법상 지주회사의 주요 추세와 특징 - 신설·존속 지주회사, 계열회사, 지주비율, 자산총액을 중심으로' (2011년 6월), <기업경영연구> 제18권 제2호; (5) 'LG그룹 지주회사체제와 개인화된 지배구조의 강화, 2001~2010년' (2011년 9월), <경영사학> 제26권 제3호.

학술대회 발표 논문: (1) 'LG그룹의 경영지배구조, 1998-2004년' (2004년 12월), 한국경제연구학회 정기학술대회, 성균관대 (토론: 수원대 이한구); (2) 'LG그룹 지주회사체제의 성립과정과 의의' (2007년 5월), 한국경영사학회 춘계학술발표회, 한양대 (토론: 경북대 이정도); (3) 'SK그룹 지주회사체제의 성립과정' (2008년 4월), 한국기업경영학회 주최 대한민국 건국 60주년 기념 학술발표대회, 대한상공회의소 (토론: 계명대 공명재, 진주산업대 이웅호); (4) '한국재벌과 지주회사체제: LG, GS, LS그룹의 비교' (2008년 11월), 한국경영사학회 국제학술대회, 동국대 (토론: 고려대 정안기); (5) 'The holding company system as new corporate governance in Korea's chaebols: The case of LG' (February 2009), The 2009 Asia-Pacific Economic and Business History

Conference, Economic History Society of Australia and New Zealand, Gakushuin University, Tokyo, Japan; (6) ‘한국에서의 지주회사 설립 동향, 2000~2010년’ (2010년 11월), 한국기업경영학회 추계학술대회, 수원대 (토론: 극동정보대 이재춘); (7) ‘LG그룹과 지주회사체제, 2001-2010년’ (2011년 5월), 한국기업경영학회 춘계학술발표대회, 동국대 (토론: 충북대 김병기); (8) ‘한국재벌과 지주회사체제: 현황과 전망’ (2011년 6월), 한국산업조직학회 하계학술대회, 서울시립대 (토론: 한국경제연구원 김현종); (9) ‘SK그룹과 LG그룹의 지주회사체제: 비교, 평가 및 전망’ (2011년 6월), 한국사회경제학회 여름학술대회, 경남과학기술대(토론: 울산과학대 백일).

이 조그마한 결실을 먼저 군 복무를 막 시작한 아들 한선에게 알리고 싶다. 휴전선을 철통같이 지키면서 신성한 국방의 의무를 늠름하게 수행해 내고 있는 그 의연함에 격려의 박수를 보낸다. 복지관 아이들에게 한 자라도 더 가르치려고 매일매일 구슬땀을 흘리고 있는 아내 미경, 그리고 인턴을 연이어 하면서 사회생활을 열심히 배우고 있는 딸 명선에게도 ‘화이팅’을 보내며, 사랑하는 부모님과 장모님께는 언제나처럼 감사의 마음을 전하고 싶다.

2001년 2월 이산(移山) 조기준 선생님께서 서거하신 지 올해로 벌써 10년이 흘렀다. 학창시절 주신 고귀한 가르침은 항상 필자 인생의 밑거름이 되어 오고 있으며, 서울 유한대학 도서관의 ‘이산문고(移山文庫)’에 보존되어 있는 5,000여 권의 주옥같은 장서는 후학들에게 배움의 보고(寶庫)가 되고 있다. 다시 한 번 고인의 명복을 빈다.

2011년 7월 24일

동의대학교 상경대학 401호 연구실에서

김동운

목 차

제2장 한국재벌과 지주회사체제 • 61

제3장 LG그룹의 지주회사체제 • 97

제4장 SK그룹의 지주회사체제 • 173

부록 • 247

표 · 그림 목차

제1장

공정거래법상 지주회사의 설립 동향

1. 머리말

지주회사(持株會社, holding company)는 '다른 회사의 주식 보유가 주된 목적인 회사'를 말한다. 지주회사에 의해 주식이 보유되는 다른 회사가 자회사이고, 자회사에 의해 주식이 보유되는 다른 회사가 손자회사이다. 따라서 지주회사체제는 '지주회사 → 자회사 → 손자회사'로 이어지는 단선・하향적인 단순한 소유구조를 갖는다. 반면 지주회사는 그 성격상 적은 자본으로 다른 회사들을 용이하게 지배할 수 있는 가능성을 가진 조직이기도 하다.

이러한 양면성 중에서 '지배력'의 부작용을 우려해 정부는 1987년 재벌의 경제력집중을 억제하기 위하여 대규모기업집단지정제도를 도입하면서 '지주회사의 설립 및 전환'도 금지시켰다. 기존의 21개 지주회사들은 시정조치를 통해 순차적으로 정리되었으며, 이 중 1994년 6월에 시정조치를 받은 (주)화성사가 마지막으로 1998년 4월에 법 위반 상태를 해소함으로써 지주회사가 한 개도 없는 상태가 되었다.

하지만 경제력집중 억제 조치들에도 불구하고 재벌의 문어발식 확장은 계속되었으며 이는 1997년 IMF외환위기의 주요 요인으로 작용하였다. 1998년 2월 출범한 김대중정부는 재벌의 구조조정을 최우선 과제로 추진하였으며, 그 일환으로 1999년 2월 지주회사의 설립 및 전환을 허용하는 조치를 취하였다.

종래의 재벌들에서는 계열회사들 상호 간에 출자가 순환적이고 중층적으로 얽혀 있었으며, 그 정점에는 극히 적은 지분을 갖는 그룹 총수 또는 동일인이 있었다. 소유가 뒷받침되지 않은 상태에서 경영권은 무분별하고 무책임하게 행사되었으며, 이는 계열회사의 문어발식 확장과 방만한 경영으로 이어졌다. 반면 지주회사체제는 '지주회사 → 자회사 → 손자회사'로 이어지는 하향・단선적인 소유구조를 갖는다. 이전의 그룹총수는 충분한 지분으로 지주회사만 소유・경영하고, 계열회사들은 독자적으로 자율경영을 하게 함으로써 투명하고 민주적인 지배구조를 정착시킨다는 것이 '지주회사 재허용'의 취지였다.

지주회사 관련 내용은 <독점규제 및 공정거래에 관한 법률>(공정거래법)과 <독점규제 및 공정거래에 관한 법률 시행령>(시행령)에 자세하게 규정되었으며, 지주회사가 지배력 확장의 수단으로 악용될 소지를 최소화하기 위해 '행위 제한 규정' 또한 명시되었다 (<부록 1>, <부록 2>).

공정거래법(2010년 11월 18일 시행 제2조)에 의하면 지주회사는 '주식(지분을 포함한다)의 소유를 통하여 국내회사의 사업내용을 지배하는 것을 주된 사업으로 하는 회사로서 자산총액이 대통령령이 정하는 금액 이상인 회사'이다. 시행령(2010년 11월 2일 시행 제2조)은 이를 다음과 같이 구체화하였다. 즉 지주회사는 '설립·합병·분할등기일 현재 또는 직전 사업연도 종료일 현재의 대차대조표상의 자산총액이 1,000억 원 이상이면서, 회사가 소유하고 있는 자회사의 주식(지분 포함) 가액의 합계액(대차대조표 상의 금액)이 해당 회사 자산총액의 50% 이상인 회사'이다.

지주비율 '50% 이상'은 1999년 이후 변함이 없는 반면 지주회사 자산총액은 1999년에는 '100억 원 이상'이었다가 2001년에 '300억 원 이상'으로 상향 조정되었으며 2002년에 다시 '1,000억 원 이상'으로 조정된 이후 오늘에 이르고 있다. 2001년 4월 출자총액제한제도가 재도입되면서 출자총액제한기업집단(2002년부터 지정; 기준 자산총액 2002년 5조 원 이상, 2005년 6조 원 이상, 2007년 10조 원 이상; 2009년 3월 지정제도 폐지) 계열회사들의 출자총액이 제한되는 점을 감안하여, 지배력 확장의 폐해가 적은 중소 규모의 지주회사가 원활하게 설립될 수 있도록 신고 및 규제 대상의 범위를 축소한 것이었다.

한편 자회사는 '지주회사에 의하여 그 사업내용을 지배받는 국내회사', 손자회사는 '자회사에 의하여 사업내용을 지배받는 국내회사', 그리고 증손회사는 '손자회사가 발행 주식 총수를 소유하는 국내회사'로 규정되었다(공정거래법 제2조, 제8조의 2). 지주회사와 자회사는 각각 자회사 및 손자회사 발행주식 총수의 40%(상장법인, 국외상장법인 또는 공동출자법인인 경우 20%) 이상을 소유해야 한다. 1999년 이후 2006년까지는 지분율이 '50%(30%) 이상'이었는데, 2007년 4월 법 개정으로 '40%(20%) 이상'으로 하향 조정되었다. 지주회사가 시장에서 긍정적인 평가를 받는 것으로 보고 설립·전환을 보다 용이하게 하기 위해서였다.

공정거래위원회는 2000년부터 2010년까지 매년 지주회사의 설립 동향을 정리, 분석하여 발표해 오고 있다. 이들 자료를 바탕으로 두 가지 기초자료를 먼저 작성하였다. 하나는 '신설 지주회사 명단, 2000-2010년'이고, 다른 하나는 '존속 지주회사 현황'이다.

앞의 자료는 2000-2009년까지는 1-12월 동안, 그리고 2010년은 1-9월 동안 신규로 설립 또는 전환된 지주회사의 명단(이름과 설립 · 전환 연월일)을 1개의 표로 정리하였다. 뒤의 자료는 2001년(7월), 2003년(7월), 2004년(5월), 2005년(8월), 2006년(8월), 2007년(8월), 2008년(9월), 2009년(9월), 2010년(9월) 등 모두 9개년도 중반 현재 존속하는 지주회사들의 현황을 각각 1개씩의 표로 정리하였다. 자산총액 기준의 순위, 지주회사 이름, 설립 · 전환 연월일, 상장 여부, 자산총액, 지주비율, 부채비율, 계열회사(자회사, 손자회사, 증손회사)의 수 등의 정보를 일목요연하게 담았다. 두 가지 기초자료 관련 10개 표는 <부록 3>에 제시되어 있다. 이 기초자료를 근거로 공정거래법상 지주회사의 설립 동향과 관련된 전반적인 추세 및 주요 특징을 네 가지 측면에서 정리, 분석하였다.

제2절(신설 및 존속 지주회사)에서는 먼저 127개 신설 지주회사와 각 연도 중반 현재의 존속 지주회사의 현황을 정리하며, 제3절(지주회사의 계열회사)에서는 존속 지주회사들의 계열회사 유형, 계열회사 수, 계열회사 수의 범위 등 세 가지 측면을 분석한다. 그리고 제4절(지주회사의 지주비율)과 제5절(지주회사의 자산총액)에서는 공정거래법상의 두 요건인 지주비율 및 자산총액과 관련된 주요 특징을 살펴본다. 마지막으로 제6절(요약 · 정리)에서는 앞의 논의를 요약, 정리한다.

2. 신설 및 존속 지주회사

2.1 신설 지주회사

1999년 2월 지주회사의 설립 및 전환이 재허용된 이후 처음 탄생한 지주회사는 SK엔론(이후 SK E&S)이었다. 1999년 1월 SK그룹과 미국 엔론(Enron Corporation)의 50:50 합작지주회사로 설립되었으며, 이후 자산총액 및 지주비율의 법률상 요건(100억 원 이상; 50% 이상)을 충족하여 2000년 1월 공정거래법상 지주회사 제1호가 되었다. 지주회사 설립이 재허용된 이후 11개월만이었다. 같은 해 C&M커뮤니케이션(1월), 화성사(4월), 세종금융지주(4월), KIG홀딩스(5월), 온미디어(6월) 등 5개의 지주회사가 더 생겨 2000년 한 해 동안 모두 6개의 신설 지주회사가 등록되었다 (<표 1.1>; <그림 1.1>, <그림 1.2>; <부록 표 3.1>).

이후 2006년까지 매년 비슷한 수준인 5-8개씩의 지주회사가 신규로 전환 또는 설립되었으며, 자회사 및 손자회사에 대한 지분율이 하향 조정된(상장회사 30% → 20%; 비상장회사 50% → 40%) 2007년부터는 신설 지주회사가 대폭 증가하였다. 2006년 8개에서 2007년에는

15개로 2배가량 증가하였고 2008년에는 31개로 다시 2배 이상 급증하면서 최고치를 기록하였다. 2009년에는 20개로 다소 주춤해졌으며, 2010년에는 9월 현재까지 18개가 새로 생겼다.

2010년에 신설된 지주회사는 다음과 같다: 녹십자홀딩스(1월), 디아이피홀딩스(1월), 몰트홀딩(1월), 셀트리온헬스케어(1월), 우리조명(1월), 유승홀딩스(1월), 에실로코리아(1월), 엔오브이코리아홀딩(1월), 코오롱(1월), KC그린홀딩스(1월), 티브로드한빛방송(1월), 씨에스홀딩스(1월), 파라다이스글로벌(2월), 미래에셋컨설팅(3월), 휴맥스홀딩스(3월), 한국씨티금융지주(6월), 오미디어홀딩스(9월), 오션비홀딩스(9월).

누적 신설 지주회사 수는 2000년 6개에서 2003년에는 25개가 되었으며, 2007년부터는 급증하여 2007년(58개) 50개를 넘어섰고 2년 뒤인 2009년(109개)에는 100개를 넘어섰다. 2010년 9월 현재에는 127개로, 2000년 1월 이후 11년 동안 매년 평균 12개씩의 공정거래법상 지주회사가 새로 생긴 셈이다.

〈표 1.1〉 신설 및 존속 지주회사 수, 2000-2010년 (개)

(1) 신설 일반 · 금융지주회사

연도	2000	2001	2002	2003	2004	2005	2006	2007	2008	2009	2010.9	합
일반	5	5	4	5	4	4	8	14	28	18	16	111
금융	1	2	1	2	1	1	-	1	3	2	2	16
합	6	7	5	7	5	5	8	15	31	20	18	127
(누계)												
일반	5	10	14	19	23	27	35	49	77	95	111	
금융	1	3	4	6	7	8	8	9	12	14	16	
합	6	13	18	25	30	35	43	58	89	109	127	

(2) 존속 일반 · 금융지주회사

연.월	2001.7	2003.7	2004.5	2005.8	2006.8	2007.8	2008.9	2009.9	2010.9
일반	9	15	19	22	27	36	55	70	84
금융	2	4	5	3	4	4	5	9	12
합	11	19	24	25	31	40	60	79	96

주: 신설 지주회사 2000-2009년은 12월 현재, 2010년은 9월 현재; 존속 지주회사 2000, 2002년 자료 없음.
출처: 〈표 1.2〉, 〈부록 3〉.

〈그림 1.1〉 신설 지주회사 수, 2000-2010년: (1) 연도 합, 일반지주회사, 금융지주회사 (개)

(출처: <표 1.1>)

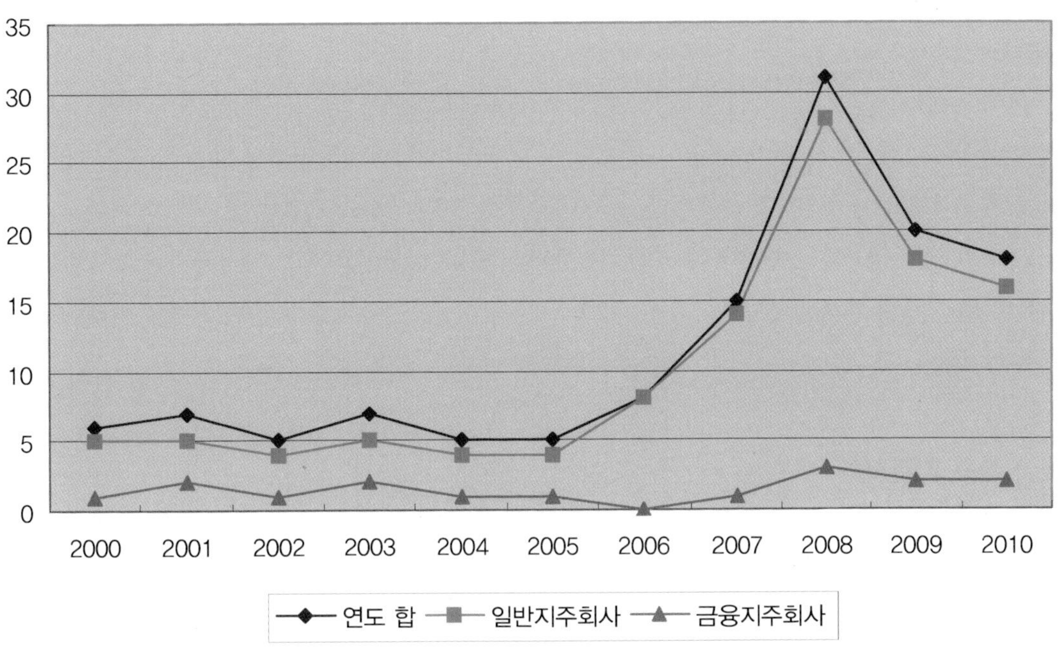

〈그림 1.2〉 신설 지주회사 수, 2000-2010년: (2) 연도 합 vs. 누계 (개)

(출처: <표 1.1>)

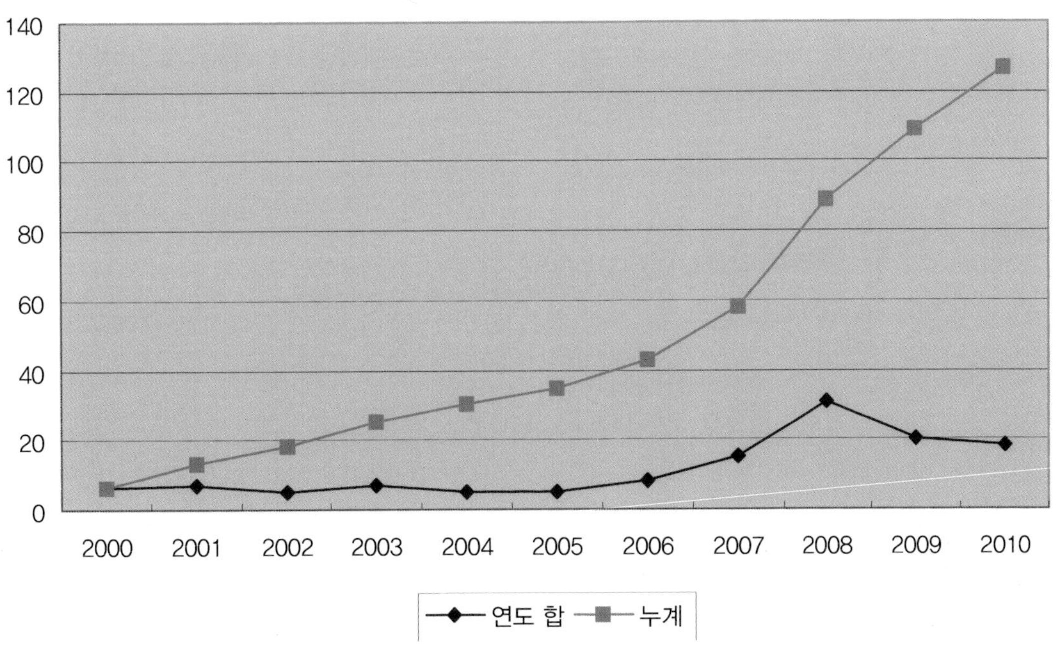

127개 신설 지주회사들 중 일반지주회사가 111개(87%)로 절대다수를 차지하고 있으며, 금융지주회사는 16개(13%)에 불과하다. 금융지주회사는 2006년을 제외하고 매년 1-3개씩 신설되었다.

16개 금융지주회사는 다음과 같다: 세종금융지주(2000년 4월), 우리금융지주(2001년 3월), 신한금융지주회사(2001년 9월), 퍼스트씨알비(2002년 1월), 한국투자금융지주(2003년 1월), 동원금융지주(2003년 5월), 삼성에버랜드(2004년 1월), 하나금융지주(2005년 12월), 에이오엔이십일(2007년 1월), 골든브릿지(2008년 1월), KB금융지주(2008년 9월), 한국투자운용지주(2008년 10월), 한국스탠다드차타드금융지주(2009년 6월), 산은금융지주(2009년 10월), 미래에셋컨설팅(2010년 3월), 한국씨티금융지주(2010년 6월).

2.2 존속 지주회사

신설 지주회사 중 일부는 시간이 지남에 따라 자산총액(1999-2000년 100억 원 이상, 2001년 300억 원 이상, 2002-2010년 1,000억 원 이상) 및 지주비율(50% 이상)의 법률상 요건 중 하나 이상을 충족하지 못하여 공정거래법상 지주회사에서 제외되었다. 공정거래위원회는 2002년을 제외하고 매년 중반(5-9월) 현재의 존속 지주회사 현황을 발표해 오고 있다 (<표 1.1>; <그림 1.3>).

예를 들어, 2004년 말 현재 신설 지주회사 누계는 30개인데 2005년 8월 현재 남아 있는 지주회사는 25개였다. 또 2005년 말 현재 신설 지주회사 누계는 35개인 반면 2006년 8월 현재 존속 지주회사는 31개였다. 2007년 이후에는 신설 회사가 급증하면서 존속 회사 또한 이 시기에 크게 늘어나, 2006년 8월 31개, 2008년 9월 60개 그리고 2010년 9월 96개가 되었다.

2010년 9월 현재 누적 신설회사는 127개인데 이 중 31개(24%)를 제외한 96개(76%)가 공정거래법상 지주회사로 존속하고 있다. 누적 신설 일반지주회사 111개 중에서는 27개를 제외한 84개(76%), 그리고 누적 신설 금융지주회사 16개 중에서는 4개를 제외한 12개(75%)가 남아 있다. 2000년에 신설된 6개 회사 중에서는 2개(SK E&S, 온미디어)가 2010년 9월 현재에도 존속하고 있으며, 나머지 94개 존속 지주회사는 2001년 신설된 6개(신설 총수는 7개), 2002년 2개(5개), 2003년 4개(7개), 2004년 3개(5개), 2005년 2개(5개), 2006년 6개(8개), 2007년 10개(15개), 2008년 27개(31개), 2009년 16개(20개), 2010년 18개(18개) 등으로 구성되어 있다.

〈그림 1.3〉 신설 지주회사 누계 vs. 존속 지주회사 수, 2000-2010년 (개)

(출처: <표 1.1>)

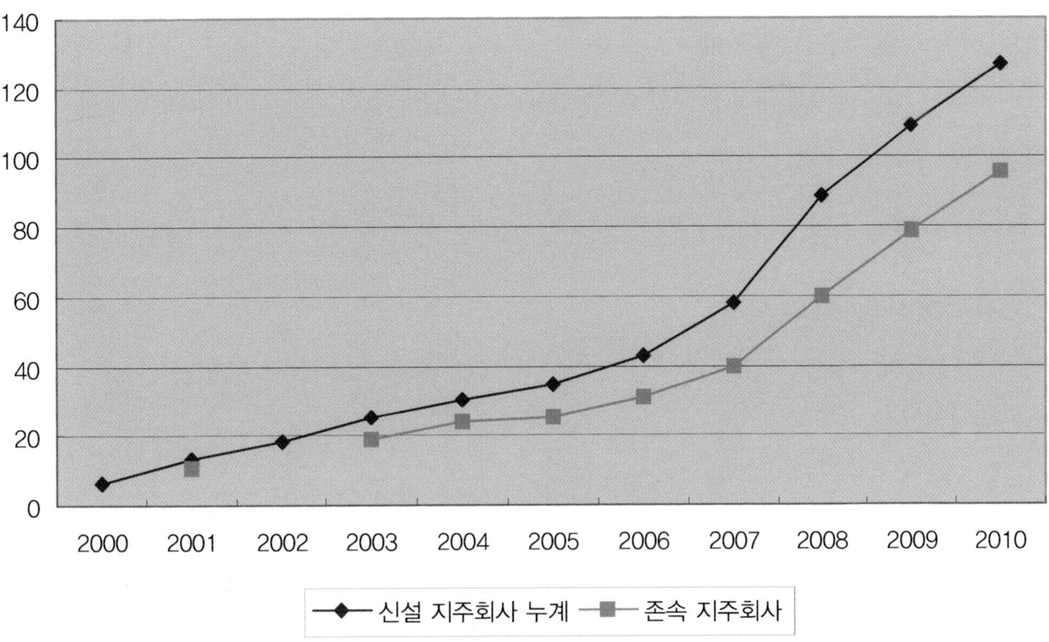

2009년 9월부터 2010년 9월까지 공정거래법상 지주회사에서 제외한 회사는 모두 7개인데, 이유는 지주비율 50% 미만(4개), 자산 1,000억 원 미만(1개), 흡수합병으로 인한 해산(2개) 등이었다. 앞의 2가지 이유로 제외된 지주회사들 중에서는 많은 경우 지주사업을 주된 사업으로 계속 영위하면서 '실질적인 지주회사'의 지위를 유지해 오고 있는 것으로 보이며, 공정거래법은 이러한 지주회사의 존재를 부정하지 않는다. 사실 '공정거래법상 지주회사'는 신고 및 규제의 대상이 되는 소수의 지주회사들이며, 그렇지 않은 '실질적인 지주회사'가 더 많은 것이 현실이고 그렇게 되도록 하는 것이 지주회사제도 도입의 취지이기도 하다.

한편 공정거래법상의 공식 분류는 아니지만, 지주회사는 순수지주회사와 사업지주회사로 구분되기도 한다. 전자는 지주기능만을 하는 경우이고 후자는 고유의 사업을 하면서 지주기능을 병행하는 경우이다. 공정거래위원회 발표 자료 중에서는 2010년 5월 발표 자료에 처음으로 관련 정보가 포함되어 있다. 82개 존속 일반지주회사들 중 54개(66%)가 순수지주회사이고 28개(34%)가 사업지주회사이다.

자산총액 기준 상위 10개 회사 중에서는 8개(1위 SK(주), 2위 (주)LG, 3위 (주)GS, 5위 CJ(주),

6위 몰트어퀴지션, 7위 (주)LS, 9위 태평양, 10위 몰트홀딩)는 순수지주회사이고 2개(4위 두산, 8월 웅진홀딩스)는 사업지주회사이다. 사업지주회사의 경우 고유의 사업과 지주기능 중 어느 쪽의 비중이 큰지는 회사에 따라 다르며 그 비중은 시간이 지남에 따라 변하기도 한다. SK(주)의 경우 생명과학사업을 병행하고 있는데, 그 비중이 매우 적기는 하지만 사업지주회사로 분류하는 것이 타당한 것으로 보인다.

3. 지주회사의 계열회사

3.1 계열회사의 유형

계열회사는 자회사만 있는 경우, 자회사와 손자회사가 있는 경우, 그리고 자회사, 손자회사 및 증손회사 모두가 있는 경우 등 세 부류가 있다 (<부록 3>).

2003년 7월 현재의 15개 존속 일반지주회사 중 '자회사'만 가지는 회사는 7개였고, '자회사와 손자회사'를 가지는 회사는 8개였다. 2004년(10개 vs. 9개)과 2005년(10개 vs. 12개)에는 두 부류의 지주회사 수가 엇비슷하다가, 2006년(16개 vs. 11개)과 2007년(21개 vs. 15개)에는 전자가 좀 더 많아졌다. 그러다가 2008년(19개 vs. 36개), 2009년(20개 vs. 50개), 2010년(23개 vs. 49개)에는 '자회사'만 보유하는 지주회사에 비해 '자회사와 손자회사'를 보유하는 지주회사 수가 월등하게 많아져 2배 또는 그 이상의 차이가 났다.

2008년부터는 증손회사도 등장하기 시작하였다. 증손회사를 보유한 일반지주회사는 2008년에는 전체 55개 지주회사 중 4개(7%; CJ(주), CJ홈쇼핑, 티브로드수원방송, 이지바이오시스템)였으며, 2009년에는 70개 중 11개(16%; SK(주), (주)LG, 두산, CJ(주), (주)LS, 웅진홀딩스, CJ오쇼핑, 티브로드홀딩스, 디와이홀딩스, 영앤선개발, 디와이에셋)로 대폭 늘어났다. 2010년에는 1개(CJ오쇼핑)가 제외되고 다른 2개(몰트홀딩, 코오롱)가 추가되어 전체 84개 일반지주회사 중 12개(14%)가 증손회사를 보유하고 있다.

한편 금융지주회사의 경우에는 대부분 '자회사와 손자회사'를 보유하였다. 2003년(4개), 2005년(3개), 2006년(4개), 2007년(4개) 등 4개년도에는 지주회사 모두가 그랬고, 2004년(4개 vs. 1개), 2008년(3개 vs 1개), 2009년(4개 vs. 3개), 2010년(6개 vs. 3개) 등 4개년도에는 '자회사와 손자회사' 보유 지주회사 수가 '자회사' 보유 지주회사 수보다 상대적으로 더 많았다. 증손회사를 보유한 금융지주회사는 2008년(우리금융지주), 2009년(우리금융지주, 한국투자금융지주), 2010년(우리금융지주, 한국투자금융지주, 하나금융지주)에 각각 1개, 2개, 3개씩이었다.

3.2 계열회사 수

지주회사의 수가 증가하면서 지주회사가 거느리는 계열회사(자회사, 손자회사 및 증손회사)의 수 또한 증가하였다. 자회사가 가장 많은 가운데 손자회사는 2008년 이후 급증하였으며, 2008년부터는 증손회사도 일부 생겨났다 (<표 1.2>; <그림 1.4>, <그림 1.5>).

2003년의 경우 존속 지주회사는 19개(일반 15개, 금융 4개)이며, 이들은 모두 202개의 계열회사(일반 166개, 금융 36개)를 거느렸다. 이 중 152개는 자회사(일반 128개, 금융 24개), 그리고 나머지 50개는 손자회사(일반 38개, 금융 12개)였다. 지주회사 1개 당 평균 계열회사 수는 10.6개(일반 11.1개, 금융 9개)였다.

7년이 지난 2010년 현재의 상황은 판이하게 달라졌다. 존속 지주회사 수는 96개(일반 84개, 금융 12개)가 되었고, 계열회사 수 또한 991개(일반 858개, 금융 133개)로 급증하였다. 자회사는 530개(일반 457개, 금융 73개), 그리고 손자회사는 423개(일반 370개, 금융 53개)였다. 증손회사도 38개(일반 31개, 금융 7개)가 새로 생겼다. 지주회사 1개 당 평균 계열회사 수는 10.3개(일반 10.2개, 금융 11.1개)였다.

먼저 총 계열회사 수는 2003년부터 2006년까지 200-260개 수준이다가 신설 지주회사가 급증하기 시작한 2007년 이후 계열회사 또한 급격하게 늘어났다. 2006년 258개에서 2007년 358개로 늘어났고 2009년까지는 2배 이상 더 늘어난 813개가 되었다. 2010년 9월 현재에는 991개이며, 지주회사 96개를 합하면 지주회사 및 계열회사의 수(1,087개)가 처음으로 1,000개를 넘어섰다.

둘째, 자회사는 2003-2006년 사이에는 150-200개 수준이다가 2007년 262개로 늘어났으며, 이후 매년 100개 내외씩 증가하여 2010년에는 530개가 되었다. 손자회사는 2006년까지는 50개 내외이던 것이 2007년 96개로 늘어났고, 2008년에는 215개로 2배 이상 급증하였다. 이후 매년 100개 이상씩 늘어나 2010년에는 423개가 되었다. 한편 증손회사는 2008년 9개가 처음 생긴 이후 2010년 현재에는 4배 이상 늘어난 38개이다.

2003년 현재 손자회사의 수(50개)는 자회사 수(152개)의 1/3 정도(33%)였으며, 이 수준은 2007년(96개 vs. 262개; 37%)까지 유지되었다. 이후 손자회사의 증가 정도가 더욱 빨라져 2008

년 처음으로 손자회사 수(215개)가 자회사 수(375개)의 절반 이상(57%)이 되었고, 2009년에는 2/3 이상(321개 vs. 462개, 69%)으로, 그리고 2010년에는 4/5(423개 vs. 530개, 80%) 수준으로 더욱 늘어났다.

〈표 1.2〉 지주회사의 계열회사 수, 2001-2010년 (개)

(1) 일반 · 금융지주회사 수

연.월		2001.7	2003.7	2004.5	2005.8	2006.8	2007.8	2008.9	2009.9	2010.9
일반 · 금융	(A)	11	19	24	25	31	40	60	79	96
일반	(A1)	9	15	19	22	27	36	55	70	84
금융	(A2)	2	4	5	3	4	4	5	9	12

(2) 일반 · 금융지주회사의 계열회사 수

연.월		2001.7	2003.7	2004.5	2005.8	2006.8	2007.8	2008.9	2009.9	2010.9
자회사	(B)	69	152	160	159	196	262	375	462	530
손자회사	(C)		50	48	63	62	96	215	321	423
증손회사	(D)							9	30	38
합	(B+C+D = X)		202	208	222	258	358	599	813	991
	(A+X)		221	232	247	289	398	659	892	1,087
평균	(X÷A)		10.6	8.7	8.9	8.3	9.0	10.0	10.3	10.3
	(B÷A)	6.3	8.0	6.7	6.4	6.3	6.6	6.3	5.8	5.5

(3) 일반지주회사의 계열회사 수

연.월		2001.7	2003.7	2004.5	2005.8	2006.8	2007.8	2008.9	2009.9	2010.9
자회사	(B1)	62	128	134	137	167	233	334	402	457
손자회사	(C1)		38	36	48	46	81	197	292	370
증손회사	(D1)							8	27	31
합	(B1+C1+D1 = X1)		166	170	185	213	314	539	721	858
	(A1+X1)		181	189	207	240	350	594	791	942
평균	(X1÷A1)		11.1	8.9	8.4	7.9	8.7	9.8	10.3	10.2
	(B1÷A1)	6.9	8.5	7.1	6.2	6.2	6.5	6.1	5.7	5.4

(4) 금융지주회사의 계열회사 수

연.월		2001.7	2003.7	2004.5	2005.8	2006.8	2007.8	2008.9	2009.9	2010.9
자회사	(B2)	7	24	26	22	29	29	41	60	73
손자회사	(C2)		12	12	15	16	15	18	29	53
증손회사	(D2)							1	3	7
합	(B2+C2+D2 = X2)		36	38	37	45	44	60	92	133
	(A2+X2)		40	43	40	49	48	65	101	145
평균	(X2÷A2)		9.0	7.6	12.3	11.3	11.0	12.0	10.2	11.1
	(B2÷A2)	3.5	6.0	5.2	7.3	7.3	7.3	8.2	6.7	6.1

출처: 〈부록 3〉.

〈그림 1.4〉 지주회사의 계열회사 수, 2003-2010년: (1) 합, 자회사, 손자회사, 증손회사 (개)

(출처: <표 1.2>)

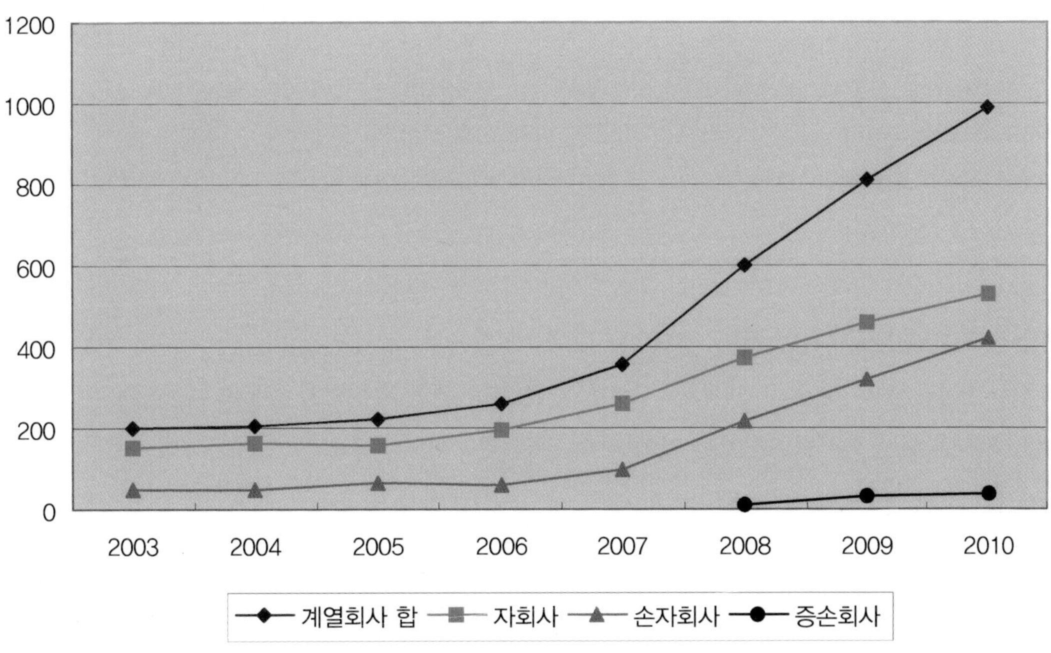

〈그림 1.5〉 지주회사의 계열회사 수, 2003-2010년: (2) 합, 일반지주회사, 금융지주회사 (개)

(출처: <표 1.2>)

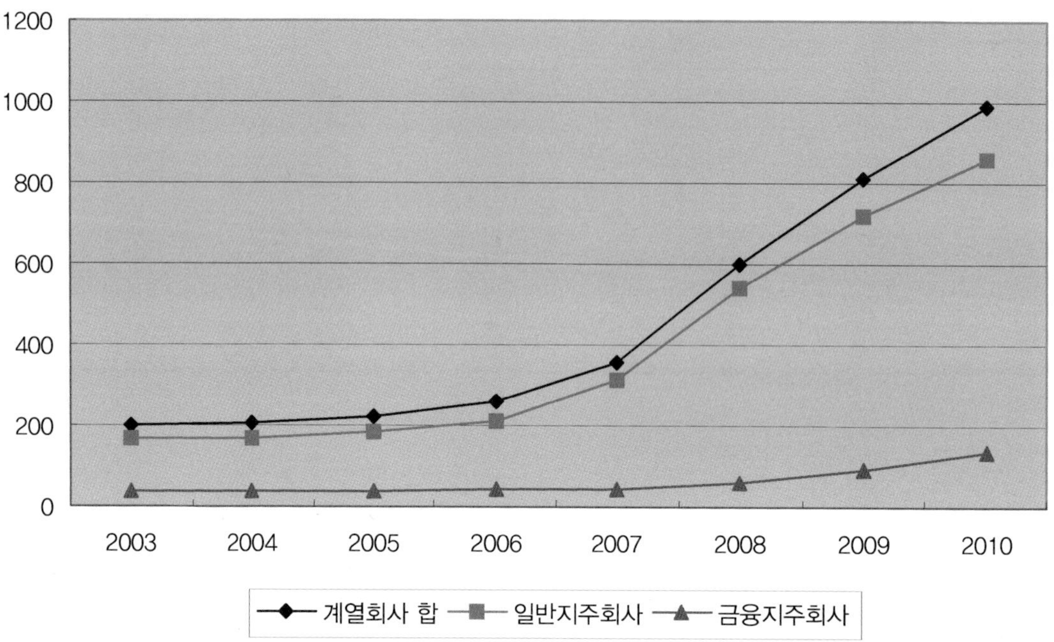

셋째, 존속 지주회사 중 절대 다수는 일반지주회사이며, 따라서 계열회사의 대다수도 일반지주회사 소속이다. 일반지주회사는 2003년 15개이던 것이 2010년까지는 84개로 5.6배 늘어난 반면 금융지주회사는 4개에서 12개로 3배 늘어났다. 계열회사 또한 같은 기간 일반지주회사 소속은 5.2배(166개 → 858개) 그리고 금융지주회사 소속은 3.7배(36개 → 133개) 증가하였다.

그리고 넷째, 지주회사 1개가 평균적으로 거느리는 총 계열회사 수는 2003년 이후 10개 내외이다. 2003년 10.6개이던 것이 2004-2006년에는 9개 이하로 내려갔고, 2007년 9개, 2008년 10개로 늘어난 이후 2009-2010년에는 10.3개가 되었다. 반면 지주회사 1개가 평균적으로 거느리는 자회사 수는 2003년 8개이던 것이 이후 점차 감소하여 2004-2008년에는 6개 수준, 그리고 2009-2010년에는 5개 수준이 되었다. 한편 지주회사 1개가 평균적으로 거느리는 총 계열회사 및 자회사 수는 금융지주회사가 일반지주회사에 비해 조금 더 많은 편이다.

3.3 계열회사 수의 범위

1개 지주회사가 거느리는 계열회사 수는 1개에서 62개에 이르기까지 다양한 분포를 보이고 있다 (<표 1.3>; <그림 1.6>; <부록 3>).

먼저 일반지주회사의 2/3 정도는 '10개 미만'의 계열회사를 가지고 있다. '10개 미만'의 계열회사를 갖는 일반지주회사의 비중은 2003년에는 절반 이하(전체 일반지주회사 15개 중 6개, 40%)였다가 2005년에는 2/3 이상(22개 중 15개, 68%)으로 늘어났으며, 이후 비중이 조금 줄어 2/3에 약간 못 미치는 수준(58-64%)이 유지되고 있다. 한편 2007년까지는 '1-4개'의 계열회사를 갖는 지주회사의 수가 '5-9개'를 갖는 지주회사의 수보다 조금 더 많았는데, 2008년부터는 '5-9개'의 계열회사를 갖는 지주회사의 수가 더 많아졌다.

둘째, '10-19개'의 계열회사를 가지는 일반지주회사의 비중은 1/3 내외였으며 대부분은 '10-14개'의 계열회사를 가졌다. 2003년에는 그 비중이 절반 가까이(전체 일반지주회사 15개 중 7개, 47%)나 되었는데, 이후 줄어들어 2006년(27개 중 10개, 37%)을 제외하고는 1/3이하 수준(27-33%)이 유지되고 있다.

셋째, '20개 이상'의 계열회사를 가지는 일반지주회사의 경우는 그 비중이 2004-2008년에는 10% 미만이다가 2009년(전체 일반지주회사 70개 중 7개, 10%), 2010년(84개 중 10개, 11%)에는 10% 이상이 되었다. 2008년부터는 40개 이상, 50개 이상, 그리고 60개 이상의 계열회사를 갖는 일반지주회사들이 차례로 생겨났다.

그리고 넷째, 금융지주회사의 경우에는 '10개 미만'과 '10-19개'의 두 범주에 속하는 비중이 절반 정도로 서로 비슷한데, 2009년(56% vs. 33%)과 2010년(50% vs. 33%)에는 '10개 미만'의 계열회사를 갖는 회사 수가 조금 더 많다. '20개 이상'의 범주에 속하는 금융지주회사의 비중은 일반지주회사의 경우에 비해 조금 더 높기는 하지만 30개 이상의 계열회사를 갖는 금융지주회사는 없다.

2010년 9월 현재의 분포를 보면, 84개 일반지주회사 중 50개(60%)가 '10개 미만'의 계열회사를 가지고 있는 가운데, '1-4개'(24개 지주회사)와 '5-9개'(26개)의 범주에 속하는 비중이 비슷하다. 또 24개 지주회사(29%)는 '10-19개'의 계열회사를 가지고 있는데, 이 중 20개는 '10-14개'의 범주에 속하고 '15-19개'의 범주에 속하는 지주회사는 4개뿐이다.

〈표 1.3〉 지주회사의 계열회사 수 범위, 2001-2010년 (개, %)

(1) 일반지주회사

연.월	2001.7	2003.7	2004.5	2005.8	2006.8	2007.8	2008.9	2009.9	2010.9
(계열회사 수)	(해당 범위의 계열회사를 보유하는 지주회사의 수 (개))								
1-4개		5	6	8	12	12	12	19	24
5-9개		1	6	7	4	9	23	25	26
10-14개		6	5	4	8	11	13	12	20
15-19개		1	1	2	2	1	3	7	4
20-29개		1			1	3	2	4	7
30-39개		1	1	1			1		
40-49개							1	1	2
50-59개								2	
60-69개									1
합	9	15	19	22	27	36	55	70	84
	(해당 범위의 계열회사를 보유하는 지주회사의 비중 (%))								
1-9개		40	63	68	59	58	64	63	60
10-19개		47	32	27	37	33	29	27	29
20개 이상		13	5	5	4	9	7	10	11

(2) 금융지주회사

연.월	2001.7	2003.7	2004.5	2005.8	2006.8	2007.8	2008.9	2009.9	2010.9
(계열회사 수)	(해당 범위의 계열회사를 보유하는 지주회사의 수 (개))								
1-4개		1	2	1				1	3
5-9개		1	1		2	2	2	4	3
10-14개		1	1			1	1	2	2
15-19개		1	1	2	2	1	1	1	2
20-29개							1	1	2
합	2	4	5	3	4	4	5	9	12
	(해당 범위의 계열회사를 보유하는 지주회사의 비중 (%))								
1-9개		50	60	33	50	50	40	56	50
10-19개		50	40	67	50	50	40	33	33
20개 이상							20	11	17

주: 2001년 7월 - 전체 계열회사 정보 없음.
출처: 〈부록 3〉.

〈그림 1.6〉 일반지주회사가 보유하는 계열회사 수의 범위, 2003-2010년 (개)

(출처: <표 1.3>)

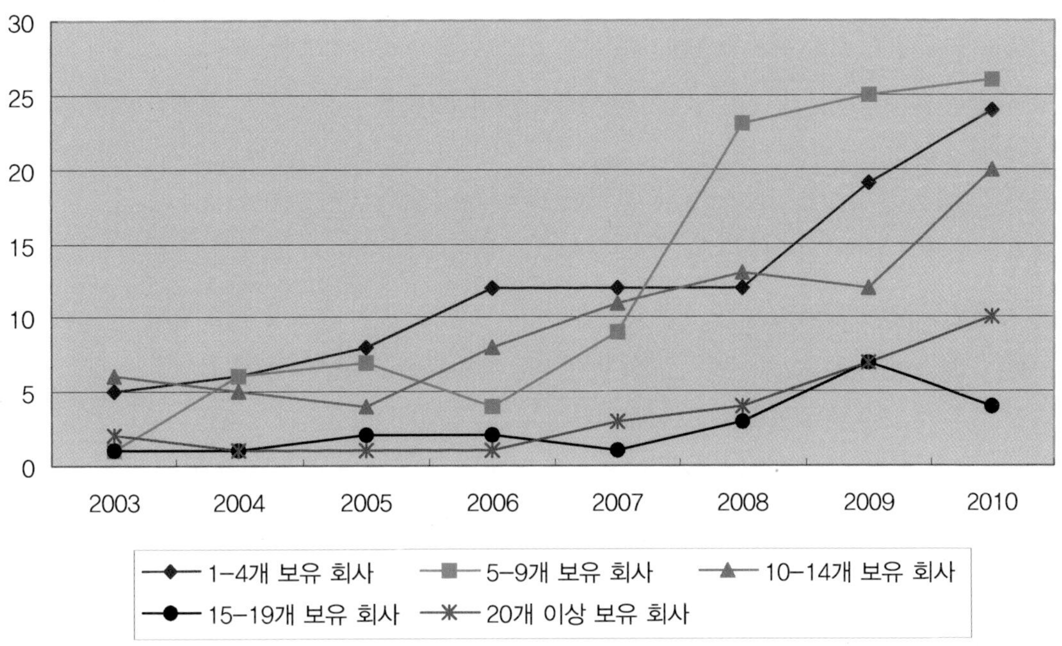

84개 일반지주회사 중 나머지 10개(11%)는 '20개 이상'의 많은 계열회사를 가지고 있다. '20-29개' 보유 회사가 7개, '40-49개' 보유 회사가 2개, 그리고 '60-69개' 보유 회사가 1개이다. '60개 이상'의 계열회사를 갖는 일반지주회사는 2010년에 1개가 처음 생겼다.

한편 12개 금융지주회사 중에서는 6개(50%)는 '10개미만'의 계열회사를, 4개(33%)는 '10-19개'의 계열회사를, 그리고 나머지 2개(17%)는 '20-29개'의 계열회사를 각각 가지고 있다.

20개 이상의 계열회사를 보유하는 지주회사의 수는 2003-2007년 사이에는 1-3개였는데 모두 일반지주회사였다. 2008년에는 5개(일반 4개 + 금융 1개)로 늘어났고 여기에는 금융지주회사가 처음으로 1개 포함되어 있다. 2009년에는 8개(7개 + 1개) 그리고 2010년에는 12개(10개 + 2개)로 더욱 늘어났다. 모두 12개의 일반지주회사와 2개의 금융지주회사가 관련되어 있다. 12개 일반지주회사 중 9개는 대규모사기업집단 소속으로 지주회사체제에 대한 기업집단들의 관심이 매우 높음을 짐작할 수 있다. 20개 이상 계열회사를 보유한 적이 있는 14개 지주회사의 면면은 다음과 같다 (제2장 참조).

첫째, LG그룹 소속인 (주)LG는 2003년 이후 2010년 현재까지 줄곧 20개 이상의 계열회사를 거느려 왔다. 2003-2004년 37개, 2005년 33개, 2006-2007년 28개, 2008년 29개, 2009-2010년 45개이다. 그룹 전체 계열회사의 3/4 이상(76-97%)이 지주회사 및 그 계열회사였다.

둘째, SK그룹의 SK(주)는 2007년(23개)부터 20개 이상을 보유하면서 계열회사를 3배가량이나 늘렸으며(2007년 23개, 2008년 35개, 2009년 58개, 2010년 62개), '62개'와 '58개' 계열회사는 2000년 공정거래법상 지주회사가 처음 생긴 이후 첫 번째와 두 번째로 많은 계열회사 수이다. 그룹 전체 계열회사의 2/3 정도(61-84%)가 2개의 지주회사(SK(주)와 SK E&S) 및 그 계열회사였다.

셋째, CJ그룹의 CJ(주) 또한 2008년(43개)부터 40개 이상의 계열회사를 보유하고 있으며(2008년 43개, 2009년 50개, 2010년 46개), '50개' 계열회사는 2000년 공정거래법상 지주회사 탄생 이후 세 번째로 많은 계열회사 수이다. CJ그룹의 경우, 지주회사가 2007년에는 1개(CJ오쇼핑), 2008-2009년에는 2개(CJ(주)와 CJ오쇼핑), 그리고 2010년에는 4개(CJ(주), CJ오쇼핑, 오미디어홀딩스, 온미디어)였으며, 그룹 전체 계열회사 중 지주회사 관련 회사의 비중은 2007년에는 1/5 정도(22%)였다가 2008-2010년에는 3/4 이상(86-99%)이 되었다.

넷째, 5개 일반지주회사는 2년의 기간 동안 각각 20-29개씩의 계열회사를 가졌다. 금호아시아나그룹의 금호산업(2007년 21개, 2008년 22개), GS그룹의 (주)GS(2009년 24개, 2010년 27개), 두산그룹의 두산(2009년 21개, 2010년 23개), 프라임개발(2009년 24개, 2010년 21개), 대웅(2009년 23개, 2010년 22개) 등이다.

다섯째, 나머지 4개 일반지주회사는 1개년도에 각각 20-29개씩의 계열회사를 가졌다. C&M커뮤니케이션(2003년 21개), 코오롱그룹의 코오롱(2010년 29개), 웅진그룹의 웅진홀딩스(2010년 20개), LS그룹의 (주)LS(2010년 24개) 등이다.

마지막으로 여섯째, 20개 이상의 계열회사를 보유하는 2개 금융지주회사는 우리금융지주(2008년 21개, 2009년 25개, 2010년 29개)와 산은금융지주(2010년 21개)이다.

4. 지주회사의 지주비율

지주비율은 '지주회사가 소유하고 있는 자회사의 주식 가액의 합계액'이 '지주회사 자산총액'에서 차지하는 비율로서 '50% 이상'이 공정거래법상 지주회사의 요건이다 (<표 1.4>; <그림 1.7>).

〈표 1.4〉 지주회사의 지주비율 범위, 2001-2010년 (개, %)

(1) 일반지주회사

연.월	2001.7	2003.7	2004.5	2005.8	2006.8	2007.8	2008.9	2009.9	2010.9
(지주비율)	(해당 범위의 지주비율을 갖는 지주회사의 수 (개))								
40-49%								1	
50-59%	1	4	5	5	3	6	10	13	15
60-69%	2	1	2	2	4	9	13	9	15
70-79%	2	1		1	3	3	5	12	11
80-89%	1	1	4	4	4	5	10	10	12
90-99%	3	7	8	9	13	12	16	25	30
100-109%		1		1		1	1		1
합	9	15	19	22	27	36	55	70	84
	(해당 범위의 지주비율을 갖는 지주회사의 비중 (%))								
50-59%	11	27	26	23	11	17	18	19	18
60-69%	22	7	11	9	15	25	24	13	18
70-79%	22	7		5	11	8	9	17	13
80-89%	11	7	21	18	15	14	18	14	14
90-99%	33	47	42	41	48	33	29	36	36

(2) 금융지주회사

연.월	2001.7	2003.7	2004.5	2005.8	2006.8	2007.8	2008.9	2009.9	2010.9
(지주비율)	(해당 범위의 지주비율을 갖는 지주회사의 수 (개))								
50-59%			1						
60-69%		1						1	2
70-79%	1		1		1			1	
80-89%		2	2	2	1	2	1	2	2
90-99%		1	1	1	2	2	3	4	7
100-109%	1						1	1	1
합	2	4	5	3	4	4	5	9	12
	(해당 범위의 지주비율을 갖는 지주회사의 비중 (%))								
80-89%		50	40	67	25	50	20	22	17
90-99%		25	20	33	50	50	60	44	58

출처: 〈부록 3〉.

〈그림 1.7〉 일반지주회사의 지주비율 범위, 2001-2010년 (개)

(출처: <표 1.4>)

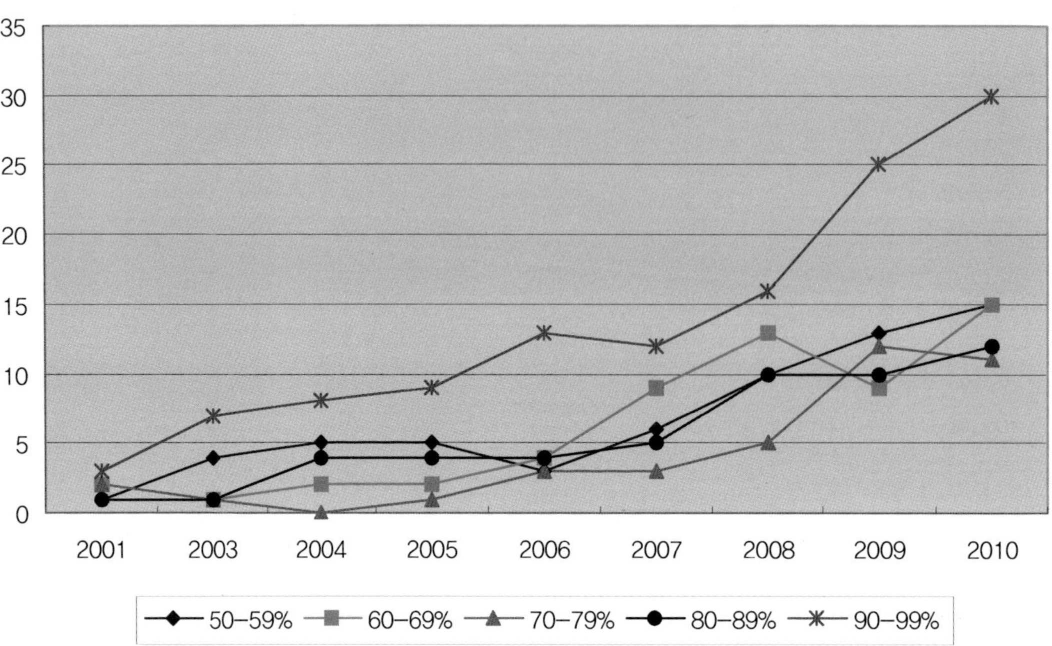

첫째, 일반지주회사의 경우, 90%대의 지주비율이 가장 큰 비중을 차지하는 가운데 그보다 낮은 비율에서는 다양한 분포를 보이고 있다.

지주비율이 90%대인 지주회사의 비중은 2003-2006년에는 절반 정도(41-48%)로 상대적으로 높은 편이었으며, 2007년부터는 신설 지주회사의 수가 급증하면서 그 비중이 1/3 내외 수준으로 낮아졌다. 2006년의 48%(27개 중 13개)를 정점으로 2007년에는 33%(36개 중 12개)로 줄어들었고 2008년에는 29%(55개 중 16개)로 더욱 줄어들었다. 2009년(70개 중 25개)과 2010년(84개 중 30개)에는 36% 수준이 유지되고 있다.

지주비율이 50%대인 일반지주회사의 수는 5개년도(2003-2005년, 2009-2010년)에서 90%대 지주회사 수 다음으로 많았으며, 반면 2개년도(2007-2008년)에서는 60%대의 지주회사 수가 90%대의 지주회사 수 다음으로 많았다.

2010년 9월 현재의 84개 일반지주회사의 지주비율 분포를 보면, 90%대 비율을 갖는 지주회사가 30개(36%)로 가장 많고, 나머지는 고르게 분포되어 50%대와 60%대가 각각 15개씩(18%), 80%대가 12개(14%), 그리고 70%대가 11개(13%)이다.

둘째, 금융지주회사의 경우는 대부분에서 지주비율이 80% 이상을 보이고 있다. 2003-2005년에는 80%대의 지주비율을 갖는 지주회사가 90%대 비율의 회사보다 많았는데, 2006년 이후에는 90%대의 회사가 더 많아졌다. 2010년 9월 현재의 12개 금융지주회사 중에서는, 90%대 비율의 회사가 7개(58%), 80%대가 2개(17%) 그리고 60%대가 2개(17%)이다.

그리고 셋째, 100% 또는 그 이상의 지주비율을 갖는 경우는 매우 드물어 모두 9개 경우에 6개 지주회사가 관련되어 있었다. 2개는 일반지주회사로 (주)LG(2003년 103.7%, 2005년 101.6%, 2007년 103.3%)와 (주)TAS(2008년 100%, 2010년 100%)이며, 나머지 4개는 금융지주회사로 우리금융지주회사(2001년 100%), KB금융지주(2008년 100%), 한국스탠다드차타드금융지주(2009년 100%), 한국씨티금융지주(2010년 100%) 등이다.

5. 지주회사의 자산총액

5.1 자산총액의 범위

'50% 이상'의 지주비율과 더불어 '일정 금액 이상'의 자산총액을 갖는 지주회사에 대해 공정거래법은 신고 및 규제 대상으로 삼고 있다. 자산총액은 직전 사업연도 종료일 현재의 대차대조표 상의 자산총액이며, 금액 기준은 1999-2000년 '100억 원 이상', 2001년 '300억 원 이상', 그리고 2002년부터는 '1,000억 원 이상'으로 규정되었다 (<표 1.5>; <그림 1.8>).

첫째, 일반지주회사들의 대다수는 5천억 원 미만의 자산을 가지는 가운데, 1천억 원대와 2-4천억 원대가 반반 정도였다. 7개년도(2001-2005, 2008-2009년)에서는 1천억 원대의 지주회사 수가 2-4천억 원대의 지주회사 수보다 많았으며, 반면 나머지 2개년도(2007, 2010년)에는 후자가 조금 더 많았다. 5천억 원 미만의 자산을 갖는 지주회사는 2001년에는 전체 일반지주회사 9개 중 5개(55%)로 절반을 조금 넘었는데, 2003년(15개 중 12개, 80%)과 2004년(19개 중 15개, 79%)에는 4/5 수준이나 되었다. 2005년 이후에는 그 비중이 줄어 67-71% 수준이 유지되고 있다.

둘째, 5-9천억 원대 및 1-4조 원대의 자산을 갖는 일반지주회사의 수는 10% 내외로 비슷한 수준이다.

셋째, 1조 원 이상의 자산을 갖는 일반지주회사는 2001-2005년 사이에는 1-2개씩이다가, 2006년 3개, 2008년 9개, 2009년 11개로 늘어났으며, 2010년 현재에는 15개로 더욱 늘어났다.

〈표 1.5〉 지주회사의 자산총액 범위, 2001-2010년 (개, %)

(1) 일반지주회사

연.월	2001.7	2003.7	2004.5	2005.8	2006.8	2007.8	2008.9	2009.9	2010.9
(자산총액)	(해당 범위의 자산총액을 갖는 지주회사의 수 (개))								
3-4백억 원	1								
5-9백억 원	1								
1천억 원	3	8	8	8	9	11	25	26	26
2-4천억 원	2	4	7	7	10	13	14	24	32
5-9천억 원	1	2	2	5	5	7	7	9	11
1-4조 원	1		1	2	3	4	7	9	12
5-9조 원		1	1			1	2	2	2
10조 원 이상									1
합	9	15	19	22	27	36	55	70	84
	(해당 범위의 자산총액을 갖는 지주회사의 비중 (%))								
1천억 원	33	53	42	36	33	31	45	37	31
2-4천억 원	22	27	37	32	37	36	25	34	38
(1-4천억 원)	(55	80	79	68	70	67	70	71	69)
5-9천억 원	11	13	11	23	19	19	13	13	13
1-4조 원	11		5	9	11	11	13	13	14

(2) 금융지주회사

연.월	2001.7	2003.7	2004.5	2005.8	2006.8	2007.8	2008.9	2009.9	2010.9
(자산총액)	(해당 범위의 자산총액을 갖는 지주회사의 수 (개))								
1천억 원	1	2	1					2	3
2-4천억 원								1	1
1-4조 원	1	1	2	1	1	1	1	2	2
5-9조 원		1	2	1	1	1	1		1
10-19조 원				1	2	2	2	3	4
20조 원 이상							1	1	1
합	2	4	5	3	4	4	5	9	12
	(해당 범위의 자산총액을 갖는 지주회사의 비중 (%))								
1-4조 원	50	25	40	33	25	25	20	22	17
5-9조 원		25	40	33	25	25	20		8
10-19조 원				33	50	50	40	33	33

출처: 〈부록 3〉.

〈그림 1.8〉 일반지주회사의 자산총액 범위, 2001-2010년 (개)

(출처: <표 1.5>)

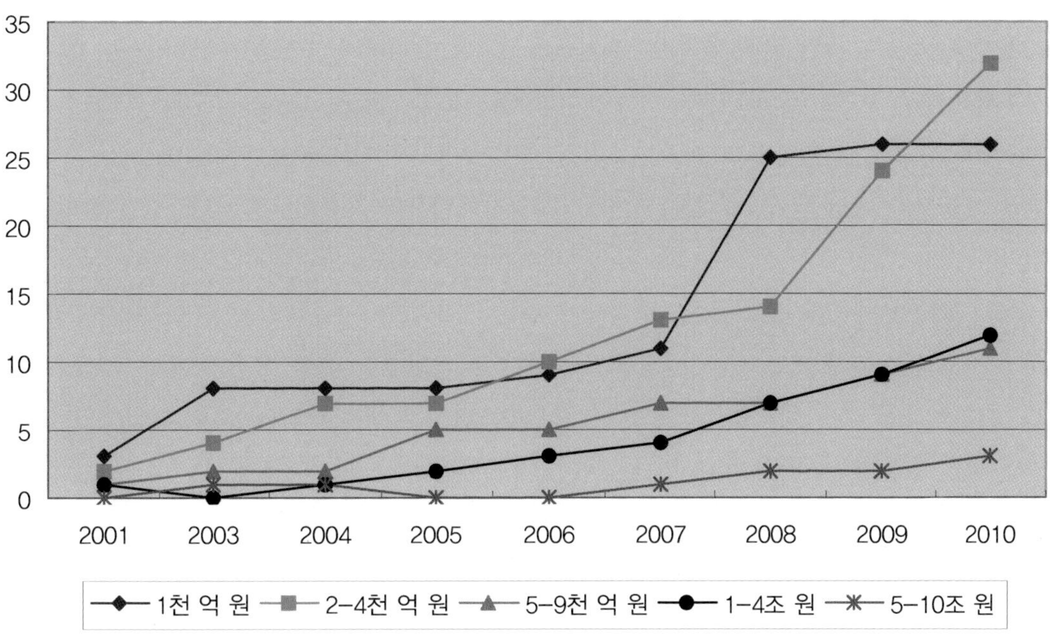

이들 중에는 5조 원 이상의 자산을 갖는 회사가 1-2개씩 포함되어 있으며, 2010년에는 처음으로 10조 원 이상의 자산을 갖는 지주회사가 1개 생겼다.

2010년 9월 현재의 경우를 보면, 84개 일반지주회사 중 2-4천억 대에 속하는 비중이 32개(38%)로 가장 많고, 그다음이 1천억 원대 26개(31%), 1-4조 원대 12개(14%), 5-9천억 원대 11개(13%) 순이다. 2개 일반지주회사는 5-9조 원대, 그리고 1개는 10조 원 이상의 자산을 보유하였다.

그리고 넷째, 금융지주회사의 자산규모는 일반지주회사보다 월등히 커서 대부분이 1조 원 이상이며, 10조 원 이상인 지주회사의 비중이 1/3에서 절반 정도를 차지하고 있다. 10조 원 이상의 자산을 갖는 지주회사는 모두 5개이다. 신한금융지주회사의 자산은 2005-2007년 사이에 10-15조 원이었다가 2008-2009년에는 25조 원으로 대폭 늘어났으며 2010년에는 27조 원으로 조금 더 증가하였다. 우리금융지주는 2006년 이후, KB금융지주는 2008년 이후, 하나금융지주는 2009년 이후, 그리고 산은금융지주는 2010년부터 각각 10조 원대의 자산을 유지해 오고 있다.

5.2 10대 일반지주회사

자산총액 기준 상위 10개 일반지주회사들을 좀 더 살펴보자. 1조 원 이상의 자산을 가진 지주회사들이 속속 등장하면서 이들이 10위권 내에 자리를 잡았다. 2001-2003년 1개, 2004-2005년 2개, 2006년 3개, 2007년 5개, 2008년 9개 등이다. 2009년과 2010년에는 1조 원 이상의 회사가 각각 11개, 15개가 되면서 10위 지주회사의 자산이 1조 원을 훨씬 상회하게 되었다.

2001-2010년 사이에 10대 일반지주회사에 속한 적이 있는 회사는 모두 31개이며, 이 중 19개 지주회사는 17개 대규모사기업집단 소속이다. 사기업집단 소속 지주회사들은 규모가 커서 10대 회사의 대부분을 차지하였으며, 특히 2005년 이후에는 1-5위를 모두 차지하였다. 사기업집단 소속 지주회사가 10대 회사 중에서 차지하는 수는 2005년 8개, 2007년 9개, 2008년 7개, 2009년 8개, 그리고 2010년 9개였다 (<표 1.6>, <표 1.7>, <표 1.8>; <표 1.5>, 제2장 참조).

첫째, 상위 10위권에 속한 적이 있는 31개 일반지주회사 중 2001년 이후 줄곧 5위 이내에 든 회사는 LG그룹의 (주)LG(이전의 (주)LGCI)가 유일하다. 2001년 4월 설립 직후부터 2006년까지 1위 자리를 지켰으며, 2007년 이후에는 신설 SK(주)에 밀려 2위가 되었다. 또 (주)LG는 2001년 이후 줄곧 자산총액이 1조 원 이상을 유지한 유일한 회사이기도 하다. 2001년 2.7조 원에서 2003년에는 5.8조 원으로 2배 이상 뛰었고 2004년에는 6.2조 원으로 더 늘어났다. 2005-2007년에는 4.3-4.8조 원 수준이 유지되었으며, 이후 다시 증가하여 2008년 5.6조 원, 2009년 7조 원, 그리고 2010년 8조 원이 되었다.

둘째, 4개 일반지주회사는 설립 또는 전환 이후 2010년 현재까지 줄곧 5위 이내에 들었다. SK그룹의 SK(주)는 2007-2010년 사이 1위, GS그룹의 (주)GS는 2005-2010년 사이 2-4위, 부영그룹의 부영은 2010년 4위, 그리고 CJ그룹의 CJ(주)는 2008-2010년 사이 5위였다. 특히 SK(주)의 자산총액은 2007년 6.5조원이던 것이 2008-2009년에는 9.5-9.6조 원으로 1/3가량 급증하였고, 2010년(10.2조 원)에는 일반지주회사들 중에서는 처음으로 10조 원을 돌파하였다. (주)GS의 자산은 2005년 2.7조원, 2007년 3.3조 원, 2009년 4.5조 원, 2010년 5.2조 원 등으로 꾸준히 증가하였으며, CJ(주)의 자산은 2.2-2.8조 원 수준이 유지되었다.

셋째, 다른 4개 일반지주회사는 설립 또는 전환 이후 2010년 현재까지 4-10위를 유지하였다. 두산그룹의 두산은 2009-2010년 사이 4-6위, LS그룹의 (주)LS는 2008-2010년 사이 6-7위, 웅진그룹의 웅진홀딩스는 2008-2010년 사이 8-9위, 그리고 몰트어퀴지션은 2009-2010년 사이 6-8위였다. 자산총액은 두산이 2.7-2.8조 원, (주)LS가 1.6-1.8조 원, 몰트어퀴지션이 1.8-2.3조 원, 그리고 웅진홀딩스가 1.4-1.8조 원 수준이었다.

그리고 넷째, 상위 10위권에 속한 적이 있는 31개 일반지주회사들 중 나머지 22개 회사의 면면은 다음과 같다.

6개 지주회사는 공정거래법상의 지주회사로 존속하던 2008년 이전의 1-4개년도 동안 줄곧 10위 이내에 속하였다. 금호아시아나그룹의 금호산업(2007-2008년 3위), 롯데그룹의 롯데물산(2005-2006년 3위), STX그룹의 (주)STX(2004-2005년 7-9위), 그리고 대우통신(2003년 4위; 2004년 6위), 하이마트홀딩스(2006년 8위), C&M커뮤니케이션(2001-2003년 6-10위) 등이다. 금호산업과 롯데물산은 5위 이내였고, 대우통신은 5위 이내에 든 적이 있었다.

5개 지주회사는 2001년 이후 2010년까지 줄곧 존속하면서 일부 기간 10위 이내에 속한 적이 있었다. SK그룹의 SK E&S(2001-2006년 2-4위; 2007-2008년 6-10위; 2009-2010년 15-16위), 세아그룹의 세아홀딩스(2001-2004년 4-5위; 2005-2007년 7-9위; 2008-2010년 14-17위), 그리고 대교홀딩스(2003-2004년 3-4위; 2001, 2005-2007년 6-10위; 2008-2010년 15-20위), 온미디어(2001-2003년 8위; 2004-2010년 11-28위), 동원엔터프라이즈(2001년 9위; 2003-2010년 12-29위) 등이다. 공정거래법상 지주회사 제1호인 SK E&S(이전 SK엔론), 그리고 세아홀딩스와 대아홀딩스는 5위 이내에 들기도 하였다.

8개 지주회사는 2003년 또는 그 이후부터 2010년까지 존속하면서 일부 기간 10위 이내에 속하였다. 삼성그룹의 삼성종합화학(2004-2006년 2-5위; 2007년 8위; 2008-2010년 13-16위), 태평양그룹의 태평양(2007년 5위; 2008-2009년 7-9위; 2010년 11위), CJ그룹의 CJ오쇼핑(2007년 7위; 2008-2010년 12-13위), 농심그룹의 농심홀딩스(2003-2006년 8-9위; 2007-2010년 13-21위), 하이트그룹의 하이트홀딩스(2008, 2010년 9-10위; 2009년 11위), 한진중공업그룹의 한진중공업홀딩스(2009년 10위; 2006-2007, 2010년 11-14위), 동화홀딩스(2004년 10위; 2005-2010년 12-49위), 대상홀딩스(2006년 10위; 2005, 2007-2010년 15-35위) 등이다. 삼성종합화학과 태평양은 5위 이내에 든 적이 있었다.

나머지 3개 일반지주회사 중 화성사(2001년 3위; 2003-2005년 6-10위; 2006-2007년 11-18위)와 엘파소코리아홀딩(2001년 5위; 2003-2005년 11-17위)은 2001년 5위 이내에 들었다가 이후 순위가 점차 낮아졌고 각각 2007년과 2005년까지만 존속하였다. 풀무원(2003년 7위; 2004-2007년 11-22위)은 2003-2007년 사이에 한 차례 10위 이내에 든 적이 있었다.

〈표 1.6〉 10대 일반지주회사, 2001-2010년: (1) 연도별 순위

순위	2001.7	2003.7	2004.5	2005.8	2006.8	2007.8	2008.9	2009.9	2010.9
1	LGCI	LG	LG	LG	LG	SK	SK	SK	SK
2	SK엔론	SK엔론	삼성종합	GS홀딩스	GS홀딩스	LG	LG	LG	LG
3	화성사	대교	SK엔론	롯데물산	롯데물산	금호산업	금호산업	GS	GS
4	세아	대우통신	대교	SK엔론	SK E&S	GS홀딩스	GS홀딩스	두산	부영
5	엘파소	세아	세아	삼성종합	삼성종합	태평양	CJ	CJ	CJ
6	C&M	화성사	대우통신	대교	대교	SK E&S	LS	몰트	두산
7	대교	풀무원	STX	세아	세아	CJ홈쇼핑	태평양	LS	LS
8	온미디어	온미디어	농심	농심	하이마트	삼성종합	웅진	웅진	몰트
9	동원	농심	화성사	STX	농심	세아	하이트	태평양	웅진
10	-	C&M	동화	화성사	대상	대교	SK E&S	한진중	하이트

주: 〈표 1.7〉, 〈표 1.8〉의 회사 이름 및 주 참조.
출처: 〈표 1.7〉, 〈표 1.8〉.

〈표 1.7〉 10대 일반지주회사, 2001-2010년: (2) 회사별 순위

지주회사	2001.7	2003.7	2004.5	2005.8	2006.8	2007.8	2008.9	2009.9	2010.9
금호산업						3	3		
농심홀딩스		9	8	8	9	13	17	19	21
동원엔터프라이즈	9	12	14	14	15	16	21	27	29
동화홀딩스			10	12	14	20	23	33	49
두산								4	6
대교홀딩스	7	3	4	6	6	10	15	18	20
대상홀딩스				15	10	17	22	30	35
대우통신		4	6						
몰트어퀴지션								6	8
부영									4
롯데물산				3	3				
삼성종합화학			2	5	5	8	13	16	15
세아홀딩스	4	5	5	7	7	9	14	14	17
온미디어	8	8	12	11	12	15	18	23	28
웅진홀딩스							8	8	9
엘파소코리아홀딩	5	11	13	17					
태평양						5	7	9	11
풀무원		7	11	13	17	22			
하이마트홀딩스					8				
하이트홀딩스							9	11	10
한진중공업홀딩스						11	11	10	14
화성사	3	6	9	10	11	18			
CJ(주)							5	5	5
CJ오쇼핑						7	12	12	13
C&M커뮤니케이션	6	10							
(주)GS				2	2	4	4	3	3
(주)LG	1	1	1	1	1	2	2	2	2
(주)LS							6	7	7
SK(주)						1	1	1	1
SK E&S	2	2	3	4	4	6	10	15	16
(주)STX			7	9					

주: 대교홀딩스 = 2001-2004년 대교네트워크, CJ오쇼핑 = 2007-2008년 CJ홈쇼핑, (주)GS = 2005-2008년 GS홀딩스, (주)LG = 2001년 (주)LGCI, SK E&S = 2001-2005년 SK엔론.

출처: 〈표 1.8〉, 〈부록 3〉.

〈표 1.8〉 10대 일반지주회사, 2001-2010년: (3) 자산총액 (A, 억 원), 계열회사 수 (B, 개)

순위	2001년 7월	(A / B)	2003년 7월	(A / B)
1	(주)LGCI*	(26,500 / 13)	(주)LG*	(57,583 / 37)
2	SK엔론*	(5,733 / 11)	SK엔론*	(7,016 / 14)
3	화성사	(2,625 / 1)	대교네트워크	(5,047 / 10)
4	세아홀딩스	(2,545 / 12)	대우통신	(3,874 / 2)
5	엘파소코리아홀딩	(1,403 / 1)	세아홀딩스	(2,805 / 11)
6	C&M커뮤니케이션	(1,254 / 13)	화성사	(2,634 / 1)
7	대교네트워크	(1,113 / 3)	풀무원	(2,049 / 18)
8	온미디어	(643 / 5)	온미디어	(1,841 / 11)
9	동원엔터프라이즈	(470 / 3)	농심홀딩스*	(1,839 / 4)
10	-		C&M커뮤니케이션	(1,660 / 21)
순위	**2004년 5월**	**(A / B)**	**2005년 8월**	**(A / B)**
1	(주)LG*	(61,750 / 37)	(주)LG*	(43,491 / 33)
2	삼성종합화학*	(10,529 / 1)	GS홀딩스*	(26,646 / 12)
3	SK엔론*	(7,685 / 13)	롯데물산*	(9,707 / 4)
4	대교네트워크	(5,047 / 10)	SK엔론*	(8,068 / 12)
5	세아홀딩스*	(3,831 / 14)	삼성종합화학*	(7,212 / 1)
6	대우통신	(3,068 / 2)	대교홀딩스	(5,985 / 10)
7	(주)STX	(3,034 / 5)	세아홀딩스*	(5,304 / 15)
8	농심홀딩스*	(2,854 / 6)	농심홀딩스*	(3,594 / 6)
9	화성사	(2,634 / 1)	(주)STX*	(3,301 / 8)
10	동화홀딩스	(2,380 / 6)	화성사	(2,863 / 1)

순위	2006년 8월	(A / B)	2007년 8월	(A / B)
1	(주)LG*	(47,964 / 28)	SK(주)*	(64,788 / 23)
2	GS홀딩스*	(29,871 / 15)	(주)LG*	(46,044 / 28)
3	롯데물산*	(11,461 / 4)	금호산업*	(38,868 / 21)
4	SK E&S*	(8,996 / 12)	GS홀딩스*	(32,729 / 14)
5	삼성종합화학*	(7,546 / 1)	태평양*	(13,705 / 4)
6	대교홀딩스	(6,614 / 11)	SK E&S*	(9,530 / 11)
7	세아홀딩스*	(6,423 / 14)	CJ홈쇼핑*	(8,562 / 13)
8	하이마트홀딩스	(5,461 / 4)	삼성종합화학*	(7,937 / 1)
9	농심홀딩스*	(4,191 / 6)	세아홀딩스*	(7,291 / 14)
10	대상홀딩스	(3,026 / 4)	대교홀딩스	(6,880 / 13)
순위	**2008년 9월**	**(A / B)**	**2009년 9월**	**(A / B)**
1	SK(주)*	(95,056 / 35)	SK(주)*	(96,197 / 58)
2	(주)LG*	(55,988 / 29)	(주)LG*	(69,563 / 45)
3	금호산업*	(41,240 / 22)	(주)GS*	(44,557 / 24)
4	GS홀딩스*	(35,587 / 17)	두산*	(27,910 / 21)
5	CJ(주)*	(21,594 / 43)	CJ(주)*	(27,811 / 50)
6	(주)LS*	(17,364 / 14)	몰트어퀴지션	(22,534 / 2)
7	태평양	(13,858 / 6)	(주)LS*	(16,180 / 19)
8	웅진홀딩스	(13,790 / 13)	웅진홀딩스*	(14,755 / 18)
9	하이트홀딩스	(10,801 / 11)	태평양	(14,325 / 6)
10	SK E&S*	(9,989 / 11)	한진중공업홀딩스*	(10,892 / 5)
순위	**2010년 9월**	**(A / B)**		
1	SK(주)*	(102,405 / 62)		
2	(주)LG*	(80,141 / 45)		
3	(주)GS*	(51,718 / 27)		
4	부영*	(39,396 / 2)		
5	CJ(주)*	(27,914 / 46)		
6	두산*	(27,484 / 23)		
7	(주)LS*	(17,971 / 24)		
8	몰트어퀴지션	(17,943 / 2)		
9	웅진홀딩스*	(17,838 / 20)		
10	하이트홀딩스*	(17,172 / 13)		

주: 1) 대교홀딩스 = 대교네트워크, CJ오쇼핑 = CJ홈쇼핑, (주)GS = GS홀딩스, (주)LG = (주)LGCI, SK E&S = SK엔론.
2) * 공정거래위원회 지정 대규모기업집단 소속.
출처: 〈부록 3〉.

6. 요약 · 정리

이 장에서는 2000년 1월 이후 2010년 9월까지 11년 동안 '공정거래법상 지주회사'에 어떤 변화가 있어 왔는지 그리고 어떤 주요 특징을 보여 주고 있는지를 신설 및 존속 지주회사, 계열회사, 지주비율, 자산총액 등 네 가지 측면에서 고찰하였다. 주요 내용은 다음과 같다.

(1) 2000-2006년 사이 매년 5-8개씩 생기던 신설 지주회사는 2007-2010년 사이에는 15-31개씩 대폭 증가하였으며, 2010년 9월 현재까지 모두 127개의 지주회사가 신설되었다. 이 중 일반지주회사가 111개, 금융지주회사가 16개이다.

이들 중 일부는 시간이 지남에 따라 법률상의 요건을 충족시키지 못하여 공정거래법상의 지주회사에서 제외되었는데, 신설 지주회사가 점차 증가함에 따라 존속 지주회사의 수도 점차 많아졌다. 2001년 7월 현재 11개이던 것이 2006년 8월과 2008년 9월 현재에는 각각 31개, 60개가 되었으며, 2010년 9월 현재에는 96개(일반 84개, 금융 12개)가 공정거래법상 지주회사로 등록되어 있다.

존속 일반지주회사들 중 상당수는 대규모사기업집단 소속으로, 2003년 이후 모두 32개 지주회사가 25개 집단에 속해 있었다. 지주회사 보유 사기업집단이 공정거래위원회 지정 전체 사기업집단에서 차지하는 비중은 매년 증가하여 2010년 현재에는 40%(43개 중 17개)에 이르고 있다.

(2) 계열회사는 자회사만 있는 경우, 자회사와 손자회사가 있는 경우, 자회사, 손자회사 및 증손회사 모두가 있는 경우 등 세 부류가 있다. 2007년까지는 앞의 두 부류가 서로 엇비슷하다가 2008년부터는 두 번째 부류의 비중이 월등하게 많아졌다. 세 번째 부류는 2008년부터 생겼으며 2010년 9월 현재에는 96개 지주회사 중 12개가 이 부류에 속한다.

존속 지주회사의 총 계열회사 수는 2006년까지는 200-260개 수준이다가 2007년부터 급증하여 2010년 9월 현재에는 96개 지주회사가 모두 991개의 계열회사를 거느리고 있다. 계열회사 중에서는 자회사의 수가 가장 많기는 하지만 손자회사의 수가 2008년 이후 급증하였으며 2008년부터는 증손회사도 일부 생겨나기 시작하였다.

1개 지주회사가 거느리는 계열회사의 수는 1개에서 62개에 이르기까지 다양한 분포를 보이고 있다. 일반지주회사의 2/3 정도는 '10개 미만'의 계열회사를, 그리고 1/3 정도는 '10-19

개’의 계열회사를 가지고 있다. ‘20개 이상’의 계열회사를 갖는 경우는 10% 내외이며, 2003년 이후 모두 14개의 지주회사(일반 12개, 금융 2개)가 관련되어 있다. 일반지주회사 12개 중에서는 9개가 대규모사기업집단 소속이다.

(3) 지주비율의 범위는 최소 50%에서 100%까지 다양한 분포를 보이고 있다. 일반지주회사의 경우, 90%대가 가장 큰 비중을 차지하고 있는 가운데 50%대와 60%대의 비중도 높은 편이다.

(4) 자산총액은 2002년부터 ‘1천억 원 이상’이 법률상 요건인데, 일반지주회사들의 2/3 정도는 5천억 원 미만의 자산을 가졌으며 1천억 원대와 2-4천억 원대가 반반 정도였다. 또 5-9천억 원대 그리고 1-4조 원대의 자산을 가지는 일반지주회사의 비중은 각각 10% 내외였다.

한편 자산총액 기준 10대 일반지주회사에 속한 적이 있는 회사는 2001-2010년 사이에 모두 31개이며, 이들 중 19개는 대규모사기업집단 소속이다. 집단 소속 지주회사들은 규모가 커서 10대 회사의 대부분을 차지하였으며, 특히 2005년 이후에는 1-5위를 모두 차지하였다.

제2장

한국재벌과 지주회사체제

1. 머리말

1999년 2월 지주회사의 설립 및 전환이 재허용된 이후 약 1년이 지난 2000년 1월 첫 공정거래법상 지주회사가 탄생하였으며, 이후 매년 다수의 지주회사가 생겨나 2010년 9월 현재까지 모두 127개가 신설되었다. 이들 중 일부는 시간이 지남에 따라 법률상의 요건을 충족하지 못하였으며, 2010년 9월 현재에는 96개의 공정거래법상 지주회사가 남아 있다. 이 96개 지주회사 중 84개는 일반지주회사이고 나머지 12개는 금융지주회사이다.

한국기업들이 새로운 지배구조로서의 지주회사 실험 대열에 대거 동참하고 있는 상황이며, 특히 대규모사기업집단들, 즉 재벌들의 참여가 매우 적극적이다. 2010년 9월 현재의 84개 일반지주회사 중 22개(26%)는 17개 대규모사기업집단의 계열회사들이며, 이 17개 집단은 2010년 공정거래위원회 지정 43개 집단의 40%를 차지하고 있다. 2001년 이후로는 공정거래법상 일반지주회사를 계열회사로 둔 대규모사기업집단이 25개에 달하며 관련 지주회사는 모두 32개이다.

지주회사가 새로운 지배구조로 성공적으로 자리 잡고 있는지에 대한 종합적인 평가가 필요한 시점이며, 이 장에서는 그 기초 작업으로서 대규모사기업집단 소속 지주회사들과 관련된 전반적인 추세 및 주요 특징들을 분석한다. 분석 자료는 공정거래위원회 발표 '지주회사' 관련 자료이며, 분석 기간은 9개년도(2001, 2003-2010년)이다. 2002년 자료는 없으며, 3개년도(2001, 2004, 2006년) 자료에는 대규모사기업집단 관련 정보가 부족해 공정거래위원회 발표 '대규모사기업집단' 자료로 보완하였다.

제2절(대규모사기업집단 소속 일반지주회사)에서는 2001년 이후 공정거래법상 일반지주회사를 계열회사로 둔 대규모사기업집단 25개와 관련 지주회사 32개의 면면을 소개한다.

제3절(대규모사기업집단 소속 10대 일반지주회사)에서는 집단 소속 32개 지주회사들 중 자산규모가 커서 일반지주회사 전체에서 상위 10위에 속한 적이 있는 19개 지주회사들을 살펴

본다.

제4절(대규모사기업집단과 지주회사체제, 2001-2010년)에서는 25개 집단들이 지주회사체제를 어느 정도로 채택하고 있는지를 검토한다. 적극적인 지주회사체제를 구축하고 있는 19개 집단과 소극적인 지주회사체제를 구축하고 있는 6개 집단에 대해, 집단의 이름, 집단 순위 및 계열회사 수, 지주회사의 이름, 지주회사 순위 및 계열회사 수, 지주회사체제 달성 비율 등을 연도별로 제시하면서 주요 특징을 분석한다.

제5절(대규모사기업집단과 지주회사체제, 2010년)에서는 2010년 9월 현재 적극적인 지주회사체제를 채택하고 있는 13개 집단과 소극적인 지주회사체제를 채택하고 있는 4개 집단, 그리고 관련 22개 지주회사들을 비교 검토한다.

마지막으로 제6절(요약 · 정리)에서는 앞의 논의를 요약, 정리한다.

2. 대규모사기업집단 소속 일반지주회사

'공정거래법상 일반지주회사'를 계열회사로 둔 공정거래위원회 지정 대규모사기업집단은 2001년 이후 25개이며 관련 지주회사는 모두 32개이다 (<표 2.1>; <그림 2.1>, <그림 2.2>; <표 2.2>).

먼저 지주회사를 가진 집단은 2001년 2개이던 것이 2005년에는 9개로 그리고 2007년에는 14개로 늘어났으며, 2008-2009년에는 11-13개로 조금 줄어들었다가 2010년 현재까지 17개로 다시 늘어났다. 2001년 이후 관련 집단은 모두 25개인데, 이 중 8개 집단 소속의 지주회사들은 2010년 이전에 법률상의 지주회사 지위를 상실하였다.

전체 사기업집단 중에서 지주회사 보유 집단이 차지하는 비중 또한 지속적으로 증가하였다. 2001년 7%(30개 집단 중 2개 집단)에 불과하던 것이 2005년에는 19%(48개 중 9개)로, 그리고 2007년에는 25%(55개 중 14개)로 늘어났다. 2009년에는 33%(39개 중 13개)로 더욱 증가하였으며, 2010년 현재의 비중은 40%(43개 중 17개)로 역대 최고치를 보이고 있다.

둘째, 2001년 이후 25개 대규모사기업집단에 소속된 지주회사는 모두 32개이다. 기업집단 소속 지주회사의 수는 집단 수와 같거나 1-5개가 많았으며, 전체 지주회사 중에서 집단 소속 지주회사가 차지하는 비중은 '증가 후 감소'의 추세를 보이고 있다. 2001년에는 1/4 이하(9개 지주회사 중 2개 지주회사, 22%)이던 것이 2005년(22개 중 10개, 45%)과 2007년(36개 중 15개,

42%)에는 절반 가까이 되었는데, 이후 신설 지주회사의 수가 급속하게 늘어나면서 그 비중이 1/4 수준으로 낮아졌다. 2008년 24%(55개 중 13개), 2009년 23%(70개 중 16개), 그리고 2010년 26%(84개 중 22개)이다. 한편 온미디어의 경우 2007년에는 오리온그룹 소속 계열회사였다가 2010년에는 CJ그룹 소속으로 변경되었다.

셋째, 25개 대규모사기업집단 중 20개는 1개씩의 일반지주회사를 가졌으며, 나머지 5개 집단(CJ, 두산, SK, 롯데, 한화)은 2-4개씩의 지주회사를 보유하였다. CJ는 2007년 1개(CJ홈쇼핑, 이후 CJ오쇼핑)였다가 2008-2009년에는 2개(CJ(주), CJ오쇼핑)로 늘어났고, 2010년에는 2개(오미디어홀딩스, 온미디어)가 추가되어 4개의 지주회사를 보유하는 유일한 집단이 되었다.

〈표 2.1〉 대규모사기업집단 소속 일반지주회사, 2001-2010년 (개, %):
집단 총 수 (A), 지주회사 총 수 (B), 지주회사 보유 집단 수 (A1), 집단 소속 지주회사 수 (B1)

연.월	A(개)	B(개)	A1(개)	B1(개)	A1/A(%)	B1/B(%)
2001.7	30	9	2	2	7	22
2003.7	42	15	4	4	10	27
2004.5	45	19	6	6	13	32
2005.8	48	22	9	10	19	45
2006.8	52	27	9	10	17	37
2007.8	55	36	14	15	25	42
2008.9	68	55	11	13	16	24
2009.9	39	70	13	16	33	23
2010.9	43	84	17	22	40	26
총합			25	32		

주: 1) 집단 총 수는 4월 현재; 2001년에는 30대 집단만 지정됨.
2) 2003-2010년 공기업집단 제외; 사기업집단 중 한국투자금융그룹(2009-2010년)과 미래에셋그룹(2010년) 제외.
3) 3개 시점(2001.7, 2004.5, 2006.8)의 공정거래위원회 '지주회사' 자료에는 집단 소속 지주회사 표시 없음. '집단' 자료 및 다른 연도의 '지주회사' 자료로 보완함.
4) 금융지주회사 중 대규모기업집단 소속: 2003년 7월 1개(동원금융지주), 2004년 5월 2개(삼성에버랜드, 동원금융지주), 2009년 9월 2개(한국투자금융지주, 한국투자운용지주), 2010년 9월 5개(한국투자금융지주, 에이오엔이십일, 골든브릿지, 한국투자운용지주, 미래에셋컨설팅).

출처: 〈표 2.2〉, 〈표 2.7〉, 〈표 2.8〉, 〈표 2.9〉, 〈부록 3〉, 공정거래위원회 홈페이지 자료.

〈그림 2.1〉 대규모사기업집단 소속 일반지주회사, 2001-2010년: (1) 지주회사 보유 집단의 비중 (개, %)

(출처: <표2.1>)

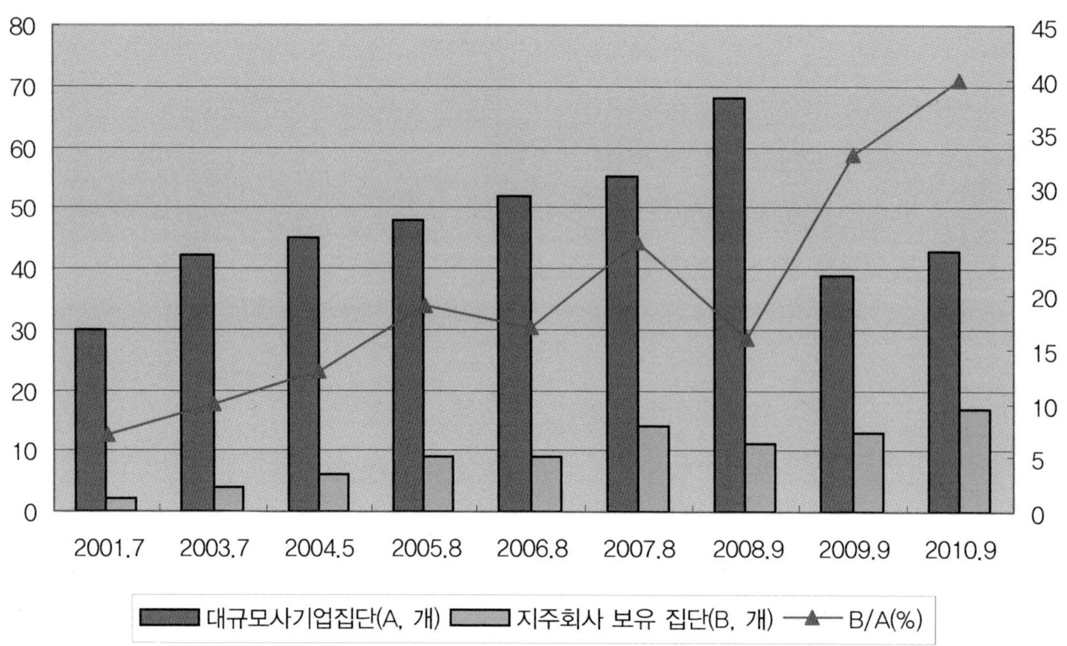

〈그림 2.2〉 대규모사기업집단 소속 일반지주회사, 2001-2010년: (2) 집단 소속 지주회사의 비중 (개, %)

(출처: <표 2.1>)

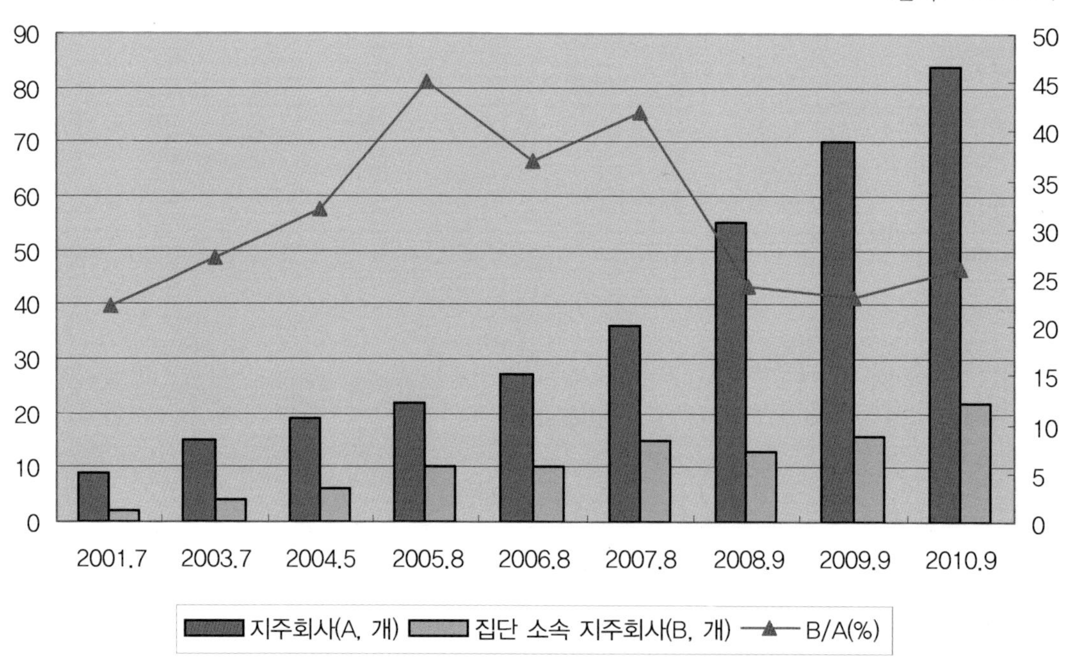

두산의 경우, 2009년(두산, 두산모트롤홀딩스)과 2010년(두산, 디아피홀딩스)에 각각 2개의 지주회사를 가졌는데, 전체 수는 3개이다. SK는 2005년까지는 1개(SK엔론, 이후 SK E&S)였다가 2007년부터는 2개(SK(주), SK E&S)의 지주회사를 가지고 있으며, 롯데는 2005-2006년 2개의 지주회사(롯데물산, 롯데산업)를 가진 적이 있었다. 한화는 2005-2006년과 2010년에는 한화도시개발을, 그리고 2007-2009년에는 드림파마를 지주회사로 두었다.

〈표 2.2〉 대규모사기업집단 소속 일반지주회사, 2001-2010년

집단	2001.7	2003.7	2004.5	2005.8	2006.8	2007.8	2008.9	2009.9	2010.9
SK	SK엔론	SK엔론	SK엔론	SK엔론	SK E&S	SK E&S	SK E&S	SK E&S	SK E&S
						SK(주)	SK(주)	SK(주)	SK(주)
CJ						CJ홈쇼핑	CJ홈쇼핑	CJ오쇼핑	CJ오쇼핑
							CJ(주)	CJ(주)	CJ(주)
									오미디어
									온미디어
두산								두산	두산
								두산 모트롤	디아피
한화				한화도시	한화도시	드림파마	드림파마	드림파마	한화도시
LG	(주)LGCI	(주)LG	(주)LG	(주)LG	(주)LG	(주)LG	(주)LG	(주)LG	(주)LG
GS				GS 홀딩스	GS 홀딩스	GS 홀딩스	GS 홀딩스	(주)GS	(주)GS
삼성			삼성종합	삼성종합	삼성종합	삼성종합	삼성종합	삼성종합	삼성종합
세아			세아	세아	세아	세아		세아	세아
한진 중공업						한진중	한진중	한진중	한진중
현대 백화점					(주)HC&	(주)HC&	(주)HC&	(주)HC&	(주)HC&
LS							(주)LS	(주)LS	(주)LS
대한전선							티이씨	티이씨	티이씨
웅진								웅진	웅진

한진								한진해운
코오롱								코오롱
하이트 맥주								하이트
부영								부영
롯데			롯데물산	롯데물산				
			롯데산업	롯데산업				
농심	농심	농심	농심	농심	농심			
금호 아시아나					금호산업	금호산업		
동원	동원엔터	동원엔터						
STX			(주)STX					
태평양					태평양			
오리온					온미디어			
현대 자동차					차산 골프장			

주: 1) SK엔론 = SK E&S, CJ홈쇼핑 = CJ오쇼핑, GS홀딩스 = (주)GS, (주)LGCI = (주)LG.
2) 오미디어 = 오미디어홀딩스, 두산모트롤 = 두산모트롤홀딩스, 디아이피 = 디아이피홀딩스, 한화도시 = 한화도시개발, 삼성종합 = 삼성종합화학, 세아 = 세아홀딩스, 한진중 = 한진중공업홀딩스, 티이씨 = 티이씨앤코, 웅진 = 웅진홀딩스, 한진해운 = 한진해운홀딩스, 하이트 = 하이트홀딩스, 농심 = 농심홀딩스, 동원엔터 = 동원엔터프라이즈, 차산골프장 = 차산골프장지주회사.

출처: 〈표 2.7〉, 〈표 2.8〉, 〈표 2.9〉, 〈부록 3〉.

그리고 넷째, 2010년 현재 지주회사체제를 채택하고 있는 17개 집단 중 2개(SK와 LG)는 분석 기간 첫 해인 2001년 이후 줄곧 일반지주회사를 보유해 오고 있다. 2개 집단(삼성, 세아)은 2004년부터 지주회사를 가지고 있는데, 세아는 2008년에는 공정거래법상 기업집단으로 지정되지 않았다. 2개 집단(한화, GS)은 2005년 이후, 1개 집단(현대백화점)은 2006년 이후, 2개 집단(CJ, 한진중공업)은 2007년 이후, 2개 집단(LS, 대한전선)은 2008년 이후, 그리고 2개 집단(두산, 웅진)은 2009년 이후 지주회사를 계열회사로 두고 있다. 2010년 처음으로 지주회사를 보유하게 된 집단은 4개(한진, 코오롱, 하이트맥주, 부영)이다.

2010년 이전에 공정거래법상 지주회사를 가졌던 8개 집단 중에서는 농심(2003-2007년)이 분석 기간 9개년도 중 5개년도에 지주회사를 보유하였다. 롯데(2005-2006년), 금호아시아나(2007-2008년), 동원(2003-2004년) 등 3개 집단은 2개년도에, 그리고 STX(2005년), 태평양(2007년), 오리온(2007년), 현대자동차(2007년) 등 4개 집단은 1개년도에만 지주회사를 가졌다.

3. 대규모사기업집단 소속 10대 일반지주회사

대규모사기업집단에 속하는 일반지주회사들은 자산 규모가 커서 전체 지주회사들 중 상위 10위의 대부분을 차지하였으며, 특히 2005년 이후에는 1-5위를 모두 차지하였다. 집단 소속 지주회사들의 수가 증가하면서 자연히 10위 밖에 위치하는 지주회사들도 다수 생기게 되었는데, 2003년 1개이던 것이 2007년에는 6개로 늘어났고 2010년에는 13개로 더욱 늘어났다. 2010년 9월 현재의 경우, 84개 전체 일반지주회사 중 기업집단 소속이 22개였으며, 이들 중 9개가 1-7위 및 9-10위를 차지하였다. 5개는 11-20위, 그리고 3개는 21-30위였으며, 31위 이하의 순위를 갖는 지주회사도 5개나 되었다 (<표 2.3>; <그림 2.3>).

〈표 2.3〉 대규모사기업집단 소속 일반지주회사의 순위 분포, 2001-2010년 (개)

연.월	합	1-5위	6-10위	11-20위	21-30위	31위 이하
2001.7	2	2				
2003.7	4	2	1	1		
2004.5	6	4	1	1		
2005.8	10	5	3	1	1	
2006.8	10	5	2	2	1	
2007.8	15	5	4	4	1	1
2008.9	13	5	2	4	1	1
2009.9	16	5	3	5	1	2
2010.9	22	5	4	5	3	5

출처: 〈부록 3〉.

〈그림 2.3〉 대규모사기업집단 소속 일반지주회사의 순위 분포, 2001-2010년 (개)

(출처: <표 2.3>)

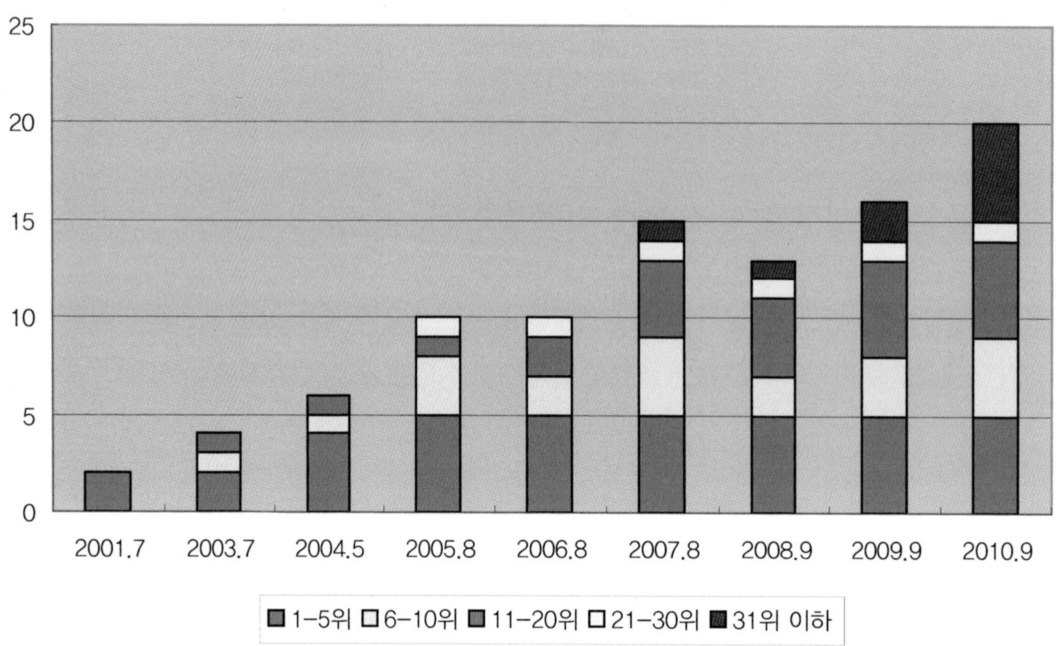

2001년 이후 25개 기업집단에 속한 32개 일반지주회사들 중 19개(2010년 현재 14개, 2010년 이전 5개)는 상위 1-10위에 든 적이 있었으며, 이들 중 12개는 1-5위에 속한 적이 있었다 (<표 2.4>, <표 2.5>, <표 2.6>; <그림 2.4>, <그림 2.5>; <표 2.2> 참조).

첫째, 19개 지주회사 중 2001년 이후 줄곧 5위 이내에 든 회사는 LG그룹의 (주)LG(이전 (주)LGCI)가 유일하다. 2001-2006년에 1위였으며 2007년 이후에는 신설된 SK그룹 소속 SK(주)에 밀려 2위가 되었다. 또 (주)LG는 2001년 이후 줄곧 자산총액이 1조 원 이상을 유지한 유일한 회사이기도 하다. 2001년 2.7조 원이던 것이 2004년에는 6.2조 원으로 늘어났으며, 2005년 4.3조 원으로 줄었다가 이후 다시 증가하여 2008년 5.6조 원, 2009년 7조 원, 그리고 2010년 8조 원이 되었다.

둘째, 4개 지주회사(SK(주), (주)GS, 부영, CJ(주))는 설립 또는 전환 이후 2010년까지 줄곧 5위 이내에 들었다. SK그룹의 SK(주)는 2007-2010년 사이 1위, GS그룹의 (주)GS(이전 GS홀딩스)는 2005-2010년 사이 2-4위, 부영그룹의 부영은 2010년 4위, 그리고 CJ그룹의 CJ(주)는 2008-2010년 사이 5위였다.

SK(주)의 자산총액은 2007년 6.5조원이던 것이 2008-2009년에는 9.5-9.6조 원으로 1/3가량 급증하였고, 2010년(10.2조 원)에는 일반지주회사들 중에서는 처음으로 10조 원을 돌파하였다. (주)GS의 자산은 2005년 2.7조원, 2007년 3.3조 원, 2009년 4.5조 원, 2010년 5.2조 원 등으로 꾸준히 증가하였으며, CJ(주)의 자산은 2.2-2.8조 원 수준이 유지되었다. 2010년 부영의 자산총액(3.9조 원)은 (주)GS(5.2조 원)보다는 적고 CJ(주)(2.8조 원)보다는 많았다.

셋째, 4개 지주회사(두산, (주)LS, 웅진홀딩스, 하이트홀딩스)는 설립 또는 전환 이후 2010년 현재까지 4-10위를 유지하였다. 두산그룹의 두산은 2009-2010년 사이 4-6위, LS그룹의 (주)LS는 2008-2010년 사이 6-7위, 웅진그룹의 웅진홀딩스는 2008-2010년 사이 8-9위, 그리고 하이트그룹의 하이트홀딩스는 2010년 10위였다. 자산총액은 두산이 2.7-2.8조 원, (주)LS가 1.6-1.8조 원, 웅진홀딩스가 1.4-1.8조 원 수준이었으며, 하이트홀딩스는 1.7조 원이었다.

넷째, 3개 지주회사(SK E&S, 삼성종합화학, 세아홀딩스)는 2001년 이후 2010년까지 일부 기간 동안 5위 이내에 그리고 10위 이내에 속한 적이 있었다.

〈표 2.4〉 대규모사기업집단 소속 10대 일반지주회사, 2001-2010년: (1) 연도별 순위

순위	2001.7	2003.7	2004.5	2005.8	2006.8	2007.8	2008.9	2009.9	2010.9
1	LGCI	LG	LG	LG	LG	SK	SK	SK	SK
2	SK엔론	SK엔론	삼성종합	GS홀딩스	GS홀딩스	LG	LG	LG	LG
3			SK엔론	롯데물산	롯데물산	금호산업	금호산업	GS	GS
4				SK엔론	SK E&S	GS홀딩스	GS홀딩스	두산	부영
5			세아	삼성종합	삼성종합	태평양	CJ	CJ	CJ
6						SK E&S	LS		두산
7				세아	세아	CJ홈쇼핑		LS	LS
8			농심	농심		삼성종합		웅진	
9		농심		STX	농심	세아			웅진
10							SK E&S	한진중	하이트

주: 삼성종합 = 삼성종합화학, 세아 = 세아홀딩스, 농심 = 농심홀딩스, 웅진 = 웅진홀딩스, 한진중 = 한진중공업홀딩스, 하이트 = 하이트홀딩스.
출처: 〈표 1.6〉, 〈표 2.5〉, 〈부록 3〉.

SK그룹의 SK E&S(이전 SK엔론)는 2001-2006년에는 2-4위였다가 2007-2008년에는 6-10위로 순위가 낮아졌으며, 2009-2010년에는 15-16위로 더욱 낮아졌다. 삼성그룹 소속 삼성종합화학은 2004-2006년 2-5위, 2007년 8위, 2008-2010년 13-16위였고, 세아그룹 소속 세아홀딩스는 2004년 5위, 2005-2007년 7-9위, 2009-2010년 14-17위였다.

〈표 2.5〉 대규모기업집단 소속 10대 일반지주회사, 2001-2010년: (2) 회사별 순위

지주회사	2001.7	2003.7	2004.5	2005.8	2006.8	2007.8	2008.9	2009.9	2010.9
(주)LG	1	1	1	1	1	2	2	2	2
(주)GS				2	2	4	4	3	3
SK(주)						1	1	1	1
CJ(주)							5	5	5
부영									4
(주)LS							6	7	7
두산								4	6
웅진홀딩스								8	9
하이트홀딩스									10
SK E&S	2	2	3	4	4	6	10	15	16
삼성종합화학			2	5	5	8	13	16	15
세아홀딩스			5	7	7	9		14	17
CJ오쇼핑						7	12	12	13
한진중공업홀딩스						11	11	10	14
금호산업						3	3		
롯데물산				3	3				
태평양						5			
(주)STX				9					
농심홀딩스		9	8	8	9	13			

주: CJ오쇼핑 = 2007-2008년 CJ홈쇼핑, (주)GS = 2005-2008년 GS홀딩스, SK E&S = 2001-2005년 SK엔론, (주)LG = 2001년 (주)LGCI.
출처: 〈표 1.7〉, 〈부록 3〉.

SK E&S의 자산은 2001년 5,733억 원이던 것이 2007년 이후에는 9,000억 원 이상이 유지되었으며, 세아의 자산 역시 2004년 3,831억 원이던 것이 2009년 이후에는 9,000억 원 이상이었다. 삼성종합화학의 자산은 2004년 1조 원을 넘었다가 2005-2009년에는 7,200-8,600억 원 수준에서 조금씩 증가하였으며 2010년 다시 1조 원 이상이 되었다.

〈표 2.6〉 대규모사기업집단 소속 10대 일반지주회사, 2001-2010년: (3) 회사별 자산총액 (억 원)

지주회사	2001.7	2003.7	2004.5	2005.8	2006.8	2007.8	2008.9	2009.9	2010.9
(주)LG	26,500	57,583	61,750	43,491	47,964	46,044	55,988	69,563	80,141
(주)GS				26,646	29,871	32,729	35,587	44,557	51,718
SK(주)						64,788	95,056	96,197	102,405
CJ(주)							21,594	27,811	27,914
부영									39,396
(주)LS							17,364	16,180	17,971
두산								27,910	27,484
웅진홀딩스								14,755	17,838
하이트홀딩스									17,172
SK E&S	5,733	7,016	7,685	8,068	8,996	9,530	9,989	9,095	9,612
세아홀딩스			3,831	5,304	6,423	7,291		9,293	9,220
삼성종합화학			10,529	7,212	7,546	7,937	8,833	8,693	10,442
CJ오쇼핑						8,562	8,886	9,699	11,321
한진중공업 홀딩스						5,872	9,958	10,892	10,543
금호산업						38,868	41,240		
롯데물산				9,707	11,461				
태평양						13,705			
(주)STX				3,301					
농심홀딩스		1,839	2,854	3,594	4,191	4,494			

주: CJ오쇼핑 = 2007-2008년 CJ홈쇼핑, (주)GS = 2005-2008년 GS홀딩스, SK E&S = 2001-2005년 SK엔론, (주)LG = 2001년 (주)LGCI.

출처: 〈부록 3〉.

〈그림 2.4〉 대규모사기업집단 소속 10대 일반지주회사, 2001-2010년: (1) 주요 회사의 순위

(출처: <표 2.5>)

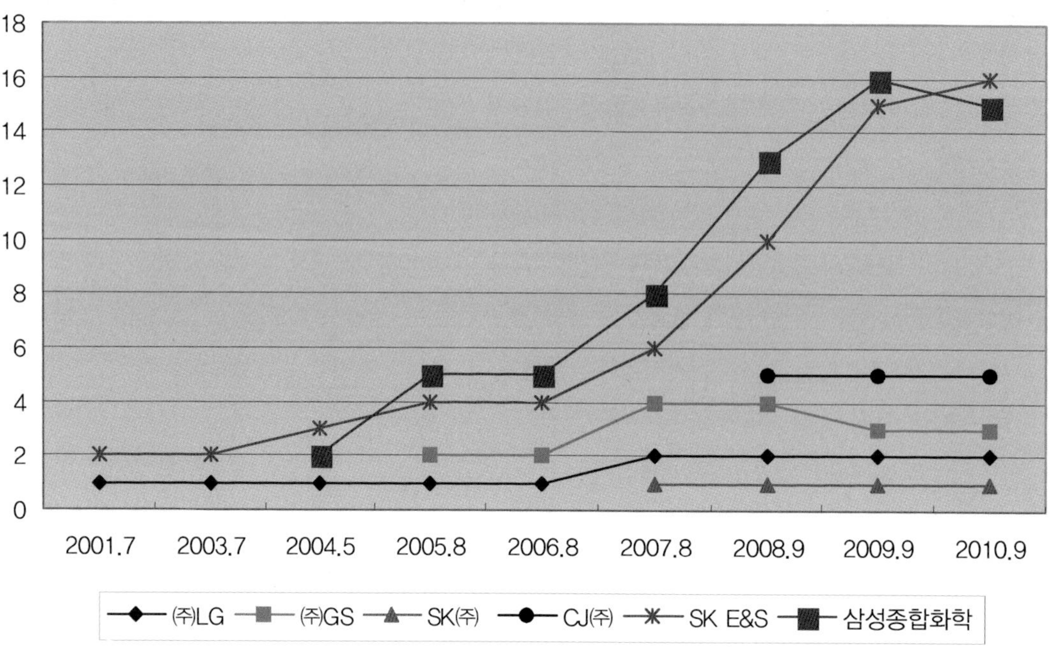

〈그림 2.5〉 대규모사기업집단 소속 10대 일반지주회사, 2001-2010년: (2) 주요 회사의 자산총액 (억 원)

(출처: <표 2.6>)

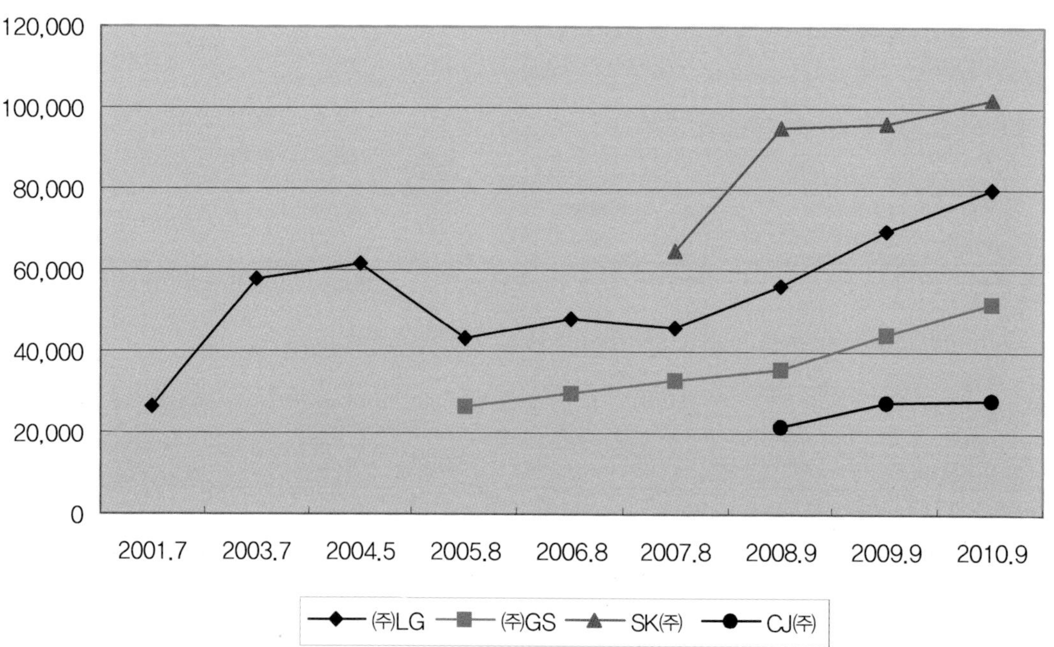

다섯째, 2개 지주회사(CJ오쇼핑, 한진중공업홀딩스)는 2007년 이후 2010년까지 일부 기간 동안 10위 이내에 속한 적이 있었다. CJ그룹의 CJ오쇼핑(이전 CJ홈쇼핑)은 2007년 7위였다가 이후 12-13위로 낮아졌으며, 한진중공업그룹의 한진중공업홀딩스는 2009년 10위 그리고 2007-2008년 및 2010년 11-14위였다. 자산총액은 한진중공업홀딩스가 2009-2010년에 그리고 CJ오쇼핑은 2010년에 1조 원을 넘어섰다.

그리고 여섯째, 2010년 이전에 공정거래법상 지주회사로 존속하던 5개 회사 중 3개는 1-2개 년도 동안 5위 이내에 속한 적이 있었다. 금호아시아나그룹의 금호산업(2007-2008년 3위), 롯데그룹의 롯데물산(2005-2006년 3위), 태평양그룹의 태평양(2007년 5위) 등이다. 나머지 2개 지주회사인 STX그룹의 (주)STX(2005년 9위)와 농심그룹의 농심홀딩스(2003-2006년 8-9위, 2007년 13위)는 10위 이내에 속한 적이 있었다.

한편 2001년 이후의 25개 기업집단 소속 32개 일반지주회사들 중 10위권 밖에 속한 회사는 모두 13개이다. 동원그룹의 동원엔터프라이즈(2003년 12위), 롯데그룹의 롯데산업(2005년 16위), 한화그룹의 드림파마(2007년 12위, 2008년 16위, 2009년 20위) 등 3개는 11-20위권이었으며, 온미디어(2007년(오리온그룹 소속) 15위, 2010년(CJ그룹 소속) 28위)는 11-30위권이었다.

코오롱그룹의 코오롱(2010년 24위)과 CJ그룹의 오미디어홀딩스(2010년 27위)는 21-30위권이었으며, 한진그룹의 한진해운홀딩스(2010년 32위)와 현대자동차그룹의 차산골프장지주회사(2007년 36위)는 31-40위권이었다. 또 한화그룹의 한화도시개발(2005년 22위, 2010년 33위)과 현대백화점그룹의 (주)HC&(2007년 21위, 2008년 24위, 2009년 29위, 2010년 37위)는 21-40위권이었다.

나머지 3개는 두산그룹의 두산모드롤홀딩스(2009년 46위)와 디아피홀딩스(2010년 47위), 그리고 대한전선그룹의 티이씨앤코(2008년 48위, 2009년 69위, 2010년 76위)이며, 순위는 40-80위권이었다.

4. 대규모사기업집단과 지주회사체제, 2001-2010년

공정거래법상 일반지주회사를 계열회사로 둔 대규모사기업집단은 2001년 이후 모두 25개이다. 이들 중 19개 집단은 적극적인 지주회사체제를 채택하여 상당수의 집단 계열회사들이 지주회사의 계열회사로 편입되어 있으며, 13개는 2010년 현재에도 지주회사체제를 유지하고 있고 6개는 그 이전까지 유지한 적이 있었다. 반면 25개 집단 중 6개는 소극적인 지주회사체제를 채택하여 집단 계열회사들 중 일부만이 지주회사 소속이며, 4개는 2010년 현재 그리고 2개는 그 이전 시기와 관련되어 있다.

4.1 적극적인 지주회사체제: (1) 2010년 현재 13개 집단

2010년 현재 적극적인 지주회사를 채택하고 있는 대규모기업집단은 13개이며, SK(3위), LG(4위), GS(7위), 한진(10위) 등 4개는 집단 순위가 10위 이내이다. 또 두산(12위), LS(15위), CJ(18위), 한진중공업(29위) 등 4개 집단은 순위가 11-30위이며, 웅진(33위), 현대백화점(34위), 코오롱(36위), 하이트맥주(38위), 세아(44위) 등 나머지 5개 집단은 31위 이하이다.

GS, 한진, 현대백화점 등 3개 집단에서는 지주회사체제 달성 비율이 50% 미만으로 상대적으로 낮은 반면 나머지 10개 집단에서는 달성 비율이 매우 높으며 100%인 집단도 1개(한진중공업) 있다. 특히 SK, 두산, CJ 등 3개 집단은 2개 이상의 지주회사를 중심으로 중층적인 지주회사체제를 구축하고 있다 (<표 2.7>; <그림 2.6>, <그림 2.7>).

4.1.1 1-10위 4개 집단

LG그룹에서는 처음부터 적극적인 지주회사체제를 채택하여 집단 계열회사들의 절대 다수가 체제에 편입되었다. 지주회사 (주)LGCI는 2001년에 생겼으며, 2003년 (주)LGCI가 (주)LG로 확대 개편될 당시 그룹 계열회사의 3/4 이상(76%, 50개 중 38개)이 지주회사 (주)LG 및 그 계열회사였다. 지주회사체제 달성 비율은 이후 더욱 높아져 2006년에는 97%(30개 중 29개)에 이르렀으며, 이후 다소 낮아지기는 하였지만 83-94%의 높은 비율이 유지되고 있다. 2010년 현재에는 53개 계열회사 중 46개가 지주회사체제에 편입되어 있어 체제 달성 비율이 87%이다.

SK그룹에서는 2006년까지는 전체 계열회사의 1/4가량(23-26%)만 지주회사 SK엔론(이후 SK E&S) 산하에 있었는데, 2007년 지주회사 SK(주)가 새로 생기면서 그룹 계열회사의 2/3가량이 두 지주회사를 중심으로 재편성되었다. SK(주)가 SK E&S와 다른 계열회사들을 거느리고, SK E&S가 다시 자신의 계열회사를 거느리는 구조이다. 지주회사체제 달성 비율은 2006년 23%(56개 집단 계열회사 중 13개가 체제에 편입)이던 것이 2007년 61%(57개 중 35개)로 껑충 뛰었으며, 이후 꾸준히 증가하여 2010년 현재에는 84%(75개 중 63개)이다.

반면 GS그룹과 한진그룹에서는 그룹 전체 계열회사의 1/3가량만 지주회사체제에 편입되어 있다. GS그룹에서는 2005년 전체 계열회사 50개 중 13개(26%)가 지주회사 GS홀딩스(이후 (주)GS) 및 그 계열회사였으며, 2006-2008년에는 체제 편입 비율이 31-32%로 조금 높아졌고 이후 더욱 높아져 2010년 현재에는 41%(69개 중 28개)이다. 2010년 처음 지주회사체제를 채택한 한진그룹에서도 사정은 비슷해 그룹 계열회사 37개 중 12개(32%)가 지주회사 한진해운홀딩스와 그 계열회사들이다.

4.1.2 11-30위 4개 집단

한진중공업그룹은 집단 계열회사 전부가 지주회사체제로 조직되어 있는 유일한 경우이다. 2007년 이후 집단 계열회사는 4-7개로 적은 편이며, 이들 모두가 한진중공업홀딩스와 그 계열회사들이다. LS그룹은 계열회사의 2/3 정도가 (주)LS를 중심으로 지주회사체제를 구축하고 있다. 2008-2009년에는 체제 달성 비율이 63%였는데 2010년 들어 그룹 계열회사가 44개로 많이 늘어나면서 비율이 57%(25개)로 조금 줄어들었다.

한편 두산그룹과 CJ그룹은 지주회사가 각각 2개 이상이다. 두산그룹에서는 2009년에는 두산과 그 계열회사인 두산모트롤홀딩스 산하에, 그리고 2010년에는 두산과 또 다른 계열회사인 디아이피홀딩스 산하에 그룹 계열회사의 4/5 이상(83-85%)이 속해 있었다.

CJ그룹의 경우, 2007년에는 CJ홈쇼핑(이후 CJ오쇼핑)을 중심으로 지주회사체제 달성 비율이 22%에 불과하였는데, 2008-2009년에는 CJ(주)와 그 계열회사인 CJ오쇼핑을 중심으로 비율이 86-93%로 급증하였으며, 2010년에는 기존의 2개 지주회사 이외에 2개 지주회사(오미디어홀딩스와 그 계열회사인 온미디어)가 추가되어 4개의 지주회사를 중심으로 그룹 계열회사의 거의 대부분이 재조직되었다. 지주회사 4개 보유 집단은 CJ그룹이 유일하다.

4.1.3 31위 이하 5개 집단

세아그룹과 현대백화점그룹은 각각 세아홀딩스와 (주)HC&을 중심으로 2004년과 2006년 이후 지주회사체제를 구축해 오고 있는데, 체제 달성 비율은 세아(54-70%)가 현대백화점(43-48%)보다 좀 더 높은 편이다. 2010년 현재에는 비율이 세아는 68%(19개 그룹 계열회사 중 13개가 체제에 편입), 그리고 현대백화점은 48%(29개 중 14개)이다.

웅진그룹은 2009년부터, 그리고 코오롱그룹과 하이트맥주그룹은 2010년에 처음으로 지주회사체제를 채택하였다. 지주회사는 각각 웅진홀딩스, 코오롱, 그리고 하이트홀딩스이다. 체제 달성 비율은 매우 높아 2010년 현재 웅진(그룹 계열회사 24개 중 21개가 체제에 편입)과 하이트맥주(16개 중 14개)가 88%이고 코오롱(37개 중 30개)이 81%이다.

〈표 2.7〉 2010년 현재 적극적인 지주회사체제를 채택하고 있는 13개 대규모사기업집단: 1-10위 집단 4개, 11-30위 집단 4개, 31위 이하 집단 5개

(1) SK그룹

연도	그룹 순위	계열회사 (A, 개)	지주회사 (a)	순위	계열회사 (b, 개)	a+b (B, 개)	지주회사체제 달성 비율 (B/A, %)
2001	4	54	SK엔론	2	(13)	(14)	(26)
2003	3	60	SK엔론	2	14	15	25
2004	4	59	SK엔론	3	13	14	24
2005	4	50	SK엔론	4	12	13	26
2006	3	56	SK E&S	4	12	13	23
2007	3	57	SK(주)	1	23	24	
			SK E&S	6	11	12 [35]	61
2008	3	64	SK(주)	1	35	36	
			SK E&S	10	11	12 [47]	73
2009	3	77	SK(주)	1	48	49	
			SK E&S	15	10	11 [59]	77
2010	3	75	SK(주)	1	53	54	
			SK E&S	16	9	10 [63]	84

(2) LG그룹

연도	그룹 순위	계열회사 (A, 개)	지주회사 (a)	순위	계열회사 (b, 개)	a+b (B, 개)	지주회사체제 달성 비율 (B/A, %)
2001	3	43	(주)LGCI	1	(13)	(14)	(33)
2003	2	50	(주)LG	1	37	38	76
2004	2	46	(주)LG	1	37	38	83
2005	3	38	(주)LG	1	33	34	89
2006	4	30	(주)LG	1	28	29	97
2007	4	31	(주)LG	2	28	29	94
2008	4	36	(주)LG	2	29	30	83
2009	4	52	(주)LG	2	45	46	88
2010	4	53	(주)LG	2	45	46	87

(3) GS그룹

2005	9	50	GS홀딩스	2	12	13	26
2006	8	50	GS홀딩스	2	15	16	32
2007	8	48	GS홀딩스	4	14	15	31
2008	7	57	GS홀딩스	4	17	18	32
2009	8	64	(주)GS	3	24	25	39
2010	7	69	(주)GS	3	27	28	41

(4) 한진그룹

2010	10	37	한진해운 홀딩스	32	11	12	32

(5) 두산그룹

2009	12	26	(주)두산	4	20	21	
			두산모트롤 홀딩스	46	1	2 {22}	85
2010	12	29	(주)두산	6	20	21	
			디아이피 홀딩스	47	3	4 {24}	83

(6) LS그룹

2008	18	24	(주)LS	6	14	15	63
2009	17	32	(주)LS	7	19	20	63
2010	15	44	(주)LS	7	24	25	57

(7) CJ그룹

2007	19	64	CJ홈쇼핑	7	13	14	22
2008	17	66	CJ(주)	5	43	44	
			CJ홈쇼핑	12	13	14 {57}	86
2009	19	61	CJ(주)	5	43	44	
			CJ오쇼핑	12	13	14 {57}	93
2010	18	54	CJ(주)	5	41	42	
			CJ오쇼핑	13	5	6	
			오미디어 홀딩스	27	1	2	
			온미디어	28	9	10 {58}	107

(8) 한진중공업그룹

2007	32	4	한진중공업홀딩스	11	4	5	125
2008	29	5	한진중공업홀딩스	11	4	5	100
2009	29	6	한진중공업홀딩스	10	5	6	100
2010	29	7	한진중공업홀딩스	14	6	7	100

(9) 웅진그룹

2009	34	29	웅진홀딩스	8	18	19	66
2010	33	24	웅진홀딩스	9	20	21	88

(10) 현대백화점그룹

2006	31	23	(주)HC&	16	9	10	43
2007	27	24	(주)HC&	21	10	11	46
2008	31	25	(주)HC&	24	10	11	44
2009	33	22	(주)HC&	29	9	10	45
2010	34	29	(주)HC&	37	13	14	48

(11) 코오롱그룹

2010	36	37	코오롱	24	29	30	81

(12) 하이트맥주그룹

2010	38	16	하이트홀딩스	10	13	14	88

(13) 세아그룹

2004	33	28	세아홀딩스	5	14	15	54
2005	32	28	세아홀딩스	7	15	16	57
2006	36	23	세아홀딩스	7	14	15	65
2007	38	22	세아홀딩스	9	14	15	68
2009	38	23	세아홀딩스	14	15	16	70
2010	44	19	세아홀딩스	17	12	13	68

주: 1) 집단 연도 4월 현재; 지주회사 연도 7월(2003년), 8월(2005-2007년) 또는 9월(2008-2010년) 현재.
2) LG 2001년 계열회사 = 자회사 (손자회사 정보 없음); SK 2001년 계열회사 = 자회사 11개 (2001년 7월) + 손자회사 2개(2000년 3월; 2001년 7월 정보 없음).
3) SK E&S는 SK(주)의 자회사, 두산모트롤홀딩스와 디아피홀딩스는 (주)두산의 자회사, CJ홈쇼핑(=CJ오쇼핑)은 CJ(주)의 자회사, 온미디어는 오미디어홀딩스의 자회사.
4) 지주회사가 2개 이상인 3개 집단(SK, 두산, CJ)의 경우, 출처의 자료에는 지주회사의 계열회사 수가 중복 계산되어 있어 이를 바로 잡음.
5) 집단의 기준 시점과 지주회사의 기준 시점이 다르며, 따라서 지주회사체제 달성 비율은 대체적인 것임. 시점의 차이로 인해 비율이 100%를 넘는 경우가 있음.
6) 세아그룹 2010년 순위: 공정거래위원회 지정 사기업집단은 45개이며, 미래에셋(42위)과 한국투자금융(45위)은 분석에서 제외됨. 세아 44위는 45개 중에서의 순위임.

출처: 〈부록 3〉, 공정거래위원회 홈페이지 자료.

〈그림 2.6〉 지주회사체제 달성 비율: (1) 적극적인 지주회사체제를 채택한 6개 집단, 2003-2010년 (%)

(출처: <표 2.7>)

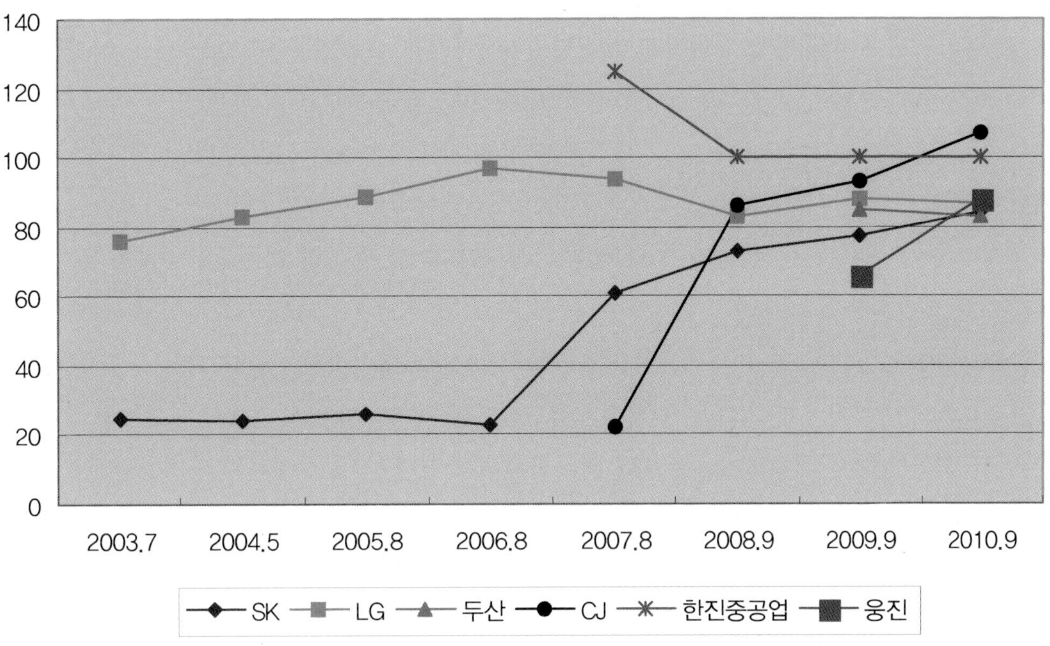

〈그림 2.7〉 지주회사체제 달성 비율: (2) 적극적인 지주회사체제를 채택한 4개 집단, 2004-2010년 (%)

(출처: <표 2.7>)

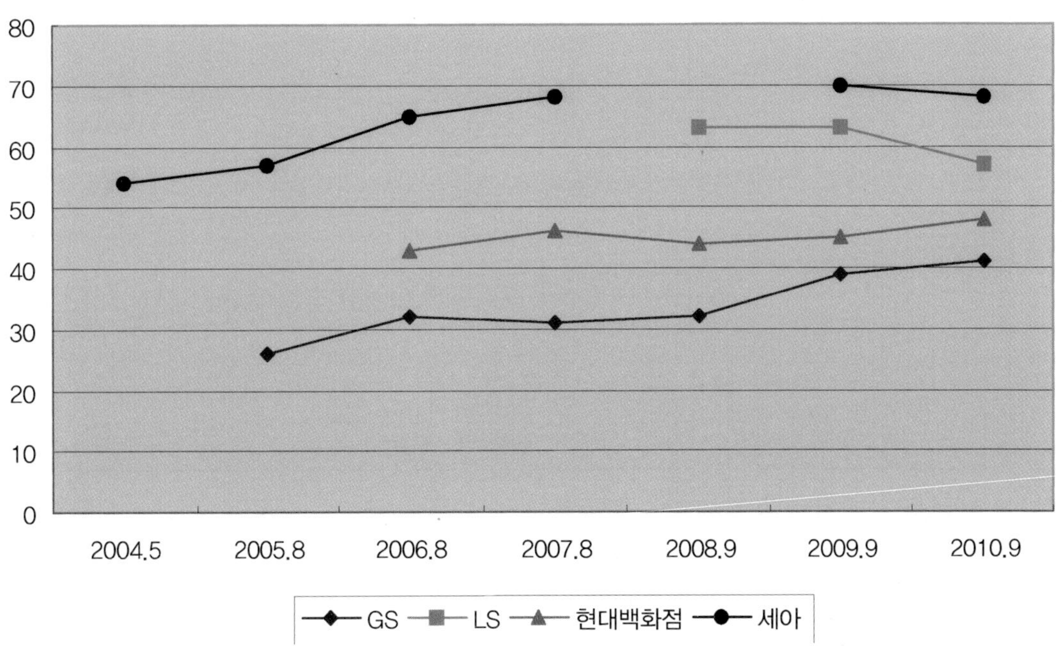

4.2 적극적인 지주회사체제: (2) 2010년 이전 6개 집단

2010년 이전에 적극적인 공정거래법상 지주회사체제를 유지한 적이 있는 대규모사기업집단은 6개이며, 1-10위 집단 1개(금호아시아나), 11-30위 집단 1개(STX), 31위 이하 집단 4개(동원, 농심, 태평양, 오리온) 등이다. 지주회사체제 달성 비율은 50% 내외이다 (<표 2.8>; <그림 2.8>).

6개 집단 중에서는 농심그룹이 2003년부터 2007년까지 5년 동안 지주회사체제를 유지하였다. 그룹 계열회사의 47-58%가 지주회사 농심홀딩스 및 그 계열회사였다. 금호아시아나그룹은 2007-2008년에 지주회사 금호산업을 중심으로 그룹 계열회사의 44-58%가 지주회사체제로 조직되었다. 나머지 4개 그룹은 각각 1개년도에서만 공정거래법상 지주회사를 계열회사로 두었다. STX 2005년(지주회사 (주)STX, 지주회사체제 달성 비율 64%), 동원 2003년(동원엔터프라이즈, 59%), 태평양 2007년(태평양, 71%), 오리온 2007년(온미디어, 45%) 등이다.

〈그림 2.8〉 지주회사체제 달성 비율: (3) 적극적인 지주회사체제를 채택한 3개 집단, 2003-2008년 (%)

(출처: <표 2.8>)

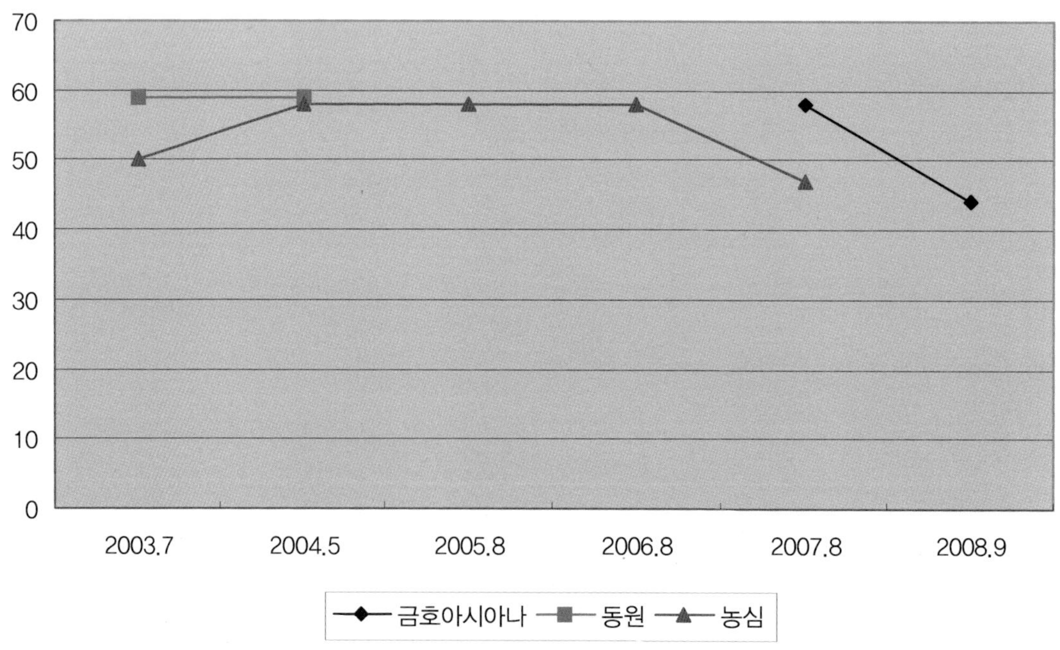

6개 그룹 소속 지주회사들은 공정거래법상 지주회사의 지위를 상실한 이후에도 상당 기간 동안 실질적으로는 지주회사의 기능을 수행해 왔거나 2010년 현재까지도 여전히 수행하고 있을 것으로 추측된다.

〈표 2.8〉 2010년 이전에 적극적인 지주회사체제를 채택한 6개 대규모사기업집단: 1-30위 집단 2개, 31위 이하 집단 4개

(1) 금호아시아나그룹

연도	그룹 순위 ·	계열회사 (A, 개)	지주회사 (a)	순위 ·	계열회사 (b, 개)	a+b (B, 개)	지주회사체제 달성 비율 (B/A, %)
2007	9	38	금호산업	3	21	22	58
2008	10	52	금호산업	3	22	23	44
(2) STX그룹							
2005	28	14	(주)STX	9	8	9	64
(3) 동원그룹							
2003	32	17	동원엔터프라이즈	12	9	10	59
2004	31	17	동원엔터프라이즈	14	9	10	59
(4) 농심그룹							
2003	42	10	농심홀딩스	9	4	5	50
2004	39	12	농심홀딩스	8	6	7	58
2005	43	12	농심홀딩스	8	6	7	58
2006	44	12	농심홀딩스	9	6	7	58
2007	46	15	농심홀딩스	13	6	7	47
(5) 태평양그룹							
2007	48	7	태평양	5	4	5	71
(6) 오리온그룹							
2007	54	22	온미디어	15	9	10	45

주: 〈표 2.7〉 참조.
출처: 〈부록 3〉, 공정거래위원회 홈페이지 자료.

4.3 소극적인 지주회사체제: 6개 집단

2010년 현재 소극적인 지주회사체제를 채택하고 있는 집단은 모두 4개이다. 집단 순위 1-10위 집단 1개(삼성), 11-30위 집단 2개(한화, 부영), 31위 이하 집단 1개(대한전선) 등이다. 체제 달성 비율은 20% 이하이다 (<표 2.9>; <그림 2.9>).

삼성그룹은 2004년 이후 지주회사 삼성종합화학과 1개 계열회사를 가지고 있는데, 이는 59-67개 그룹 계열회사의 3%에 불과하다. 한화그룹에서는 2005년과 2010년에는 한화도시개발을, 그리고 2006-2009년에는 드림파마를 지주회사로 두고 있었으며, 2005-2006년에는 지주회사체제 달성비율이 6-7%였다가 이후 14-19% 수준이 유지되고 있다. 대한전선그룹(2008-2010년, 지주회사 티이씨앤코, 지주회사체제 달성 비율 16-20%)과 부영그룹(2010년, 부영, 20%)에서도 상황은 비슷하다.

〈그림 2.9〉 지주회사체제 달성 비율: (4) 소극적인 지주회사체제를 채택한 4개 집단, 2004-2010년 (%)

(출처: <표 2.9>)

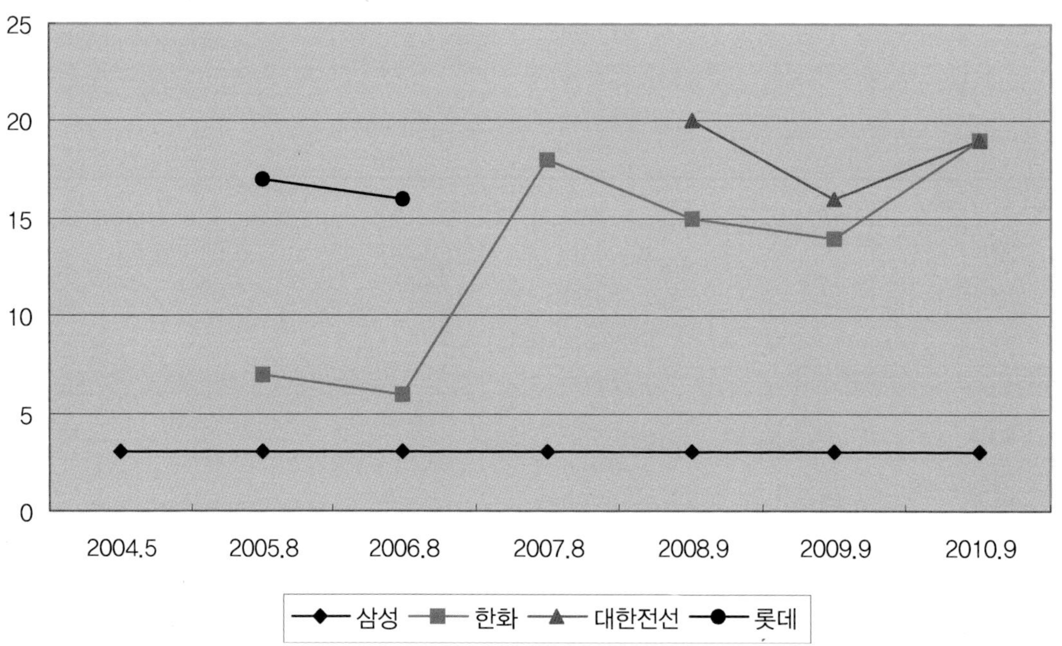

〈표 2.9〉 소극적 지주회사체제를 채택하고 있는 6개 대규모사기업집단: 2010년 현재 1-30위 집단 3개, 31위 이하 집단 1개, 2010년 이전 1-30위 집단 2개

(1) 삼성그룹

연도	그룹 순위	계열회사 (A, 개)	지주회사 (a)	순위	계열회사 (b, 개)	a+b (B, 개)	지주회사체제 달성 비율 (B/A, %)
2004	1	63	삼성종합화학	2	1	2	3
2005	1	62	삼성종합화학	5	1	2	3
2006	1	59	삼성종합화학	5	1	2	3
2007	1	59	삼성종합화학	8	1	2	3
2008	1	59	삼성종합화학	13	1	2	3
2009	1	63	삼성종합화학	16	1	2	3
2010	1	67	삼성종합화학	15	1	2	3

(2) 한화그룹

연도	그룹 순위	계열회사 (A, 개)	지주회사 (a)	순위	계열회사 (b, 개)	a+b (B, 개)	지주회사체제 달성 비율 (B/A, %)
2005	10	30	한화도시개발	22	1	2	7
2006	11	31	한화도시개발	23	1	2	6
2007	12	34	드림파마	12	5	6	18
2008	12	40	드림파마	16	5	6	15
2009	13	44	드림파마	20	5	6	14
2010	13	48	한화도시개발	33	8	9	19

(3) 부영그룹

연도	그룹 순위	계열회사 (A, 개)	지주회사 (a)	순위	계열회사 (b, 개)	a+b (B, 개)	지주회사체제 달성 비율 (B/A, %)
2010	24	15	부영	4	2	3	20

(4) 대한전선그룹

연도	그룹 순위	계열회사 (A, 개)	지주회사 (a)	순위	계열회사 (b, 개)	a+b (B, 개)	지주회사체제 달성 비율 (B/A, %)
2008	30	20	티이씨앤코	48	3	4	20
2009	25	32	티이씨앤코	69	4	5	16
2010	31	26	티이씨앤코	76	4	5	19

(5) 현대자동차그룹

연도	그룹 순위	계열회사 (A, 개)	지주회사 (a)	순위	계열회사 (b, 개)	a+b (B, 개)	지주회사체제 달성 비율 (B/A, %)
2007	2	36	차산골프장 지주회사	36	1	2	6

(6) 롯데그룹

연도	그룹 순위	계열회사 (A, 개)	지주회사 (a)	순위	계열회사 (b, 개)	a+b (B, 개)	지주회사체제 달성 비율 (B/A, %)
2005	5	41	롯데물산	3	4	5	
			롯데산업	16	1	2	17
2006	5	43	롯데물산	3	4	5	
			롯데산업	13	1	2	16

주: 〈표 2.7〉 참조.

출처: 〈부록 3〉, 공정거래위원회 홈페이지 자료.

한편 2010년 이전에 소극적인 지주회사체제를 가진 적이 있는 대규모집단은 2개(현대자동차, 롯데)이며, 집단 순위는 5위 이내였다. 롯데그룹에서는 2005-2006년에 2개의 지주회사(롯데물산, 롯데산업) 산하에, 그리고 현대자동차그룹에서는 2007년에 1개 지주회사(차산골프장 지주회사) 산하에 그룹 계열회사의 일부(6%, 16-17%)가 속해 있었다.

5. 대규모사기업집단과 지주회사체제, 2010년

2010년 9월 현재 지주회사체제를 채택하고 있는 대규모사기업집단은 모두 17개이며 관련 일반지주회사는 22개이다. 지주회사체제를 채택한 집단 17개는 2010년 4월 공정거래위원회 지정 집단 43개 중 40%에 해당하며, 집단 소속 지주회사 22개는 2010년 9월 현재의 공정거래법상 일반지주회사 84개 중 26%에 해당한다.

5.1 지주회사체제를 채택한 대규모사기업집단

17개 집단 중 13개는 지주회사체제를 적극적으로 채택하고 있으며, 나머지 4개는 그룹 계열회사 중 극히 일부만 지주회사체제에 편입되어 있다 (<표 2.10>; <그림 2.10>; <표 2.11> 참조).

첫째, 적극적인 지주회사체제를 채택한 집단 13개 중에서는 대규모사기업집단 순위(2010년 4월 현재) 30위 이내에 드는 집단이 8개이고 31위 이하 집단이 5개이다. SK그룹(3위)과 LG그룹(4위)은 1-5위, GS그룹(7위)과 한진그룹(10위)은 6-10위, 그리고 두산그룹(12위), LS그룹(15위), CJ그룹(18위) 및 한진중공업그룹(29위)은 11-30위이다. 순위가 31위 이하인 집단은 웅진그룹(33위), 현대백화점그룹(34위), 코오롱그룹(36위), 하이트맥주그룹(38위), 세아그룹(44위) 등이다. 한편 소극적인 지주회사체제를 채택하고 있는 집단 4개는 삼성그룹(1위), 한화그룹(13위), 부영그룹(24위), 그리고 대한전선그룹(31위)이다.

둘째, 적극적인 지주회사체제를 채택하고 있는 13개 집단 중 역사가 가장 오래된 집단(공정거래위원회 지정 기준)은 SK그룹이다. 계열회사인 SK E&S(이전 SK엔론)는 2000년 1월 공정거래법상 지주회사 제1호로 등록되었으며, 2007년 주력 지주회사인 SK(주)가 추가로 생기면서 보다 완벽한 지주회사체제가 구축되기 시작하였다. 2001년에는 LG그룹이 (주)LGCI(이후

〈표 2.10〉 17개 대규모사기업집단과 지주회사체제, 2010년 9월: (1) 집단 계열회사 중 지주회사체제 편입 회사 비중

(1) 적극적인 지주회사체제를 채택한 13개 집단

집단			지주회사				지주회사체제 달성 비율 (B/A, %)
이름	순위	계열회사 (A, 개)	이름 (a)	순위	계열회사 (b, 개)	a+b (B, 개)	
SK	3	75	SK(주)	1	53	54	
			SK E&S	16	9	10 [63]	84
LG	4	53	(주)LG	2	45	46	87
GS	7	69	(주)GS	3	27	28	41
한진	10	37	한진해운홀딩스	32	11	12	32
두산	12	29	(주)두산	6	20	21	
			디아이피홀딩스	47	3	4 [24]	83
LS	15	44	(주)LS	7	24	25	57
CJ	18	54	CJ(주)	5	41	42	
			CJ오쇼핑	13	5	6	
			오미디어홀딩스	27	1	2	
			온미디어	28	9	10 [58]	107
한진중공업	29	7	한진중공업홀딩스	14	6	7	100
웅진	33	24	웅진홀딩스	9	20	21	88
현대백화점	34	29	(주)HC&	37	13	14	48
코오롱	36	37	코오롱	24	29	30	81
하이트맥주	38	16	하이트홀딩스	10	13	14	88
세아	44	19	세아홀딩스	17	12	13	68

(2) 소극적인 지주회사체제를 채택한 4개 집단

이름	순위	계열회사 (A, 개)	이름 (a)	순위	계열회사 (b, 개)	a+b (B, 개)	지주회사체제 달성 비율 (B/A, %)
삼성	1	67	삼성종합화학	15	1	2	3
한화	13	48	한화도시개발	33	8	9	19
부영	24	15	부영	4	2	3	20
대한전선	31	26	티이씨앤코	76	4	5	19

주: 세아그룹 순위 – 2010년 공정거래위원회 지정 사기업집단은 45개이며, 미래에셋(42위)과 한국투자금융(45위)은 분석에서 제외됨. 세아 44위는 45개 중에서의 순위임.

출처: 〈표 2.7〉, 〈표 2.9〉, 〈부록 3〉.

〈그림 2.10〉 대규모사기업집단과 지주회사체제, 2010년 9월: (1) 지주회사체제 달성 비율 (개, %)

(출처: <표 2.10>)

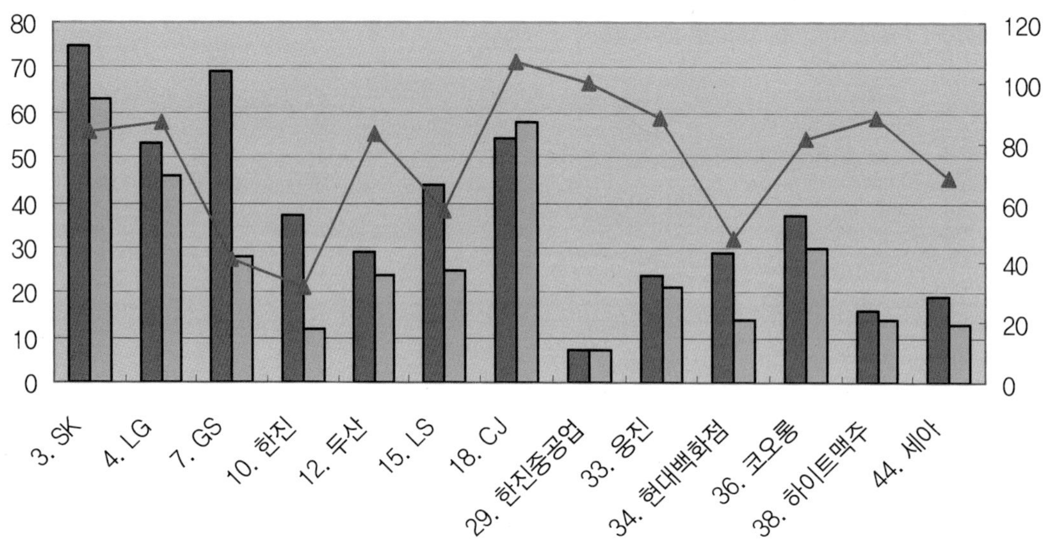

집단 계열회사(A, 개) 지주회사체제 편입 회사(B, 개) 지주회사체제 달성 비율(B/A, %)

(주)LG)를 중심으로 본격적인 지주회사체제로 재편되었으며, 2004년에는 세아그룹이 그 뒤를 이었다. 세아그룹의 지주회사 세아홀딩스는 2001년 7월부터 존속해 왔으며, 2004년 처음으로 그룹이 공정거래법상 대규모집단으로 지정되었다.

2005년과 2006년에는 GS그룹과 현대백화점그룹이 각각 GS홀딩스(2004년 7월 설립; 이후 (주)GS)와 (주)HC&를 중심으로 지주회사체제를 출범시켰으며, 2007년에는 CJ그룹과 한진중공업그룹(지주회사 한진중공업홀딩스)도 지배구조를 개편하였다. CJ그룹에서는 2007년 1월 지주회사 CJ홈쇼핑(이후 CJ오쇼핑)이 생긴 이후 같은 해 9월에는 주력 지주회사 CJ(주)가 설립되었으며, 2010년에는 오미디어홀딩스가 추가로 설립되고 온미디어(2000년 6월 설립)가 계열회사로 편입되었다. 한편 2008년에는 LS그룹이 (주)LS를 중심으로 지주회사체제로 재편되었다.

적극적인 지주회사체제를 채택하고 있는 나머지 5개 집단 중 3개(두산, 한진, 웅진)는 2009년에, 그리고 2개(코오롱, 하이트맥주)는 2010년에 새로운 지배구조를 채택하였다.

두산그룹의 주력 지주회사 두산은 2009년 1월 설립되었으며 2010년 1월에는 제2의 지주회사 디아이피홀딩스가 추가로 신설되었다. 웅진그룹의 웅진홀딩스는 2008년 1월 생겼는데 그룹이 공정거래위원회 지정 집단이 된 것은 2009년부터였다. 마찬가지의 이유로 하이트맥주그룹의 경우에도 지주회사인 하이트홀딩스(2008년 7월)의 설립 시기보다 그룹의 지주회사체제 출범 시기가 1년 이상 늦다.

한편 소극적인 지주회사체제를 채택하고 있는 4개 집단 중에서는 삼성그룹이 2004년에 가장 먼저 지주회사(삼성종합화학)를 가졌고, 그다음이 2005년의 한화그룹이다. 이 그룹의 지주회사는 2005-2006년에는 한화도시개발), 그리고 2007-2009년에는 드림파마였으며, 2010년에는 새로 생긴 한화도시개발이었다. 대한전선그룹(지주회사 티이씨앤코, 2008년 5월 설립)과 부영그룹(부영, 2009년 12월)은 각각 2008년, 2010년에 지주회사체제를 시작하였다. 부영의 경우, 2009년에는 공정거래위원회 지정 집단에서 제외되었으며 2010년에 다시 지정되었다.

셋째, 적극적인 지주회사체제를 채택하고 있는 13개 집단의 '지주회사체제 달성 비율'([지주회사체제에 편입된 회사의 수 ÷ 그룹 전체 계열회사 수] × 100)은 107%에서 32%까지 다양한 분포를 보이고 있다.

CJ(107%)와 한진중공업(100%)이 가장 완벽한 지주회사체제를 구축하고 있으며, 웅진(88%), 하이트맥주(88%), LG(87%), SK(84%), 두산(83%), 코오롱(81%) 등 6개 집단도 그룹 계열회사의 4/5 이상이 지주회사체제에 편입되어 있다. 세아(68%), LS(57%), 현대백화점(48%), GS(41%), 한진(32%) 등 5개 집단은 상대적으로 비율이 낮다. 소극적인 지주회사체제를 채택하고 있는 4개 집단 중에서는 부영(20%), 한화(19%), 대한전선(19%) 등 3개 집단에서 전체 계열회사의 1/5 정도가 지주회사체제에 편입되어 있으며, 삼성(3%)에서의 비율은 매우 낮다.

그리고 넷째, 적극적인 지주회사체제를 채택하고 있는 13개 집단의 전체 계열회사 수를 보면 SK(75개)가 가장 많고 그다음이 GS(69개), CJ(54개), LG(53개), LS(44개), 한진(37개), 코오롱(37개), 두산(29개), 현대백화점(29개) 등의 순이다. 또 지주회사체제에 편입된 회사의 수는 SK(63개)가 가장 많고 그다음이 CJ(58개), LG(46개), 코오롱(30개), GS(28개), LS(25개), 두산(24개), 웅진(21개) 등의 순이다. 따라서 그룹 계열회사 수 및 지주회사체제 편입 회사 수에서 으뜸인 집단은 SK(75개 중 63개)이며, 그다음이 CJ(54개 중 58개)와 LG(53개 중 46개)이다. 특히 SK와 CJ는 각각 2개와 4개의 지주회사를 가지면서 중층적인 지주회사체제를 구축하고 있으며, 두산 또한 2개의 지주회사를 가지고 있다.

CJ(지주회사체제 달성 비율 107%)는 지주회사를 4개 가지고 있는 유일한 집단이다. 주력 지주회사인 CJ(주)가 제2의 지주회사인 CJ오쇼핑을 포함하여 41개의 계열회사를 가지고 있으며 CJ오쇼핑은 별도로 5개의 계열회사를 거느리고 있다. 그런 한편으로, 제3의 지주회사인 오미디어홀딩스가 제4의 지주회사인 온미디어를 계열회사로 두고 있으며 온미디어는 다시 9

개의 계열회사를 거느리고 있다. 4개 지주회사 및 계열회사의 수는 모두 58개이다. 이는 2010년 9월 현재의 상황이며 2010년 4월 현재의 CJ그룹 계열회사 54개보다 많은 숫자이다. 지주회사체제 달성 비율은 107%로 계산되는데, 이는 공정거래위원회가 발표한 '대규모기업집단' 관련 자료(4월)와 '지주회사' 관련 자료(9월)의 시점에 차이가 있기 때문이다.

한편 한진중공업(100%)의 경우는 그룹 계열회사 수가 7개로 매우 적은데, 이 모두가 '지주회사 한진중공업홀딩스 + 계열회사 6개'로 조직되어 있다.

SK(84%)와 두산(83%)은 각각 2개씩의 지주회사를 가지고 있다. SK에서는 지주회사 SK(주)가 제2의 지주회사인 SK E&S를 포함하여 53개의 계열회사를 거느리고 있고 SK E&S는 별도로 9개의 계열회사를 거느리고 있다. 두산에서는 지주회사 두산이 제2의 지주회사인 디아이피홀딩스를 포함하여 20개의 계열회사를 가지고 있고 디아이피홀딩스는 별도로 3개의 계열회사를 보유하고 있다. 지주회사체제에 편입된 회사는 SK가 63개, 두산이 24개이며, 그룹 전체 계열회사는 SK가 75개, 두산이 29개이다.

LG(87%)는 그룹 계열회사 53개 중 46개가 지주회사 (주)LG와 그 계열회사들이다. 또 코오롱(81%), 웅진(88%), 하이트맥주(88%) 등 3개 집단은 전체 계열회사가 각각 37개, 24개, 16개이며, 이 중 5/4가 넘는 회사가 각각 '지주회사 코오롱 + 29개 계열회사', '지주회사 웅진홀딩스 + 20개 계열회사', '지주회사 하이트홀딩스 + 13개 계열회사'로 조직되어 있다.

LG에서 분리되어 형성된 LS(57%, 44개 회사 중 25개)와 GS(41%, 69개 중 28개)에서는 각각 (주)LG와 (주)GS를 중심으로 지주회사체제를 한창 구축하고 있는 중이며, 현대백화점(48%)에서도 사정은 비슷해 전체 계열회사 29개 중 14개가 지주회사 (주)HC&과 그 계열회사들이다. 마지막으로 한진에서는 전체 계열회사 37개 중 1/3 정도(12개, 32%)만 지주회사 한진해운홀딩스 중심의 지주회사체제에 편입되어 있다.

5.2 대규모사기업집단 소속 지주회사

지주회사체제를 채택하고 있는 17개 집단 소속 일반지주회사의 수는 모두 22개이다. CJ 소속이 4개, SK와 두산 소속이 각각 2개씩이며, 나머지 14개 집단은 각각 1개씩의 지주회사를 가지고 있다 (<표 2. 11>; <그림 2.11>).

첫째, 22개 지주회사의 설립 또는 전환 연도는 2000년부터 2010년까지 다양하며, 2000-2004년이 6개, 2006-2010년이 16개이다. 2000년 2개(SK E&S, 온미디어), 2001년 2개((주)LG, 세아홀

〈표 2.11〉 17개 대규모사기업집단과 지주회사체제, 2010년 9월:
(2) 집단 소속 22개 일반지주회사 현황

(1) 적극적인 지주회사체제를 채택한 13개 집단 소속 18개 지주회사

지주회사	설립 · 전환 시기 (연.월)	상장 여부	자산 총액 (억 원)	지주 비율 (%)	부채 비율 (%)	계열회사 (개)			
						합	자	손자	증손
1. SK(주)	2007.7	O	102,405	96.4	43.5	62	9	44	9
2. (주)LG	2001.4	O	80,141	92.2	8.3	45	16	27	2
3. (주)GS	2004.7	O	51,718	90.4	26.7	27	6	21	-
5. CJ(주)	2007.9	O	27,914	68.8	35.8	46	16	27	3
6. (주)두산	2009.1	O	27,484	66.1	51.4	23	9	12	2
7. (주)LS	2008.7	O	17,971	89.6	12.6	24	4	19	1
9. (주)웅진홀딩스	2008.1	O	17,838	90.0	118.5	20	9	9	2
10. 하이트홀딩스(주)	2008.7	O	17,172	95.7	91.7	13	5	8	-
13. (주)CJ오쇼핑	2007.1	O	11,321	50.0	104.6	5	3	2	-
14. (주)한진중공업홀딩스	2007.8	O	10,543	89.3	3.4	6	4	2	-
16. SK E&S(주)	2000.1	X	9,612	88.8	56.5	9	9	-	-
17. (주)세아홀딩스	2001.7	O	9,220	86.1	22.5	12	11	1	-
24. (주)코오롱	2010.1	O	5,388	54.3	35.5	29	5	23	1
27. (주)오미디어홀딩스	2010.9	X	4,749	92.1	58.1	10	1	9	-
28. (주)온미디어	2000.6	O	4,493	67.0	2.6	9	9	-	-
32. (주)한진해운홀딩스	2009.12	O	3,776	65.9	30.0	11	2	9	-
37. (주)HC&	2006.1	X	3,482	90.3	40.9	13	8	5	-
47. 디아이피홀딩스(주)	2010.1	X	2,920	66.0	77.6	3	3	-	-
(2) 소극적인 지주회사체제를 채택한 4개 집단 소속 4개 지주회사									
4. (주)부영	2009.12	X	39,396	96.9	0.5	2	2	-	-
15. 삼성종합화학(주)	2004.1	X	10,442	94.0	2.3	1	1	-	-
33. (주)한화도시개발	2009.12	X	3,619	95.0	36.6	8	8	-	-
76. (주)티이씨앤코	2008.5	O	1,203	57.7	19.8	4	2	2	-

주: 1) 일반지주회사 총 수는 84개.

2) 원칙적으로 직전 사업연도 종료일(2009년 12월 말) 기준; 2010년 이후 신규 전환된 경우에는 설립 · 전환일 기준.

출처: 〈부록 3〉.

〈그림 2.11〉 대규모사기업집단과 지주회사체제, 2010년 9월: (2) 지주회사의 규모 (천억 원, 개)

(출처: <표 2.11>)

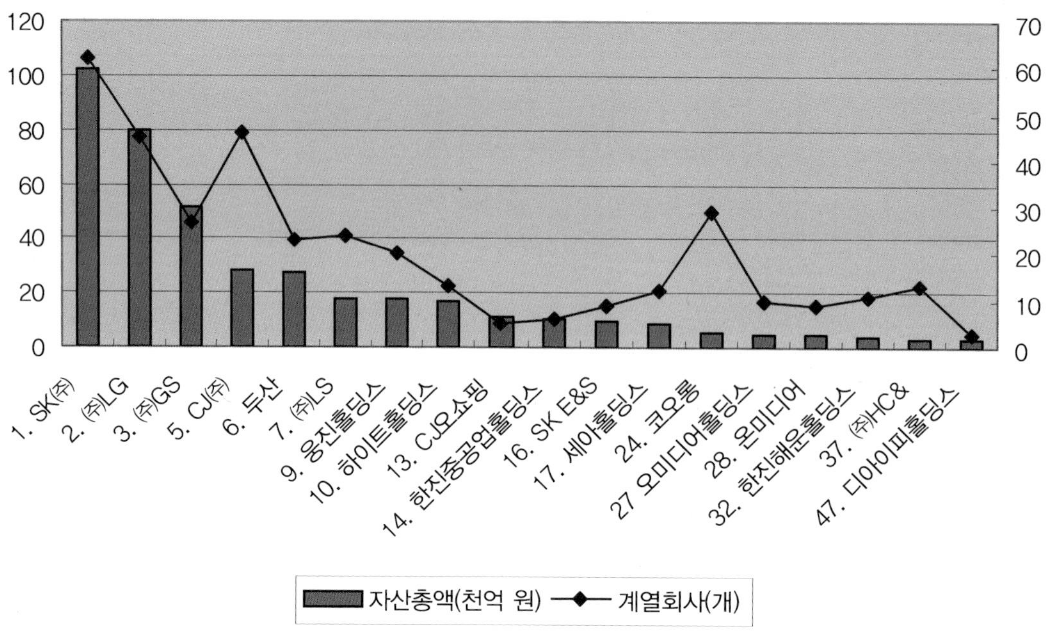

딩스), 2004년 2개(삼성종합화학, (주)GS), 2006년 1개((주)HC&), 2007년 4개(CJ오쇼핑, SK(주), 한진중공업홀딩스, CJ(주)), 2008년 4개(웅진홀딩스, 티이씨앤코, (주)LS, 하이트홀딩스), 2009년 4개(두산, 부영, 한진해운홀딩스, 한화도시개발), 2010년 3개(코오롱, 디아이피홀딩스, 오미디어홀딩스) 등이다. 위에서 설명한 것처럼, 지주회사의 설립 또는 전환 시기와 소속 집단의 지주회사체제 출범 시기는 반드시 일치하지 않는다.

둘째, 22개 지주회사의 자산총액은 10조 원에서 1,200억 원에 이르는 다양한 분포를 보이고 있으며, 9개는 규모가 커서 2010년 9월 현재의 84개 일반지주회사 전체에서 10위 이내에 속하였다. 또 22개 지주회사 중 1조 원 이상의 자산을 가진 회사는 12개이며 2010년 9월 현재 자산 1조 원 이상인 15개 지주회사의 대부분을 차지하였다. 공정거래법상 최소 규모는 1,000억 원이다.

SK(주)(10.2조 원, 84개 일반지주회사 중 1위)가 유일하게 10조 원을 넘었으며, (주)LG(8조 원, 2위)와 (주)GS(5.2조 원, 3위)의 자산은 5조 원 이상이었다. 그다음이 부영(3.9조 원, 4위), CJ(주)(2.8조원, 5위), 두산(2.7조 원, 6위), (주)LS(1.8조 원, 7위), 웅진홀딩스(1.8조 원, 9위), 하이트홀딩스(1.7조 원, 10위) 등의 순으로, 3.9조-1.7조 원 수준의 자산을 가졌다. CJ오쇼핑(1.1조

원, 13위), 한진중공업홀딩스(1.1조 원, 14위), 삼성종합화학(1조 원, 15위) 등 3개 지주회사의 자산도 1조 원을 넘어 순위가 13-15위였다.

1조 원 미만의 자산을 가진 나머지 10개 지주회사 중에서는 SK E&S(16위), 세아홀딩스(17위), 코오롱(24위) 등 3개의 자산이 9천-5천억 원이었으며, 오미디어홀딩스(27위), 온미디어(28위), 한진해운홀딩스(32위), 한화도시개발(33위), (주)HC&(37위), 디아이피홀딩스(47위), 티이씨앤코(76위) 등 7개의 자산은 5천-1천억 원이었다.

셋째, 22개 지주회사가 거느리는 계열회사(자회사, 손자회사, 증손회사)의 수는 62개에서 1개에 이르기까지 다양하며, 8개 지주회사는 20개 이상의 계열회사를 가지고 있다. 7개 지주회사(SK(주), (주)LG, CJ(주), 두산, (주)LS, 웅진홀딩스, 코오롱)는 자회사, 손자회사 및 증손회사를 모두 가지고 있으며, 9개 지주회사는 자회사와 손자회사를 가지고 있다. 나머지 6개 지주회사는 자회사만 보유하고 있다.

SK(주)가 62개로 가장 많은 계열회사를 거느리고 있으며, CJ(주)(46개)와 (주)LG(45개)의 계열회사도 40개 이상이다. 코오롱(29개), (주)GS(27개), (주)LS(24개), 두산(23개), 웅진홀딩스(20개) 등 5개 지주회사는 각각 20-29개의 계열회사를 보유하고 있으며, 하이트홀딩스(13개), (주)HC&(13개), 세아홀딩스(12개), 한진해운홀딩스(11개), 오미디어홀딩스(10개)는 각각 10-13개의 계열회사를 거느리고 있다. 나머지 9개 지주회사는 10개 미만씩의 계열회사를 가지고 있는데, 5개 지주회사(SK E&S, 온미디어, 한화도시개발, 한진중공업홀딩스, CJ오쇼핑)는 5개 이상씩을, 그리고 4개 지주회사(티이씨앤코, 디아이피홀딩스, 부영, 삼성종합화학)는 5개 미만씩을 보유하였다. 삼성종합화학의 계열회사 수가 1개로 가장 적다.

그리고 넷째, 지주비율([소유하고 있는 자회사의 주식(지분 포함) ÷ 지주회사의 자산총액] × 100)은 96.9%에서 50%까지의 분포를 보이고 있으며, 14개 지주회사의 비율은 80% 이상이다. 공정거래법상 최소 비율은 50%이다.

부영(96.9%)이 가장 높은 지주비율을 보이고 있으며, SK(주)(96.4%), 하이트홀딩스(95.7%), 한화도시개발(95%), 삼성종합화학(94%), (주)LG(92.2%), 오미디어홀딩스(92.1%), (주)GS(90.4%), (주)HC&(90.3%), 웅진홀딩스(90.0%) 등 9개 지주회사의 비율도 90% 이상이다. 또 (주)LS(89.6%), 한진중공업홀딩스(89.3%), SK E&S(88.8%), 세아홀딩스(86.1%) 등 4개 지주회사에서의 비율은 86-89%이다. 나머지 8개 지주회사 중 5개(CJ(주), 온미디어, 두산, 디아이피홀딩스, 한진해운홀딩스)에서는 65-68%, 그리고 3개(티이씨앤코, 코오롱, CJ오쇼핑)에서는 50-57%이다. CJ오쇼핑의 지주비율이 50%로 가장 낮다.

6. 요약 · 정리

이 장에서는 지주회사체제를 채택한 대규모사기업집단 및 소속 지주회사들과 관련된 주요 특징들을 살펴보았다. 2000년 1월 첫 공정거래법상 지주회사가 생긴 이후 2010년까지 11년 동안 수많은 기업들이 '신지배구조로서의 지주회사' 실험 대열에 적극 동참해 오고 있는 가운데, 특히 한국경제에서 큰 비중을 차지하고 있는 대규모사기업집단들 즉 재벌들의 참여 열기가 갈수록 높아지고 있음을 확인할 수 있었다.

(1) 먼저 2001년 이후 2010년까지 10년 기간 동안의 전반적인 추세는 다음과 같다.

첫째, 공정거래법상 일반지주회사를 계열회사로 둔 공정거래위원회 지정 대규모사기업집단은 2001년 이후 25개이며 관련 지주회사는 모두 32개이다. 20개 집단은 1개씩의 일반지주회사를 가진 반면 5개 집단(CJ, 두산, SK, 롯데, 한화)은 각각 2-4개씩의 지주회사를 가졌다.

일반지주회사를 보유하는 집단의 수는 2001년에는 전체 집단의 7%(30개 중 2개)에 불과하였는데, 2005년에는 19%(48개 중 9개)로 늘어났고 2010년에는 40%(43개 중 17개)로 역대 최고치를 보이고 있다. 집단 소속 일반지주회사의 수는 2001년에는 전체 일반지주회사의 1/4 이하(22%, 9개 지주회사 중 2개)이던 것이 2005년에는 절반 정도(45%, 22개 중 10개)에 달할 정도로 비중이 커졌는데, 2007년 이후 지주회사가 급증하면서 그 비중이 1/4 수준으로 다시 줄어들어 2010년에는 26%(84개 중 22개)이다.

둘째, 집단 소속 일반지주회사들은 자산규모가 커서 전체 일반지주회사들 중 상위 10위의 대부분을 차지하였으며, 특히 2005년 이후에는 1-5위를 모두 차지하였다. 2001년 이후 25개 집단 소속 32개 일반지주회사들 중 19개가 상위 10위에 속한 적이 있고, 이 중 12개는 5위 이내에 속하였다. (주)LG는 2001년 이후 줄곧 자산총액 1조 원 이상을 유지하면서 5위 이내에 든 유일한 지주회사였으며, 다른 4개 지주회사(SK(주) 2007년, (주)GS 2005년, CJ(주) 2008년, 부영 2010년)는 설립 또는 전환 이후 2010년까지 5위 이내에 들었다.

그리고 셋째, 일반지주회사를 보유한 집단 25개 중 19개는 지주회사체제를 적극적으로 채택하였으며, 13개는 2010년 현재에도 지주회사체제를 유지하고 있다. SK(2010년 4월 현재 집단 순위 3위), LG(4위), GS(7위), 한진(10위) 등 4개는 10위 이내에 속하는 집단들이며, 4개 집단(12위 두산, 15위 LS, 18위 CJ, 29위 한진중공업)은 11-30위에, 그리고 5개 집단(33위 웅진, 34위 현대백화점, 36위 코오롱, 38위 하이트맥주, 44위 세아)은 31위 이하에 속해 있다. 이들 중 CJ는 4개의 지주회사를 중심으로, 그리고 SK와 두산은 각각 2개씩의 지주회사를 중심으로 중층적인 지주회사체제를 구축하고 있다. 3개 집단(GS, 한진, 현대백화점)에서는 지주회사체제 비율이 50% 미만으로 상대적으로 낮은 반면 나머지 10개 집단에서는 비율이 매우 높다.

2010년 이전에 적극적인 공정거래법상 지주회사체제를 유지한 적이 있는 집단은 6개이며, 1-10위 집단 1개(금호아시아나), 11-30위 집단 1개(STX), 31위 이하 집단 4개(동원, 농심, 태평양, 오리온) 등이다. 지주회사체제 달성 비율은 50% 내외였다.

한편 지주회사 보유 집단 25개 중 6개에서는 집단 계열회사의 일부만이 지주회사체제에 편입되었다. 4개 집단(1위 삼성, 13위 한화, 24위 부영, 31위 대한전선)은 2010년 현재에도 지주회사를 가지고 있으며, 2개 집단(현대자동차, 롯데)은 이전에 지주회사를 가진 적이 있었다.

(2) 다음으로, 2010년 9월 현재 지주회사체제를 채택하고 있는 17개 집단 및 관련 22개 일반지주회사의 주요 특징은 다음과 같다.

첫째, 적극적인 지주회사체제를 채택하고 있는 13개 집단의 지주회사체제 달성 비율은 107%에서 32%까지 다양하다. CJ(107%)와 한진중공업(100%)이 가장 완벽한 지주회사체제를 구축하고 있으며, 웅진(88%), 하이트맥주(88%), LG(87%), SK(84%), 두산(83%), 코오롱(81%) 등 6개 집단도 그룹 계열회사의 4/5 이상이 지주회사체제에 편입되어 있다.

13개 집단 중 지주회사체제 역사가 가장 오래된 집단은 SK그룹으로, SK E&S가 2000년 1월 공정거래법상 지주회사 1호로 등록되었으며 2007년에는 주력 지주회사 SK(주)가 추가로 생겼다. 2001년에는 LG그룹이 그리고 2004년에는 세아그룹이 그 뒤를 이었으며, 이후 매년 1-3개씩의 그룹이 지주회사체제로 전환되었다. 2005년 1개 집단(GS), 2006년 1개(현대백화점), 2007년 2개(CJ, 한진중공업), 2008년 1개(LS), 2009년 3개(두산, 웅진, 한진), 2010년 2개(코오롱, 하이트맥주) 등이다.

13개 집단의 전체 계열회사 수는 SK(75개), GS(69개), CJ(54개), LG(53개), LS(44개) 등의 순으로 많으며, 지주회사체제에 편입된 회사의 수는 SK(63개), CJ(58개), LG(46개), 코오롱(30개) 등의 순이다. SK, CJ, LG 등 3개 집단이 단연 돋보인다. 특히 SK와 CJ는 각각 2개(SK E&S, SK(주)), 4개(CJ(주), CJ오쇼핑, 오미디어홀딩스, 온미디어)의 지주회사를 가지면서 중층적인 지주회사체제를 구축하고 있으며, 두산 또한 2개의 지주회사(두산, 디아이피홀딩스)를 가지고 있다.

둘째, 소극적인 지주회사체제를 채택하고 있는 4개 집단 중에서는 부영(20%), 한화(19%),

대한전선(19%) 등 3개 집단에서 전체 계열회사의 1/5 정도가 지주회사체제에 편입되어 있으며, 삼성(3%)에서의 비율은 매우 낮다. 삼성(2004년), 한화(2005년), 대한전선(2008년), 부영(2010년) 등의 순서로 지주회사체제가 시작되었다.

그리고 셋째, 17개 집단 소속 22개 일반지주회사의 설립 또는 전환 연도는 2000년(SK E&S, 온미디어)에서 2010년(코오롱, 디아이피홀딩스, 오미디어홀딩스)에 이르기까지 다양하며 2000-2004년이 6개, 그 이후가 16개이다. 자산총액은 10조 원(SK(주))에서 1,200억 원(티이씨앤코) 사이이며, 10조 원 이상 1개, 5-9조 원 2개, 1-4조 원 9개 등이다. 1조 원 이상의 자산을 갖는 이들 12개 일반지주회사 중 9개는 전체 84개 일반지주회사 중 10위 이내에 들었다.

22개 일반지주회사가 거느리는 계열회사의 수는 많게는 62개(SK(주))이고 적게는 1개(삼성종합화학)이다. 2개 지주회사(CJ(주), (주)LG)는 40개 이상, 그리고 5개 지주회사(코오롱, (주)GS, (주)LS, 두산, 웅진홀딩스)는 20개 이상의 계열회사를 보유하고 있다. 지주비율은 96.9%(부영)에서 50%(CJ오쇼핑) 사이이며, 90% 이상이 19개이고 80-89%가 4개이다.

제3장

LG그룹의 지주회사체제

1. 머리말

LG그룹(2011년 4월 현재 재벌 순위 4위)은 지주회사체제를 본격적으로 도입한 최초의 재벌이며 한국형 지주회사체제의 대표적인 성공모델이다. 새로운 지배구조로의 이행은 2001년 4월 주력회사 LG화학이 지주회사 (주)LGCI(이후 (주)LG)로 전환되면서 시작되었고, 이후 2005년 1월까지 모두 다섯 단계를 거쳐 용의주도하게 진행되어 그룹 계열회사의 대부분이 '지주회사 → 자회사 → 손자회사 → 증손회사'의 체제로 재편되었다.

2000년 1월 재벌 중 최초로 지주회사체제를 도입한 SK그룹(3위)에 비해서는 LG그룹의 출발이 1년 3개월 늦었지만, SK그룹이 2007년 7월에서야 본격적인 지주회사체제를 출범시킨 반면 LG그룹은 2001년 4월 출발부터 주력회사가 지주회사로 전환되었고 그룹 계열회사의 대다수가 지주회사 소속으로 재편되었다. 따라서 LG그룹은 SK그룹보다 6년 3개월이나 앞서 적극적인 지주회사체제로의 변신을 시작한 것이었으며, 이는 재벌 중에서는 처음이었다.

지주회사체제가 도입된 이후 나타난 가장 큰 특징은 '소유권 및 경영권의 동반 강화 및 구본무에로의 집중'이었다. 구본무는 지주회사 (주)LG의 최대주주로서 그리고 대표이사회장으로서 체제 도입 이전에 비해 보다 강력한 영향력을 행사해 오고 있다. 지배구조가 외형적으로는 단순·투명해졌지만 구본무의 1인 체제가 강화되었다는 점에서 지배구조의 실질적인 지각 변동은 일어나지 않았다. 무늬만 달라졌을 뿐 오랫동안 계속되어 온 '개인화된 지배구조'라는 한국재벌의 본질은 여전히 계속되면서 보다 선명해지고 있는 것이다.

제2절(LG그룹의 성장 과정)에서는 대규모기업집단지정제도가 도입된 1987년 이후 그룹의 자산총액과 순위 그리고 계열회사 수가 어떻게 변해 왔는지를 정리한다. 제3절(LG그룹 지주회사체제의 성립 과정)에서는 2001년 4월 이후의 지주회사체제 성립 5단계 과정, 그리고 그 과정에서 일어난 네 차례 회사 분할과 한 차례 합병의 내용을 자세하게 고찰하며, 그룹 계열회사 중 체제에 편입된 회사의 비중이 어떻게 변해 왔는지도 살펴본다.

제4절과 제5절에서는 지주회사체제 이전과 이후에 LG그룹의 소유 및 경영구조에 어떤 변화가 일어났는지, 그리고 소유권과 경영권이 어떻게 강화되어 구본무에게로 집중되었는지를 심층 분석한다. 제4절(소유구조의 변화)에서는 먼저 2010년 9월 현재 LG그룹의 지주회사체제가 어떤 모습을 띠고 있으며 지분구조는 어떤지를 살펴본다. 이어, 1990년대 말 이후 LG화학 · LGCI · LG 및 주요 계열회사들이 다른 계열회사들에 어느 정도로 지분을 보유해 왔는지, LG화학 · LGCI · LG의 최대주주 및 특수관계인 지분은 어떻게 변해 왔는지, 그리고 2001-2004년 사이 LG화학 · LGCI · LG의 분할 전후에 존속 · 신설 회사의 최대주주 및 특수관계인 지분은 어떻게 조정되었는지를 차례로 추적한다. 또 2002년까지의 LG전자 · LGEI의 최대주주 및 특수관계인 현황도 정리한다.

제5절(경영구조의 변화)은 세 부분으로 구성되어 있다. 먼저 최고경영진의 변화이다. 구본무를 비롯한 핵심 임원들이 1990년대 말 이후 어떤 직책을 가져 왔는지, 그리고 2001-2004년 사이의 LG화학 · LGCI · LG 분할 전후에 존속 · 신설 회사의 경영진에 어떤 변화가 일어났는지가 주된 관심사이다. 그런 다음 업무 조직의 변화 내용을 분석한다. LG화학 · LGCI · LG가 분할되면서 조직은 어떻게 나누어졌는지, 그리고 2001년 이후 지주회사 LGCI · LG의 조직은 어떤 모습으로 변해 왔는지를 살펴본다. 마지막으로, 지주회사 LG가 이전의 그룹 구조조정본부의 맥을 잇는 새로운 형태의 구본무 보좌기구임을 밝힌다.

마지막으로 제6절(요약 · 정리)에서는 앞의 논의를 요약, 정리한다.

2. LG그룹의 성장 과정

LG그룹은 2011년 4월 현재 공정거래위원회 지정 대규모사기업집단 중 4위이며, 계열회사는 59개, 자산총액은 91조 원이다. 1위 삼성(78개, 230.9조 원), 2위 현대자동차(63개, 126.7조 원) 그리고 3위 SK(86개, 97조 원)에 비해서는 두 지표가 모두 뒤져 있으며, 5위 롯데(78개, 77.3조 원)보다는 자산은 많은 반면 계열회사 수는 적다 (<표 3.1>; <그림 3.1>).

LG그룹은 1987년 대규모기업집단지정제도가 처음 도입된 이후 2011년까지 24년 동안 줄곧 2-4위를 고수해 왔다. 1987년에는 계열회사는 57개, 자산총액은 5.5조 원이었으며, 재벌 순위는 4위였다. 창업주 구인회가 세상을 떠난 이듬해인 1970년 장남 구자경이 그룹회장에 취임하여 17년 동안 그룹을 일궈온 결과였다. 1991년까지는 자산이 거의 3배(14.9조 원)나 늘어나 순위가 2위로 껑충 뛰었으며 계열회사도 63개로 최고치를 경신하였다. 이후 1998년(52.7조원) IMF외환위기 때까지 자산은 지속적으로 증가하면서도 순위는 3-4위에 머물렀으며 계열회사는 매년 조금씩 줄어들어 1996년에는 처음으로 50개 이하(48개)가 되었다.

이런 가운데 1995년 1월 구자경은 그룹 명칭을 '럭키금성'에서 'LG'로 바꾸고 새로운 출발을 다짐하였으며, 이에 맞추어 2월에는 1989년부터 그룹부회장직을 수행해 오던 장남 구본무에게 그룹회장직을 물려주었다. 구인회는 6형제 중 첫째로 6남4녀를 두었으며, 허만정(구인회의 장인 허만식의 6촌)의 슬하에는 8남이 있었다. 2대 구자경과 허준구를 거쳐 장남들인 3대 구본무와 허창수에 이르기까지 구씨와 허씨 가문의 구성원들은 2000년대 전반까지 협력관계를 유지하면서 그룹의 소유 및 경영에 깊숙이 관여하였다.

〈표 3.1〉 LG그룹의 성장, 1987-2011년:
순위 (A, 위), 계열회사 (B, 개), 자산총액 (C, 10억 원), 1개 계열회사 평균자산 (D, 10억 원)

연도	A	B	C	D	연도	A	B	C	D
1987	4	57	5,508	97	1999	4	48	49,524	1,032
1988	3	62	6,997	113	2000	3	43	47,612	1,107
1989	3	59	8,645	147	2001	3	43	51,965	1,208
1990	3	58	11,186	193	2002	2	51	54,484	1,068
1991	2	63	14,889	236	2003	2	50	58,571	1,171
1992	4	58	17,152	296	2004	2	46	61,648	1,340
1993	4	54	19,105	354	2005	3	38	50,880	1,339
1994	4	53	20,388	385	2006	4	30	54,432	1,814
1995	4	50	24,351	487	2007	4	31	52,371	1,689
1996	3	48	31,395	654	2008	4	36	57,136	1,587
1997	3	49	38,376	783	2009	4	52	68,289	1,313
1998	4	52	52,773	1,015	2010	4	53	78,918	1,489
					2011	4	59	90,592	1,535

주: 4월 현재; 2002-2011년 순위 - 공기업집단 제외.
출처: 공정거래위원회홈페이지 자료.

〈그림 3.1〉 LG그룹의 성장, 1987-2011년: 자산총액 (조 원), 계열회사 (개)

(출처: <표 3.1>)

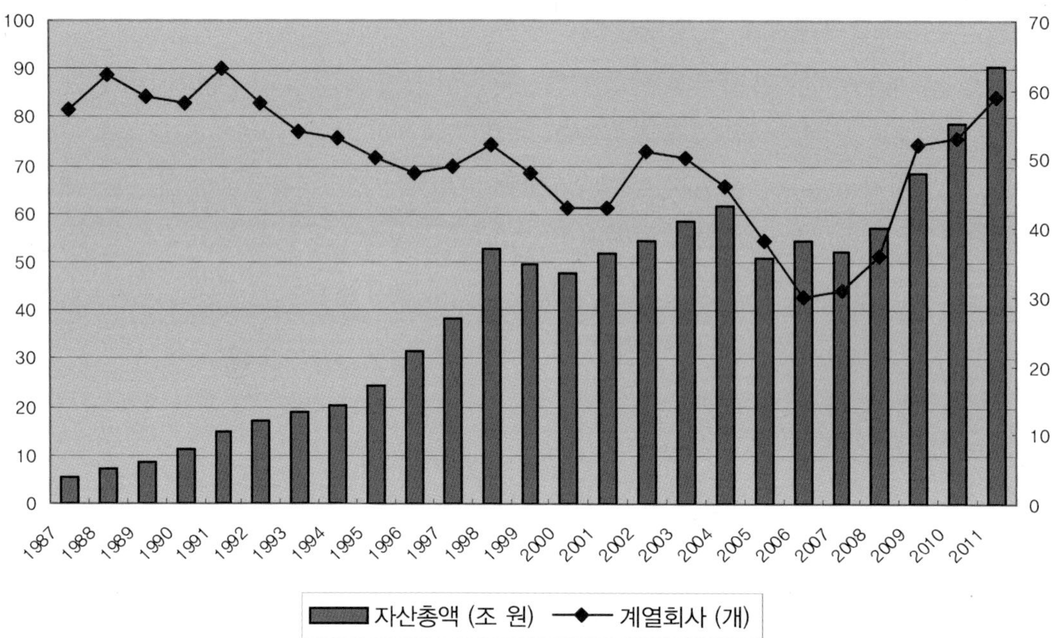

외환위기 이후의 재벌 구조조정과정에서 LG그룹의 자산과 계열회사는 2000년(47.6조 원, 43개)에 최저치를 기록했는데, 2001년 지주회사체제로 전환되면서 자산이 다시 늘어나 2004년(61.6조 원)에는 다시 최고치를 경신하였고 재벌 순위는 2002-2004년 사이 2위를 차지하였다. 자산은 2005-2008년 사이 60조 원 이하로 줄어들었다가 이후 급증하여 2009년(68.3조 원), 2010년(78.9조 원), 2011년(90.6조 원) 등 최고치를 연이어 경신해 오고 있다. 순위는 조금 낮아져 2006년 이후 4위이다.

한편 계열회사 수는 2000년(43개) 최저치를 보였다가 2002년(51개)까지 다시 늘어났는데, 2003년 11월과 2005년 1월에 계열회사 중 일부가 각각 LS그룹(구인회의 남동생 5명 중 3명(구태회, 구평회, 구두회) 일가 몫)과 GS그룹(허씨 일가 몫)으로 분가해 나가면서 LG그룹 계열회사는 2006년 30개로 사상 최저치를 기록하였다. 하지만 2007년부터는 다시 증가하여 2011년(59개)까지 거의 2배 수준으로 늘어났으며, '59개' 계열회사는 1992년(58개) 이후 19년 만에 가장 높은 수치이다.

3. LG그룹 지주회사체제의 성립 과정

3.1 지주회사체제 성립 5단계 과정, 2001-2005년: 개관

LG그룹의 지주회사체제는 2001년 4월부터 2005년 1월까지 4년 정도의 기간에 걸쳐 다섯 단계를 거쳐 확립되었다. 이 과정에서 네 차례의 분할과 한 차례의 합병이 진행되었으며, 일부 계열회사들은 그룹에서 분리되어 2개의 독자적인 그룹(LS그룹과 GS그룹)을 형성하였다(<표 3.2>).

(1) LG화학의 분할 및 사업지주회사 (주)LGCI로의 전환: 2001년 4월 그룹의 실질적인 지주회사 역할을 해 오던 LG화학이 화학부문 지주회사 (주)LGCI로 전환되었다. 이를 위해 LG화학이 LGCI, LG화학, LG생활건강 등 3개 회사로 분할되었으며, LGCI는 이전의 LG화학이 지주회사로 성격이 바뀌면서 존속하는 것으로 하였고 다른 2개 회사는 신설된 뒤 LGCI의 자회사로 편입되었다. LGCI는 LG화학과 LG생활건강을 비롯한 다수의 회사에 지분을 보유하는 '지주기능'을 주된 목적사업으로 하는 한편으로 이전의 LG화학 사업 중 생명과학사업은 계속 수행하는 사업지주회사였다. 한편 2001년 4월 이전 1-2년 동안에는 사전 정지작업으로서 그룹 계열회사들 간의 출자구조를 단순화하는 작업이 진행되어, 화학・에너지 관련 회사들은 LG화학을 중심으로, 그리고 전자・정보통신 관련 회사들은 LG전자를 중심으로 재편되었다.

(2) LG전자의 분할 및 순수지주회사 (주)LGEI로의 전환: 2002년 4월 그룹의 또 다른 주력회사인 LG전자가 전자부문 지주회사 (주)LGEI로 전환되었다. 이를 위해 LG전자가 LGEI와 LG전자의 2개 회사로 분할되었으며, LGEI는 이전의 LG전자가 지주회사로 성격이 바뀌면서 존속하는 것으로 하였고 LG전자는 신설된 뒤 LGEI의 자회사로 편입되었다. LGEI는 LG전자를 비롯한 다수의 회사에 지분을 보유하는 '지주기능'만을 목적사업으로 하는 순수지주회사였다.

(3) (주)LGCI의 분할 및 순수지주회사로의 전환: 2002년 8월 (주)LGCI가 사업지주회사에서 순수지주회사로 전환되었다. 이를 위해 LGCI가 LGCI와 LG생명과학의 2개 회사로 분할되었으며, LGCI는 이전의 LGCI가 지주기능만 담당하는 순수지주회사로 성격이 바뀌면서 존속하는 것으로 하였고 LG생명과학은 신설된 뒤 이전의 LGCI가 병행해 오던 생명과학사업을 전적으로 담당하였다.

(4) (주)LGCI의 (주)LGEI 합병 및 통합지주회사 (주)LG로의 확대 개편: 2003년 3월 (주)LGCI가 (주)LG로 확대 개편되었다. 이를 위해 우선 전자부문 지주회사 LGEI가 화학부문 지주회사 LGCI에 흡수 합병되었으며 이로써 LGEI의 자회사들은 LGCI의 자회사로 편입되었다. 또 그룹

의 다른 계열회사인 LG MRO(이후 서브원)의 사업 중 일부(부동산임대사업 중 일부와 출자사업)가 분할되어 LGCI에 합병되었다. 2개의 지주회사가 1개로 통합되고 조직이 전면적으로 재편되면서 회사 명칭이 LGCI에서 LG로 변경되었다. 한편 2003년 11월에는 지주회사체제에 편입되어 있지 않던 LG전선 관련 4개 회사(LG전선, LG니꼬동제련, LG칼텍스가스, 극동도시가스)가 LG그룹에서 분리되었다. 이들 회사는 LG그룹 창업주인 구인회의 다섯 남동생 중 3명(셋째 구태회, 넷째 구평회, 다섯째 구두회) 일가가 주로 관여해 왔으며, 2004년 4월에는 LG전선그룹(2005년 3월 이후 LS그룹)으로 공식 출범하였다.

〈표 3.2〉 LG그룹 지주회사체제 성립 5단계 과정, 2001–2005년

단계	시기	내용
(1)	2001년 4월	* LG화학의 분할 및 지주회사로의 전환: LG화학 → (주)LGCI (존속, 사업지주회사) + LG화학 (신설, 자회사) + LG생활건강 (신설, 자회사)
(2)	2002년 4월	* LG전자의 분할 및 지주회사로의 전환: LG전자 → (주)LGEI (존속, 순수지주회사) + LG전자 (신설, 자회사)
(3)	2002년 8월	* (주)LGCI의 분할: (주)LGCI → (주)LGCI (존속, 순수지주회사) + LG생명과학 (신설)
(4)	2003년 3월	* (주)LGCI의 합병 및 통합지주회사 (주)LG로의 확대 개편: (주)LGCI ← (주)LGEI (해산) + LG MRO 일부 사업 (LG MRO는 존속)
	2003년 11월	* LG전선 계열 분리 (2004년 4월 LG전선그룹 출범, 2005년 3월 LS그룹으로 변경)
(5)	2004년 7월	* (주)LG의 분할: (주)LG → (주)LG (존속, 순수지주회사) + GS홀딩스 (신설, 순수지주회사)
	2005년 1월	* GS홀딩스 계열 분리 (2005년 4월 GS그룹 출범)

출처: 본문, 〈표 3.4〉, 〈표 3.5〉, 〈표 3.6〉, 〈표 3.7〉, 〈표 3.8〉.

(5) (주)LG의 2개 순수지주회사 (주)LG・GS홀딩스로의 분할: 2004년 7월 (주)LG가 (주)LG와 GS홀딩스의 2개 순수지주회사로 분할되었다. LG는 이전의 LG가 제조 관련 회사들만 거느리는 것으로 지배 범위를 축소하면서 존속하는 것으로 하였고 GS홀딩스는 신설된 뒤 이전 LG 소속 에너지・유통 관련 회사들을 자회사로 편입하였다. GS홀딩스 관련 회사들은 그룹 창업주 구인회의 사돈인 허씨 일가(구인회의 첫째 동생 구철회의 첫째 사위 허준구 및 허준구의 아들 5명(허창수, 허정수, 허진수, 허명수, 허태수))가 주로 관여해 왔으며, 2005년 1월 LG그룹에서 분리되었고 4월에는 GS그룹으로 공식 출범하였다.

3.2 지주회사체제 달성 비율, 2001-2010년

LG그룹은 지주회사체제를 본격적으로 도입한 최초의 재벌이다. 계열회사인 LG화학이 2001년 4월 지주회사 (주)LGCI로 전환되면서였다. 1999년 2월 지주회사 설립이 허용된 이후 2000년 1월 처음 탄생한 공정거래법상 지주회사인 SK그룹의 SK엔론(이후 SK E&S)에 비해서는 1년 3개월이나 지난 뒤였다. 하지만 SK그룹에서는 2007년 7월까지 계열회사의 1/4 정도만 지주회사체제에 편입되었던 반면 LG그룹에서는 2001년 시작부터 또는 늦어도 (주)LGCI가 (주)LG로 확대 개편된 2003년부터 전체 계열회사의 3/4 이상이 지주회사체제에 속해 있었다 (<표 3.3>; <그림 3.2>; <표 3.2> 참조).

2003년 3월 통합지주회사 LG가 출범한 이후 4개월이 지난 7월 현재 LG그룹은 50개 계열회사(4월 현재) 중 3/4이 넘는 38개(76%; LG + 17개 자회사 + 20개 손자회사)가 지주회사체제로 재조직되었다. 손자회사를 보유한 자회사는 LG칼텍스정유(7개), 데이콤(6개), LG전자(5개), LG화학(2개) 등 4개였다.

2001-2002년의 경우 자회사 및 손자회사 관련 정보가 미비해 지주회사체제 비율을 계산하는 것이 가능하지가 않다. 하지만 2001년의 LGCI 자회사에는 2003년의 손자회사 보유 자회사 4개 중 3개(LG화학, LG전자, LG칼텍스정유)가 포함되어 있으며, 2002년 LGCI의 '공정거래법상 자회사'와 LGEI의 '1차 피투자회사'에는 각각 3개(LG화학, LG전자, LG칼텍스정유), 3개(LG전자, 데이콤, LG칼텍스정유)가 포함되어 있다. 이들 주요 4개 자회사들은 2003년에서처럼 다수의 손자회사를 거느렸던 것으로 짐작되며, 따라서 2001-2002년에도 2003년 수준인 3/4 내외의 계열회사들이 LGCI(2001년) 또는 LGCI・LGEI(2002년)를 중심으로 지주회사체제를 구축한 것으로 추측된다.

지주회사체제 달성 비율은 2003년 이후 더욱 늘어나 LG전선 관련 회사들이 그룹에서 분리된(2003년 11월) 직후인 2004년 5월 현재에는 83%(46개 계열회사 중 38개가 체제 편입)가 되었고, GS홀딩스 관련 회사들이 분리된(2005년 1월) 직후인 2005년 8월 현재에는 89%(38개 중 34개)였다. 지주회사체제 달성 비율은 2006년 97%(30개 중 29개)로 최고치를 보였으며, 이후 조금 줄어들어 2010년 현재에는 87%(53개 중 46개)이다.

〈표 3.3〉 LG그룹의 지주회사체제: 그룹 계열회사 중 지주회사체제 편입 회사 비중, 2001-2010년 (개, %)

연도	그룹 계열회사 (A, 개)	지주회사체제			지주회사체제 달성 비율 (B/A, %)
		지주회사 (a)	계열회사 (자+손자+증손) (b, 개)	합 (a+b=B, 개)	
2001	43	(주)LGCI	- (13)	-	-
2002	51	(주)LGCI	- (14)	-	-
		(주)LGEI	- (19)	-	-
2003	50	(주)LG	37 (17+20+0)	38	76
2004	46	(주)LG	37 (17+20+0)	38	83
2005	38	(주)LG	33 (15+18+0)	34	89
2006	30	(주)LG	28 (14+14+0)	29	97
2007	31	(주)LG	28 (14+14+0)	29	94
2008	36	(주)LG	29 (14+15+0)	30	83
2009	52	(주)LG	45 (15+28+2)	46	88
2010	53	(주)LG	45 (16+27+2)	46	87

주: 1) 그룹 계열회사 - 4월 현재; 지주회사 계열회사 - 2001년 7월, 2002년 12월, 2003년 7월, 2004년 5월, 2005-2007년 8월, 2008-2010년 9월 현재.
2) 2002년 출처는 사업보고서.
3) 2001-2002년: 손자회사 정보 없음.
4) 2002년: LGCI(공정거래법상자회사 12개 + 계열회사 2개), LGEI(1차피투자회사 10 = 연결대상 9 + 지분법대상 1; 2차피투자회사 9 = 연결대상 6 + 지분법대상 3); LGCI의 공정거래법상자회사 12개와 LGEI의 1차피투자회사 10개 중 6개는 중복됨 - LG칼텍스정유(LGCI 31% vs. LGEI 3.1%), LG MRO(50 vs. 50), 곤지암레저(50 vs. 50), LG CNS(31.8 vs. 31.8), LG유통(28.8 vs. 36.8), LG전자(5.4 vs. 30.8).

출처: 공정거래위원회홈페이지 자료, 사업보고서, 〈부록 4〉.

〈그림 3.2〉 LG그룹의 지주회사체제, 2001-2010년 (개, %)

(출처: <표 3.3>)

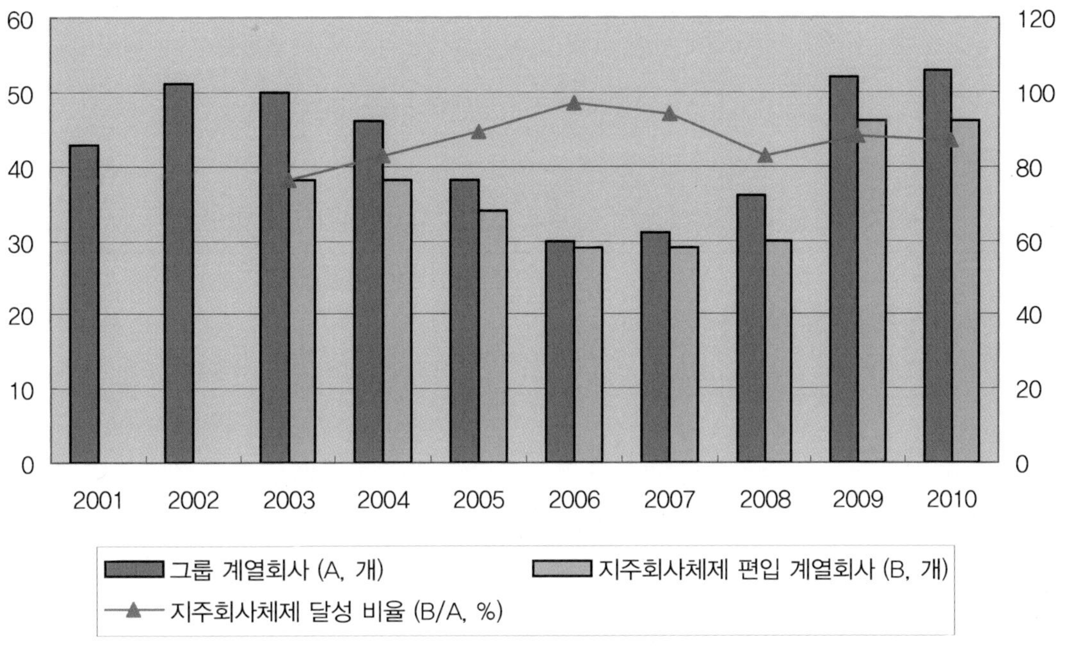

SK그룹의 경우 2000-2006년에는 전체 계열회사의 23-36%만이 지주회사 SK엔론(이후 SK E&S) 및 그 계열회사였으며, 2007-2010년에는 61-84%가 2개의 지주회사((주)SK와 SK E&S)를 중심으로 보다 완벽한 지주회사체제를 구축하였다. SK그룹에서는 2007-2010년 사이에 체제 달성 비율이 61% → 73% → 77% → 84%로 지속적으로 증가하고 있으며, 반면 LG그룹에서는 SK그룹에서보다 높은 비율을 유지하는 가운데 2006년 97%를 정점으로 2007-2010년 사이에는 94% → 83% → 88% → 87%의 감소·증가·감소 추세를 보이고 있다 (제4장 제3절 참조).

3.3 지주회사체제 성립 1단계: LG화학의 분할 및 사업지주회사 (주)LGCI로의 전환, 2000-2001년

LG그룹이 지주회사체제로 처음 전환된 것은 2001년 4월 그룹의 실질적인 지주회사 역할을 해 오던 LG화학이 3개 회사(지주회사 (주)LGCI + 신설 자회사 LG화학·LG생활건강)로 분할되어 화학부문 지주회사 LGCI로 전환되면서였다. 2000년 11월 이사회 결의 이후 6개월여에 걸쳐 분할이 마무리되었다 (<표 3.4>).

2000년 11월 15일 이사회에서 분할을 결정한 당일 증권거래법(제190조의 2)에 따라 분할신고서가 금융감독위원회, 한국증권거래소 및 한국상장사협의회에 제출되었으며, 12월에는 분할주주총회를 위한 주주가 확정되고(1일) 주주총회에서 분할계획이 승인되었다(28일). 분할

〈표 3.4〉 LG화학 분할의 일정 및 주요 내용, 2000년 11월 - 2001년 5월

2000년 11월 15일: 이사회 결의	2001년 4월 1일: 분할기일
12월 1일: 분할주주총회를 위한 주주확정	4월 2일: 분할보고총회 또는 창립총회
12월 28일: 분할계획서 승인을 위한 주주총회	4월 3일: 분할등기
	5월 2일: 분할교부주식의 상장 예정

1. 목적: 1) 시너지가 없는 비관련 다각화 사업 분리 → 수익 창출 기회 확대, 주주가치 극대화
   2) 미래승부사업・핵심사업 중심으로 선택・집중 전략 → 사업구조 고도화 실현
   3) 사업과 출자의 분리 → 기업지배구조 투명성 확립, 구조조정과 핵심사업 집중 투자 용이

2. 회사명: 1) 분할 전 회사 - LG화학 (LG Chem, Ltd)
   2) 분할되는 회사 - [LG화학 →] (주)LGCI (LG Chem Investment, Ltd.)
   신설회사 - LG화학 (LG Chem, Ltd.)
   LG생활건강 (LG Household & Healthcare, Ltd.)

3. 사업부문: 1) (주)LGCI - 출자부문 및 생명과학사업 부문
   2) LG화학 - 석유화학사업, 산업재사업 및 정보전자소재사업 부문
   3) LG생활건강 - 생활용품사업 및 화장품사업 부문

4. 방법: 1) 분할되는 회사의 영위 사업 중 화학사업부문 및 생활건강사업부문을 분할하여 신설회사 설립
   2) 분할되는 회사의 주주가 신설회사의 주주가 되는 인적분할 방식
   3) 분할되는 회사는 존속, 신설회사는 상장

5. 분할 재산 관련 사항:
   1) 분할되는 회사의 존속・신설 회사 주주에 대한 주식 배정비율:
   1주당 보통주/우선주 - (주)LGCI 0.18주, LG화학 0.66주, LG생활건강 0.16주
   2) 재무구조 (2000년 6월 30일 기준; 백만 원; 분할 전 = 분할되는 회사 + 신설회사 + 신설회사)

	분할 전		분할되는 회사		신설회사		신설회사	
a) 자산:	6,171,067	=	2,153,023	+	3,474,532	+	543,512	[34.9% + 56.3 + 8.8]
b) 부채:	3,890,693	=	1,214,233	+	2,314,420	+	362,040	[31.2 + 59.5 + 9.3]
자본:	2,280,374	=	938,790	+	1,160,112	+	181,472	[41.2 + 50.9 + 7.9]
c) 자본금:	553,684	=	99,663	+	365,432	+	88,589	[18.0 + 66.0 + 16.0]
d) 매출액:	2,629,435	=	81,154	+	2,057,005	+	491,276	[3.1 + 78.2 + 18.7]

출처: 분할신고서, 분할종료보고서.

기일은 2001년 4월 1일로 하였으며, 4월 2일 분할이 공식 완료되었다. 이 날 분할되는 회사 즉 지주회사 LGCI에서는 분할보고주주총회가, 그리고 신설 자회사인 LG화학과 LG생활건강에서는 창립주주총회가 개최되었다. 이어 분할등기 및 분할종료보고서 제출(4월 3일), 분할교부주식의 상장(5월 2일) 등의 후속 조치가 취해졌다.

지주회사 LGCI는 이전의 LG화학이 인적 분할을 통해 전환된 것이며, 분할의 목적, 방법 및 성격은 분할신고서(2000년 11월 15일)와 분할종료보고서(2001년 4월 3일)에 상세하게 서술되어 있다.

먼저 LG화학이 해 오던 사업들이 출자 및 생명과학사업, 석유화학 · 산업재 · 정보전자소재사업, 생활용품 · 화장품사업 등 세 부류로 나뉘어졌다. 첫 번째 부류의 사업은 이전의 LG화학이 계속 담당하는 것으로 하되 지주회사로 전환하는 동시에 회사 이름을 LGCI로 변경하였다. 다만 출자만을 전담하는 순수지주회사 대신 사업도 일부 병행하는 사업지주회사의 성격을 가지게 되었다. 나머지 두 부류의 사업은 신설 자회사인 LG화학과 LG생활건강으로 각각 이관하였다. 두 번째 부류의 사업은 이전의 LG화학이 담당하던 사업들 중 가장 큰 부분을 차지하였으며, 이에 따라 이전 회사와의 영속성을 간직하기 위해 신설 회사의 이름을 'LG화학'으로 정한 것으로 보인다.

이에 따라 신설 LG화학의 '회사가 영위하는 목적사업' 56개 중 42개는 이전 LG화학의 목적사업과 같은 것이었으며, 신설 LG생활건강의 목적사업 35개 중 34개도 이전 LG화학의 목적사업과 동일하거나 약간 변경된 것이었다. 신설 2개 회사의 사업 중 이전 LG화학의 사업과 동일한 42개와 34개 중에서는 24개가 겹치는 사업이었다.

한편 지주회사 LGCI의 목적사업은 31개가 설정되었는데, 이 중 첫 번째는 지주사업이었으며 생명과학사업 관련 조항도 포함되었다. 31개 목적사업 중 3개는 새로운 것인 반면 나머지 28개는 이전 LG화학의 목적사업에 포함되었던 사업들이었으며, 이 28개 중 5개를 제외한 23개는 신설 자회사인 LG화학과 LG생활건강 중 1개 또는 2개 모두의 목적사업들과 겹치는 것이었다. 분할 직후인 2001년 6월 반기보고서에 있는 LGCI의 '회사가 영위하는 목적사업' 31개는 다음과 같다.

(1) 새로운 사업 3개: ① 다음 각 호의 사업을 영위하는 회사의 주식을 취득, 소유함으로써 그 회사 제반 사업내용의 지배, 경영지도, 정리, 육성 (광업, 제조업, 전기 · 가스 · 수도사업, 건설업, 도 · 소매업, 숙박 · 음식점업, 운수업, 통신업, 부동산 · 임대업, 사업서비스업, 교육서비스업, 보건 · 사회복지사업, 오락 · 문화 · 운동 관련 사업, 기타 공공 · 수리 · 개인서비스업).

㉕ 교육서비스업. ㉗ 시장조사 및 경영상담업.

(2) 이전 LG화학으로부터 LGCI에로만 이관된 사업 5개: ③ 의약품, 원료의약품, 의약부외품, 농예약품, 동물약품 등 정밀화학제품의 제조, 가공 및 매매와 소분 매매. ⑦ 사료 및 사료첨가제의 제조, 가공 및 매매. ⑧ 각종 작물의 재배, 매집, 가공 및 매매. ⑪ 농산물, 축산물, 수산물 가공품의 제조, 가공, 매매. ㉒ 생명공학과 관련한 제품의 제조, 가공, 매매.

(3) 이전 LG화학으로부터 이관된 사업으로서 신설 자회사 LG화학・LG생활건강에도 똑같이 이관된 사업 23개: ② 유기 및 무기화학공업제품(농약 및 농약원제 - 가정용, 원예용, 동물용농약 포함, 각종 중간체 등 포함)의 제조, 가공, 매매 및 시공. ④ 의료용구, 위생용품의 제조 및 매매. ⑤ 각종 기계(금형 포함)의 제조, 가공 및 매매. ⑥ 음식료품 및 음식료품첨가물의 수입, 제조, 가공 및 매매. ⑨ 국내외 광고의 대행업과 광고물의 제작 및 매매. ⑩ 물품매도확약서 발행업. ⑫ 전자계산기 시간대여업. ⑬ 컴퓨터 소프트웨어 매매 및 대여업. ⑭ 각종 통계 및 분석과 처리작업 청부업. ⑮ 부동산 매매 및 임대. ⑯ 창고업. ⑰ 각종 상품의 매매. ⑱ 각종 상품의 위탁 및 수탁매매 대리업. ⑲ 과학기술 조사 연구 및 기술개발연구의 용역과 기술정보의 매개. ⑳ 기술용역업. ㉑ 국내외 무역업 및 이에 수반되는 청부업. ㉓ UTILITY(유틸리티) 판매. ㉔ 위탁 통신판매 및 방문판매업. ㉖ 인터넷 등 전자상거래를 통한 상품, 제품 매매 및 관련 부대사업. ㉘ 이상의 각종 원료, 자재, 제품을 소재로 한 제2차 제품의 제조, 가공, 보존 및 매매. ㉙ 전기 각 항 및 그에 관련된 위탁매매. ㉚ 전기 각 항에 관련되는 일체의 사업. ㉛ 전기 각 항에 관련한 사업에 대한 투자.

한편 LG화학의 분할은 인적분할 방식으로 이루어졌다. 즉, 분할되는 회사 LG화학의 주주가 분할기일 4월 1일 현재의 지분율에 따라 존속 및 신설회사의 주식을 배정받는 방식이다. 이전 LG화학의 주주들은 보통주・우선주 1주당 존속 지주회사 LGCI의 주식 0.18주, 신설 LG화학의 주식 0.66주, 그리고 신설 LG생활건강 주식 0.16주를 각각 배당받았다.

자산(6.2조 원; 2000년 6월 현재), 부채(3.9조 원), 자본(2.3조 원), 자본금(5,537억 원) 등의 재산도 신설 LG화학(50.9-66%), 존속 LGCI(18-41.2%), 신설 LG생활건강(7.9-16%) 순으로 배분되었다. 반면 매출액은 LG화학으로 넘어가는 제조사업부문이 78.2%로 압도적으로 많았고, 그다음이 LG생활건강(18.7%), LGCI(3.1%) 순이었다.

분할의 목적은 세 가지로 제시되었다. 첫째, 사업문화가 다양한 회사의 기업가치가 시장에서 적정하게 평가받지 못함에 따라 시너지가 없는 비관련 다각화 사업을 분리하여 장기적으로 수익창출 기회를 확대하고 주주가치를 극대화한다. 둘째, 사업구조의 고도화를 실현하기 위해 미래 승부사업과 핵심사업 중심으로 선택과 집중의 전략을 추구한다. 그리고 셋째, 사업과 출자의 분리를 통해 기업지배구조의 투명성을 확립하고 구조조정과 핵심사업에의 집중투자를 용이하게 한다.

3.4 지주회사체제 성립 2단계: LG전자의 분할 및 순수지주회사 (주)LGEI로의 전환, 2001-2002년

LG그룹 지주회사체제 성립의 제2단계는 2002년 4월 지주회사 (주)LGCI의 자회사이자 그룹의 또 다른 주력회사인 LG전자가 2개 회사(지주회사 (주)LGEI + 신설 자회사 LG전자)로 분할되어 전자부문 지주회사 LGEI로 전환된 것이었다. 2001년 4월 LG화학의 분할 및 지주회사 LGCI로의 전환이 일어난 지 정확히 1년이 지난 뒤였으며, 이로써 LG그룹은 화학부문과 전자부문의 2개 지주회사를 중심으로 계열회사가 재편되었다. LG전자의 분할은 2001년 11월 이사회 결의 이후 5개월여에 걸쳐 1년 전의 LG화학 분할 일정과 거의 유사하게 진행되었다 (<표 3.5>).

2001년 11월 15일 이사회에서 분할을 결정한 당일 증권거래법(제190조의 2)에 따라 분할신고서가 금융감독위원회, 한국증권거래소 및 한국상장사협의회에 제출되었으며, 12월에는 분할주주총회를 위한 주주가 확정되고(1일) 주주총회에서 분할계획이 승인되었다(28일). 분할기일은 2002년 4월 1일로 하였으며 같은 날 분할이 공식 완료되었다. 이 날 분할되는 회사 즉 지주회사 LGEI에서는 분할보고주주총회가, 그리고 신설 자회사인 LG전자에서는 창립주주총회가 개최되었다. 이어, 분할등기 및 분할종료보고서 제출(4월 2일, 4일 정정신고), 분할교부주식의 상장(4월 25일) 등의 후속 조치가 취해졌다.

지주회사 LGEI는 이전의 LG전자가 인적 분할을 통해 전환된 것이며, 분할의 목적, 방법 및 성격은 분할신고서(2001년 11월 15일) 및 분할종료보고서(2002년 4월 2일, 정정 4월 4일)에 상세하게 서술되어 있다.

먼저 LG전자가 해 오던 사업들이 출자부문과 전자・정보통신사업부문의 두 부류로 나뉘어졌다. 첫 번째 부문은 이전의 LG전자가 계속 담당하는 것으로 하되 지주회사로 전환하는 동시에 회사 이름을 LGEI로 변경하였다. 사업을 일부 병행하는 사업지주회사인 LGCI와는 달리 LGEI는 지주기능만 담당하는 순수지주회사였다. 두 번째 부류의 사업은 신설 자회사인 LG전자로 이관되었다. 이관된 사업들은 이전의 LG전자가 담당하던 제조 관련 사업 모두이며, 이전 회사와의 영속성을 간직하기 위해 신설 회사의 이름을 'LG전자'로 정한 것으로 보인다.

이에 따라 이전 LG전자의 '회사가 영위하는 목적사업' 22개는 모두 신설 LG전자의 목적사업이 되었으며, 이에 더하여 이전 LG전자의 '회사가 영위하지 않는 목적사업' 8개도 신설 LG전자에서는 '영위하는 목적사업'으로 이름을 올렸다.

〈표 3.5〉 LG전자 분할의 일정 및 주요 내용, 2001년 11월 - 2002년 4월

2001년 11월 15일: 이사회 결의 12월 1일: 분할주주총회를 위한 주주확정 12월 28일: 분할계획서 승인을 위한 주주총회	2002년 4월 1일: 분할기일, 분할보고총회 또는 창립총회 4월 2일: 분할등기 4월 25일: 분할교부주식의 상장 · 협회등록 예정

1. 목적: 1) 전자사업의 수익 창출 및 가치 증대 → 주주가치 극대화
   2) 미래승부사업 · 핵심사업 중심으로 선택 · 집중 전략 → 사업 고도화 실현
   3) 사업과 출자의 분리 → 기업지배구조 투명성 확립, 구조조정과 핵심사업 집중 투자 용이

2. 회사명: 1) 분할 전 회사 - LG전자
   2) 분할되는 회사 - [LG전자 →] (주)LGEI
   신설회사 - LG전자 (LG Electronics Inc.)

3. 사업부문: 1) (주)LGEI - 출자부문 / 2) LG화학 - 전자 · 정보통신사업 부문

4. 방법: 1) 분할되는 회사의 영위 사업 중 전자사업부문을 분할하여 신설회사 설립
   2) 분할되는 회사의 주주가 신설회사의 주주가 되는 인적분할 방식
   3) 분할되는 회사는 존속, 신설회사는 상장

5. 분할 재산 관련 사항:
   1) 분할되는 회사의 존속 · 신설 회사 주주에 대한 주식 배정비율:
   1주당 보통주/우선주 - (주)LGEI 0.10주, LG전자 0.90주
   2) 재무구조 (2001년 9월 30일 기준; 백만 원; 분할 전 = 분할되는 회사 + 신설회사)

	분할 전		분할되는 회사		신설회사	비율
a) 자산:	12,297,215	=	2,224,770	+	10,072,445	[18.1% + 81.9]
b) 부채:	7,722,171	=	715,777	+	7,006,394	[9.3 + 90.7]
자본:	4,575,044	=	1,508,993	+	3,066,051	[33.0 + 67.0]
c) 자본금:	1,031,068	=	247,107	+	783,961	[24.0 + 76.0]
d) 매출액:	12,555,545	=	139,650	+	12,415,895	[1.1 + 98.9]

출처: 분할신고서, 분할종료보고서.

한편 지주회사 LGEI의 목적사업은 26개가 설정되었는데, 이 중 첫 번째는 지주사업이었다. 26개 목적사업 중 16개는 새로운 것인 반면 나머지 10개는 이전 LG전자의 목적사업에 포함되었던 사업들이었다. 앞의 16개 사업은 모두 LGCI의 목적사업에도 포함되어 있었으며, 뒤의 10개 중 8개는 이전 LG전자의 '영위하는 목적사업'이었던 반면 나머지 2개는 '영위하지 않는 목적사업'이었다. 분할 직후인 2002년 6월 반기보고서에 있는 LGEI의 '회사가 영위하는 목적사업' 26개는 다음과 같다.

(1) LGEI의 새로운 사업이면서 LGCI의 목적사업에도 포함된 16개: ① 다음 각 호의 사업을 영위하는 회사의 주식을 취득, 소유함으로써 그 회사 제반 사업내용의 지배, 경영지도, 정리, 육성 (광업, 제조업, 전기・가스・수도사업, 건설업, 도・소매업, 숙박・음식점업, 운수업, 통신업, 부동산・임대업, 사업서비스업, 교육서비스업, 보건・사회복지사업, 오락・문화・운동 관련 사업, 기타 공공・수리・개인서비스업). ② 전자계산기 시간대여업. ③ 컴퓨터 소프트웨어 매매 및 대여업. ④ 각종 통계 및 분석과 처리작업 청부업. ⑥ 창고업. ⑦ 각종 상품의 매매. ⑧ 각종 상품의 위탁 및 수탁매매 대리업. ⑨ 과학기술 조사 연구 및 기술개발연구의 용역과 기술정보의 매개. ⑩ 기술용역업. ⑬ UTILITY(유틸리티) 판매. ⑭ 위탁 통신판매 및 방문판매업. ⑮ 교육서비스업. ⑯ 인터넷 등 전자상거래를 통한 상품, 제품 매매 및 관련 부대사업. ⑰ 시장조사 및 경영상담업. ㉓ 이상의 각종 원료, 자재, 제품을 소재로 한 제2차 제품의 제조, 가공, 보존 및 매매. ㉔ 전기 각 항 및 그에 관련된 위탁매매.

(2) 이전 LG전자의 '영위하는 목적사업' 중 LGEI로 이관된 8개: ⑤ 부동산 매매 및 임대업. ⑪ 정보의 운영 및 판매. ⑫ 통신서비스 관련 대행 용역 제공. ⑱ 수출입업 및 물품매도확약서 발행업. ⑲ 전자전기기계기구의 대여업. ⑳ 기술연구 및 용역수탁업. ㉕ 전 각항에 부수되는 무역 또는 청부업 및 일체 사업. ㉖ 전 각항에 관련되는 부대사업 및 투자.

(3) 이전 LG전자의 '영위하지 않는 목적사업' 중 LGEI로 이관된 2개: ㉑ 국내, 국제광고 및 판매촉진의 대행과 광고물의 제작 및 판매업. ㉒ 팩토링업.

한편 LG전자의 분할은 LG화학에서처럼 인적분할 방식으로 이루어졌다. 즉 분할되는 회사 LG전자의 주주가 분할기일 2002년 4월 1일 현재의 지분율에 따라 존속 및 신설회사의 주식을 배정받는 방식이다. 이전 LG전자의 주주들은 보통주・우선주 1주당 지주회사 LGEI의 주식 0.1주와 신설 LG전자의 주식 0.9주를 각각 배당받았다. 자산(12.3조 원; 2001년 9월 현재), 부채(7.7조 원), 자본(4.6조 원), 자본금(1.0조 원) 등의 재산은 대부분(67-90.7%) 신설 자회사의 몫이 되었다. 특히 매출액은 신설 자회사로 이관되는 제조사업부문이 98.9%로 압도적으로 많았다.

분할의 목적은 세 가지로 제시되었는데, LG화학의 분할 목적 세 가지와 대동소이하였다. 첫째, 사업과 출자의 분리를 통해 기업지배구조의 투명성을 확립하고 구조조정과 핵심사업에의 집중투자를 용이하게 한다. 둘째, 미래 승부사업과 핵심사업 중심으로 선택과 집중 전략을 추구하고 사업고도화를 실현한다. 그리고 셋째, 전자사업의 수익 창출과 가치 증대를 통해 주주가치를 극대화한다.

3.5 지주회사체제 성립 3단계: (주)LGCI의 분할 및 순수지주회사로의 전환, 2002년

2001년 4월 LG화학의 분할 및 사업지주회사 (주)LGCI로의 전환, 그리고 2002년 4월 LG전자의 분할 및 순수지주회사 (주)LGEI로의 전환에 이어, LG그룹 지주회사체제 성립의 3단계로 2002년 8월 LGCI가 2개의 회사(지주회사 LGCI + 신설 LG생명과학)로 분할되었다. LGCI가 탄생 1년 4개월 만에 순수지주회사로 탈바꿈한 것이었다. LGCI의 분할은 2002년 5월 이사회 결의 이후 3개월여에 걸쳐 LG화학 및 LG전자의 분할 일정과 거의 유사하게 진행되었다 (<표 3.6>).

2002년 5월 7일 이사회에서 분할을 결정한 당일 증권거래법(제190조의 2)에 따라 분할신고서가 금융감독위원회, 한국증권거래소 및 한국상장사협의회에 제출되었으며, 5월 8일과 18일에는 신고서의 내용을 수정 또는 추가하기 위해 정정신고가 이루어졌다. 이어 5월 23일 분할주주총회를 위한 주주가 확정되었고, 6월 27일 주주총회에서 분할계획이 승인되었다. 분할기일은 8월 1일로 하였으며, 같은 날 분할이 공식 완료되었다. 이 날 분할되는 회사인 지주회사 LGCI에서는 분할보고주주총회가, 그리고 신설 회사인 LG생명과학에서는 창립주주총회가 개최되었다. 이어, 8월에는 분할 등기 및 분할종료보고서 제출(2일), 분할교부주식의 상장(16일) 등 후속 조치가 취해졌다.

새로운 LGCI는 이전의 LGCI가 인적 분할을 통해 전환된 것이며, 분할의 목적, 방법 및 성격은 분할신고서(2002년 5월 7일; 정정 5월 8일, 18일) 및 분할종료보고서(2002년 8월 2일)에 상세하게 제시되어져 있다.

먼저 이전의 LGCI가 사업지주회사로서 병행해 오던 출자사업과 생명과학사업이 분리되었다. 출자사업은 이전의 LGCI가 계속 담당하는 것으로 하되 이 사업만 전담하는 순수지주회사로 성격이 변경되었고, 생명과학사업은 신설 회사 LG생명과학으로 이관되었다. 뒤에서 설명하는 것처럼, LG생명과학의 최대주주는 처음에는 구본무였으며, 2003년 3월 통합지주회사 LG

의 출범 직후 LG의 자회사로 편입되었다.

이전 LGCI의 '회사가 영위하는 목적사업' 31개 중 지주사업(제1조)을 제외한 30개는 신설 LG생명과학의 목적사업으로 되었으며, 여기에 1개 사업이 추가되었다.

반면 순수지주회사로서의 LGCI의 목적사업은 이전 LGCI의 31개 사업 중 생명과학사업과 관련되는 9개를 제외한 22개로 설정되었으며, 제외된 9개는 '회사가 영위하지 않은 목적사

〈표 3.6〉 (주)LGCI 분할의 일정 및 주요 내용, 2002년 5월–8월

2002년 5월 7일: 이사회 결의
5월 23일: 분할주주총회를 위한 주주확정
6월 27일: 분할계획서 승인을 위한 주주총회

2002년 8월 1일: 분할기일, 분할보고총회 또는 창립총회
8월 2일: 분할등기
8월 16일: 분할교부주식의 상장・협회등록 예정

1. 목적: 1) 생명과학사업의 수익 창출 및 가치 증대 → 주주가치 극대화
2) 미래승부사업・핵심사업 중심으로 선택・집중 전략 → 사업 고도화 실현
3) 사업과 출자의 분리 → 기업지배구조 투명성 확립, 구조조정과 핵심사업 집중 투자 용이

2. 회사명: 1) 분할 전 회사 - (주)LGCI (LG Chem Investment, Ltd.)
2) 분할되는 회사 - (주)LGCI (LG Chem Investment, Ltd.)
신설회사 - LG생명과학 (LG Life Sciences, Ltd.)

3. 사업부문: 1) (주)LGCI - 출자부문 / 2) LG생명과학 - 생명과학사업 부문

4. 방법: 1) 분할되는 회사의 영위 사업 중 생명과학사업부문을 분할하여 신설회사 설립
2) 분할되는 회사의 주주가 신설회사의 주주가 되는 인적분할 방식
3) 분할되는 회사는 존속, 신설회사는 상장

5. 분할 재산 관련 사항:
1) 분할되는 회사의 존속・신설 회사 주주에 대한 주식 배정비율:
1주당 보통주/우선주 - (주)LGCI 0.90주, LG생명과학 0.10주
2) 재무구조 (2002년 3월 31일 기준; 백만 원; 분할 전 = 분할되는 회사 + 신설회사)

a) 자산:	3,260,499	=	2,939,330	+	321,169	[90.1% +	9.9]
b) 부채:	1,458,747	=	1,260,397	+	198,350	[86.4 +	13.6]
자본:	1,801,752	=	1,678,933	+	122,819	[93.2 +	6.8]
c) 자본금:	485,660	=	437,094	+	48,566	[90.0 +	10.0]
d) 매출액:	?	=	?	+	28,266		

주: (주)LGCI의 매출액 자료 없음.
출처: 분할신고서, 분할종료보고서.

업'으로 따로 분류되었다. 분할 직후인 2002년 9월 반기보고서에 있는 LGCI의 '회사가 영위하는 목적사업' 22개는 다음과 같다.

(1) 이전 LGCI의 '영위하는 목적사업' 중 새로운 LGCI로 이관된 22개: ① 다음 각 호의 사업을 영위하는 회사의 주식을 취득, 소유함으로써 그 회사 제반 사업내용의 지배, 경영지도, 정리, 육성 (광업, 제조업, 전기·가스·수도사업, 건설업, 도·소매업, 숙박·음식점업, 운수업, 통신업, 부동산·임대업, 사업서비스업, 교육서비스업, 보건·사회복지사업, 오락·문화·운동 관련 사업, 기타 공공·수리·개인서비스업). ② 국내외 광고의 대행업과 광고물의 제작 및 매매. ③ 수출입업 및 물품매도확약서 발행업. ④ 전자계산기 시간대여업. ⑤ 컴퓨터 소프트웨어 매매 및 대여업. ⑥ 각종 통계 및 분석과 처리작업 청부업. ⑦ 부동산 매매 및 임대. ⑧ 창고업. ⑨ 각종 상품의 매매. ⑩ 각종 상품의 위탁 및 수탁매매 대리업. ⑪ 과학기술 조사연구 및 기술개발연구의 용역과 기술정보의 매개. ⑫ 기술용역업. ⑬ 국내외 무역업 및 이에 수반되는 청부업. ⑭ UTILITY(유틸리티) 판매. ⑮ 위탁 통신판매 및 방문판매업. ⑯ 교육서비스업. ⑰ 인터넷 등 전자상거래를 통한 상품, 제품 매매 및 관련 부대사업. ⑱ 시장조사 및 경영상담업. ⑲ 이상의 각종 원료, 자재, 제품을 소재로 한 제2차 제품의 제조, 가공, 보존 및 매매. ⑳ 전기 각 항 및 그에 관련된 위탁매매. ㉑ 전기 각 항에 관련되는 일체의 사업. ㉒ 전기 각 항에 관련한 사업에 대한 투자.

(2) 이전 LGCI의 '영위하는 목적사업' 중 새로운 LGCI의 '영위하지 않는 목적사업'으로 분류된 9개: ① 유기 및 무기화학공업제품(농약 및 농약원제 - 가정용, 원예용, 동물용농약 포함, 각종 중간체 등 포함)의 제조, 가공, 매매 및 시공. ② 의약품, 원료의약품, 의약부외품, 농예약품, 동물약품 등 정밀화학제품의 제조, 가공 및 매매와 소분 매매. ③ 의료용구, 위생용품의 제조 및 매매. ④ 각종 기계(금형 포함)의 제조, 가공 및 매매. ⑤ 음식료품 및 음식료품첨가물의 수입, 제조, 가공 및 매매. ⑥ 사료 및 사료첨가제의 제조, 가공 및 매매. ⑦ 각종 작물의 재배, 매집, 가공 및 매매. ⑧ 농산물, 축산물, 수산물 가공품의 제조, 가공, 매매. ⑨ 생명공학과 관련한 제품의 제조, 가공, 매매.

한편 LGCI의 분할은 LG화학 및 LG전자에서처럼 인적분할 방식으로 이루어졌다. 즉 분할되는 회사 LGCI의 주주가 분할기일 2002년 8월 1일 현재의 지분율에 따라 존속 및 신설회사의 주식을 배정받는 방식이다. 이전 LGCI의 주주들은 보통주·우선주 1주당 새로운 지주회사 LGCI의 주식 0.9주와 신설 LG생명과학의 주식 0.1주를 각각 배당받았다. 자산(3.3조 원; 2002년 3월 현재), 부채(1.5조 원), 자본(1.8조 원), 자본금(4,857억 원) 등의 재산은 절대 다수

(86.4-93.2%)가 존속 지주회사 LCCI의 몫이 되었다.

분할의 목적은 세 가지로 제시되었는데, LG화학 및 LG전자의 분할 목적 세 가지와 대동소이하였다. 첫째, 사업과 출자의 분리를 통해 기업지배구조의 투명성을 확립하고 구조조정과 핵심사업에의 집중투자를 용이하게 한다. 둘째, 미래 승부사업과 핵심사업 중심으로 선택과 집중 전략을 추구하고 사업고도화를 실현한다. 그리고 셋째, 생명과학사업의 수익 창출과 가치 증대를 통해 주주가치를 극대화한다.

3.6 지주회사체제 성립 4단계: (주)LGCI의 (주)LGEI 합병 및 통합지주회사 (주)LG로의 확대 개편, 2002-2003년

LG그룹 지주회사체제 성립의 4단계는 2003년 3월 (주)LGCI가 통합지주회사 (주)LG로 확대 개편된 것이었다. 2001년 4월 LGCI가 탄생한 이후 2년이 지난 뒤였다. 이를 위해 화학부문 지주회사 LGCI가 전자부문 지주회사 LGEI를 합병하였고, 이에 더하여 LGCI와 LGEI의 자회사 LG MRO(이후 서브원)의 사업 중 일부를 분할하여 이 또한 LGCI가 합병하였다. 합병과 함께 LGCI는 LG로 이름이 변경되었다. LGCI의 합병은 2002년 11월 이사회 결의 이후 3개월 이 조금 넘는 기간에 걸쳐 진행되었다 (<표 3.7>).

2002년 11월 28일 이사회에서 합병을 결의하였으며 동시에 합병 계약이 체결되었다. 같은 날 증권거래법(제190조의 2)에 따라 합병신고서가 금융감독위원회와 한국증권거래소에 제출되었으며, 2003년 1월 10일에는 신고서의 내용을 추가하는 정정신고가 이루어졌다.

2002년 12월 31일 합병주주총회를 위한 주주가 확정되었으며, 2003년 1월 29일 주주총회에서 합병이 승인되었다. 그리고 1월 30일부터 2월 18일까지 주식매수청구권 행사 기간으로 설정되었다. 합병 기일은 2003년 3월 1일로 하였으며, 3월 3일 합병종료보고 주주총회가 개최됨으로써 합병이 공식 완료되었다. 이어 합병 등기, 합병종료보고 공고 및 합병종료보고서 제출(3월 4일), 상호 변경 및 합병 신주 상장(3월 11일), 합병종료보고서 정정 신고(5월 15일) 등의 후속조치가 취해졌다.

통합지주회사 LG는 이전의 LGCI가 흡수합병 및 분할 합병을 통해 생겨났으며, 합병의 목적, 방법 및 성격은 합병신고서(2002년 11월 28일; 정정 2003년 1월 10일)와 합병종료보고서(2003년 3월 4일; 정정 5월 15일)에 상세하게 제시되어져 있다.

먼저 화학부문 지주회사 LGCI가 전자부문 지주회사인 LGEI를 흡수 합병하였으며, 이로써

LGCI는 존속하고 LGEI는 해산되었다. 또 LGCI 및 LGEI가 각각 50%의 지분을 보유하는 자회사인 LG MRO(이후 서브원)가 해 오던 사업들 중 출자사업부문과 부동산 임대사업 일부 부문을 분할한 뒤 이를 LGCI가 합병하였으며 LG MRO는 존속하였다. 합병으로 조직이 확대 개편

〈표 3.7〉 (주)LGCI 합병의 일정 및 주요 내용, 2002년 11월 - 2003년 3월

2002년 11월 28일: 이사회 결의, 합병계약	2003년 3월 1일: 합병기일
12월 31일: 합병주주총회를 위한 주주확정	3월 3일: 합병종료보고총회
2003년 1월 29일: 합병 승인을 위한 주주총회	3월 4일: 합병등기, 합병종료보고 공고
1월 30일 - 2월 18일: 주식매수청구권 행사	3월 11일: 상호 변경, 합병신주 상장 예정

1. 목적: 1) 국내외 경영환경 변화에 적극 대처
2) 경영효율성 증대 및 시너지 효과 극대화 → 세계적인 경쟁력을 보유한 지주회사로 성장
3) 사업부문 전문화 → 효율적 경영기반 조성

2. 회사명: 1) 합병 전 회사 - (주)LGCI (LG Chem Investment, Ltd.)
2) 합병회사 - [(주)LGCI →] (주)LG (LG Corp.)
피합병회사 - (주)LGEI
분할합병회사 - (주)LG MRO

3. 방법: 1) (주)LGCI가 (주)LGEI를 흡수합병 → (주)LGCI는 존속 & (주)LGEI는 해산
2) (주)LG MRO의 사업 일부(부동산임대부문 중 일부, 출자부문사업)를 분할하여 (주)LGCI에 합병 & (주)LG MRO는 존속

4. 합병 재산 관련 사항:
1) 피합병회사 주주에 대한 신주 배정:
(주)LGEI: 보통주 - (주)LGEI 1주 당 1.8282의 비율로 그와 동일한 내용의 (주)LGCI 보통주 배정
우선주 - (주)LGEI 1주 당 1.5572의 비율로 그와 동일한 내용의 (주)LGCI 우선주 배정
(주)LG MRO: 변동 없음
2) 재무구조 (2003년 2월말 추정 수치; 억 원;
합병 후 ≶ (합병 전) 합병회사 + 피합병회사 + 분할합병회사)

	합병 후		(합병 전)	=	합병회사	+	피합병회사	+	분할합병회사	
a) 자산:	57,583	<	77,228	=	31,381	+	35,338	+	10,509	[40.6% + 45.8 + 13.6]
b) 부채:	20,916	<	22,537	=	14,977	+	3,656	+	3,904	[66.5 + 16.2 + 17.3]
자본:	36,667	<	54,691	=	16,404	+	31,682	+	6,605	[30.0 + 57.9 + 12.1]
c) 자본금:	13,008	>	10,749	=	4,371	+	6,339	+	39	[40.7 + 59.0 + 0.3]
d) 매출액:	?		?		?		?		?	

주: 매출액 자료 없음.
출처: 합병신고서, 합병종료보고서.

되고 지주회사로서의 위상이 강화되면서 존속 (주)LGCI는 새로운 상호 '(주)LG'를 달고 재출범하였다.

통합지주회사 LG의 '회사가 영위하는 목적사업'은 27개로 설정되었는데, 이 중 22개는 이전 LGCI의 목적사업 22개 그대로이며, 나머지 5개는 이전 LGEI의 목적사업 26개 중에 포함된 것이었다. 그런데 LGEI의 나머지 21개 목적사업도 거의 대부분이 LGCI의 그것과 겹치는 것이었으며, 따라서 LGEI 특유의 목적사업 5개가 LG의 목적사업에 포함됨으로써 LGEI의 목적사업 26개 거의 대부분이 LG의 목적사업 27개로 이관되는 셈이었다. 통합지주회사의 목적사업 27개 중 첫 번째는 여전히 지주사업이었다. 합병 직후인 2003년 3월 분기보고서에 나와 있는 LG의 '회사가 영위하는 목적사업' 27개는 다음과 같다.

(1) 이전 LGCI의 '영위하는 목적사업' 모두가 LG로 이관된 22개: ① 다음 각 호의 사업을 영위하는 회사의 주식을 취득, 소유함으로써 그 회사 제반 사업내용의 지배, 경영지도, 정리, 육성 (광업, 제조업, 전기·가스·수도사업, 건설업, 도·소매업, 숙박·음식점업, 운수업, 통신업, 부동산·임대업, 사업서비스업, 교육서비스업, 보건·사회복지사업, 오락·문화·운동 관련 사업, 기타 공공·수리·개인서비스업). ② 국내외 광고의 대행업과 광고물의 제작 및 매매. ③ 수출입업 및 물품매도확약서 발행업. ④ 전자계산기 시간대여업. ⑤ 컴퓨터 소프트웨어 매매 및 대여업. ⑥ 각종 통계 및 분석과 처리작업 청부업. ⑦ 부동산 매매 및 임대. ⑧ 창고업. ⑨ 각종 상품의 매매. ⑩ 각종 상품의 위탁 및 수탁매매 대리업. ⑪ 과학기술 조사연구 및 기술개발연구의 용역과 기술정보의 매개. ⑫ 기술용역업. ⑬ 국내외 무역업 및 이에 수반되는 청부업. ⑭ UTILITY(유틸리티) 판매. ⑮ 위탁 통신판매 및 방문판매업. ⑯ 교육서비스업. ⑰ 인터넷 등 전자상거래를 통한 상품, 제품 매매 및 관련 부대사업. ⑱ 시장조사 및 경영상담업. ㉔ 이상의 각종 원료, 자재, 제품을 소재로 한 제2차 제품의 제조, 가공, 보존 및 매매. ㉕ 전기 각 항 및 그에 관련된 위탁매매. ㉖ 전기 각 항에 관련되는 일체의 사업. ㉗ 전기 각 항에 관련한 사업에 대한 투자.

(2) 이전 LGEI의 '영위하는 목적사업' 26개 중 LG로 이관된 5개: ⑲ 정보의 운영 및 판매. ⑳ 통신서비스 관련 대행 용역 제공. ㉑ 전자전기기계기구의 대여업. ㉒ 기술연구 및 용역수탁업. ㉓ 팩토링업.

한편 피합병회사인 LGEI의 주주에 대해서는 보통주·우선주 1주당 각각 1.8282, 1.5572의 비율로 그 주식과 동일한 내용의 LGCI 주식을 배정하였으며, 반면 또 다른 피합병회사인 LG MRO의 주주들 주식에는 변동이 없었다. 합병 관련 3개 회사 재산의 합은 2003년 2월 현재 자산 7.7조 원, 부채 2.3조 원, 자본 5.5조 원, 자본금 1.1조 원 등으로 추정되었다. 이 중, 자산(LGEI 45.8% vs. LGCI 40.6%), 자본(57.9% vs. 30%) 및 자본금(59% vs. 40.7%)에서는 피흡수합병회사인 LGEI의 비중이 컸으며, 반면 부채(16.2% vs. 66.5%)에서는 합병회사인 LGCI의 비중이 컸다.

합병의 목적은 세 가지로 제시되었는데, LG화학, LG전자 및 LGCI의 분할 목적과 크게 다르지 않았다. 첫째, 국내외 경영환경 변화에 적극 대처한다. 둘째, 경영효율성 증대 및 시너지 효과의 극대화를 통하여 세계적인 경쟁력을 보유한 지주회사로 성장한다. 그리고 셋째, 사업부문의 전문화를 통하여 효율적인 경영기반을 조성한다.

통합지주회사 LG의 출범 이후 8개월이 지난 2003년 11월 지주회사체제에 편입되어 있지 않던 LG전선 관련 4개 회사(LG전선, LG니꼬동제련, LG칼텍스가스, 극동도시가스)가 LG그룹에서 분리되었으며, 2004년 4월 LG전선그룹(2005년 3월 이후 LS그룹)으로 공식 출범하였다. 4개 회사는 LG그룹 창업주 구인회의 다섯 남동생 중 3명(셋째 구태회, 넷째 구평회, 다섯째 구두회) 일가가 주로 관여해 왔었다.

3.7 지주회사체제 성립 5단계: (주)LG의 2개 순수지주회사 (주)LG · GS홀딩스로의 분할, 2004년

LG그룹 지주회사체제 성립의 마지막 5단계는 2004년 7월 통합지주회사 (주)LG가 2개의 순수지주회사(존속 (주)LG + 신설 GS홀딩스)로 분할된 것이었다. 이는 허창수 일가 몫인 GS홀딩스(이후 (주)GS)의 계열 분리(2005년 1월)를 염두에 둔 조치였으며, 이로써 LG그룹은 구본무 일가를 중심으로 하는 지주회사체제를 본격적으로 구축할 수 있게 되었다. LG의 전신인 LGCI가 처음 생긴 2001년 4월 이후 3년 3개월이 지난 뒤였다. LG의 분할은 2004년 4월 이사회 결의 이후 4개월여에 걸쳐 LG화학, LG전자 및 LGCI의 분할 일정과 거의 유사하게 진행되었다 (<표 3.8>).

2004년 4월 13일 이사회에서 분할을 결정한 당일 증권거래법(제190조의 2)에 따라 분할신고서가 금융감독위원회, 한국증권거래소 및 한국상장사협의회에 제출되었으며, 5월 6일에는 신고서 내용을 추가하기 위해 정정신고가 이루어졌다. 4월 29일 분할주주총회를 위한 주주가 확정되었고, 5월 28일 주주총회에서 분할계획이 승인되었다. 분할기일은 2004년 7월 1일로 하였으며, 7월 5일 분할이 공식 완료되었다. 이 날 분할되는 회사인 LG에서는 분할보고주주

〈표 3.8〉 (주)LG 분할의 일정 및 주요 내용, 2004년 4월–8월

2004년 4월 13일: 이사회 결의 4월 29일: 분할주주총회를 위한 주주 확정 5월 28일: 분할계획서 승인을 위한 주주총회	2004년 7월 1일: 분할기일 7월 5일: 분할보고총회 또는 창립총회 7월 7일: 분할등기 8월 10일: 재상장, 변경상장 예정

1. 목적: 1) 성장잠재력 배가, 업종전문화 및 핵심역량 강화 → 사업 고도화 실현
2) 기업이미지를 투자자에게 명확하게 전달 → 투자자본의 원활한 조달, 수익의 해당사업에로의 재투자 → 사업의 집중력 제고, 성장잠재력 확보
3) 사업특성에 맞는 신속하고 전문적인 의사결정체제 확립 → 사업부문별 경쟁력 강화, 전문화된 사업영역에 기업역량 집중 → 경영위험의 분산
4) 사업문화가 다른 각 사업부문의 전문화 → 관리상의 효율성 제고, 기업지배구조의 투명성 증대 → 시장에서의 적정한 기업가치 평가 유도, 주주가치 극대화
5) 출자부문의 전문화, 핵심사업에 대한 집중투자 추구, 사업의 고도화 실현 → 효율적인 경영기반 조성, 세계적 경쟁력을 갖는 지주회사로의 성장 추구

2. 회사명: 1) 분할 전 회사 - (주)LG (LG Corp.)
2) 분할되는 회사 - (주)LG (LG Corp.)
신설회사 - GS홀딩스 (GS Holdings Corp.)

3. 사업부문: 1) (주)LG - 신설회사에 분할되는 부문을 제외한 나머지 출자부문, 사업부문
2) GS홀딩스 - 정유・유통・홈쇼핑 출자부문, 임대사업부문 일부

4. 방법: 1) 분할되는 회사의 영위 사업 중 정유・유통・홈쇼핑 출자부문 및 임대사업부문 일부를 분할하여 신설회사 설립
2) 분할되는 회사의 주주가 신설회사의 주주가 되는 인적분할 방식
3) 분할되는 회사는 존속, 신설회사는 한국증권거래소에 재상장

5. 분할 재산 관련 사항:
1) 분할되는 회사의 존속・신설 회사 주주에 대한 주식 배정비율:
1주당 보통주/우선주 - (주)LG 0.65주, GS홀딩스 0.35주
2) 분할되는 회사가 보유하고 있는
a) '금성, 金星, Goldstar, GS, GS device' 및 이들 중 하나 이상을 포함하거나 나타내는 상표, 기타 이들과 유사한 일체의 상표(단, 이러한 상표 중 'Lucky, 트윈스, Twins, 엘지, LG'를 그의 일부로 포함하고 있는 상표는 제외; 이하 이들을 총칭하여 'Goldstar 상표'라 함)
b) 신설회사를 위하여 개발 중인 일체의 Mark, 상표(이하 '개발상표'라 함)는 분할로 인하여 신설되는 회사에 이전되는 것으로 한다.

주: 재무구조 관련 자료 없음.
출처: 분할신고서, 분할종료보고서.

총회가, 그리고 신설 GS홀딩스에서는 창립주주총회가 개최되었다. 이어 분할등기(7월 7일), 분할종료보고서 제출(7월 8일), 재상장 및 변경상장(8월 10일) 등의 후속조치가 취해졌다.

2개의 지주회사 LG · GS홀딩스는 이전의 LG가 인적분할되어 생겨났으며, 분할의 목적, 방법 및 성격은 분할신고서(2004년 4월 13일; 정정 5월 6일)와 분할종료보고서(2004년 7월 8일)에 상세하게 나와 있다.

먼저 이전의 LG가 해 오던 사업들이 두 부류로 나뉘어졌다. 하나는 정유 · 유통 · 홈쇼핑 출자부문 및 임대사업부문 일부이고, 다른 하나는 나머지 출자부문 및 사업부문이다. 후자는 이전의 LG가 계속 담당하는 것으로 하였고, 전자는 신설 지주회사 GS홀딩스로 이관되었다.

새로운 LG의 '회사가 영위하는 목적사업'은 28개로 설정되었는데, 이 중 첫 번째는 여전히 지주사업이었다. 28개 중 27개는 이전 LG의 목적사업 27개 그대로이며, 여기에 '브랜드 및 상표권 등 지적재산권의 라이센스업'(제24조)이 새로 추가되었다. 새로운 LG의 28개 목적사업은 모두 신설 지주회사 GS홀딩스의 목적사업으로도 설정되었다. 분할 직후인 2004년 9월 분기보고서에 나와 있는 LG의 '회사가 영위하는 목적사업' 28개는 다음과 같다.

(1) 이전 LG의 '회사가 영위하는 목적사업' 모두가 새로운 LG로 이관된 27개: ① 다음 각 호의 사업을 영위하는 회사의 주식을 취득, 소유함으로써 그 회사 제반 사업내용의 지배, 경영지도, 정리, 육성 (광업, 제조업, 전기 · 가스 · 수도사업, 건설업, 도 · 소매업, 숙박 · 음식점업, 운수업, 통신업, 부동산 · 임대업, 사업서비스업, 교육서비스업, 보건 · 사회복지사업, 오락 · 문화 · 운동 관련 사업, 기타 공공 · 수리 · 개인서비스업). ② 국내외 광고의 대행업과 광고물의 제작 및 매매. ③ 수출입업 및 물품매도확약서 발행업. ④ 전자계산기 시간대여업. ⑤ 컴퓨터 소프트웨어 매매 및 대여업. ⑥ 각종 통계 및 분석과 처리작업 청부업. ⑦ 부동산 매매 및 임대. ⑧ 창고업. ⑨ 각종 상품의 매매. ⑩ 각종 상품의 위탁 및 수탁매매 대리업. ⑪ 과학기술 조사 연구 및 기술개발연구의 용역과 기술정보의 매개. ⑫ 기술용역업. ⑬ 국내외 무역업 및 이에 수반되는 청부업. ⑭ UTILITY(유틸리티) 판매. ⑮ 위탁 통신판매 및 방문판매업. ⑯ 교육서비스업. ⑰ 인터넷 등 전자상거래를 통한 상품, 제품 매매 및 관련 부대사업. ⑱ 시장조사 및 경영상담업. ⑲ 정보의 운영 및 판매. ⑳ 통신서비스 관련 대행 용역 제공. ㉑ 전자전기기계기구의 대여업. ㉒ 기술연구 및 용역수탁업. ㉓ 팩토링업. ㉕ 이상의 각종 원료, 자재, 제품을 소재로 한 제2차 제품의 제조, 가공, 보존 및 매매. ㉖ 전기 각 항 및 그에 관련된 위탁매매. ㉗ 전기 각 항에 관련되는 일체의 사업. ㉘ 전기 각 항에 관련한 사업에 대한 투자.

(2) 새로 추가된 목적사업 1개: ㉔ 브랜드 및 상표권 등 지적재산권의 라이센스업.

한편 LG의 분할은 인적분할 방식으로 이루어졌다. 즉 분할되는 회사 LG의 주주가 분할기일 2004년 7월 1일 현재의 지분율에 따라 존속 및 신설회사의 주식을 배정받는 방식이다. 이전 LG의 주주들은 보통주·우선주 1주당 존속 지주회사 LG의 주식 0.65주, 그리고 신설 지주회사 GS홀딩스의 주식 0.35주를 각각 배당받았다. 또 이전의 LG가 보유하고 있던 '금성, Goldstar, GS' 등의 소위 'Goldstar 상표'를 GS홀딩스에 이전하는 등 2개 지주회사 각자의 독자적인 브랜드를 구축하기 위한 조치가 취해졌다.

분할의 목적은 다섯 가지였는데, 이들은 이전에 있었던 LG화학·LG전자·LGCI의 분할 그리고 LGCI의 합병 목적과 크게 다르지 않은 것이었다. 첫째, 분할된 각 부문의 성장잠재력을 배가하고 업종 전문화 및 핵심역량 강화를 추구하여 사업고도화를 실현한다. 둘째, 기업의 이미지를 투자자에게 명확하게 전달하여 투자 자본을 원활하게 조달하고 사업부문에서 창출되는 수익을 해당 사업에 재투자할 수 있게 하여 사업의 집중력 제고와 성장잠재력을 확보한다. 셋째, 분할된 각 부문별로 사업특성에 맞는 신속하고 전문적인 의사결정이 가능한 체제를 확립하여 사업부문별 경쟁력을 강화하고 전문화된 사업영역에 기업의 역량을 집중함으로써 경영위험의 분산을 추구한다. 넷째, 사업문화가 다른 각 사업부문을 전문화하여 관리상의 효율을 높이고 기업지배구조의 투명성을 증대시키며 이를 통해 시장에서 적정한 기업가치 평가를 가능하게 하여 주주가치의 극대화를 추구한다. 그리고 다섯째, 출자부문의 전문화 및 핵심사업에 대한 집중투자를 용이하게 하고 사업의 고도화를 실현함으로써 효율적인 경영기반을 조성하여 세계적인 경쟁력을 갖춘 지주회사로 성장한다.

GS홀딩스 관련 회사들은 2005년 1월 LG그룹에서 분리되었고 4월에는 GS그룹으로 공식 출범하였다. 이 회사들은 그룹 창업주 구인회의 사돈인 허씨 일가 중 구인회의 첫째 동생 구철회의 첫째 사위인 허준구와 허준구의 아들 5명(허창수, 허정수, 허진수, 허명수, 허태수)이 주로 관여해 왔었다.

4. 소유구조의 변화

4.1 LG그룹의 지주회사체제, 2010년 9월

2010년 9월 현재 LG그룹은 53개 계열회사 중 46개(87%)가 '지주회사 (주)LG → 자회사 16개 → 손자회사 27개 → 증손회사 2개'의 체제로 조직되어 되어 있다. 지주회사 (주)LG의 최대주주는 구본무이며, 따라서 LG그룹의 소유구조는 '[구본무 → 지주회사 (주)LG → 자회사 → 손자회사 → 증손회사] + 기타 회사'의 형태를 띠고 있다 (<표 3.9>, <표 3.3> 참조).

그룹 계열회사 중 지주회사체제에 편입된 회사의 비중은 통합지주회사 LG가 출범한 2003년(50개 중 38개, 76%) 이후 매년 늘어났으며, LS그룹(2003년 11월)과 GS그룹(2005년 1월)의 분가가 마무리된 직후인 2006년(30개 중 29개, 97%)에는 거의 100% 수준이었다. 이후 그룹계열회사가 다시 늘어나면서 체제에 편입되지 않은 회사의 수 또한 적지 않게 생겨나 2008년(36개 중 30개, 83%)까지 지주회사체제 달성 비율이 상당히 낮아졌다가 2009-2010년(52-53개 중 46개, 88-87%)에 조금 회복된 상태이다.

2010년 현재 지주회사 LG의 계열회사 수는 45개로 2003년(37개) 통합 지주회사체제 출범 이후 가장 많으며, 2006-2007년의 최저치(28개)보다는 1.6배 늘어난 수치이다. 자회사 수는 2003년 17개, 2006년 14개, 2010년 16개 등으로 큰 변동이 없는 반면 손자회사는 같은 기간 20개에서 14개로 줄었다가 이후 27개로 2배가량 급증하였다. 2009-2010년에는 증손회사도 2개가 새로 생겼다.

2010년 9월 현재 상장 지주회사인 LG의 계열회사 45개 중 11개는 상장회사인데, 이들 중 8개는 자회사이며 자회사 전체(16개)의 절반을 차지하고 있다. 또 8개 상장 자회사 중 7개가 손자회사의 대부분(27개 중 23개, 85%)을 거느리고 있다.

지주회사의 자회사에 대한 지분은 100%에서 30%에 이르는 다양한 분포를 보이고 있다. 8개 상장자회사(LG텔레콤, 지투알, LG전자, LG생활건강, LG하우시스, LG화학, LG생명과학, LG데이콤)에서는 30-38% 수준이고, 나머지 8개 비상장자회사 중 4개(LG CNS, 루셈, LG MMA, 실트론)에서는 50-85%, 그리고 4개(LG경영개발원, LG솔라에너지, LG스포츠, 서브원)에서는 100%이다. LG의 지주비율([소유하고 있는 자회사의 주식(지분 포함)가액의 합계액 ÷ 지주회사 자산총액] × 100)은 92.2%로 매우 높으며, 2010년 현재의 17개 대규모사기업집단 관련 22개 지주회사들 중에서는 부영(96.9%), SK(주)(96.4%), 하이트홀딩스(95.7%), 한화도시개발(95%), 삼성종합화학(94%)에 이어 여섯 번째이다.

〈표 3.9〉 LG그룹의 지주회사체제, 2010년 9월

(1) 개관

- 그룹 계열회사 53개(A) = 지주회사체제 편입 회사 46개(B) + 미편입 회사 7개
- 지주회사체제 달성 비율(B/A) = 87%
- [B] 지주회사 (주)LG + 자회사 16 + 손자회사 27 + 증손회사 2 = 46개
- * 표시된 12개 회사는 상장회사이며, 밑줄 친 10개 회사는 손자 또는 증손 회사 보유.

(2) 지주회사 (주)LG*의 계열회사

자회사 (16개): LG텔레콤(* 37.37%), 지투알(* 35), LG전자(* 34.8), LG생활건강(* 34.03), LG하우시스(* 33.53), LG화학(* 33.53), LG생명과학(* 30.43), LG데이콤(* 30.04), LG경영개발원(100), LG솔라에너지(100), LG스포츠(100), 서브원(100), LG CNS(84.97), 루셈(64.81), LG MMA(50), 실트론(51)

손자회사 (27개): (2개) (LG텔레콤) 씨에스리더(100), 아인텔레서비스(100)
(7개) (지투알) 더블유브랜드커넥션(100), 에이치에스애드(100), 엘베스트(100), 지아웃도어(100), 탐스미디어(100), 벅스컴애드(70), 알키미디어(51)
(5개) (LG전자) LG이노텍(* 50.6), LG디스플레이(* 37.9), 시스템에어컨엔지니어링(100), 하이비지니스로지스틱스(100), 하이프라자(100)
(2개) (LG생활건강) 다이아몬드샘물(100), 코카콜라음료(90)
(2개) (LG하우시스) 하우시스이엔지(100), LG토스템비엠(51)
(2개) (LG화학) 씨텍(50), LG다우폴리카보네이트(50)
(3개) (LG데이콤) LG파워콤(* 40.87), 데이콤멀티미디어인터넷(88.06), 데이콤크로싱(51)
(4개) (LG CNS) LG엔시스(100), 브이이엔에스(100), 유세스파트너스(100), 비즈테크앤엑티모(61.3)

증손회사 (2개): (1개) (에이치에스애드) 와이즈벨(100)
(1개) (LG파워콤) 씨에스원파트너(100)

주: 1) 지분은 2009년 12월 현재; 그룹 계열회사는 2010년 4월 현재.
2) 사업보고서에 의하면 2010년 12월 현재의 상황은 다음과 같다: 그룹 계열회사 59개(A) = 지주회사체제 편입 회사 51개(B) + 미편입 회사 8개; 지주회사체제 달성 비율(B/A) = 86%; [B] 지주회사 (주)LG + 자회사 15개 + 손자회사 33개 + 증손회사 2개; 자세한 내용은 〈부록 표 4.11〉 참조.
출처: 공정거래위원회홈페이지 자료.

지주회사 LG의 16개 자회사 중에서는 7개 상장회사와 1개 비상장회사가 각각 2-7개씩 모두 27개의 손자회사를 가지고 있다. 지투알이 7개로 가장 많으며, LG전자(5개), LG CNS(비상장, 4개), LG데이콤(3개), LG텔레콤(2개), LG생활건강(2개), LG하우시스(2개), LG화학(2개) 등의 순이다. 손자회사 27개 중 3개(LG전자 산하 LG이노텍과 LG디스플레이, LG데이콤 산하 LG파워콤)는 상장회사로 자회사의 보유 지분이 27-51% 사이이며, 24개 비상장 손자회사 중 15개에 대한 자회사의 지분은 100%, 그리고 나머지 9개에 대한 지분은 50-90% 수준이다.

27개 손자회사 중에서는 지투알 산하의 1개 비상장회사(에이치에스애드)와 LG데이콤 산하의 1개 상장회사(LG파워콤)가 각각 1개씩의 100% 비상장 증손회사를 거느리고 있다. 따라서 '지투알과 계열회사'가 모두 9개로 지주회사 산하 45개 회사 중 가장 큰 비중(29%)을 차지하고 있으며, 그다음이 'LG전자와 계열회사'(6개, 13%), 'LG데이콤과 계열회사'(5개, 11%), 'LG CNS와 계열회사'(5개, 11%) 등의 순이다.

한편 그룹 계열회사 53개 중 지주회사체제에 편입되어 있지 않은 회사는 7개(13%)이며, 이들은 모두 LG상사와 그 계열회사들이다. LG상사는 2002년까지는 LG화학・LGCI의 자회사였다가 2003-2006년에는 최대주주가 구본걸(구자경(구본무의 아버지)의 둘째 남동생인 고 구자승의 장남)로 변경되었다. 2007년에는 구본무의 둘째 남동생인 구본준이 최대주주 겸 대표이사부회장이 되어 소유 및 경영 모두를 장악하였는데, 구본준은 2010년 현재에도 최대주주인 반면 경영에서는 2009년 대표이사직을 그만두고 대신 LG전자의 경영을 담당하게 되었다. 2000년대 중반에는 분가를 염두에 두고 LG상사가 지주회사체제에 편입되지 않았던 것은 아닌가 추측되며, 2007년 이후에도 계속 편입되고 있는 않는 것에 대해서는 그 속사정을 알기가 쉽지 않다. LG상사의 현재 상태가 언제까지 지속될지 주목된다.

4.2 LG화학・(주)LGCI・(주)LG 및 주요 계열회사의 지분 보유, 1997-2010년

LG화학은 지주회사로 전환되기 이전부터 LG그룹의 실질적인 지주회사 역할을 수행해 왔으며, 2001년 4월 지주회사 (주)LGCI로의 전환 및 2003년 3월 통합지주회사 (주)LG로의 확대 개편은 이 역할을 공식화하는 한편 보다 강화하겠다는 의도로 볼 수 있다. 최대주주가 LG화학인 LG전자 또한 지주회사체제 이전에 다수의 계열회사에 지분을 보유하면서 LG화학과 함께 그룹 소유구조의 쌍두마차를 형성해 왔다. 이들 계열회사들 사이에는 출자관계가 순환적이고 중층적으로 얽혀 있었는데, 지주회사체제로 전환되면서 소유구조가 단선・하향적인 구조로 정리되었고 순환출자는 완전히 해소되었다. 2007년 본격적인 지주회사체제 출범 이후에도 순환출자가 지속된 SK그룹과는 대조적이다 (<표 3.10>; <그림 3.3>).

지주회사체제 도입 이전인 1997년 12월 현재 LG화학은 LG전자를 포함하여 6개의 계열회사에, 그리고 LG전자는 1.7배 많은 10개 회사에 지분을 가지고 있었다. 두 주력회사가 출자한 회사 수(16개, 중복 포함)는 그룹 전체 계열회사 49개(4월 현재)의 1/3(33%)에 해당하였다.

〈표 3.10〉 LG화학 · (주)LGCI · (주)LG 및 주요 계열회사의 지분 보유 회사, 1997–2010년 (개)

	지주회사체제 이전				지주회사체제									
연도	1997	1998	1999	2000	2001	2002	2003	2004	2005	2006	2007	2008	2009	2010
LG화학	6	5	5	12										
LGCI					14	14								
LG							17	15	15	14	14	15	16	15
LG전자	10	13	11	18	18									
LGEI						19								
LG화학								3	4	3	2	2	2	2
LG전자								6	5	5	5	6	5	6
LG데이콤				5	6	6	6	5	5	3	3	3	3	
LG CNS								1	1	1	3	4	4	4
LG텔레콤								3	3	2	2	2	2	5
LG생활건강											1	1	2	3
지투알												10	10	7
LG하우시스													2	3
서브원														3

주: 1) 12월 현재.
2) LG화학: 1997–1999년 = 연결대상종속회사 + 지분법적용종속회사; 'LG전자' 포함되지 않음.
3) LG전자 · LGEI: 1997–2002년 = 1차 피투자회사 (연결 · 지분법 대상) + 2차 피투자회사 (연결 · 지분법 대상).
4) LG데이콤: 2000년 1월 그룹 편입; 2000–2006년 = 데이콤; 2010년 1월 LG유플러스에 합병됨.
5) LG CNS: 1997–2000년 = LG-EDS시스템; 금융감독원 전자공시시스템에는 2004년부터 사업보고서 열람 가능.
6) LG텔레콤: 2010년 = LG유플러스; 전자공시시스템에는 1999년부터 사업보고서 열람 가능.
7) LG생활건강 – 2001년 4월 설립; 지투알 – 2008년 12월 그룹 편입; LG하우시스 – 2009년 4월 설립.
8) 서브원: (1971년 금성전공 설립 → 1991년 LG유통으로 변경 →) LG유통의 인적분할로 2002년 1월 LG MRO 설립; 2002–2004년 = LG MRO.

출처: 사업보고서.

〈그림 3.3〉 LG그룹 주요 계열회사의 지분 보유 회사, 1997-2010년 (개)

(출처: <표 3.10>)

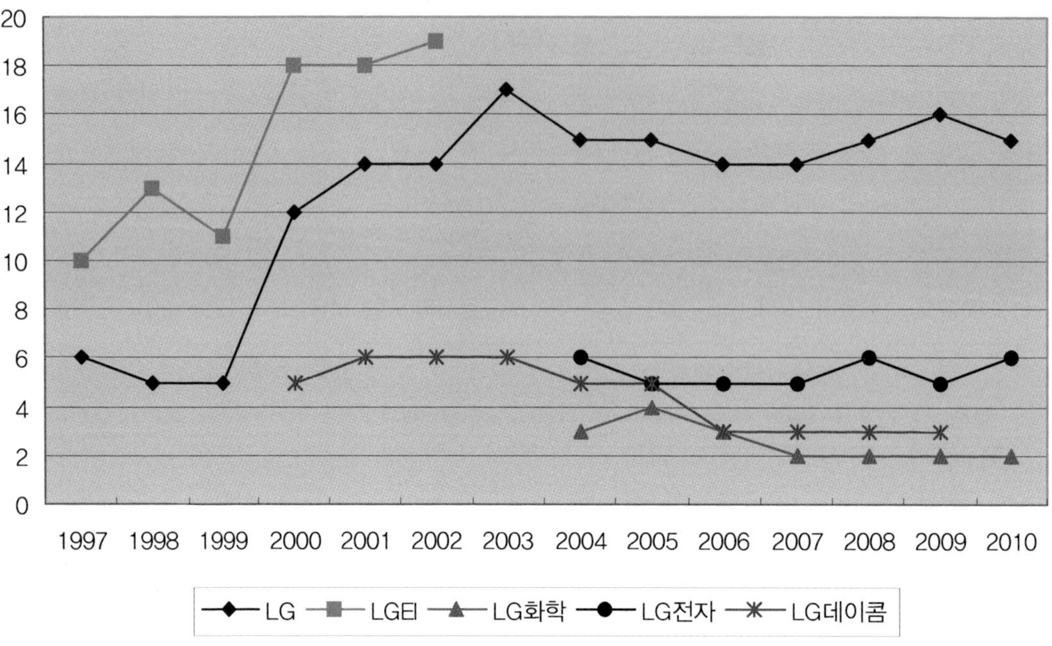

LG화학의 출자 회사는 1997-1999년 사이 5-6개 수준이 유지되었으며, LG전자 또한 같은 기간 2배가량 많은 10-13개 회사에 지분을 가지고 있었다. 지주회사체제 출범 한 해 전인 2000년에는 두 회사의 출자 회사 수가 각각 12개, 18개로 급증하였는데, 이는 그룹 계열회사의 2/3를 넘는(43개 중 30개, 중복 포함, 70%) 수치였다.

2001년 LG화학이 지주회사 LGCI로 전환되면서 14개 계열회사가 공식 자회사로 편입되었으며, 2003년 통합지주회사 LG로 개편되면서는 17개로 더욱 늘어났다. 이후 LG의 자회사 수는 14-16개 수준에서 증가, 감소를 반복해 오고 있다. LG전자의 경우는 2002년 지주회사 LGEI로 전환될 당시 자회사가 19개였으며, 이듬해 3월 LGEI는 LGCI에 합병되었다.

2001년 지주회사체제 출범 이후 LGCI(2001-2002년) 및 LG(2003년 이후)의 14-17개 자회사들 중 손자회사를 거느린 자회사는 모두 9개(LG화학, LG전자, LG데이콤, LG CNS, LG텔레콤, LG생활건강, 지투알, LG하우시스, 서브원)였다.

먼저 이전의 LG화학과 LG전자가 지주회사로 전환됨과 동시에 각각의 사업부문은 같은 이름의 신설 자회사로 이관되었는데, 신설 LG화학과 LG전자는 2004년 이후 각각 2-4개, 5-6개씩의 손자회사를 거느렸다. 지주회사체제 이전에서처럼, LG전자의 손자회사 수가 LG화학의 손자회사 수보다 2-3배가량 많았다.

나머지 7개 자회사들 중에서는 LG데이콤이 가장 오랫동안 계열회사에 지분을 보유하였다. 2000년 1월 LG그룹에 편입될 당시 5개 회사에 출자하고 있었으며, 2001년 지주회사체제 출범 이후 2005년까지는 5-6개 회사를, 그리고 2006-2009년 사이에는 3개 회사를 손자회사로 두었다. LG CNS(이전 LG-EDS시스템)의 손자회사는 2004년 1개에서 2010년에는 4개로 늘어난 상태이며, LG텔레콤의 손자회사는 2004-2009년 사이 2-3개 수준이다가 2010년 1월 LG데이콤을 합병하여 LG유플러스로 확대 개편되면서 손자회사 수가 5개로 대폭 증가하였다.

LG생활건강(2001년 4월 설립)과 서브원(이전 LG MRO; 2002년 1월 설립)은 설립 이후 오랫동안 계열회사가 없다가 각각 2007년과 2010년에 1-3개씩의 손자회사를 거느리게 되었다. 반면 LG하우시스는 설립(2009년 4월) 때부터, 그리고 지투알은 그룹 편입(2008년 12월) 때부터 각각 7-10개, 2-3개씩의 손자회사를 보유하였다. 특히 지투알은 지주회사 LG의 자회사들 중 가장 많은 손자회사를 거느리고 있다.

지주회사체제 도입 이전 LG화학은 또 다른 주력회사인 LG전자의 최대주주로서 5% 내외(5.4-7.7%)의 지분을 보유하였다. 지주회사 LGCI로 전환된 이후에도 같은 수준의 지분을 가지고 있다가 LG전자의 후신인 지주회사 LGEI에는 최대주주이면서도 지분은 1% 이하(0.9%)로 대폭 줄어들었다 (<표 3.11>).

2001년 지주회사체제 도입 이후 지주회사 LGCI(2001-2002년) 및 LG(2003년 이후)의 14-17개 자회사들 중 손자회사를 거느린 자회사는 모두 9개이며, 이들 중 7개 상장자회사(LG화학, LG전자, LG데이콤, LG텔레콤, LG생활건강, 지투알, LG하우시스)에 대한 지주회사의 보유 지분은 30%를 조금 넘는 반면 2개 비상장자회사(LG CNS, 서브원)에 대한 지분은 100%이거나 그에 가까운 수준을 보이고 있다.

신설 LG화학에 대해서는 2001년 지주회사 지분이 23.3%였다가 2006년까지는 39.2%로 늘어났으며, 이후 조금 줄어들어 2007년부터는 33.5% 수준이 유지되고 있다. 신설 LG전자에 대해서는 2002년 5.4%로 매우 적었다가 이듬해인 2003년 36.1%로 대폭 증가하였으며, 이후 약간 줄어들어 2006년부터는 34.8% 수준이 유지되고 있다.

LG데이콤(30-31.3%; 2004년 39.8%), LG생활건강(30-34%; 2001년 28.8%), LG하우시스(33.5%) 등 다른 3개 자회사에서도 지주회사의 지분은 대체로 30-34% 수준이었다. 반면 나머지 2개 상장자회사인 LG텔레콤(37.4%; 2010년 30.6%)과 지투알(35%)에서는 지분이 조금 더 많은

35-38% 수준이었다. LG텔레콤의 경우 2010년 LG데이콤을 합병하여 LG유플러스로 개편되면서 지주회사의 지분이 많이 줄어들었다.

비상장자회사인 서브원은 2003년 이후 지주회사의 100% 자회사였으며, 또 다른 비상장자회사인 LG CNS에 대한 지주회사의 지분은 2001-2002년(31.8-35%), 2003-2005년(63.3-65.8%), 2006년(80.8%), 2007-2008년 (82.7%), 2009-2010년(85%)에 걸쳐 지속적으로 증가해 왔다.

한편 손자회사를 거느리고 있는 않은 2개 비상장회사(LG경영개발원, LG스포츠)도 각각 2003년과 2004년부터 지주회사의 100% 자회사였다. 상장회사인 LG상사의 경우, 2001-2002년

〈표 3.11〉 LG화학 · (주)LGCI · (주)LG의 주요 계열회사에 대한 보유 지분, 1998-2010년 (%)

	지주회사체제 이전			지주회사체제									
연도	1998	1999	2000	2001	2002	2003	2004	2005	2006	2007	2008	2009	2010
LG전자	(5.5	7.7)	5.4	5.4									
LGEI					0.9								
LG화학				23.3	30	34	34	34	39.2	33.5	33.5	33.5	33.5
LG전자					5.4	36.1	36.1	35.2	34.8	34.8	34.8	34.8	34.8
LG데이콤						30.1	39.8	31.3	30.8	30	30	30	
LG CNS				35	31.8	63.3	65.8	65.8	80.8	82.7	82.7	85	85
LG텔레콤						37.4	37.4	37.4	37.4	37.4	37.4	37.4	30.6
LG생활건강				28.8	30	34	34	34	34	34	34	34	34
지투알											35	35	35
LG하우시스												33.5	33.5
서브원					50	100	100	100	100	100	100	100	100
LG스포츠	25	25	25			50	100	100	100	100	100	100	100
LG경영개발원						100	100	100	100	100	100	100	100
LG상사			4.2	4.6				(32.8	34.5	29.1	28.8	28.3	27.8)

주: 1) 1998-2001, 2004-2005년 - 기준 시점 표시 없음, 12월 또는 이듬해 3월 현재인 것으로 보임; 2002-2003, 2006-2010년, 12월 현재.
2) LG전자: 1998-1999년 - LG화학의 사업보고서에는 자료 없음, LG전자 사업보고서의 자료임.
3) LG상사: 2005-2010년 - 구본무가족의 보유 지분.
4) 〈표 3.10〉의 주 참조.
출처: 사업보고서.

에는 지주회사의 자회사였다가 2003년부터는 지주회사체제에서 벗어나 구본무 가족(최대주주 2003-2006년 구본걸, 2007년 이후 구본준)이 30% 내외의 지분을 보유해 오고 있다. 뒤에서 언급하는 것처럼, 이들 3개 회사(LG경영개발원, LG스포츠, LG상사)에는 다른 주요 자회사들과 함께 구본무를 비롯한 지주회사의 등기임원들이 줄곧 경영에 관여해 오고 있다.

4.3 LG화학 · (주)LGCI · (주)LG의 최대주주 및 특수관계인 지분, 1998-2010년

4.3.1 LG화학 · (주)LGCI · (주)LG, 1998-2010년

구본무는 2002년 초 지주회사 (주)LGCI의 최대주주가 되었으며, 그 이전까지 LG화학 · LGCI의 최대주주는 구씨 일가가 지배하는 비영리법인인 LG연암학원이었다. 또 특수관계인 중에서는 수십 명으로 구성된 구씨 일가, 그리고 구씨 일가가 지배하는 2개의 비영리법인(LG연암학원, LG연암재단)이 핵심 역할을 하였다 (<표 3.12>; <그림 3.4>; <표 3.13>).

그룹의 주력회사인 LG화학은 1947년 락희화학공업사로 출발하였다. 창업주 구인회가 부산에 세운 그룹의 효시였다. 1966년 상호를 (주)락희화학공업사로 변경하였고, 1969년 서울로 본사를 이전하였다. 1974년에 다시 (주)럭키로 상호가 바뀌었고, 1995년 1월 그룹명이 '럭키금성'에서 'LG'로 바뀌면서 2월에 (주)럭키도 (주)LG화학으로 이름이 변경되었다. 1995년 2월은 3대인 구본무가 그룹회장에 취임한 시점이기도 하였다.

1998년 12월 현재 LG화학의 최대주주 및 특수관계인 지분은 17.7%로, 이 중 최대주주인 LG연암학원의 몫은 1/5 정도(1.88%)였으며 나머지 대다수의 지분(15.82%)은 102명으로 구성된 대규모의 특수관계인들이 보유하였다. 대표이사회장이자 그룹회장인 구본무의 개인 지분(0.58%)은 미미한 가운데 88명의 다른 구씨 일가 구성원들이 가장 많은 지분(6.68%)을 가졌으며, 그다음이 4개 계열회사(LG화재, 호유해운, LG산전, LG기공; 4.31%), 자기주식(3.44%), 허씨 일가(0.47%), 비영리법인(연암재단; 0.34%) 등의 순이었다.

이러한 구조는 2001년 4월 LG화학이 지주회사 LGCI로 전환된 직후인 11월 현재까지 계속되었다. LG연암학원은 최대주주로서의 지위를 계속 유지하였으며, 다만 보유 지분이 1998년 12월(1.88%)에 비해 1999년 12월(1.57%)에는 조금 줄었고, LGCI에서는 2001년 11월(1.36%)까지 더욱 감소하였다.

특수관계인 지분은 1998년 12월 15.82%에서 1년 뒤에는 9.78%로 1/3 이상 줄어들었는데,

이후 다시 이전 수준으로 돌아가 LGCI에서는 2001년 5월 현재 17.01%였다가 11월까지 다시 11.67%로 감소하였다. 구본무의 지분은 0.6% 내외(0.51-0.69%) 수준이 유지되었으며, 다른 구씨 일가 구성원들(51-88명)의 지분 또한 5% 내외(4.67-6.71%) 수준에서 변화가 이어졌다.

〈표 3.12〉 LG화학 · (주)LGCI · (주)LG의 최대주주 및 특수관계인 지분, 1998-2010년 (%)

연.월	최대주주 (A)		친족 (B)				기타 특수관계인 (C)					합	
	LG연암학원	구본무	구본무	구씨 일가	허씨 일가	합	계열 회사	자기 주식	비영리 법인	임원	합	B+C	A+B+C
(LG화학)													
1998.12	1.88		0.58	6.68	0.47	7.73	4.31	3.44	0.34	0.00	8.09	15.82	17.70
1999.12	1.57		0.51	4.67	0.61	5.79	1.14	2.56	0.28	0.01	3.99	9.78	11.35
2001.3	1.57		0.69	6.71	0.86	8.26	1.14	6.66	0.28	0.00	8.08	16.34	17.91
((주)LGCI)													
2001.5	1.57		0.69	6.71	1.53	8.93	1.14	6.66	0.28	0.00	8.08	17.01	18.58
2001.11	1.36		0.60	4.97	1.72	7.29	0.99	3.15	0.24	0.00	4.38	11.67	13.03
2002.3		4.62		26.11	5.89	32.00	3.13	1.25	4.85	0.00	9.23	41.23	45.85
2002.12		4.62		23.59	6.59	30.18	3.13	1.26	4.85	0.00	9.24	39.42	44.04
((주)LG)													
2003.3		5.01		25.75	11.82	37.57	5.86	15.74	4.29	0.00	25.89	63.46	68.47
2003.12		5.46		22.22	10.73	32.95	1.03	8.47	2.46	0.00	11.96	44.91	50.37
2004.9		10.16		30.38	3.57	33.95			2.46	0.00	2.46	36.41	46.57
2004.12		10.26		38.88	0.00	38.88			2.46	0.00	2.46	41.34	51.60
2005.12		10.33		38.52					2.46	0.00	2.46	40.98	51.31
2006.12		10.51		36.48					2.46	0.00	2.46	38.94	49.45
2007.12		10.51		35.73					2.46	0.00	2.46	38.19	48.70
2008.12		10.51		35.63					2.46	0.00	2.46	38.09	48.60
2009.12		10.68		35.45					2.46	0.00	2.46	37.91	48.59
2010.12		10.72		35.41					2.46	0.00	2.46	37.87	48.59

주: 1) 보통주 기준; 0.00은 0.01 미만을 의미.

2) 최대주주: LG연암학원 = 연암학원(1998-1999년).

3) 허씨 일가: 1998년(허창수 0.14%, 허동수 0.07, 허정수 0.26), 1999년(창수 0.27, 동수 0.10, 정수 0.24), 2001년 3월(창수), 2001년 5월(창수 0.86, 동수 0.67), 2001년 11월(창수 0.82, 동수 0.58, 허승조 0.32), 2002년 3월(창수 3.92, 동수 1.84, 승조 0.13), 2002년 12월(창수 4.27, 동수 1.88, 승조 0.44), 2003년 3월(창수 3.53, 동수 2.12, 승조 1.86, 허진수 2.08, 허태수 1.23, 허명수 1.00), 2003년 12월(창수 3.47, 동수 2.14, 승조 0.84, 진수 1.94, 태수 1.52, 명수 0.82), 2004년 9월(창수 2.73, 동수 0.45, 승조 0.07, 진수 0.32), 2004년 12월(진수; 허씨 일가 마지막 등장).

4) 계열회사: 1998년(LG화재 2.03%, 호유해운 1.21, LG산전 1.00, LG기공 0.07), 1999년-2001년 5월(LG캐피탈), 2001년 11월-2002년(LG카드 = LG캐피탈), 2003년 3월(LG전선 4.85, LG카드 1.01), 2003년 12월(LG전선; 계열회사 마지막 등장).

5) 자기주식: 1998년(자기주식 3.31%, 자사주펀드 0.13), 2004년3월(5.79; 자기주식 마지막 등장).

6) 비영리법인: 1998-1999년(연암재단), 2001년(LG연암재단 = 연암재단), 2002년(LG연암학원 4.11%, LG연암재단 0.74), 2003년3월(LG연암학원 3.96, LG연암문화재단(= LG연암재단) 0.33), 2003년12월-2010년(LG연암학원 2.13, LG연암문화재단 0.33).

출처: 사업보고서, 반기보고서, 분기보고서.

〈그림 3.4〉 LG화학 · (주)LGCI · (주)LG의 최대주주 및 특수관계인 지분, 1998-2010년 (%)

(출처: <표 3.12>)

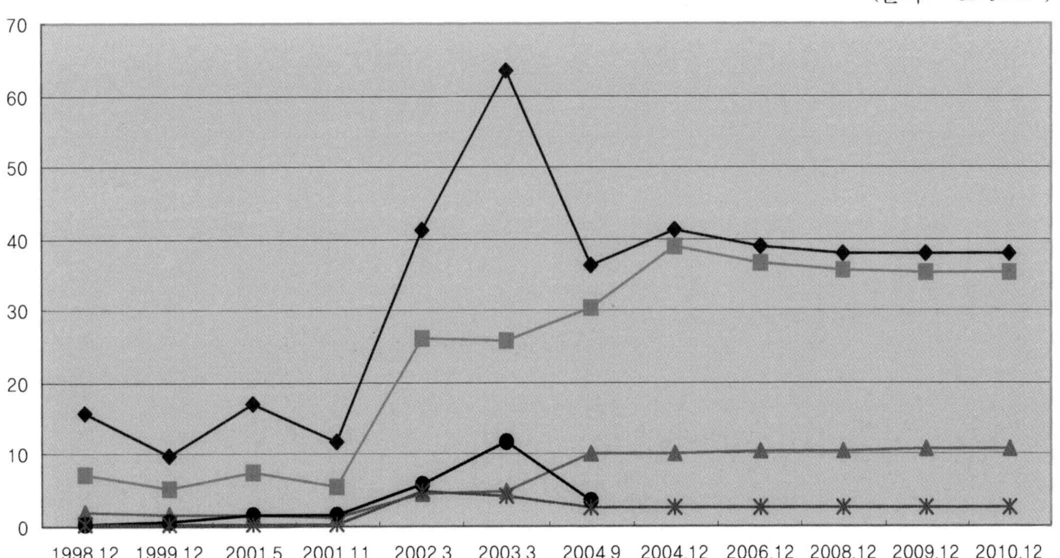

허씨 일가의 경우, 참여 인원은 1-3명이었으며 보유 지분은 1998년 12월(0.47%) 이후 지속적으로 늘어나 2001년 11월(1.72%) 현재에는 3.7배나 되었다. 반면 같은 기간 계열회사 보유 지분은 1/5 수준(4.31% → 0.99%)으로 줄어들었다. 자기주식의 경우, 1998년 12월 3.44%에서 1999년 12월 2.56%로 줄었다가 2001년 3월 현재 6.66%로 늘어난 이후 같은 해 11월까지는 3.15%로 다시 줄어들었다.

〈표 3.13〉 LG화학 · (주)LGCI · (주)LG의 최대주주 및 특수관계인 수, 1998-2010년 (명 · 개)

연.월	최대주주 (A)		친족 (B)				기타 특수관계인 (C)					합	
	LG연암학원	구본무	구본무	구씨 일가	허씨 일가	합	계열 회사	자기 주식	비영리 법인	임원	합	B+C	A+B+C
(LG화학)													
1998.12	1		1	88	3	92	4	2	1	3	10	102	103
1999.12	1		1	57	3	61	1	1	1	2	5	66	67
2001.3	1		1	85	1	87	1	1	1	1	4	91	92
((주)LGCI)													
2001.5	1		1	85	2	88	1	1	1	1	4	92	93
2001.11	1		1	51	3	55	1	1	1	1	4	59	60
2002.3		1		88	3	91	1	1	2	1	5	96	97
2002.12		1		74	3	77	1	1	2	1	5	82	83
((주)LG)													
2003.3		1		82	6	88	2	1	2	2	7	95	96
2003.12		1		49	6	55	1	1	2	2	6	61	62
2004.9		1		46	4	50			2	2	4	54	55
2004.12		1		44	1	45			2	2	4	49	50
2005.12		1		44					2	2	4	48	49
2006.12		1		46					2	2	4	50	51
2007.12		1		41					2	2	4	45	46
2008.12		1		40					2	1	3	43	44
2009.12		1		37					2	1	3	40	41
2010.12		1		37					2	1	3	40	41

주: 〈표 3.12〉 참조.
출처: 사업보고서, 반기보고서, 분기보고서.

구본무가 LG연암학원을 대신해 지주회사 LGCI의 새로운 최대주주로 등장한 것은 지주회사로 전환된(2001년 4월) 지 1년여가 지난 2002년 초였다. 이와 함께 최대주주의 지분 그리고 특수관계인의 지분 또한 크게 증가하였다.

2002년 3월 현재 최대주주 구본무의 지분은 4.62%로 2001년 11월(0.6%)에 비해 7.7배나 증가한 수치였다. 또 구씨 일가 지분은 5.3배(4.97% → 26.11%), 허씨 일가 지분은 3.4배(1.72% → 5.89%), 계열회사 지분은 3.2배(0.99% → 3.13%) 각각 증가하였다.

비영리법인의 경우, 최대주주였던 LG연암학원이 이제는 '비영리법인' 자격으로 지분에 참여하게 되었는데, 지분은 3배(1.36% → 4.11%)가 늘어났다. 이전부터 지분을 보유해 오던 비영리법인 LG연암재단의 지분 또한 3.1배(0.24% → 0.74%) 증가하였다. 반면 자기주식만이 유일하게 감소하였다(3.15% → 1.25%). 결과적으로, 최대주주 및 특수관계인 지분은 2001년 11월에 비해 2002년 3월에는 3.5배(13.03% → 45.85%) 증가하였다.

2002년 3월 현재의 상황은 통합지주회사 LG의 출범(2003년 3월) 이후까지 한동안 계속되었으며, 2005년부터는 '최대주주 구본무 + 구씨 일가 + 구씨 일가 지배의 비영리법인'으로 구성된 구씨 일가 중심의 소유구조가 본격적으로 형성되었다.

2003년 3월 지주회사 LGCI가 또 다른 지주회사 LGEI를 합병하여 LG로 확대 개편되면서 구본무의 지분은 이전보다 조금 늘어나(4.62% → 5.01%) 5%를 넘었으며, 12월(5.46%)까지는 조금 더 늘어났다. 그러던 것이 2004년 7월 LG가 2개의 지주회사 LG와 GS홀딩스로 분할되면서 구본무의 지분이 10% 이상(10.16%)으로 2배가량 대폭 증가하였다. 구씨 일가의 지분 또한 2002년3월(26.11%) 이후 2003년 12월(22.22%)까지 25% 내외 수준이던 것이 2004년 7월(30.38%)에는 처음으로 30%를 넘어섰다.

구씨 일가 지분의 경우, 2003년 3월 25.75%에서 12월 현재에는 22.22%로 줄었는데, 동시에 지분 보유 구성원의 수 또한 82명에서 49명으로 대폭 줄어들었다. 이는 2003년 11월 구씨 일가의 일부(창업주 구인회의 다섯 남동생 중 셋째 구태회, 넷째 구평회, 다섯째 구두회 일가)가 지배해 온 LG전선 및 관련 회사들이 그룹에서 분리된 것과 관련이 있는 것으로 보인다. 분리된 회사들은 2004년 4월 LG전선그룹(이후 LS그룹)으로 공식 출범하였다.

한편 허씨 일가의 지분은 2002년 3월 5.89%이던 것이 1년 뒤에는 11.82%로 늘어났다가 2004년 7월의 분할 직후인 9월에는 3.57%로 대폭 줄어들었다. 계열회사 지분 및 자기주식은 2004년 9월까지 자취를 감추었다. 지주회사 LG에 대한 허씨 일가의 지분은 2004년 12월까지는 거의 없어졌고, 대신 구씨 일가의 지분(38.88%)은 더욱 늘어나 최고치를 기록하였다. 2005

년 1월 허씨 일가가 지배하는 지주회사 GS홀딩스와 계열회사들은 LG그룹에서 분리되어 나갔다.

이에 따라 2005년부터는 이전의 특수관계인 중 '허씨 일가, 계열회사 및 자기주식' 등 세 부류가 없어진 상태에서 '최대주주 구본무, 구씨 일가 및 구씨 일가가 지배하는 비영리법인'이 소유를 장악하는 구도가 정착되었다.

최대주주의 지분은 2004년 이후 10%를 약간 넘는 수준이 계속되는 가운데 증가 추세가 이어져 2004년 9월 10.16%에서 2010년 12월 현재에는 10.72%가 되었다. 반면 다른 구씨 일가 가족 구성원들의 지분은 2004년 12월(38.88%) 최고치를 보인 이후 감소 추세가 계속되어 2007년부터는 35%대가 되었고 2010년 현재에는 35.41%이다. 지분 참여 가족구성원의 수는 2003년 12월 49명으로 대폭 줄어든 이후 조금씩 더 줄어들어 2009-2010년에는 37명으로 최저치를 기록하였다. 1998년과 2002년의 최고치(88명)에 비하면 절반 이하 수준(42%)이다. 한편 비영리법인인 LG연암학원(2.13%)과 LG연암재단(= LG연암문화재단; 0.33%)의 지분은 2003년 12월 이후 2.46%이다.

결과적으로 최대주주 및 특수관계인 지분은 LG의 출범 직후인 2003년 3월(68.47%) 최고치를 보인 이후 LG의 분할 직후인 2004년 9월(46.57%)에는 2/3 수준으로 낮아졌다가 12월(51.6%)까지 조금 늘어났으며, 2005년부터는 감소 추세가 이어져 2010년 12월 현재에는 48.59%이다. '최대주주 구본무 10.72% + 37명 구씨 일가 가족구성원 35.41% + 2개 비영리법인 2.46% + 임원 0.01% 이하' 등으로 구성되어 있다.

4.3.2 LG화학 · (주)LGCI · (주)LG 분할 전후의 존속 · 신설 회사, 2001–2004년

2001년 이후 지주회사체제가 구축되는 과정에서 LG화학 · (주)LGCI · (주)LG은 세 차례 분할되었다 (제3절 참조). 첫째, 2001년 4월 이전의 LG화학이 사업지주회사 LGCI로 전환되고 LG화학과 LG생활건강이 신설 자회사로 편입되었다. 둘째, 2002년 8월 LGCI가 순수지주회사로 전환되고 LG생명과학이 신설되었다. 그리고 셋째, 2004년 7월 통합지주회사 LG가 존속 지주회사 LG와 신설 지주회사 GS홀딩스로 분리되었다.

세 차례의 분할은 모두 인적 분할 방식으로 이루어졌다. 즉 분할되는 회사의 주주가 분할 기일 현재의 지분율에 따라 존속 및 신설회사의 주식을 배정받았다. 첫 번째 분할 때는 이전 LG화학의 주주들이 1주당 존속 지주회사 LGCI의 주식 0.18주, 신설 LG화학의 주식 0.66주,

신설 LG생활건강 주식 0.16주를 배당받았다. 두 번째 분할 때는 이전 LGCI의 주주가 1주당 존속 지주회사 LGCI의 주식 0.9주, 신설 LG생명과학의 주식 0.1주를 배당받았다. 그리고 세 번째 분할 때는 이전 LG의 주주가 1주당 존속 지주회사 LG의 주식 0.65주, 신설 지주회사 GS 홀딩스의 주식 0.35주를 배당받았다.

이에 따라, 분할되는 회사와 존속회사의 지분구조는 거의 그대로인 반면 신설회사의 지분 구조는 존속회사의 구조와 유사한 가운데 새롭게 짜였다.

첫째, 2001년 3월 현재 LG화학의 최대주주는 LG연암학원이었고 최대주주(1.57%) 및 특수 관계인(16.34%)의 지분은 17.91%였다. 이 중 구씨 일가의 지분(6.71%)과 자기주식(6.66%)이 절대 다수를 차지하였다 (<표 3.14>).

분할(4월) 직후인 5월 현재, 존속 지주회사 LGCI의 지분구조는 이전 LG화학의 구조와 똑같았으며, 다만 허씨 일가의 지분이 2배 정도 늘어났고(0.86% → 1.53%) 그만큼 최대주주 및 특

〈표 3.14〉 분할 전후 존속·신설 회사의 최대주주 및 특수관계인 지분:
(1) LG화학 vs. 지주회사 (주)LGCI, LG화학 및 LG생활건강, 2001년 (%)

		LG화학	지주회사 (주)LGCI	신설 LG화학	신설 LG생활건강
		2001년 3월	2001년 5월	2001년 4월	2001년 5월
최대주주:	LG연암학원	1.57	1.57		
	(주)LGCI			6.66	6.66
친족:	구본무	0.69	0.69	0.69	0.69
	구씨 일가	6.71	6.71	6.7	6.7
	허씨 일가	0.86	1.53	1.53	1.53
비영리법인:	LG연암학원			1.57	1.57
	LG연암재단	0.28	0.28	0.28	0.28
계열회사		1.14	1.14	1.14	1.14
자기주식		6.66	6.66		
임원		0.00	0.00	0.00	0.00
합		16.34	17.01	11.91	11.91
총합		17.91	18.58	18.57	18.57

주: 0.00은 0.01 미만을 의미.
출처: 사업보고서, 분기보고서.

수관계인 지분(18.58%) 또한 증가하였다.

신설 LG화학(4월)과 LG생활건강(5월)에서의 최대주주 및 특수관계인 지분(18.57%)은 존속 LGCI에서의 지분과 거의 동일하였다. LGCI가 최대주주로 자리잡았으며 지분은 LGCI의 자기주식(6.66%) 크기와 같았다. 또 이전 LG화학과 LGCI의 최대주주였던 비영리법인 LG연암학원은 같은 크기의 지분(1.57%)을 가지면서 신설 2개 회사에서는 특수관계인으로 자리매김하였다.

둘째, 2002년 3월 현재 LGCI의 최대주주는 구본무였고 최대주주(4.62%) 및 특수관계인(41.23%)의 지분은 45.85%였다. 이 중 구씨 일가의 지분(26.11%)이 절반 이상이었고, 그다음이 허씨 일가(5.89%), LG연암학원(4.11%) 순이었다 (<표 3.15>).

분할(8월) 직후인 12월 현재, 존속 지주회사 LGCI의 지분구조는 이전 LGCI의 구조 그대로였으며, 다만 구씨 일가의 지분이 조금 줄고(26.11% → 23.59%) 대신 허씨 일가의 지분이 조

〈표 3.15〉 분할 전후 존속·신설 회사의 최대주주 및 특수관계인 지분: (2) 지주회사 (주)LGCI vs. 지주회사 (주)LGCI와 LG생명과학, 2002년 (%)

		지주회사 (주)LGCI	지주회사 (주)LGCI	신설 LG생명과학	
		2002년 3월	2002년 12월	2002년 11월	2003년 12월
최대주주:	구본무	4.62	4.62	4.62	
	(주)LG				30.51
친족:	구씨 일가	26.11	23.59	24.65	
	허씨 일가	5.89	6.59	6.13	
비영리법인:	LG연암학원	4.11	4.11	4.11	1.39
	LG연암재단	0.74	0.74	0.74	0.55
계열회사:	LG카드	3.13	3.13	3.13	
	(주)LGCI			1.25	
자기주식		1.25	1.26	0.00	
임원		0.00	0.00	0.04	0.05
합		41.23	39.42	40.05	1.99
총합		45.85	44.04	44.67	32.5

주: 0.00은 0.01 미만을 의미.
출처: 사업보고서, 분기보고서.

금 늘어(5.89% → 6.59%) 결과적으로 최대주주 및 특수관계인 지분이 약간 감소하였다(45.85% → 44.04%).

신설 LG생명과학(11월)의 지분구조 또한 존속 지주회사 LGCI의 구조와 거의 동일하였다. 최대주주(구본무, 4.62%)의 면면과 보유 지분이 그대로였고, 최대주주 및 특수관계인 지분(44.67%) 또한 비슷하였다. 다만 LGCI가 자기주식(1.26%)의 크기를 가지고 신설회사에서는 '계열회사'의 자격으로 참여하였으며, 구씨 일가(24.65%)와 허씨 일가(6.13%)의 지분 그리고 임원 지분(0.04%)의 크기가 LGCI에서와는 조금 달라졌다.

LG생명과학이 분할 직후 LGCI의 자회사로서 지주회사체제에 편입되지 않은 것은 의외의 일로 여겨지는데, 2003년 3월 통합지주회사 LG가 출범하면서 같은 해 12월 현재까지는 LG가 LG생명과학의 새로운 최대주주가 되었고 지분 또한 대폭 증가하였다(구본무 4.62% vs. LG 30.51%). 반면 2002년 11월 현재의 LG생명과학에서의 구씨 일가(24.65%), 허씨 일가(6.13%) 및 계열회사(4.38%) 지분은 모두 사라졌고, 이에 따라 특수관계인 지분은 대폭 감소하였다 (40.05% → 1.99%).

〈표 3.16〉 분할 전후 존속 · 신설 회사의 최대주주 및 특수관계인 지분: (3) 지주회사 (주)LG vs. 지주회사 (주)LG와 지주회사 GS홀딩스, 2003-2004년 (%)

		지주회사 (주)LG	지주회사 (주)LG		신설 지주회사 GS홀딩스
		2003년 12월	2004년 9월	12월	2004년 9월
최대주주:	구본무	5.46	10.16	10.26	
	허완구				4.43
친족:	구씨 일가	22.22	30.38	38.88	
	허씨 일가	10.73	3.57	0.00	34.83
비영리법인:	LG연암학원	2.13	2.13	2.13	
	LG연암문화재단	0.33	0.33	0.33	
계열회사		1.03			
자기주식		8.47			
임원		0.00	0.00	0.00	
합		44.91	36.41	41.34	
총합		50.37	46.57	51.6	39.26

주: 0.00은 0.01 미만을 의미; LG연암문화재단 – 이전의 LG연암재단.

출처: 사업보고서, 분기보고서.

그리고 셋째, 2003년 12월 현재 지주회사 LG의 최대주주는 구본무였고, 최대주주(5.46%) 및 특수관계인(44.91%)의 지분은 50.37%였다. 이 중 구씨 일가의 지분(22.22%)이 가장 많았고 그다음이 허씨 일가(10.73%), 자기주식(8.47%), LG연암학원(2.13%) 순이었다 (<표 3.16>).

분할(7월) 직후인 2004년 9월 현재, 존속 지주회사 LG의 지분구조는 이전과 거의 유사한 가운데 몇 가지 중요한 변화가 일어났다. 무엇보다 최대주주 구본무의 지분이 2배 정도 늘어났고(5.46% → 10.16%), 이전의 자기주식(8.47%) 및 계열회사 지분(1.03%)은 없어졌다. 또 구씨 일가의 지분이 1/3가량 증가한(22.22% → 30.38%) 반면 허씨 일가의 지분은 2/3가량이나 감소하였다(10.73% → 3.57%).

결과적으로, 특수관계인(44.91% → 36.41%), 그리고 최대주주 및 특수관계인 지분(50.37% → 46.57%)은 줄어들었다. 2004년 12월까지 허씨 일가의 지분은 거의 없어지고 구씨 일가의 지분(38.88%)은 더욱 늘어났으며, 최대주주 및 특수관계인 지분(51.6%)은 다시 50%를 넘어섰다.

한편 신설 지주회사 GS홀딩스에서는 최대주주(허완구, 4.43%) 및 특수관계인(허씨 일가, 34.83%) 모두가 허씨 일가로 구성되었고, 구씨 일가의 지분은 전혀 없었다. GS홀딩스 및 계열회사들은 2005년 1월 LG그룹에서 분리되어 나갔다.

4.4 LG전자 · (주)LGEI의 최대주주 및 특수관계인 지분, 1998-2002년

LG화학과 함께 그룹의 또 다른 주력회사인 LG전자는 1958년 (주)금성사로 출발하였다. 1947년 락희화학공업사(이후 LG화학)를 창립한 이후 11년이 지난 뒤 창업주 구인회가 역시 부산에서 새로운 사업을 하기 위해 세운 회사였다. 'LG화학'에서처럼, 1995년 2월 회사 이름이 'LG전자'로 변경되었다. LG전자의 최대주주는 LG화학 및 그 후신인 지주회사 (주)LGCI였다 (<표 3.17>, <표 3.18>; <표 3.12>, <표 3.13> 참조).

1998년 12월 현재, 최대주주(5.5%) 및 특수관계인(12.7%) 지분은 18.1%였으며, 특수관계인은 친족(8%)과 6개 계열회사(LG전선, 호유해운, LG상사, LG화재, LG종금, LG금속; 4.7%)로 구성되어 있었다.

'친족'의 자세한 명단은 자료에 없으며, 다만 그 수가 97명으로 되어 있다. LG화학에서처럼, 구씨 일가가 대부분이고 허씨 일가 또한 일부 참여했을 것으로 추측된다. 1998년의 LG화학에서는 구본무(0.58%), 88명의 구씨 일가(6.68%), 3명의 허씨 일가(0.47%) 등 모두 92명의 친족이 지분(7.73%)에 참여하였으며, 지분 크기는 LG전자에서보다 조금 적었다. 그룹회장인 구본무는

LG화학과 LG전자 모두에서 대표이사회장이었으며, LG전자에서도 약간의 지분을 보유했을 것으로 추측된다.

2001년 4월 LG화학이 지주회사 LGCI로 전환되면서 LG전자의 최대주주는 LGCI로 변경되었으며 지분은 5.4%였다. 또 2002년 4월 LG전자가 지주회사 LGEI로 전환되면서는 자연스럽게 LGCI가 LGEI의 최대주주가 되었다. 2002년 4월(5.4%) 현재에는 이전의 지분이 유지되다가 12월(0.9%)까지는 최대주주의 지분이 미미해졌다. 이듬해 3월 LGEI는 LGCI에 합병되었다.

〈표 3.17〉 LG전자 · (주)LGEI의 최대주주 및 특수관계인 지분, 1998-2002년 (%)

연.월	최대주주 (A)		친족 (B)	기타 특수관계인 (C)				합	
	LG화학	(주)LGCI		계열회사	자기주식	비영리법인	합	B+C	A+B+C
(LG전자)									
1998.12	5.5		8.0	4.7			4.7	12.7	18.1
1999.12	7.7		6.6	2.5		1.5	4.0	10.6	18.3
2000.9	5.4		10.2	1.8	26.3	1.0	29.1	39.3	44.6
2000.12	5.4		10.1	1.7	19.2	1.0	21.9	32.0	37.3
2001.3		5.4	10.1	1.7	17.4	1.0	20.1	30.2	35.5
2001.12		5.4	9.7	1.7	11.0	1.0	13.7	23.4	28.8
((주)LGEI)									
2002.4		5.4	9.6	1.6	10.8	1.0	13.4	23.0	28.6
2002.12		0.9	39.2	7.6	1.8	4.3	13.7	52.9	53.8

주: 1) 0.00은 0.01 미만을 의미; A, B, C 및 (A+B+C)는 출처의 수치이며, A, B, C를 합한 수치와 (A+B+C) 수치가 약간 차이가 남.

2) 친족: 1998년(비영리법인 포함; LG연암문화재단 외), 1999년(구광모 외 64인), 2000년 9월(구광모 외 79인), 2000년 12월, 2001년 3월(구광모 외 76인), 2001년 12월(구광모 외 87인), 2002년 4월(구광모 외 88인), 2002년 12월(구광모 외 70인).

3) 계열회사: 1998년(LG전선 2.5%, 호유해운 1.2, LG상사 0.4, LG화재 0.3, LG종금 0.2, LG금속 0.1), 1999년(LG전선 2.5, LG투자증권 0.00), 2000년 9월(전선 1.8, 증권 0.00), 2000년 12월, 2001년(전선 1.7, 증권 0.00), 2002년 4월(전선 1.6, 증권 0.00), 2002년 12월(전선 7.6, 증권 0.00).

4) 비영리법인: 1999년(LG연암학원 1.4%, LG연암문화재단 0.1), 2000년, 2001년, 2002년 4월 (학원 1.0, 재단 0.00), 2002년 12월(학원 4.1, 재단 0.2).

출처: 사업보고서, 반기보고서, 분기보고서.

특수관계인의 지분은 1998년 12.7%이던 것이 2000년 9월까지는 3배 이상(39.3%)으로 껑충 뛰었는데, 자기주식(26.3%)의 비중이 갑자기 높아지고 친족 지분(8% →10.2%) 또한 늘어난 때문이었다. 이후 자기주식의 비중은 크게 줄어들었고 친족 지분 또한 약간 감소하여 2002년 4월 지주회사 LGEI 출범 직후에는 각각 10.8%, 9.6%가 되었다. 이에 따라 특수관계인의 지분 또한 2000년 9월 39.3%에서 2002년 4월에는 23%로 1/3 이상이 감소하였다.

2002년 12월까지 특수관계인 지분은 다시 2배 이상(52.9%)으로 급증하였는데, 친족(9.6% → 39.2%), 비영리법인(1% → 4.3%) 및 계열회사(1.6% → 7.6%) 지분이 모두 증가하였다. 반면 최대주주 지분(5.4% → 0.9%)과 자기주식(10.8% → 1.8%)은 급감하였다.

한편 2002년 4월 LG전자가 분할되어 지주회사 LGEI로 전환될 때 이전의 사업부문은 같은 이름의 신설 자회사로 이관되었다. 분할은 인적분할 방식으로 이루어져, 분할되는 회사 LG전자의 주주들은 분할기일 현재의 지분율에 따라 1주당 LGEI 주식 0.1주, 신설 LG전자 주식 0.9주를 각각 배정받았다. 따라서 LGEI의 최대주주 및 특수관계인의 면면과 지분은 이전 LG전자

〈표 3.18〉 LG전자 · (주)LGEI의 최대주주 및 특수관계인 수, 1998–2002년 (명 · 개)

연.월	최대주주 (A)		친족 (B)	기타 특수관계인 (C)				합	
	LG화학	(주)LGCI		계열회사	자기주식	비영리법인	합	B+C	A+B+C
(LG전자)									
1998.12	1		97	6			6	103	104
1999.12	1		65	2		2	4	69	70
2000.9	1		80	2	1	2	5	85	86
2000.12	1		77	2	1	2	5	82	83
2001.3		1	77	2	1	2	5	82	83
2001.12		1	88	2	1	2	5	93	94
((주)LGEI)									
2002.4		1	89	2	1	2	5	94	95
2002.12		1	71	2	1	2	5	76	77

주: 〈표 3.17〉 참조.

출처: 사업보고서, 반기보고서, 분기보고서.

의 그것과 대동소이하며, 신설 LG전자의 경우에도 거의 유사한 가운데 새로운 지분구조가 형성되었다 (<표 3.19>).

LGEI의 최대주주는 이전 LG전자에서처럼 LGCI였으며, 신설 LG전자의 최대주주는 LGEI가 되었고 지분(10.75%)은 이전 LG전자에서의 자기주식 크기와 거의 같았다. 또 LGCI는 신설 LG전자에서는 '계열회사'의 신분으로서 이전 LG전자에서의 지분과 같은 크기의 지분(5.35%)을 보유하게 되었다. 결과적으로, LGEI에 비해 신설 LG전자 최대주주의 지분(LGEI 5.4% vs. LG전자 10.75%)은 2배 이상이 된 반면 특수관계인 지분(23% vs. 17.79%)은 적어져 최대주주 및 특수관계인 지분(28.6% vs. 28.54%)은 동일한 상태가 되었다.

〈표 3.19〉 분할 전후 존속 · 신설 회사의 최대주주 및 특수관계인 지분: LG전자 vs. 지주회사 (주)LGEI와 LG전자, 2001-2002년 (%)

		이전 LG전자	지주회사 (주)LGEI	신설 LG전자
		2001년 12월	2002년 4월	2002년 6월
최대주주:	(주)LGCI	5.4	5.4	
	(주)LGEI			10.75
계열회사:	(주)LGCI			5.35
	기타	1.7	1.6	1.75
비영리법인:	LG연암학원	1	1	0.95
	LG연암문화재단	0.00	0.00	0.03
친족		9.7	9.6	9.56
자기주식		11	10.8	0.14
합		23.4	23	17.79
총합		28.8	28.6	28.54

주: 0.00은 0.01 미만을 의미; LG연암문화재단 - 이전의 LG연암재단.
출처: 사업보고서, 반기보고서.

5. 경영구조의 변화

5.1 최고경영진의 변화

5.1.1 구본무 및 주요 임원의 직책, 1998-2010년

구본무는 2001년 4월 지주회사체제 출범 이전부터 주력회사 LG화학과 그 자회사인 LG전자의 대표이사회장이었으며, 체제 출범 이후에도 주력 지주회사 (주)LGCI와 그 산하 지주회사 (주)LGEI, 그리고 통합지주회사 (주)LG의 대표이사회장이었다. 초기에는 4명의 가족 구성원들도 경영에 참여하였으나 2003년 3월 LG가 출범하면서 '구본무 - 전문경영인 강유식' 체제가 구축되었다 (<표 3.20>, <표 3.21>, <표 3.22>; <표 3.12> 참조).

1998년 12월 현재 구본무는 대표이사회장으로서 LG화학과 LG전자의 경영을 직접 챙겼으며, LG전자에서는 구자홍(창업주 구인회의 셋째 동생 구태회의 장남)이 대표이사부회장으로 구본무를 보좌하였다. 또 두 주력회사에는 허창수와 강유식(구조조정본부장)이 비상근이사로 참여하였고, 허동수는 LG화학의 비상근이사였다. LG화학의 최대주주는 LG연암학원(1.88%)이었고, 구본무(0.58%), 허창수(0.14%) 및 허동수(0.07%)는 약간의 지분을 보유하고 있었다.

2001년 4월 LG화학이 지주회사 LGCI로 전환하면서 구본무는 지주회사의 대표이사회장으로 옮겨가는 한편 LG전자의 대표이사회장직은 그대로 유지하였다. 실질적인 지주회사 역할을 해 오던 LG화학의 수장으로서 그룹 계열회사들을 비공식적으로 지배해 오다가 지주회사의 수장으로 자리매김하면서 공식적이고 합법적으로 그리고 보다 직접적으로 경영권을 행사하게 된 것이다. 그의 지주회사 지분(0.58% → 0.69%)은 조금 늘어났다.

마찬가지로, 허창수는 지주회사 LGCI의 비상근이사로 옮겨가는 한편 LG전자의 비상근이사직은 유지하였으며, 지주회사 지분(0.07% → 0.86%)은 많이 늘어났다. 구자홍은 여전히 LG전자 대표이사부회장이었다. 반면 허동수와 강유식은 지주회사로의 전환 이전에 LG화학의 비상근이사직을 그만두었으며, 강유식은 대신 2002년 초부터 신설 자회사 LG화학에서 비상근이사로 근무하게 되었다.

2002년 4월에는 LG전자가 지주회사 LGEI로 전환되었는데, 구본무는 이제 두 지주회사 LGCI와 LGEI의 대표이사회장이 되었다. 그는 2002년 초 LGCI의 새로운 최대주주가 되어 대폭 증가한 지분(0.69% → 4.62%)을 보유한 상태였다. 소유권과 경영권이 동반 강화되면서 구본무에게로 집중되게 된 것이다.

허창수는 두 지주회사의 비상근이사가 되었으며, LGCI에 대한 그의 지분 또한 크게 증가하였다(0.86% → 3.92%). 구자홍은 LGEI에는 관여하지 않고 신설 자회사인 LG전자에서 대표이사부회장직을 유지하였으며, 대신 구본무의 둘째 동생인 구본준이 LGEI의 대표이사사장에 임명되었다. 한편 구조조정본부장인 강유식은 신설 자회사 LG화학에 더하여 신설 LG전자에서도 비상근이사로 임명되면서 주력 두 자회사 모두에 영향력을 행사하게 되었다.

〈표 3.20〉 구본무, 구자홍 및 구본준의 직책, 1998-2011년

연.월	구본무					구자홍	구본준	
	LG화학	(주)LGCI	(주)LG	LG전자	(주)LGEI	LG전자	(주)LGEI	LG전자
1998.12 - 2001.3	대표회장			대표회장		대표부회장		
2001.5		대표회장						
2001.12				대표회장		대표부회장		
2002.3		대표회장						
						(신설)		(신설)
2002.4					대표회장		대표사장	
2002.6						대표부회장		
2002.12		대표회장			대표회장	대표부회장	대표사장	
2003.3 - 2009.12			대표회장					
2010.12			대표회장					미등기부회장
2011.3								대표부회장

주: LG전자 1999년 12월 = 2000년 3월; 대표 = 대표이사.
출처: 사업보고서, 반기보고서, 분기보고서.

2003년 3월 통합지주회사 LG가 출범하면서는 경영구도에 큰 변화가 일어났다. 구본무가 지주회사의 대표이사회장으로 자리를 옮기는 가운데, 구본준은 지주회사에 관여하지 않았고 구자홍 또한 신설 LG전자를 떠났다. 대신 구조조정본부장이었던 강유식이 지주회사의 대표이사사장으로 임명되어 '구본무 - 강유식'의 투톱체제가 형성되었다. 뒤에서 설명하는 것처럼, LG 출범에 맞추어 구조조정본부는 해체되었으며, 지주회사는 구조조정본부의 주요 기능과 인력을 흡수하여 구본무의 새로운 보좌기구로 자리매김하였다.

강유식은 2003년 12월까지 LG의 대표이사부회장으로 승진하여 오늘에 이르고 있으며, 두 주력 자회사인 LG화학과 LG전자에서는 비상근이사로서 이사회 의장, 사외이사후보추천위원회 위원장, 경영위원회 위원장 또는 경영위원회 위원으로 활동하면서 구본무의 의중을 그대로 반영하는 역할을 수행해 오고 있다. 2010년에 들어서는 LG화학과 LG전자의 비상근 부회장으로 동시에 승진하였다. 허창수는 지주회사 LG에서 비상근이사직을 가지고 있다가 2004

〈표 3.21〉 허창수와 허동수의 직책, 1998-2004년

연.월	허창수					허동수
	LG화학	(주)LGCI	(주)LG	LG전자	(주)LGEI	LG화학
1998.12	비상근이사			비상근이사		비상근이사
1999.12	비상근이사			비상근이사		비상근이사
2001.3	비상근이사			비상근이사		
	----------------	----------------				----------------
2001.5		비상근이사				
2001.12				비상근이사		
2002.3		비상근이사				
				----------------	----------------	
2002.4					비상근이사	
2002.12		비상근이사			비상근이사	
		----------------	----------------		----------------	
2003.3 - 2004.6			비상근이사			

주: LG전자 1999년 12월 = 2000년 3월.
출처: 사업보고서, 반기보고서, 분기보고서.

년 7월 LG가 2개 지주회사 LG와 GS홀딩스로 분할되면서 LG의 경영에서는 손을 떼고 GS홀딩스의 대표이사회장으로 옮겨 갔다.

2004년 7월의 분할 이후 지주회사 LG의 최대주주인 구본무는 10% 이상으로 대폭 증가한 지분을 가지게 되었으며, 따라서 소유권이 보다 강화된 상태에서 강유식의 두 주력 자회사(LG화학과 LG전자)에 대한 영향력을 증대시키면서 구본무 자신의 경영권을 보다 강화시켜 나갔다.

〈표 3.22〉 강유식의 직책, 1998-2010년

연.월	LG화학	(주)LG	LG전자
1998.12	비상근이사		비상근이사
1999.12	비상근이사		비상근이사
	(신설)		
2002.3	비상근이사		
			(신설)
2002.6			비상근이사
2002.12			비상근이사
2003.3	비상근이사	대표사장	
2003.12	비상근이사	대표부회장	비상근이사
2004.12	비상근이사, 의장	대표부회장	비상근이사, 위원
2005.12	비상근이사, 의장	대표부회장	비상근이사, 위원
2006.12	비상근이사, 의장	대표부회장	비상근이사, 위원
2007.12	비상근이사, 의장	대표부회장	비상근이사, 위원장
2008.12	비상근이사, 의장	대표부회장	비상근이사, 의장, 위원
2009.12	비상근이사, 의장	대표부회장	비상근이사, 의장, 위원
2010.12	비상근부회장, 의장, 위원장	대표부회장	비상근부회장

주: 1) LG전자 1999년 12월 = 2000년 3월; LG화학 2004-2008년 12월 = 2005-2009년 3월.

2) 대표 = 대표이사, 의장 = 이사회의장, 위원장 = (LG화학) 사외이사후보추천위원회 위원장, (LG전자) 경영위원회 위원장, 위원 = 경영위원회 위원.

출처: 사업보고서, 반기보고서, 분기보고서.

〈표 3.23〉 지주회사 (주)LGCI · (주)LG 주요 등기임원의 겸직, 2001-2010년

(1) 구본무 (2001-2010년 대표이사회장)

계열회사	2001	2004	2005	2006	2007	2008	2009	2010
서브원		대표 의장	대표 의장	대표 의장	대표 의장	대표 의장	대표 의장	의장
LG경영개발원	이사	의장	의장	의장	의장	의장	의장	(이사)
LG스포츠	이사	의장	의장	의장	의장	(이사)	(이사)	
LG전자	이사							
LG캐피탈	이사							
LG-Caltex정유	이사							

(2) 강유식 (2004-2010년 대표이사부회장)

계열회사	2004	2005	2006	2007	2008	2009	2010
LG화학	의장	의장	의장	의장	의장	의장	의장
LG전자	의장	의장	의장	의장	의장	의장	의장
LG경영개발원	(이사)	대표	대표	대표	(이사)	(이사)	의장
LG상사				의장	의장	의장	의장
LG텔레콤	(이사)						

(3) 조준호 (2008년 경영총괄, 2009-2010년 대표이사사장)

계열회사	2008	2009	2010
LG CNS	(이사)	(이사)	의장
LG생명과학	의장		
브이이엔에스		의장	의장
LG하우시스		의장	의장
서브원	(이사)	(이사)	
LG엔시스	(이사)		
LG이노텍		(이사)	
LG유플러스			(이사)

주: 1) 12월 현재; 2002-2003년 정보 없음.
2) 대표 = 대표이사, 의장 = 이사회 의장, 이사 = 표시는 없으나 비상근이사인 것으로 보임, (이사) - 표시는 없으나 비상근이사인 것으로 보임.
3) 서브원 = 2004년 LG MRO; LG텔레콤 = 2010년 LG유플러스.
4) 강유식의 경우, 자료의 출처가 달라 〈표 3.22〉와 〈표 3.23〉의 직책이 서로 다르게 표기되어 있음.
5) 성재갑(2001년 대표이사부회장, 2004년 비상근이사)도 초기에 겸직을 보유하였음: 2001년 - LG석유화학, LG칼텍스정유 및 LG상사 이사; 2004년 - LG석유화학, LG상사 및 LG CNS 이사회의장.

출처: 사업보고서, 반기보고서, 분기보고서.

2008년에는 조준호가 LG의 상근등기이사로 새로 임명되어 '경영총괄직'을 담당하게 되었으며 이듬해 대표이사사장으로 승진하였다. 이에 따라 2009년부터는 LG의 대표이사가 3명으로 늘어 '구본무 대표이사회장 - 강유식 대표이사부회장 - 조준호 대표이사사장' 체제로 재편되었고 경영권은 보다 강화되었다.

또 2010년 말에는 구본무의 동생 구본준이 LG전자의 미등기부회장으로 임명되어 친정체제가 다시 시작되었으며, 2011년 초에는 대표이사부회장으로 승진하였다. 구본준이 지주회사 LG에 관여하게 되고 그럼으로써 '구본무 - 구본준'의 가족경영체제가 본격 구축될지가 주목된다.

한편 구본무, 강유식, 조준호 등 지주회사 LG의 3인방은 겸직을 가지면서 주요 계열회사의 경영에도 깊숙이 관여해 오고 있다 (<표 3.23>).

강유식은 LG화학과 LG전자를 일차적으로 관리하면서, LG경영개발원에도 관여해 2005-2007년 사이에는 대표이사였다. 지주회사체제 밖에 있는 LG상사에서는 2007년 이후 이사회 의장을 맡고 있다. 구본무는 LG화학과 LG전자는 강유식에게 맡겨 두면서, 100% 비상장 자회사인 서브원(이전 LG MRO), LG경영개발원 및 LG스포츠에는 대표이사 또는 이사회 의장으로서 깊숙이 관여해 오고 있다. 특히 서브원에서는 2009년까지 대표이사직과 이사회 의장직을 모두 가지고 있었다.

조준호는 2008년 이후 LG유플러스(이전 LG텔레콤 + LG데이콤), LG하우시스, LG CNS 등 손자회사를 거느리고 있는 3개 자회사 및 다른 2개 자회사(LG생명과학, 서브원)에 관여하였으며, 이에 더하여 3개의 손자회사(LG전자 산하의 LG이노텍, LG CNS 산하의 LG엔시스와 브이이엔에스)에서도 겸직을 가지고 있었다.

5.1.2 LG화학 · (주)LGCI · (주)LG 분할 전후의 존속 · 신설 회사, 2001-2004년

LG화학(2001년 4월), (주)LGCI(2002년 8월) 및 (주)LG(2004년 7월)가 각각 분할되는 과정에서 존속 및 신설회사들의 소유구조가 재편되었듯이 경영구조의 판 또한 새로 짜였다. 다만 분할이 인적분할방식으로 진행된 탓에 존속 및 신설회사들의 소유구조는 분할되는 회사의 그것과 거의 유사했던 반면, 경영구조에서는 분할되는 회사의 경영진이 분산 배치되는 가운데 새로운 인물들이 많이 영입되어 소유구조에서보다는 큰 폭의 변화가 일어났다.

첫째, 분할(4월)이 일어나기 직전인 2001년 3월 현재 LG화학의 등기임원은 사내이사 6명, 사외이사 3명이었다. 구본무(대표이사회장), 성재갑(대표이사부회장), 조명재(대표이사사장) 등 사내이사 3명은 상근이사로서 모두 대표이사직을 가지고 있었고, 허창수(LG전선 회장), 허동수(LG칼텍스정유 부회장), 강유식(구조조정본부장) 등 그룹 내 최고경영자 3명은 비상근이사로 참여하였다. LG화학의 최대주주는 LG연암학원(1.57%)이었으며, 구본무(0.69%)와 허창수(0.86%)는 핵심 가족구성원으로서 지분을 보유하고 있었다 (<표 3.24>; <표 3.12> 참조).

〈표 3.24〉 분할 전후 존속 · 신설 회사의 최고경영진: (1) LG화학 vs. 지주회사 (주)LGCI, LG화학 및 LG생활건강, 2001년

	LG화학	지주회사 (주)LGCI	신설 LG화학	신설 LG생활건강
	2001년 3월	2001년 5월	2001년 5월	2001년 5월
사내이사 (A)	6	3	3	3
사외이사 (B)	3	3	3	3
(A)	구본무(대표회장)	구본무(대표회장)		
	성재갑(대표부회장)	성재갑(대표부회장)		
	조명재(대표사장)			조명재(대표사장)
			노기호(대표)	
			민수기(상근이사)	최석원(부사장)
			김갑렬(상근이사)	
	허창수(비상근이사)	허창수(비상근이사)		
	허동수(비상근이사)			
	강유식(비상근이사)			
				강말길(비상근이사)
(B)	이기준,	이기준		
	장종현, 전국환		장종현, 전국환	
		김진현, 구자정	유경희	이승주, 이유재,
				차석용

주: 대표 = 대표이사; 비상근이사 – 허창수(LG전선 회장), 허동수(LG칼텍스정유 부회장), 강유식(구조조정본부장), 강말길(LG유통 사장).

출처: 사업보고서, 분기보고서.

분할 이후(2001년 5월 현재)에는 존속회사인 지주회사 LGCI, 그리고 신설 회사인 LG화학과 LG생활건강의 등기임원진은 각각 사내이사 3명과 사외이사 3명으로 짜여졌다.

이전 LG화학의 임원 9명 중 7명(사내상근이사 3명 모두, 사내비상근이사 3명 중 1명(허창수), 사외이사 3명 모두)은 존속 및 신설회사에 분산 배치되었고, 이보다 많은 11명(사내상근이사 4명, 비상근사내이사 1명, 사외이사 6명)은 새 인물이었다. 이전 LG화학의 비상근이사였던 허동수와 강유식은 분할 이후의 3개 회사 경영에는 관여하지 않게 되었는데, 그룹 구조조정본부장인 강유식이 주력회사 LGCI의 등기임원으로 계속 남지 않은 것은 의외의 일로 여겨진다. 하지만 앞에서 설명한 것처럼, 강유식은 곧 신설 LG화학(2002년 초)과 통합지주회사 LG(2003년 초)의 등기임원으로 참여하였다.

분산 배치된 7명 중 4명은 지주회사 LGCI에 소속되었다. 구본무(대표이사회장), 성재갑(대표이사부회장), 허창수(비상근이사), 사외이사 1명 등이다. 여기에 신임 사외이사 2명이 새로 임명되었다. LGCI의 최대주주는 여전히 LG연암학원(1.57%)인 가운데 구본무와 허창수도 이전과 같은 크기의 지분을 그대로 보유하였다. 이제 구본무는 비공식적이면서 실질적인 지주회사 역할을 해 오던 LG화학의 수장에서 공식적인 지주회사 LGCI의 수장으로 거듭났으며, 이에 따라 자회사 및 손자회사들을 합법적이고 보다 강력하게 경영할 수 있게 되었다. 또 허창수는 이전 LG화학에서처럼 지주회사 내에서 허씨 일가의 이익을 계속 대변할 수 있게 되었다. 이에 더하여, 허동수는 지주회사의 경영에서는 손을 뗀 반면 지분(0.67%)을 새로 가지게 되었다.

신설 LG화학에서는 상근사내이사 3명(노기호 대표, 민수기, 김갑렬)이 모두 새 인물이었으며, 사외이사 3명은 이전 LG화학 출신 2명과 신임 1명으로 구성되었다. 또 신설 LG생활건강에는 조명제(대표이사사장)가 이전 LG화학에서 옮겨와 5명의 신규 임원들(상근이사 1명(최석원), 비상근이사 1명(강말길), 사외이사 3명)과 함께 이사회를 구성하였다.

둘째, 두 번째 분할(8월)이 있기 전인 2002년 3월 현재 지주회사 LGCI의 임원은 첫 번째 분할 직후(2001년 5월)의 임원 6명 그대로였다. 구본무(대표이사회장), 성재갑(대표이사부회장), 허창수(비상근이사) 등 사내상근이사 3명과 사외이사 3명이다. 다만 구본무는 이제 LG연암학원을 대신해 지주회사의 새로운 최대주주가 되었고, 지분 또한 3배가량(1.57% → 4.62%)이나 늘어나 있었다. 최대주주이자 대표이사회사회장으로서 소유권 및 경영권을 모두 장악하면서 지주회사체제의 최고 정점에 자리 잡게 된 것이다. 또 허창수도 자신의 지분을 4.6배나 대폭 늘렸다(0.86% → 3.92%) (<표 3.25>; <표 3.12> 참조).

분할 직후인 2002년 말 현재에는 이전 지주회사 LGCI의 임원 6명 중 사외이사 1명을 제외한 5명이 존속 지주회사 LGCI의 임원으로 자리를 옮겼다. 구본무의 지분(4.62%)은 그대로 유지된 반면 허창수의 지분(3.92% → 4.27%)은 조금 더 늘어났다.

반면 신설 LG생명화학의 임원 6명(사내상근이사 2명, 사내비상근이사 2명, 사외이사 2명)은 모두 새 인물이었다. 특히 사내비상근이사 중 조명재는 LG생활건강의 대표이사사장으로서 이전 LG화학 출신이고, 김영찬은 구조조정본부 경영지원팀장이었다. 생명과학사업은 이전 LG화학에서 해 오다가 지주회사 LGCI로 이관된 그룹의 새로운 유망사업이었으며, 이를 더욱 육성하기 위해 독립회사를 세우면서 지속적인 경영 관여를 위해 2명의 실세 비상근이사를 참여시킨 것으로 보인다.

〈표 3.25〉 분할 전후 존속 · 신설 회사의 최고경영진:
(2) 지주회사 (주)LGCI vs. 지주회사 (주)LGCI와 LG생명과학, 2002년

	지주회사 (주)LGCI	지주회사 (주)LGCI	신설 LG생명과학
	2002년 3월	2002년 12월	2002년 11월
사내이사 (A)	3	3	4
사외이사 (B)	3	3	2
(A)	구본무(대표회장)	구본무(대표회장)	
	성재갑(대표부회장)	성재갑(대표)	
	허창수(비상근이사)	허창수(비상근이사)	
			양흥준(대표사장)
			최인호(상근이사)
			조명재(비상근이사)
			김영찬(비상근이사)
(B)	김진현, 구자정	김진현, 구자정	
	이기준		
		육동수	최창락, 김용문

주: 대표 = 대표이사; 비상근이사 – 허창수(LG전선 회장), 조명재(LG생활건강 사장), 김영찬(구조조정본부 경영지원팀장).
출처: 사업보고서, 분기보고서.

그리고 셋째, 세 번째 분할(2004년 7월)은 통합지주회사 LG가 출범한(2003년 3월) 이후 1년 4개월이 지나 일어났다. 2003년 12월 현재의 임원은 8명(사내이사 4명, 사외이사 4명)으로, LG 출범 직전(2002년 12월)의 LGCI 임원 6명 중 5명(사내이사 3명, 사외이사 1명)은 유임되고 3명(사내이사 1명, 사외이사 2명)은 새로 임명되었다 (<표 3.26>; <표 3.12> 참조).

최대주주 겸 대표이사회장인 구본무는 보다 많은 지분(4.62% → 5.46%)을 보유하였으며, 성재갑을 대신해 구조조정본부장인 강유식이 대표이사부회장에 임명되어 '구본무 - 강유식' 체제가 본격 가동되기 시작하였다. 성재갑은 비상근이사로 직책을 바꾸었다. 허창수는 여전히 비상근이사였으며, 다만 보유 지분이 약간 줄어들었다(4.27% → 3.47%).

분할 직후인 2004년 9월 현재, 존속 지주회사인 LG의 임원 7명(사내상근이사 2명, 사내비상근이사 1명, 사외이사 4명)은 이전의 8명 중 허창수를 제외하고는 같은 인물이었다. 구본무는 지분을 2배가량(5.46% → 10.16%) 늘려 소유권을 강화하였으며, 반면 허창수의 지분은 더욱 줄어들었다(3.47% → 2.73%).

〈표 3.26〉 분할 전후 존속 · 신설 회사의 최고경영진:
(3) 지주회사 (주)LG vs. 지주회사 (주)LG와 지주회사 GS홀딩스, 2003-2004년

	지주회사 (주)LG	지주회사 (주)LG	신설 지주회사 GS홀딩스
	2003년 12월	2004년 9월	2004년 9월
사내이사 (A)	4	3	3
사외이사 (B)	4	4	4
(A)	구본무(대표회장)	구본무(대표회장)	
	강유식(대표부회장)	강유식(대표부회장)	
	허창수(비상근이사)		허창수(대표회장)
	성재갑(비상근이사)	성재갑(비상근이사)	
			서경석(대표사장)
			허동수(비상근이사)
(B)	김진현, 구자정, 김용진, 신영수	김진현, 구자정, 김용진, 신영수	김기영, 정종국, 이건춘, 김진환

주: 대표 = 대표이사; 비상근이사 - 허창수(LG건설 회장), 성재갑(LG석유화학 회장), 허동수(LG칼텍스정유 대표회장).
출처: 사업보고서, 분기보고서.

허창수는 이제 신설 지주회사 GS홀딩스(이후 (주)GS)의 대표이사회장으로서 새 출발하였다. GS홀딩스는 허씨 일가가 전적으로 지배하는 회사로 최대주주는 허완구(4.43%)였고 허창수(3.4%)도 지분을 보유하였다. GS홀딩스의 이사회는 허창수를 포함해 7명(사내상근이사 2명, 사내비상근이사 1명, 사외이사 4명)으로 구성되었으며, 사내비상근이사는 지분을 보유한 허동수(2%)였다. 2001년 3월 주력회사 LG화학의 비상근이사를 마지막으로 LGCI와 LG의 경영에는 관여하지 않았다가, 3년 6개월 만에 허씨 일가의 주력회사인 GS홀딩스에서 허창수와 함께 다시 호흡을 맞추게 된 것이었다. GS홀딩스 및 계열회사들은 2005년 1월 LG그룹에서 분리되었으며, 4월 GS그룹으로 새롭게 출범하였다.

5.2 업무조직의 변화

5.2.1 LG화학 · (주)LGCI · (주)LG 분할 전후의 존속 · 신설 회사, 2001-2004년

LG화학(2001년 4월), (주)LGCI(2002년 8월) 및 (주)LG(2004년 7월)가 각각 분할되는 과정에서 존속·신설 회사들의 소유 및 경영구조가 재편되었듯이 관련 회사들의 업무조직 또한 새롭게 구성되었다.

첫째, 분할(4월)되기 직전인 2001년 3월 현재, LG화학의 조직은 6개 사업본부(유화, 기능수지, 산업재, 정보전자, 생명과학, 생활건강), 1개 센터(value), 그리고 대덕기술연구원으로 구성되어 있었다. 연구원 산하에는 별도로 1개 부문, 7개 연구소, 4개 센터 및 2개 해외연구소가 속해 있었다. 임직원은 12,000여 명이었다 (<표 3.27>).

분할이 되면서 LG화학의 사업들은 세 부류로 나뉘어져, 출자 및 생명과학사업은 존속 지주회사 LGCI가 맡았고, 나머지 사업들은 신설 LG화학(석유화학, 산업재 및 정보전자소재 사업)과 LG생활건강(생활용품 및 화장품 사업)으로 나뉘어 이관되었다.

이에 맞추어 세 회사의 업무조직이 새로 편성되었다. LGCI에는 출자를 담당하는 1개 부문(공통)과 생명과학사업을 수행하기 위한 2개 사업부(의약품, 농화학)가 생겼고, 대덕기술연구원의 14개 기존 부서들 중 1개 연구소(바이오텍), 1개 센터(농약연구) 및 1개 해외연구소가 생명과학사업을 지원하기 위해 LGCI 소속으로 되었다. 임직원은 900여 명으로 이전 LG화학 임직원의 10%가 채 되지 않는 숫자였다.

반면 신설 LG화학은 이전 LG화학 조직과 인원의 대부분을 물려받았다. 6개 사업본부 중

4개(유화, 기능수지, 산업재, 정보전자), 1개 센터(value), 그리고 대덕기술연구원의 14개 부서 중 11개가 신설 LG화학 소속이 되었고, 여기에 이전 LG화학 임직원의 2/3가량인 8,000여 명의 임직원들이 근무하게 되었다.

신설 LG생활건강에는 이전 LG화학 인원의 1/3에 조금 못 미치는 3,300여 명의 임직원들이 옮겨 갔으며, 조직은 1개 부문(지원)과 2개 사업부(생활용품, 화장품)로 구성되었다. 대덕기술연구원의 14개 기존 부서들 중 LG생활건강 소속으로 된 부서는 없었지만 별도의 연구조직은 가지고 있었다.

〈표 3.27〉 분할 전후 존속 · 신설 회사의 업무조직: (1) LG화학 vs. 지주회사 (주)LGCI, LG화학 및 LG생활건강, 2001년

· 이전 LG화학: 임직원	12,266+명	=	임원 9+명	(등기 9,	미등기 ?)	+	직원	12,257명
· 지주회사 (주)LGCI:	908+	=	6+	(6,	?)	+		902
· 신설 LG화학:	8,003+	=	6+	(6,	?)	+		7,997
· 신설 LG생활건강:	3,348+	=	6+	(6,	?)	+		3,342

(1) 이전 LG화학: (사업본부 6) 유화, 기능수지, 산업재, 정보전자, 생명과학, 생활건강;
(2001년 3월) (센터 1) Value;
(연구원 1) 대덕기술연구원
* (부문 1) 지원; (연구소 7) 바이오텍, 신소재, Battery, 정보전자소재, SR, PVC, Polylefin; (센터 4) 농약연구, 화학공정연구, 분석, 기술정보;
(해외연구소 2) LG Biomedical Institute (USA), Maryland Satellite Lab (USA)

(2) 지주회사 (주)LGCI: (부문 1) 공통; (사업부 2) 의약품, 농화학;
(2001년 4월) (연구원 1) 대덕기술연구원
* (연구소 1) 바이오텍; (센터 1) 농약연구;
(해외연구소 1) LG Biomedical Institute (USA)

(3) 신설 LG화학 : (사업본부 4) 유화, 기능수지, 산업재, 정보전자; (센터 1) Value;
(2001년 4월) (연구원 1) 대덕기술연구원
* (부문 1) 지원; (연구소 6) 신소재, Battery, 정보전자소재, SR, PVC, Polylefin; (센터 3) 화학공정연구, 분석, 기술정보;
(해외연구소 1) Maryland Satellite Lab (USA)

(4) 신설 LG생활건강: (부문 1) 지원; (사업부 2) 생활용품, 화장품;
(2001년 5월) (연구원 1) 대덕기술연구원

출처: 사업보고서, 분기보고서.

둘째, 2002년 8월에는 LGCI가 사업지주회사로서 병행해 오던 출자사업과 생명과학사업이 분리되어 각각 순수지주회사 LGCI와 신설 LG생명과학이 담당하는 것으로 분할이 이루어졌다 (<표 3.28>).

기존 LGCI의 900여 명 인원 및 조직의 거의 대부분은 LG생명과학의 몫이 되고 일부는 확대 개편되어, 1개 부문(공통), 3개 사업부(의약품, 동물의약, 농약) 및 대덕기술연구원으로 구성되었다. 특히 연구원은 이전에는 'LGCI 생명과학 기술연구원'으로 불리던 것이 이제는 'LG생명과학 기술연구원'으로 바뀌었으며, 산하의 기존 9개 부서(기획, 6개 연구소, 1개 센터, 1개 해외연구소)는 신설 회사 소속으로 되었다. 한편 순수지주회사 LGCI에는 소수의 핵심 임직원들이 3개 부문(주식관리, 재경, 지원)으로 나뉘어 업무를 담당하였다.

〈표 3.28〉 분할 전후 존속 · 신설 회사의 업무조직:
(2) 지주회사 (주)LGCI vs. 지주회사 (주)LGCI와 LG생명과학, 2001-2002년

	임직원		임원	등기	미등기		직원
· 이전 지주회사 (주)LGCI:	956+명	=	6+명	(등기 6,	미등기 ?)	+	950명
· 지주회사 (주)LGCI:	6+	=	6+	(6,	?)	+	?
· 신설 LG생명과학:	975+	=	6+	(6,	?)	+	969

(1) 이전 지주회사 (주)LGCI: (부문 1) 공통; (사업부 2) 의약품, 농화학;
(2001년 12월) (연구원 1) 대덕기술연구원 (또는 LGCI 생명과학 기술연구원)
* 기획; (연구소 6) 신약, 의약개발, 바이오텍,
공정, 동물의약, 농약; (센터 1) 안전성;
(해외연구소 1) LG Biomedical Institute

(2) 지주회사 (주)LGCI: (부문 3) 주식관리, 재경, 지원
(2002년 12월)

(3) 신설 LG생명과학: (부문 1) 공통; (사업부 3) 의약품, 동물의약, 농약;
(2002년 9월) (연구원 1) 대덕기술연구원 (또는 LG생명과학 기술연구원)
* 기획; (연구소 6) 신약, 의약개발, 바이오텍,
공정, 동물의약, 농약; (센터 1) 안전성;
(해외연구소 1) LG Biomedical Institute

출처: 사업보고서, 분기보고서.

〈표 3.29〉 분할 전후의 업무조직의 변화:
(3) 지주회사 (주)LG vs. 지주회사 (주)LG와 GS홀딩스, 2003-2004년

	임직원		임원	(등기	미등기)		직원
· 이전 지주회사 (주)LG:	임직원 80+명	=	임원 8+명	(등기 8,	미등기 ?)	+	직원 72명
· 지주회사 (주)LG:	79	=	18	(8,	10)	+	61
· 신설 지주회사 GS홀딩스:	28	=	10	(7,	3)	+	18

(1) 이전 지주회사 (주)LG: (부문 5) 경영관리, 경영지원, 재경, 인사, 사업개발
(2003년 12월)

(2) 지주회사 (주)LG: (부문 4) 경영관리, 경영지원, 재경, 인사
(2004년 12월)

(3) 신설 지주회사 GS홀딩스: (팀 3) 재무, 업무지원, 사업지원
(2004년 9월)

출처: 사업보고서, 분기보고서.

그리고 셋째, 2004년 7월에는 통합지주회사 LG가 2개의 순수지주회사 LG와 GS홀딩스로 분할되었는데, 두 회사 모두 인원과 조직이 단출하였다. LG에서는 분할 이전과 이후에 임직원은 80여 명이었고, 다만 이전의 5개 부문 중 1개(사업개발)는 없어졌다. 신설 지주회사 GS홀딩스는 30여 명의 인원이 3개 팀으로 나뉘어 업무를 시작하였다 (<표 3.29>).

5.2.2 지주회사 (주)LGCI · (주)LG, 2001-2011년

지주회사 (주)LGCI는 2001년 4월 출범 이후 2002년 8월 분할이 이루어지기까지는 출자부문과 생명과학사업을 병행하는 사업지주회사였다. 이에 따라 900여 명의 인원과 조직의 대부분이 생명과학사업과 관련되어 있었다. 2002년 8월 생명과학사업이 신설 LG생명과학으로 이관되면서 LGCI는 순수지주회사로 전환되었고 80명 내외의 임직원들이 출자 관련 업무에 전념하였다 (<표 3.30>, <표 3.31>).

2001년 4월에서 2002년 8월 사이의 사업지주회사 시절 LGCI의 임직원은 900명을 조금 넘는 수준이었으며, 출자는 공통'부문'에서 그리고 생명과학사업은 의약품 및 농화학 '사업부'에서 담당하였다. 또 사업부를 지원하는 연구조직이 대덕기술연구원 내에 별도로 있었는데,

2001년 4월 현재에는 3개 부서(1개 연구소, 1개 센터, 1개 해외연구소)만 있던 것이 12월까지는 9개 부서(기획, 6개 연구소, 1개 센터, 1개 해외연구소)로 확대 개편되었다.

특히 국내 연구소가 1개(바이오텍)에서 6개(바이오텍, 신약, 의약개발, 공정, 동물의약, 농약)로 대폭 보강되었으며, 같은 기간 직원 수가 902명에서 960명으로 늘어난 것은 이와 관련이 있는 것으로 보인다.

2002년 8월 순수지주회사로 전환되면서 LGCI의 조직은 3개 부문(주식관리, 재경 및 지원)으로 단순화되었으며, 7개월 뒤인 2003년 3월 LGCI가 산하 지주회사 LGEI를 합병하여 LG로 확대 개편되면서는 조직 또한 3개 부문에서 5개 부문으로 보강되었다. 출자 관련 업무는 경영관리부문(출자 포트폴리오 관리)과 사업개발부문(M&A, 신사업 발굴)에서, 지주회사 업무는 경영지원부문(인사, 총무, 법무)과 재경부문(회계, 세무, 금융)에서, 그리고 자회사 업무는 인사부문(자회사 성과관리, 경영자 육성)에서 각각 담당하였다. 임직원은 70여 명이었다.

뒤에서 다시 논의하는 것처럼, 이 5개 부문의 담당 업무는 기존의 구조조정본부가 해체되면서 지주회사로 이관되어져 온 것이었으며, 이에 따라 핵심인력 또한 재배치되었다. 특히 구조조정본부장이었던 강유식이 지주회사 대표이사사장(이후 대표이사부회장)으로 들어와 '구본무 - 강유식'체제가 본격 가동되기 시작하였다.

2004년 7월 LG가 2개의 순수지주회사 LG와 GS홀딩스로 분할된 직후에는 LG의 5개 부문 중 1개(사업개발)는 없어졌으며, GS홀딩스가 LG그룹에서 분리(1월)되어 나간 2005년에는 4개 부문이 5개 팀으로 재정비되었다. 경영관리, 재경, 인사 등 3개 팀은 이전의 3개 부문 그대로였으며, 법무팀(지주회사의 법률업무)은 이전의 경영지원부문에서 담당하던 법률업무를 독립시킨 것이었다.

이에 더하여 브랜드관리팀(LG브랜드 육성전략 수립, CI관리 등 브랜드 관리업무)이 신설된 점이 돋보인다. '브랜드 및 상표권 등 지적재산권의 라이센스업'은 2004년 7월의 분할과 함께 지주회사 LG의 목적사업에 처음으로 포함되었으며, GS홀딩스의 분리를 계기로 'LG'브랜드를 본격 관리하기 위해 전담 부서를 만든 것으로 보인다.

팀체제는 2005년 이후 2011년 현재까지 계속 이어져 오고 있는 가운데 조금씩 보완되었다. 2007년에는 브랜드관리팀이 없어지고 업무팀(지주회사 직원 인사 및 총무)이 새로 생겼는데, 이전 경영지원부문에서 담당하던 업무가 독립 부서로 부활한 것이었다. 브랜드관리팀이 해체된 이유는 알 수 없으나 의외의 조치로 여겨진다.

2008년에는 5개 팀(경영관리, 재경, 인사, 법무, 업무)에 더하여 사업개발팀(신사업 개발 및 투자 검토)이 생겼는데, 이 또한 유사한 업무를 담당했던 이전의 사업개발부문(M&A, 신사업 발굴)이 부활한 것으로 볼 수 있다. 이 6개 팀은 2010년까지 그대로 유지되었으며, 2011년 초에는 기술기획팀(미래성장을 위한 seed기술 발굴)이 신설되었다.

한편 팀체제가 계속되는 가운데 2007-2009년 사이에는 '총괄' 직책이 신설되어 팀들을 진두지휘하였으며, 2010년부터는 3명의 대표이사(구본무 회장, 강유식 부회장, 조준호 사장) 직할 체제로 변경되었다. 임직원 수는 2003-2008년 사이에는 80명 내외 수준에서 증가와 감소가 반복되다가 2009-2010년에는 88-89명으로 늘어났으며, 2011년 초(92명)에는 처음으로 90명을 넘어섰다. 임원은 15-18명 수준이었으며, 이 중 등기임원은 2003-2004년에는 8명이다가 2005년부터는 7명이다.

〈표 3.30〉 지주회사 (주)LGCI · (주)LG의 업무조직, 2001-2011년: (1) 개관

연.월	임직원 (명)			조직 (개)					
	임원	직원	합	대표이사	총괄	팀	부문	사업부	연구원
((주)LGCI)									
2001.4	6+	902	908+				1	2	1
2001.12	6+	950	956+				1	2	1
2002.12	6+	?	6+				3		
((주)LG)									
2003.3	8+	63	71+				5		
2003.12	8+	72	80+				5		
2004.12	18	61	79				4		
2005.12	17	64	81			5			
2006.12	17	70	87			5			
2007.12	15	73	88		1	5			
2008.12	15	64	79		1	6			
2009.12	16	72	88		1	6			
2010.3	17	71	88	1		6			
2010.12	17	72	89	1		6			
2011.3	16	76	92	1		7			

출처: 〈표 3.31〉.

〈표 3.31〉 지주회사 (주)LGCI · (주)LG의 업무조직, 2001-2011년: (2) 연도별 현황

(1) (주)LGCI, 2001-2002년

2001년 4월: 임직원(명) 908+ = 임원 6+ (등기 6, 미등기 ?) / 직원 902 (관리사무직 719, 생산직 183)

(부문 1) 공통; (사업부 2) 의약품, 농화학;
(연구원 1) 대덕기술연구원
* 연구원 산하의 3개 연구소가 분할 후 (주)LGCI 소속이 됨:
(연구소 1) 바이오텍; (센터 1) 농약연구;
(해외연구소 1) LG Biomedical Institute (USA)

2001년 12월: 임직원(명) 956+ = 임원 6+ (등기 6, 미등기 ?) / 직원 950 (관리사무직 774, 생산직 176)

(부문 1) 공통; (사업부 2) 의약품, 농화학;
(연구원 1) 대덕기술연구원(또는 LGCI 생명과학 기술연구원)
* 연구원 조직: 기획; (연구소 6) 신약, 의약개발, 바이오텍,
공정, 동물의약, 농약; (센터 1) 안전성; (해외연구소 1) LG Biomedical Institute

2002년 12월: 임직원(명) 6+ = 임원 6+ (등기 6, 미등기 ?) / 직원 ?

(부문 3) 주식관리, 재경, 지원

(2) (주)LG, 2003-2011년

2003년 3월: 임직원(명) 71+ = 임원 8+ (등기 8, 미등기 ?) / 직원 63 (관리사무직 61, 기타 2)

(부문 5) 경영관리 (출자 포트폴리오 관리),
경영지원 (지주회사의 인사, 총무, 법무 등),
재경 (지주회사의 회계, 세무, 금융),
인사 (자회사 성과관리 및 경영자 육성),
사업개발 (M&A, 신사업 발굴)

2003년 12월: 임직원(명) 80+ = 임원 8+ (등기 8, 미등기 ?) / 직원 72 (관리사무직 71, 기타 1)

(부문 5) 경영관리, 경영지원, 재경, 인사, 사업개발 (* 담당업무는 2003년 3월과 같음)

2004년 12월: 임직원(명) 79 = 임원 18 (등기 8, 미등기 10) / 직원 61 (관리사무직 60, 기타 1)

(부문 4) 경영관리, 경영지원, 재경, 인사 (* 담당업무는 2003년 3월과 같음)

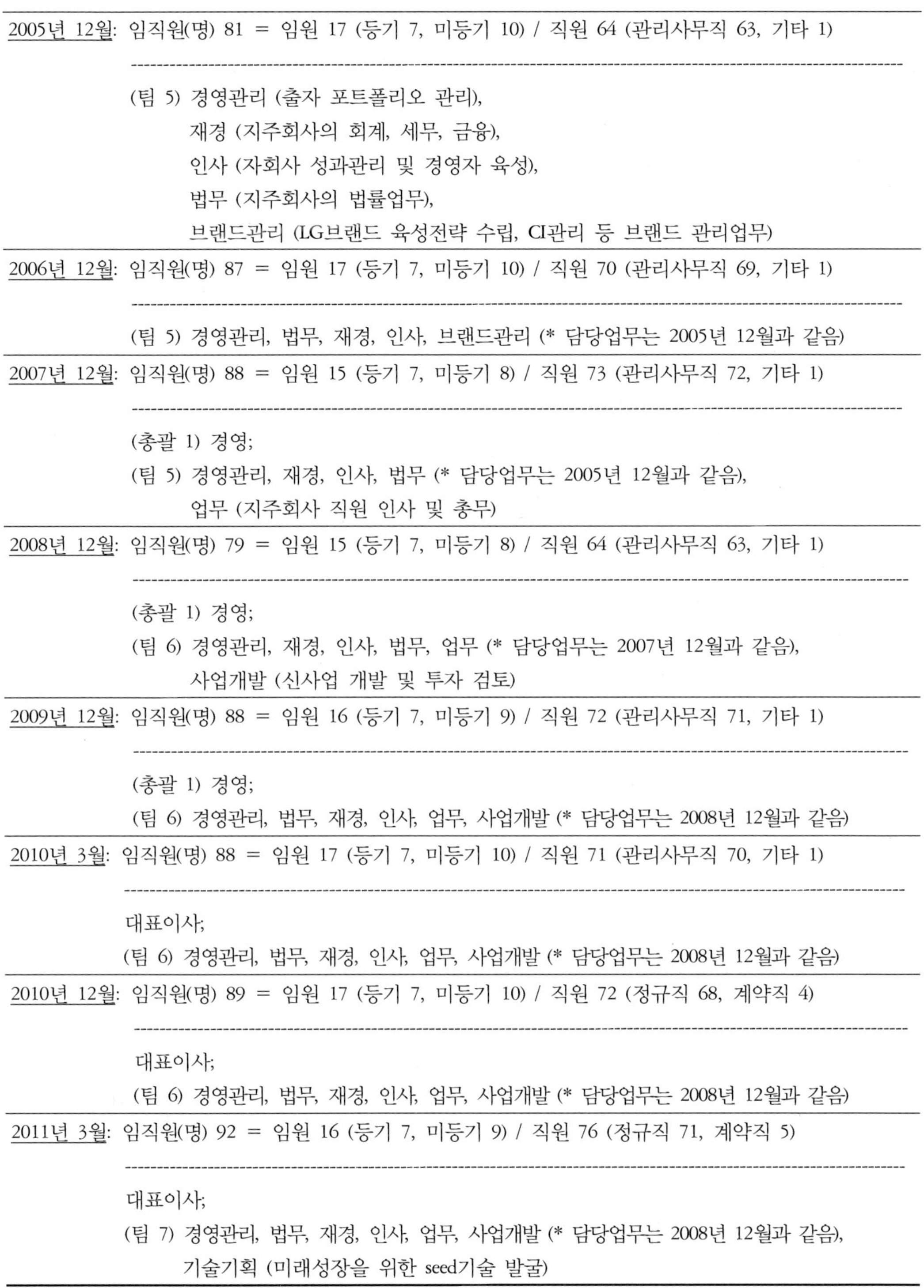

2005년 12월: 임직원(명) 81 = 임원 17 (등기 7, 미등기 10) / 직원 64 (관리사무직 63, 기타 1)

(팀 5) 경영관리 (출자 포트폴리오 관리),
재경 (지주회사의 회계, 세무, 금융),
인사 (자회사 성과관리 및 경영자 육성),
법무 (지주회사의 법률업무),
브랜드관리 (LG브랜드 육성전략 수립, CI관리 등 브랜드 관리업무)

2006년 12월: 임직원(명) 87 = 임원 17 (등기 7, 미등기 10) / 직원 70 (관리사무직 69, 기타 1)

(팀 5) 경영관리, 법무, 재경, 인사, 브랜드관리 (* 담당업무는 2005년 12월과 같음)

2007년 12월: 임직원(명) 88 = 임원 15 (등기 7, 미등기 8) / 직원 73 (관리사무직 72, 기타 1)

(총괄 1) 경영;
(팀 5) 경영관리, 재경, 인사, 법무 (* 담당업무는 2005년 12월과 같음),
업무 (지주회사 직원 인사 및 총무)

2008년 12월: 임직원(명) 79 = 임원 15 (등기 7, 미등기 8) / 직원 64 (관리사무직 63, 기타 1)

(총괄 1) 경영;
(팀 6) 경영관리, 재경, 인사, 법무, 업무 (* 담당업무는 2007년 12월과 같음),
사업개발 (신사업 개발 및 투자 검토)

2009년 12월: 임직원(명) 88 = 임원 16 (등기 7, 미등기 9) / 직원 72 (관리사무직 71, 기타 1)

(총괄 1) 경영;
(팀 6) 경영관리, 법무, 재경, 인사, 업무, 사업개발 (* 담당업무는 2008년 12월과 같음)

2010년 3월: 임직원(명) 88 = 임원 17 (등기 7, 미등기 10) / 직원 71 (관리사무직 70, 기타 1)

대표이사;
(팀 6) 경영관리, 법무, 재경, 인사, 업무, 사업개발 (* 담당업무는 2008년 12월과 같음)

2010년 12월: 임직원(명) 89 = 임원 17 (등기 7, 미등기 10) / 직원 72 (정규직 68, 계약직 4)

대표이사;
(팀 6) 경영관리, 법무, 재경, 인사, 업무, 사업개발 (* 담당업무는 2008년 12월과 같음)

2011년 3월: 임직원(명) 92 = 임원 16 (등기 7, 미등기 9) / 직원 76 (정규직 71, 계약직 5)

대표이사;
(팀 7) 경영관리, 법무, 재경, 인사, 업무, 사업개발 (* 담당업무는 2008년 12월과 같음),
기술기획 (미래성장을 위한 seed기술 발굴)

주: 2001-2003년 미등기임원 정보 없음; 2002년 직원 정보 없음.
출처: 사업보고서, 반기보고서, 분기보고서.

5.3 LG그룹 구조조정본부 vs. 지주회사 (주)LG, 2003-2010년

"구조본 기능 중 본연적인 것은 지주회사로 흡수하고 그룹 공동업무는 경영개발원에서 수행하며 나머지는 자회사로 이관하게 된다." 2003년 3월 25일의 기자회견에서 (주)LG의 강유식 대표이사부회장이 한 말이다. 지주회사가 구조조정본부를 계승하는 조직임을 공개적으로 확인해 준 것이다.

구조조정본부는 1997년의 IMF외환위기 이후 출범한 김대중정부가 재벌개혁의 일환으로 '구조조정을 하기 위해 한시적으로' 설치하게끔 한 임의 조직이었는데, 이전의 그룹기획조정실이나 회장실을 대신하여 그룹회장을 보좌하는 새로운 기구로 급부상하였다.

LG그룹의 구조조정본부에는 50명 내외의 인원이 소속되어 있었으며, 1998년 62명이던 것이 지주회사 출범 직전인 2003년 3월에는 50여 명으로 다수 줄어든 상태였다. 반면 조직은 오히려 강화되었다. 2002년 3월 현재에는 경영지원팀(구조조정 전략과 방향 설정), 사업조정팀(외자 유치 및 사업구조조정), 재무개선팀(부채비율 축소 및 출자구조 개편) 등 3개 팀이 있었는데, 1년 뒤에는 5개 팀(경영지원, 사업조정, 재무개선, 인사지원, 홍보)으로 확대 개편되었다.

2003년 3월 1일 통합지주회사 LG가 공식 출범할 당시에는 구조조정본부가 그대로 유지되었는데, 3월 중 지주회사의 조직이 정비되면서 구조조정본부는 3월 말에 해체하는 것으로 결정되었다. 두 조직의 유사성으로 볼 때 구조조정본부의 해체를 염두에 두고 지주회사의 조직을 구성한 것으로 보이며, 이는 강유식의 기자회견 내용에 의해 확인되고 있다.

구조조정본부는 5개 팀에 50여 명의 인력이 속해 있었고, 지주회사 또한 5개 부문에 50여 명의 인력이 배치되었다. 구조조정본부의 핵심 임원들은 지주회사로 자리를 옮겨 유사한 업무를 계속 담당하였다. 이에 더하여, 정도경영TF팀이 별도로 구성되었으며, 자회사인 LG경영개발원도 지주회사를 지원하였다 (<표 3.32>).

먼저 구조조정본부의 본부장인 강유식이 지주회사의 대표이사사장으로 자리를 옮긴 사실이 두 조직의 영속성을 상징적으로 대변해 준다. 앞에서 언급한 것처럼, 강유식은 2001년 4월 지주회사체제 출범 이전까지 두 주력회사인 LG화학과 LG전자의 비상근이사로 참여해 왔으며, 2001년 이후 한동안은 지주회사에는 관여하지 않고 신설 자회사로 변신한 LG화학과 LG전자에서 비상근이사직을 계속 유지해 오고 있었다. 그러다가 2003년 3월 통합지주회사 LG가 출범하면서 두 자회사의 비상근이사직을 가지는 한편으로 지주회사의 대표이사사장으로 영입되었으며, 얼마 지나지 않아 대표이사부회장으로 승진하였다.

구조조정본부의 핵심 임원 3명도 지주회사로 자리를 옮겼다. 김영찬은 경영지원팀(팀장, 부사장)에서 경영관리부문(부사장)으로, 이병남은 인사지원팀(팀장, 부사장)에서 인사부문(부사장)으로, 그리고 조석제는 재무개선팀(상무)에서 재경부문(부사장)으로 재배치되었다. 경영관리부문에는 또 한 명의 부사장(정일재)이 LG경제연구원으로부터 차출되었다.

이전 3개 팀의 담당 업무는 새로운 3개 부문의 업무와 크게 다르지 않았으며, 이외에 지주회사에는 2개 부문(경영지원, 사업개발)이 더 있었다. 5개 부문 중 경영관리부문과 사업개발

〈표 3.32〉 LG그룹 구조조정본부 vs. 지주회사 (주)LG, 2003년 3월

임원	구조조정본부	(주)LG
강유식	구조조정본부장	대표이사사장 → 대표이사부회장
김영찬	경영지원팀 팀장 (부사장) * 그룹 구조조정의 전반적인 방향 입안	경영관리부문 (부사장) * 출자 포트폴리오 관리
조석제	재무개선팀 (상무) * 부채비용 축소 등 재무구조 개선 업무	재경부문 (부사장) * 지주회사의 회계, 세무, 금융
이병남	인사지원팀 팀장 (부사장) * 이사회 운영, 사외이사 등 이사회 경영 관련 업무	인사부문 (부사장) * 자회사 성과관리 및 경영자 육성
이종석	사업조정팀 팀장 (부사장) * 외자 유치, 합작 관련 업무	
정상국	홍보팀 (상무) * 현안 대외창구, 브랜드 가치 향상 업무	
		경영지원부문: 지주회사의 인사, 총무, 법무 사업개발부문: M&A, 신사업 발굴

주: 지주회사의 2개 외곽 조직: 정도경영테스크포스팀 – 자회사 경영진 감시, 이사회활동 지원, 감사위원회 활동 지원, 불공정행위 조사, 경영진단, 비리와 리스크 관리; LG경영개발원 – 홍보, 교육 등 그룹 차원의 공동업무.
출처: 동아일보, 세계일보, 파이낸셜뉴스, 한국일보, 조선일보.

부문은 업무의 성격으로 볼 때 이전의 사업조정팀이 확대 개편된 것으로 보인다.

한편 구조조정본부의 홍보팀이 담당했던 업무는 지주회사의 자회사인 LG경영개발원으로 이관되었으며, 이에 더하여 지주회사와는 별도로 정도경영테스크포스팀이 신설되었다. 이 팀의 업무 중 일부는 이전의 인사지원팀 업무와도 관련이 있는 것으로 보인다. 경영진 감시, 이사회 활동 지원, 감사위원회 활동 지원, 불공정행위 조사, 경영진단, 비리와 리스크 관리 등 계열회사에 대한 광범위한 지원 및 감독 기능을 부여받았다. 공인회계사, 시스템분석가 등의 외부전문가와 계열회사 파견 인력 등 20여 명으로 구성되었으며, 책임자에는 LG경영개발원 부사장(경영지원팀 김태오)이 임명되었다. 5년간 한시적으로 운영하면서 계열회사가 책임경영체제를 확립할 수 있도록 도와준 뒤 계열회사 이사회에 관련 기능을 이관한다는 계획을 가지고 있었다.

이제 지주회사는 5개 부문의 자체 조직과 2개 외곽 조직으로 재정비되어 지주회사체제 이전에 비해 보다 강력하게 계열회사들 관리, 감독할 수 있게 되었으며, 이에 따라 지주회사의 최대주주 겸 대표이사회장인 구본무의 경영권 또한 한층 탄력을 받게 되었다.

2003년 이후에도 구조조정본부 출신 핵심 임원들은 계속해서 지주회사의 주요 부서를 담당하였다 (<표 3.33>).

〈표 3.33〉 LG그룹 구조조정본부 vs. 지주회사 (주)LGCI · (주)LG, 2001-2010년

(1) 사내등기임원, 2001-2010년

임원	이전 조직 · 직책	지주회사 (주)LGCI · (주)LG	
		직책	연도
구본무	LG화학 대표이사회장	대표이사회장	2001-3, 2004, 2005-10
성재갑	LG화학 대표이사부회장	대표이사부회장 비상근이사	2001-2, 2004
허창수		비상근이사	2001-3, 2004
조준호	LG전자	경영총괄 대표이사사장	2008 2009-10
강유식	구조조정본부장	대표이사부회장	2003, 2004, 2005-10
정도현	구조조정본부	재경팀장	2005-7

(2) 미등기임원, 2004-2010년

정도현	구조조정본부	재경팀장	2004
성기섭	구조조정본부	재경팀	2004, 2005
이혁주	구조조정본부 LG씨엔에스	재경팀 재경팀장	2005-6 2010
차동석	구조조정본부	재경팀장 재경	2008-9 2010
이병남	구조조정본부	인사팀장	2004, 2005-7
인유성	구조조정본부	비서팀장	2004, 2005-8
김상헌	구조조정본부	법무팀장	2004, 2005-6
이명관	LG씨엔에스	인사팀장	2008-10
양재훈	서브원	비서팀장	2009-10
이종상	광주지검 검사	법무팀 법무팀장	2004, 2005-6 2007-10
윤홍렬	서울중앙지법판사	법무	2008-10
신용삼	LG경영개발원	정도경영TF팀장	2004, 2005-7
장원욱	LG전자	사업개발팀장	2009-10
한명호	LG화학	경영관리(화학)팀장	2004, 2005-6
김봉수	LG화학	경영관리(화학)팀장	2007-10
박석원	LG전자	경영관리(전자)팀장	2004, 2005
김주형	LG경영개발원	경영관리(전자)팀장	2006
조성하	LG전자	경영관리(전자)팀장	2007
정연채	LG전자	경영관리(전자)팀장	2008
이연모	LG전자	경영관리(전자)팀장	2009-10
정일재	LG경제연구원	경영관리(통신, 서비스)팀장	2004, 2005
남영우	LG텔레콤	경영관리(통신, 서비스)팀장	2006-7
김선태	LG데이콤	경영관리(통신, 서비스)팀장	2008-9
황현식	LG텔레콤	경영관리(통신, 서비스)팀장	2010
남용	LG텔레콤 대표이사	전략사업담당 사장	2006
김쌍수	LG전자 대표이사	부품사업총괄자문	2007

주: 12월 현재; 미등기임원 명단 2004년 12월 이전에는 없음; 이전 조직에서의 직책 및 직급 정보는 부분적으로만 있음.
출처: 사업보고서, 분기보고서, 반기보고서.

무엇보다 강유식은 대표이사부회장직을 계속 유지해 오고 있으며, 2004년 재경팀장에 임명된 정도현은 2005년 미등기임원에서 상근등기임원으로 격이 높아져 2007년까지 팀장으로 근무하였다. 정도현을 포함하는 4명의 본부 출신 임원들(정도현, 성기섭, 이혁주, 차동석)은 2010년 현재까지 재경팀장 직책을 연이어 주고받으면서 '지주회사의 회계, 세무 및 금융'을 책임져 오고 있다. 이병남 인사팀장(2004-2007년), 인유성 비서팀장(2004-2008년), 김상헌 법무팀장(2004-2006년) 등 다른 3명도 본부 출신이었다.

계열회사 임원들 또한 수시로 지주회사로 차출되었는데, 특히 경영관리팀에는 화학, 전자 및 통신·서비스 담당의 팀장이 3명 있었고 이들은 주로 관련 회사(LG화학, LG전자, LG텔레콤·LG데이콤) 출신이었다. LG경영개발원, LG경제연구원, LG CNS 등 다른 계열회사 임원들도 가끔 지주회사에서 일하였으며, 법무팀에는 업무의 성격상 전직 검사 및 판사가 2명 영입되었다.

6. 요약 · 정리

(1) LG그룹은 2001년 4월 지주회사체제로 재편되었다. 그 이전에는 LG화학이 그룹의 실질적인 지주회사 역할을 담당하였으며, 자회사인 LG전자와 함께 그룹의 쌍두마차를 형성하였다.

지주회사체제로의 재편은 2001년 4월부터 2005년 1월까지 4년 정도의 기간에 걸쳐 용의주도하게 진행되었다. 이 과정에서 네 차례의 분할과 한 차례의 합병이 이루어졌고, 일부 계열회사들은 그룹에서 분리되어 2개의 독자적인 그룹(LS, GS)을 형성하였다.

첫째, 2001년 4월 LG화학이 3개 회사로 분할되어, LG화학은 사업지주회사 (주)LGCI로 전환되고 신설 LG화학과 LG생활건강은 자회사로 편입되었다.

둘째, 2002년 4월 LG전자가 2개 회사로 분할되어, LG전자는 순수지주회사 (주)LGEI로 전환되고 신설 LG전자는 자회사로 편입되었다.

셋째, 2002년 8월 사업지주회사 LGCI가 2개 회사로 분할되어, LGCI는 순수지주회사 LGCI로 전환되고 LG생명과학은 신설되었다.

넷째, 2003년 3월 LGCI가 LGEI를 합병하고 자회사인 LG MRO(이후 서브원)의 사업 일부 또한 흡수하여 통합 순수지주회사 (주)LG로 확대 개편되었다. 2003년 11월에는 LG전선(이후 LS전선) 및 관련 회사들이 LG그룹에서 분리되었다.

마지막으로 다섯째, 2004년 7월 LG가 2개의 순수지주회사로 분할되어, LG는 같은 이름의

LG로 존속하고 GS홀딩스는 신설되었다. 2005년 1월에는 GS홀딩스(이후 (주)GS) 및 관련 회사들이 LG그룹에서 분리되었다.

두 주력회사인 LG화학과 LG전자가 각각 지주회사 LGCI와 LGEI로 재탄생된 뒤 통합지주회사 LG로 합쳐졌고, LG화학과 LG전자는 신설 자회사로 성격이 바뀌어 그룹의 주력사업들을 계속 담당하는 구조로 재편된 것이다. 2001년 4월 지주회사체제로 재편되면서 그룹 계열회사의 80-90%가 새로운 지배구조에 편입되었으며, 2010년 9월 현재에는 53개 계열회사 중 87%에 해당하는 46개가 '지주회사 LG → LG화학 및 LG전자 포함 자회사 16개 → 손자회사 27개 → 증손회사 2개'의 지주회사체제로 구축되어 있다.

본격적인 지주회사체제로의 전환은 재벌들 중 LG그룹이 처음이었다. SK그룹이 2000년 1월 지주회사체제를 처음 시작하기는 했지만 오랫동안 계열회사의 1/4 정도만 체제에 편입되어 있었으며, LG그룹에 비해 6년 3개월이 늦은 2007년 7월에서야 비로소 본격적인 지주회사체제를 출범시켰다.

LG그룹에 지주회사체제가 도입된 이후 나타난 가장 특징은 '소유권 및 경영권의 동반 강화 및 구본무에로의 집중'이었다. 구본무는 지주회사 LG의 최대주주로서 그리고 대표이사회장으로서 체제 도입 이전에 비해 보다 강력한 영향력을 행사해 오고 있다.

(2) 구본무는 2002년 지주회사의 최대주주가 되었으며, 이후 LG그룹의 소유구조는 '[구본무 → 지주회사 LGCI · LG → 자회사 → 손자회사 → 증손회사] + 기타 회사'의 형태로 조직되었다.

2001년 4월 지주회사체제가 처음 도입되었을 때 지주회사 LGCI의 최대주주는 LG연암학원이었다. 구씨 일가가 지배하는 이 비영리법인은 이전부터 주력 LG화학의 최대주주였으며, LG화학이 LGCI로 전환되면서 계속 최대주주 역할을 담당하였다. LG연암학원의 지분은 1% 남짓이었으며, 가장 많은 지분(6.71%)은 80여 명의 구씨 가족 구성원들이 가지고 있었고 구본무의 몫은 1% 미만(0.69%)이었다. 최대주주 및 특수관계인 지분은 18%를 조금 넘는 수준이었다.

구본무가 지주회사의 새로운 최대주주가 된 것은 2002년 초였다. LGCI가 출범한 지 1년 정도가 지난 시점이면서 LGEI가 탄생(4월)하기 직전이었다. 최대주주 및 특수관계인의 지분은 크게 증가하였으며, 이에 따라 '소유권의 강화 및 구본무에로의 집중'이 본격화되었다.

2002년 3월 현재 최대주주 구본무의 지분은 4.62%였다. 1년 전의 자신의 지분(0.69%)에 비하면 6.7배, 그리고 최대주주 LG연암학원 지분(1.57%)에 비하면 2.9배나 되는 수치였다. 구씨 일가의 지분 또한 3.9배(6.71% → 26.11%) 늘어났으며, 결과적으로 최대주주 및 특수관계인 지분이 2.5배가량(18.58% → 45.85%) 대폭 증가하였다.

2003년 3월 통합지주회사 LG가 출범한 이후 구본무의 소유권은 더욱 강화되었다. 출범 직후 지분이 5% 이상으로 늘어났고 12월까지는 조금 더 늘어났다. 2004년 7월 LG와 GS홀딩스가 분리된 뒤에는 구본무의 지분이 10% 이상으로 2배가량 껑충 뛰었고, 다른 구씨 일가 구성원들의 지분도 처음으로 30%를 넘어섰다.

최대주주 및 특수관계인 지분은 2002년 3월 45% 이상으로 대폭 증가한 이후 2003년 3월에는 68% 이상으로 1/2가량이나 더 늘어났는데, 이후 조정과정을 거쳐 2004년 7월의 분할 직후에는 다시 이전의 40%대 중반 수준(46.57%)으로 낮아졌다.

2004년 말까지 특수관계인 중 계열회사, 자기주식 및 허씨 일가가 차례로 지분을 보유하지 않게 되었으며, 이에 따라 2005년부터는 최대주주 구본무, 구씨 일가, 그리고 구씨 일가가 지배하는 비영리법인으로 구성된 구씨 일가 중심의 소유구조가 본격적으로 형성되었다.

구본무의 지분은 2004년 9월 이후 10%를 조금 넘는 수준에서 꾸준히 증가하였으며, 구씨 일가의 지분은 2004년 9월 처음으로 30%를 넘어선 이후 12월까지는 38% 이상으로 더욱 늘어났는데, 이후 조금씩 줄어들어 2007년 이후에는 35% 수준이 유지되고 있다. 비영리법인 지분은 2004년 이후 줄곧 2.5%가량이다. 결과적으로, 최대주주 및 특수관계인 지분은 2004년 9월 46% 남짓이다가 12월까지는 51% 이상으로 늘어났으며, 이후 조금씩 감소하여 2007년부터는 48% 수준이 유지되고 있다.

한편 지주회사의 자회사에 대한 소유권은 2003년 통합지주회사 출범 이후 큰 변화가 없는 상태이다. 무엇보다 자회사 수가 14-17개 수준이 유지되고 있다. 상장회사인 LG화학과 LG전자에 대한 지주회사의 지분은 각각 33-34%, 34-36%이며, LG데이콤, LG생활건강, LG하우시스 등 다른 3개 상장회사에서는 조금 적은 30-34%이고 다른 2개 상장회사인 LG텔레콤과 지투알에서는 조금 더 많은 35-38%이다.

반면 비상장회사인 서브원, LG경영개발원 및 LG스포츠에 대해서는 지주회사가 100% 지분을 보유하고 있으며, 또 다른 비상장회사인 LG CNS에서는 2001년 31% 남짓이던 것이 2009년까지는 85%로 크게 늘어났다.

(3) 구본무는 2001년 4월 지주회사체제 출범 때부터 지주회사의 대표이사회장이었으며,

2003년 3월 이후 통합지주회사 LG에서는 강유식과 함께 투톱체제를 형성하였다. 이들은 LG화학과 LG전자를 포함하는 주요 자회사들의 경영에도 깊숙이 관여하고 있다. 즉 LG그룹 경영구조의 기본 골격은 '[구본무 + 강유식 → 지주회사 LG] & [구본무 → 자회사] & [강유식 → LG화학·LG전자 포함 자회사]'의 형태로 되어 있다.

구본무는 지주회사체제 이전 두 주력회사인 LG화학과 LG전자의 대표이사회장이었다. 그룹의 실질적인 지주회사 역할을 해 오던 LG화학이 2001년 4월 지주회사 LGCI로 전환되면서 구본무는 자연스럽게 공식 지주회사의 수장으로 자리를 옮겼다. 2002년 4월 그룹의 또 다른 주력회사인 LG전자가 지주회사 LGEI로 전환되었을 때도 구본무는 새 지주회사의 수장을 겸하였다. 그 직전 LGCI의 새로운 최대주주가 된 상태였다. 이어 2003년 3월 두 지주회사가 LG로 통합되면서 구본무는 통합지주회사 대표이사회장으로 새롭게 자리매김하였으며, 이후 최대주주 겸 대표이사회장으로서 오늘에 이르고 있다.

2001년 4월 지주회사체제 도입 이후 한동안은 전문경영인 성재갑(LGCI 대표이사부회장), 그리고 가족구성원인 구본준(LGEI 대표이사사장)과 구자홍(LG전자 대표이사회장)이 구본무를 보좌하였으며, 2003년 3월 LG가 출범하면서는 이들이 모두 떠나고 대신 구조조정본부장 출신 강유식이 대표이사부회장이 되었다.

강유식은 이전부터 LG화학과 LG전자의 비상근이사였으며, 2001년 4월 지주회사체제가 시작되면서는 지주회사에는 관여하지 않고 신설 회사로 성격이 바뀐 두 회사에서 계속 비상근이사로 근무해 왔다. 그러다가 2003년 3월 LG의 출범에 맞추어 기존의 구조조정본부는 해체되었고, 본부의 조직과 기능은 지주회사로 이전되었다. 강유식은 구조조정본부장에서 지주회사의 대표이사부회장으로 변신하였으며, 두 주력 자회사인 LG화학과 LG전자에서의 비상근이사직도 그대로 유지하였다. 또한 구조조정본부의 핵심 임원들은 지주회사로 자리를 옮겨 예전의 역할을 계속 수행하였다.

지주회사가 구조조정본부를 대신하여 새로운 보좌기구로 자리 잡으면서 구본무의 경영권은 한층 강화되었다. 구본무의 영향력이 보다 조직적이고 보다 일사불란하게 계열회사들에게 전달될 수 있게끔 경영구조가 재편된 것이다.

특히 2004년 7월 LG와 GS홀딩스의 분리 이후에는 구본무의 지분이 10% 이상으로 크게 늘어나, 경영권이 강화된 상태에서 소유권도 연이어 강화되어 최대주주 겸 대표이사회장인 구본무의 위상이 한 단계 더 격상되었다.

2009년에는 조준호가 새로운 대표이사로 임명되어 '구본무 대표이사회장 - 강유식 대표이사부회장 - 조준호 대표이사사장'의 3인체제가 되었으며, 이로 인해 구본무의 경영권은 한층 더 강화되었다.

이들 3명은 주요 계열회사들의 경영에도 대표이사 또는 비상근이사의 자격으로 깊숙이 관여하였다. 무엇보다 강유식은 LG화학과 LG전자를 일차적으로 관리하고 있으며, LG경영개발원에서는 대표이사 또는 이사회의장이었다. 구본무는 100% 비상장 자회사인 서브원, LG경영개발원 및 LG스포츠의 대표이사 또는 이사회의장이었고, 조준호는 5개 자회사와 3개 손자회사에서 비상근이사 또는 이사회의장이었다.

한편 2011년 초에는 구본무의 친동생인 구본준이 LG전자의 대표이사부회장으로 임명되어 구본무의 경영권 행사에도 보다 힘이 실리게 되었다.

(4) LG그룹은 2001년 4월 재벌 중에서는 최초로 본격적인 지주회사체제를 도입하였으며, 2005년 1월까지 다섯 단계에 걸쳐 용의주도하게 새로운 지배구조를 구축하였다.

구본무는 먼저 경영권의 정점에 자리 잡았으며, 2002년부터는 최대주주로 부상하여 소유권 또한 장악하였다. 이후 지분이 늘어나면서 소유권은 한층 강화되어 갔고, 동시에 새로운 보좌기구로서의 지주회사의 재편, 강유식의 부상, 3인 대표이사체제, 계열회사 경영에의 관여, 구본준의 등장 등으로 인해 구본무의 경영권 또한 시간이 흐르면서 더욱 공고해졌다.

'소유권 및 경영권의 동반 강화 및 구본무에로의 집중'으로 인해 구본무는 지주회사 LG의 최대주주로서 그리고 대표이사회장으로서 체제 도입 이전에 비해 보다 강력한 영향력을 행사해 오고 있다. 지배구조가 외형적으로는 단순·투명해졌지만 구본무의 1인 체제가 강화되었다는 점에서 지배구조의 실질적인 지각 변동은 일어나지 않았다. 무늬만 달라졌을 뿐 오랫동안 계속되어 온 '개인화된 지배구조'라는 한국재벌의 본질은 여전히 계속되면서 보다 선명해지고 있는 것이다.

올해(2011년)로 LG그룹이 지주회사체제를 도입한(2001년 4월) 지 꼭 10년째이다. 이제는 정착 단계에 접어든 것으로 볼 수도 있지만, LG그룹(1947년 창립)의 64년 역사에서 보면 아직 신지배구조의 역사는 일천하며 그런 만큼 더 많은 변화가 일어나고 그럼으로써 더 성숙해 질 수 있는 여지는 많이 남아 있는 것이 사실이다. 아직은 진행형인 셈이다.

앞으로 구본무의 소유권 및 경영권이 어느 정도로 어떤 방식으로 더 강화될지, 구본준이 지주회사로 들어와 가족경영체제가 본격 구축될지, 지주회사체제에 편입되어 있지 않은 LG상사 및 그 계열회사들의 행보는 어떻게 될지 등이 관심거리이다. 또 2006년 30개로 최저치를 보였던 계열회사가 2011년까지 59개로 거의 2배나 증가하였는데, 이것을 강화된 지배구조로 인한 긍정적인 결과로 보아야 할지, 아니면 경제력 집중 또는 지배력 확장이라는 지주회사체제의 부정적인 측면이 노출되고 있는 것으로 보아야 할지 예의주시해야 할 것으로 보인다.

제4장

SK그룹의 지주회사체제

1. 머리말

SK그룹(2011년 4월 현재 재벌 순위 3위)은 한국에서의 지주회사체제 원조이다. 계열회사인 SK엔론(이후 SK E&S)이 2000년 1월 공정거래법상 지주회사 제1호로 등록된 것이다. 지주회사 제도가 재허용된 1999년 2월 이후 11개월만이었으며, LG그룹의 주력회사 LG화학이 지주회사 (주)LGCI로 전환된 2001년 4월보다는 1년 3개월 전이었다. SK엔론과 그 계열회사는 2007년 전반까지 그룹 계열회사의 1/4 정도를 차지하면서 지주회사체제를 유지하였다.

2007년 7월 주력회사인 SK(주)가 지주회사 SK(주)로 전환되면서 SK그룹은 본격적인 지주회사체제를 갖추게 된다. 신설 지주회사 SK가 기존 지주회사 SK E&S 및 다른 주요 계열회사를 자회사로 두는 중층적 지주회사체제를 구축하면서 그룹 계열회사의 2/3가량을 체제에 편입시켰다. 이후 체제 편입 비중은 점차 늘어나 2010년 9월 현재에는 5/6 이상에 달한다.

지주회사체제가 도입된 이후 나타난 가장 큰 특징은 '소유권과 경영권의 동반 강화 및 최태원에 의한 완전 장악'이다. 최태원은 지주회사 SK의 최대주주인 SK C&C의 최대주주로서 그리고 지주회사의 대표이사회장으로서 보다 강력한 영향력을 행사할 수 있게 되었다. 외형적인 지배시스템은 바뀌었지만 실질적인 영향력의 행사 내용은 전혀 변화가 없으며 최태원 1인 체제는 오히려 강화되었다.

제2절(SK그룹의 성장 과정)에서는 1987년 이후 그룹의 성장 과정을 그룹 순위, 자산총액 및 계열회사 수를 중심으로 소개한다. 제3절(SK그룹 지주회사체제의 성립 과정)에서는 2000년 이후 지주회사체제의 성립 과정, 그리고 2007년 SK의 지주회사로의 전환 내용을 자세하게 논의한다. 또 그룹 계열회사 중 체제에 편입된 회사의 비중이 어떻게 변해왔는지도 살펴본다.

제4절과 제5절에서는 지주회사체제 이전과 이후에 SK그룹의 소유 및 경영구조에 어떤 변화가 일어났는지 그리고 소유권과 경영권이 어떻게 강화되어 최태원에게로 집중되었는지를 심층 분석한다. 제4절(소유구조의 변화)에서는 먼저 2010년 9월 현재의 지주회사체제와 지분

구조를 살펴본다. 이어, 지주회사 SK와 주요 자회사들은 오래전부터 다른 계열회사들에 지분을 보유해 왔고 이들 간에는 순환출자구조가 형성되어 왔으며, 지주회사체제 이후에도 주요 순환구조가 일부 지속되어 왔음을 밝힌다. 또 SK의 최대주주(SK C&C) 및 특수관계인 지분, 그리고 SK C&C의 최대주주(최태원) 및 특수관계인 지분이 1990년대 말 이후 어떻게 변해 왔는지를 추적한다.

제5절(경영구조의 변화)은 세 부분으로 구성되어 있다. 먼저 최고경영진의 변화이다. 2007년 이전의 SK가 지주회사 SK와 신설 자회사 SK에너지로 분할되면서 이사회 및 산하 위원회에 어떤 변화가 생겼는지, 그리고 최태원을 비롯한 주요 임원들이 1990년대 말 이후 어떤 직책을 가져 왔는지를 살펴본다. 그런 다음 업무조직의 변화 내용을 분석한다. 이전 SK의 업무부서들이 2007년의 분할로 인해 지주회사와 신설 자회사로 양분되었음을 소개한 뒤, 지주회사의 조직이 이후 어떤 모습으로 변해 왔는지를 살펴본다. 마지막으로 지주회사 SK가 이전 SK의 투자관리실 및 그 이전의 그룹 구조조정본부의 맥을 잇는 최태원의 새로운 보좌기구임을 제시한다.

마지막으로 제6절(요약 · 정리)에서는 앞의 논의를 요약, 정리한다.

2. SK그룹의 성장 과정

SK그룹은 2011년 4월 현재 공정거래위원회 지정 대규모사기업집단 중 3위이며, 계열회사는 86개 그리고 자산총액은 97조 원이다 (<표 4.1>; <그림 4.1>).

1위인 삼성그룹(78개 회사, 230.9조 원)과 비교하면 자산은 절반에도 못 미치지만 계열회사는 8개가 더 많다. 2위 현대자동차그룹(63개, 126.7조 원)에 비해서는 자산은 3/4 수준인 반면 회사 수는 23개가 더 많아 1.4배이다. 또 4위 LG(59개, 90.6조 원)와 5위 롯데(78개, 77.3조 원)보다는 자산규모 및 회사 수가 모두 앞서 있다. SK그룹의 계열회사 86개는 2011년 지정된 47개 사기업집단의 계열회사 중 가장 많은 수치이다.

대규모기업집단지정제도가 처음 도입된 1987년의 SK그룹 모습은 판이하게 달랐다. 계열회사는 16개, 자산총액은 2.5조 원이었으며 재벌 순위는 7위였다. 창업주 최종건이 1973년 사망한 이후 동생 최종현이 제2의 창업자로서 14년 동안 그룹을 일구어온 결과였다. 최종현은 빠른 속도로 그룹을 성장시켰다. 1991년에는 5대 재벌의 반열에 올랐고, 1993년에는 계열회사가 2배(32개)로 늘어났으며 1994년에는 자산총액(10.7조 원)이 10조 원을 돌파하였다. IMF외환위기가 막 시작되던 1997년 4월까지 계열회사는 1.5배(46개), 그리고 자산은 2배 이상(22.9조 원) 더욱 증가하였다.

외환위기가 절정에 달한 후 1998년 2월 출범한 김대중정부가 재벌개혁을 막 추진하던 3월 최종현은 기존의 그룹명 '선경'을 'SK'로 바꾸고 위기를 재도약의 기회로 삼고자 하였다. 하지만 그는 그 해 8월 세상을 떠나고 말았다. 이때 장남 최태원의 나이는 38세였으며 주력회사 SK(주)의 부사장으로서 한창 경영수업을 받고 있었다. 결국 최태원은 아버지로부터 소유권을 계승하여 그룹의 동일인 신분을 가지면서 SK(주)의 대표이사회장에 취임하였으며, 그룹회장직은 전문경영인인 손길승 그룹부회장이 맡도록 하였다. 최태원이 그룹회장직에 오른 것은 6년이 지난 2004년 2월이었다.

〈표 4.1〉 SK그룹의 성장, 1987-2011년:
순위 (A, 위), 계열회사 (B, 개), 자산총액 (C, 10억 원), 1개 계열회사 평균자산 (D, 10억 원)

연도	A	B	C	D	연도	A	B	C	D
1987	7	16	2,499	156	1999	5	41	63,276	799
1988	7	18	2,816	156	2000	4	39	40,147	1,029
1989	7	22	3,442	156	2001	4	54	47,379	877
1990	6	24	4,610	192	2002	3	62	46,754	754
1991	5	27	6,504	241	2003	3	60	47,463	791
1992	5	31	8,651	279	2004	4	59	47,180	800
1993	5	32	9,965	311	2005	4	50	47,961	959
1994	5	33	10,690	324	2006	3	56	54,808	979
1995	5	32	12,806	400	2007	3	57	60,376	1,059
1996	5	32	14,501	453	2008	3	64	71,998	1,125
1997	5	46	22,927	498	2009	3	77	85,889	1,115
1998	5	45	29,267	650	2010	3	75	87,522	1,167
					2011	3	86	97,042	1,128

주: 4월 현재; 2002-2011년 순위 - 공기업집단 제외.
출처: 공정거래위원회홈페이지 자료.

〈그림 4.1〉 SK그룹의 성장, 1987-2011년: 자산총액 (조 원), 계열회사 (개)

(출처: <표 4.1>)

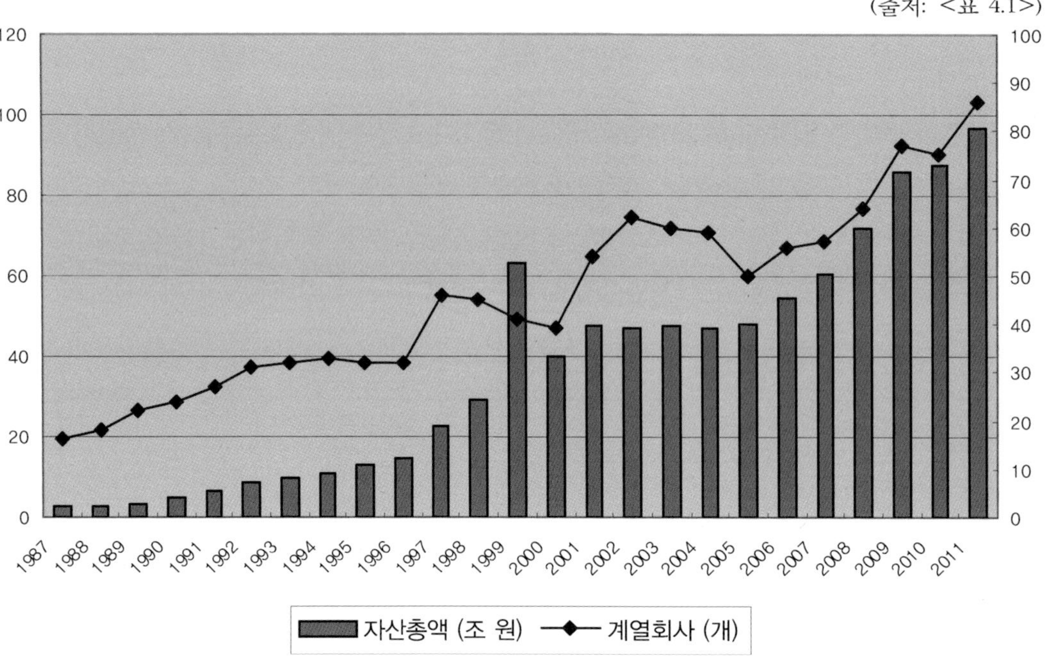

최태원 이외에도 6명의 2대 가족구성원들이 그룹의 경영에 관여하였거나 2011년 현재에도 관여하고 있다. 무엇보다 최태원의 동생인 최재원이 형과 함께 그룹을 실질적으로 이끌어 가고 있으며, 다른 5명은 지주회사체제에 편입되지 않은 계열회사들을 책임졌다. 이들 5명 중 4명은 최종건의 아들(최윤원(사망), 최신원, 최창원)과 사위(박장석)이며, 1명은 최종건의 누나 최종분의 아들(표문수)이다. 한편 1대 가족구성원들 중에서는 최종현의 두 동생인 최종관과 최종욱이 경영에 관여한 적이 있었다.

재벌개혁의 여파로 SK그룹의 계열회사 수는 1997년의 46개에서 2000년에는 39개로 다소 줄어들었으며, 자산도 1999년 63.3조 원으로 최고치에 달한 이후 2000년에는 40.1조 원으로 급감하였다. 하지만 2001년부터는 다시 증가세를 보였다. 계열회사는 2002년까지 62개로 대폭 늘어났으며 이후 다소 감소하다가 2005년부터 다시 늘어나는 추세를 보이고 있다. 특히 2007년의 본격적인 지주회사체제 도입 이후 빠른 속도로 늘어나 2008년에 64개로 그룹 사상 가장 많은 계열회사를 가지게 되었으며 2009년에는 77개로 더욱 늘어났다. 2010년(75개)에 조금 줄었다가 2011년에는 86개로 다시 최고치를 경신하였다. 자산 또한 2007년(60.4조 원) 이후 급성장하여 2008년(72조 원), 2009년(85.9조 원), 2010년(87.5조 원) 그리고 2011년(97조 원)에 그룹 최고치를 연이어 경신하였다.

3. SK그룹 지주회사체제의 성립 과정

3.1 지주회사체제 성립 2단계, 2000-2007년: 개관

SK그룹의 지주회사체제는 2000년 1월에 한 차례, 그리고 7년 6개월이 지난 2007년 7월에 또 한 차례의 조직 변화를 통해 확립되었다 (<표 4.2>).

(1) SK엔론의 공정거래법상 지주회사로의 전환: 2000년 1월 SK엔론(이후 SK E&S)이 공정거래법상 지주회사로 지정되었다. 1999년 1월 에너지 관련 지주회사로 설립되었으며, 그룹의 주력회사인 SK(주)의 자회사로 편입되었다. 이후 법률상의 요건을 충족하여 지주회사의 설립·전환이 다시 허용된 1999년 2월 이후 처음으로 공정거래법상 지주회사로 등록되었다.

(2) SK(주)의 분할 및 사업지주회사 SK(주)로의 전환: 2007년 7월 그룹의 실질적인 지주회사 역할을 해 오던 화학회사 SK가 지주회사 SK로 전환되었다. 이를 위해 이전의 SK가 SK와 SK에너지로 분할되었으며, SK는 이전의 SK가 지주회사로 성격이 바뀌면서 존속하는 것으로 하였고 SK에너지는 신설된 뒤 지주회사 SK의 자회사로 편입되었다.

지주회사 SK는 SK E&S와 SK에너지를 비롯한 다수의 회사에 지분을 보유하는 지주사업을 주된 목적사업으로 하는 한편으로 이전의 SK 사업 중 생명과학사업은 계속 수행하는 사업지

〈표 4.2〉 SK그룹 지주회사체제 성립 2단계 과정, 2000-2007년

단계	시기	내용
(1)	2000년 1월	* SK엔론의 공정거래법상 지주회사로의 전환
(2)	2007년 7월	* SK(주)의 분할 및 지주회사로의 전환: SK(주) → SK(주) (존속, 사업지주회사) + SK에너지 (신설, 자회사)

출처: 본문, 〈표 4.4〉.

주회사였다. 2007년 7월 이후 SK그룹은 2개의 지주회사 SK와 SK E&S를 중심으로 중층적인 지주회사체제를 구축해 오고 있다.

3.2 지주회사체제 달성 비율, 2000-2010년

SK그룹은 2000년의 1단계에서는 소극적인 지주회사체제를 채택하였으며, 2007년의 2단계에 적극적인 지주회사체제로 본격 출범하였다 (<표 4.3>; <그림 4.2>).

〈표 4.3〉 SK그룹의 지주회사체제:
그룹 계열회사 중 지주회사체제 편입 회사 비중, 2000-2010년 (개, %)

연도	그룹 계열회사 (A, 개)	지주회사체제			지주회사체제 달성 비율 (B/A, %)
		지주회사 (a)	계열회사 (자+손자+증손) (b, 개)	합 (a+b=B, 개)	
2000	39	SK엔론	13 (11+2+0)	14	36
2001	54	SK엔론	13 (11+2+0)	14	26
2002	60	SK엔론	14 (11+3+0)	15	25
2003	60	SK엔론	14 (11+3+0)	15	25
2004	59	SK엔론	13 (11+2+0)	14	24
2005	50	SK엔론	12 (11+1+0)	13	26
2006	56	SK E&S	12 (11+1+0)	13	23
2007	57	SK(주)	23 (7+16+0)	24	
		SK E&S	11 (10+1+0)	12 [35]	61
2008	64	SK(주)	35 (7+28+0)	36	
		SK E&S	11 (10+1+0)	12 [47]	73
2009	77	SK(주)	48 (8+33+7)	49	
		SK E&S	10 (9+1+0)	11 [59]	77
2010	75	SK(주)	53 (9+35+9)	54	
		SK E&S	9 (9+0+0)	10 [63]	84

주: 1) 그룹 계열회사 - 4월 현재 (2002년은 2003년 2월 현재); 지주회사 계열회사 - 2000년 3월, 2001년 7월, 2002년 = 2003년 3월, 2003년 7월, 2004년 5월, 2005-2007년 8월, 2008-2010년 9월 현재.
2) 2002년의 출처는 사업보고서.
출처: 공정거래위원회홈페이지 자료, 사업보고서, 〈부록 5〉.

〈그림 4.2〉 SK그룹의 지주회사체제, 2000-2010년 (개, %)

(출처: <표 4.3>)

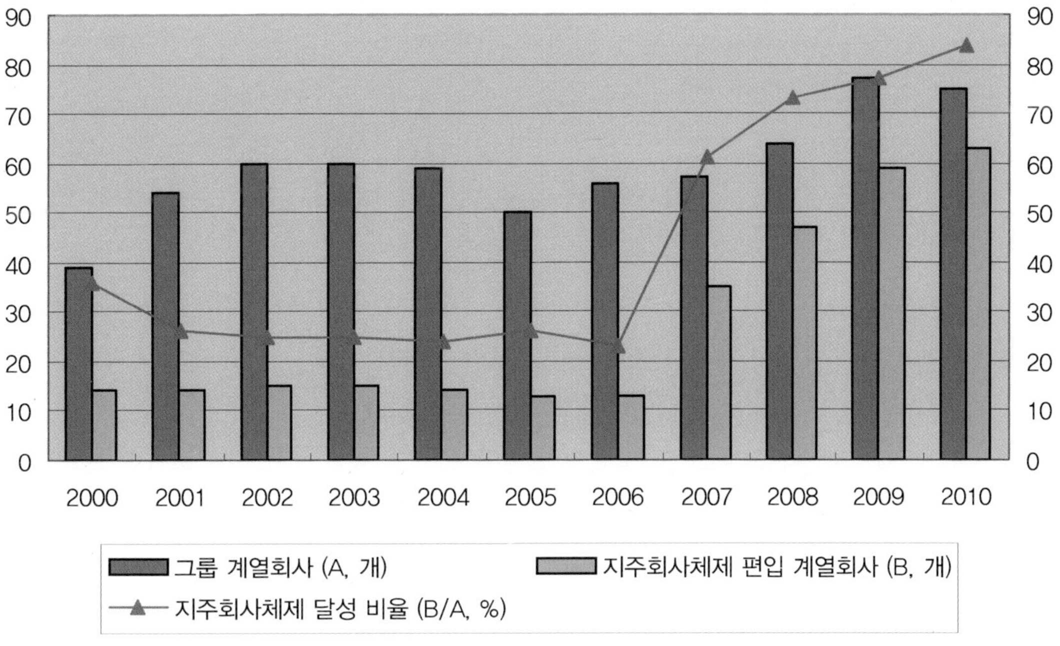

2000년 1월 SK엔론이 공정거래법상 지주회사로 지정되면서 SK그룹은 39개 계열회사 중 1/3이 조금 넘는 14개(36%)가 '지주회사 SK엔론 → 11개 자회사 → 2개 손자회사'의 체제로 재조직되었다. 13개 계열회사는 모두 도시가스 관련 회사였다.

11개 자회사는 SK가스, 구미도시가스, 동부해양도시가스, 대일도시가스, 대한도시가스, 보배도시가스, 부산도시가스, 벽산에너지, 청주도시가스, 충남도시가스, 포항도시가스 등이며, 이들 중 대한도시가스와 부산도시가스가 각각 1개씩의 손자회사(대한도시가스엔지니어링, 부산도시개발)를 거느렸다.

2001년 이후 2006년까지 SK엔론의 계열회사 수(12-14개) 및 구성(자회사 11개, 손자회사 1-3개)에는 큰 변동이 없었다. 반면 같은 기간 그룹 전체의 계열회사 수는 50-60개 수준으로 크게 늘어나, 지주회사체제에 편입된 계열회사의 비중은 2001년 26%로 낮아진 뒤 2006년까지 25% 내외 수준(23-26%)이 유지되었다.

2007년 7월 주력회사인 SK가 지주회사로 전환되면서 SK그룹은 본격적인 지주회사체제로 확대 개편되었다. SK엔론 중심의 지주회사체제가 출범한 지 7년 6개월, 그리고 최태원이 그룹회장직(2004년 2월)에 오른 지 3년 4개월만이었다. 또 LG그룹이 2005년 1월 지주회사체제를 성공적으로 완결지은 지 2년 6개월이 지난 시점이기도 하였다.

2007년 8월 현재 그룹 계열회사 57개 중 거의 2/3에 해당하는 35개(61%)가 지주회사체제로 재편되어 지주회사체제 달성 비율이 2006년(23%)에 비해 2.7배나 높아졌다. '[지주회사 SK → 지주회사 SK E&S 및 6개 자회사 → 16개 손자회사] + [지주회사 SK E&S → 자회사 10개 → 손자회사 1개]'의 중층적인 지주회사체제가 구축되었으며, 지주회사 SK E&S는 주력 지주회사 SK의 자회사이면서 이전처럼 독자적으로 계열회사를 거느렸다.

공정거래위원회는 2009년 9월 현재의 지주회사 현황을 분석한 자료에서 '상위지주회사'와 '중간지주회사'라는 용어를 처음 사용하면서 후자의 성격을 '그룹 내 유사업종을 묶는 소그룹의 지주회사 역할'로 규정하였는데, SK E&S는 이 중간지주회사에 해당된다.

지주회사체제 달성 비율은 2007년(61%) 이후 지속적으로 늘어났다. 그룹 계열회사들이 증가하는 한편으로 지주회사체제 편입 회사 또한 늘어난 결과였다. 2008년에는 그룹 계열회사의 3/4가량(64개 중 47개, 73%)이, 2009년에는 3/4 이상(77개 중 59개, 77%)이, 그리고 2010년에는 5/6 이상(75개 중 63개, 84%)이 지주회사체제로 편입되었다.

지주회사 SK의 계열회사는 2007년의 23개에서 2010년에는 53개로 2.3배 늘어났으며, 2009-2010년에는 손자회사도 7-9개 거느리게 되었다. 반면 SK E&S의 계열회사는 2007년 11개에서 2010년에는 9개로 줄었는데, 이 9개 계열회사는 2000년 이후 가장 적은 수치였다.

3.3 지주회사체제 성립 1단계: SK엔론의 공정거래법상 지주회사로의 전환, 2000년

IMF외환위기 이후 SK그룹은 주력사업인 가스사업의 핵심역량을 집중하기 위해 외자 도입을 추진하였으며, 1999년 1월 미국 엔론(Enron Corporation)과 50:50 합작으로 지주회사 SK엔론을 설립해 주력회사인 SK(주)의 자회사로 편입시켰다.

엔론은 현금출자하고 SK그룹은 가스 관련 6개 계열회사의 주식으로 현물 출자하였다, 6개 회사는 구미도시가스, 대한도시가스, 부산도시가스, 청주도시가스, 포항도시가스, SK가스(LPG 수입・판매업체) 등이며, 대한도시가스와 부산도시가스는 각각 대한도시가스엔지니어링(도시가스 배관공사업체)과 부산도시개발(가스기기 판매업체)을 자회사로 거느렸다.

설립 당시 SK엔론의 지주비율은 36.3%였으며, 이후 주식을 추가 취득하고 1999년 12월 벽산 계열 4개 회사를 인수하면서 12월 말까지 지주비율이 86.9%로 높아졌다. 인수한 4개 회사는 동부해양도시가스(이후 전남도시가스), 대일도시가스(이후 강원도시가스), 보배도시가스(이후 익산도시가스) 및 벽산에너지(이후 익산에너지; 열병합발전업체)였다. 1999년 12월 말 현재 SK엔론의 재무 현황은 자산 5,035억 원, 부채 62억 원, 자본총계 4,973억 원, 자회사 주식가액 합계액 4,377억 원, 지주비율 86.9%, 부채비율 1.2% 등이었다. 2000년 2월에는 1개 회사(충남도시가스)를 추가로 인수하였다.

2000년 3월 29일 SK엔론은 공정거래위원회에 지주회사 전환 신고를 하였으며, 5월 신고가 수리되면서 공식 전환일이 2000년 1월 1일로 조정되었다. 2005년 11월에는 회사명이 SK E&S로 변경되었다.

3.4 지주회사체제 성립 2단계: SK(주)의 분할 및 사업지주회사 SK(주)로의 전환, 2007년

SK그룹은 2007년 7월 본격적인 지주회사체제로 재편되었다. 그룹의 실질적인 지주회사 역할을 해 오던 SK(주)가 2개 회사(지주회사 SK(주) + 신설 자회사 SK에너지)로 분할되어 사업지주회사 SK로 전환되면서였다. 2007년 4월 11일 이사회 결정 이후 3개월이 채 되지 않아 전환이 마무리되었다 (<표 4.4>).

4월 11일 이사회 직후 SK는 증권거래법(제190조의 2)에 따라 분할신고서를 금융감독위원회에 제출하였으며, 4월 30일 열린 이사회에서 분할 계획 중 일부 내용을 수정하기로 의결함에 따라 같은 날 변경된 내용을 포함한 새로운 분할신고서를 재차 제출하였다. 5월 29일에는 주주총회에서 분할계획이 승인되었다.

분할기일은 7월 1일로 하였으며, 7월 2일 분할이 공식 완료되었다. 이 날 분할되는 회사 즉 지주회사 SK에서는 분할보고주주총회가, 신설 자회사 SK에너지에서는 창립주주총회가 각각 열리는 것으로 계획되어 있었는데, 이사회 결의에 의한 공고로 갈음하는 것으로 변경되었다. 이에 따라 7월 2일 두 회사는 이사회를 열고 각각 보고총회 갈음 공고와 창립총회 공고를 의결하였다. 이어 분할 등기(7월 3일), 금융감독위원회에 분할종료보고서 제출(7월 4일), 신설회사 SK에너지의 한국증권선물거래소 재상장(7월 25일) 등의 후속 조치가 마무리되었다.

지주회사 SK는 이전의 SK가 인적 분할을 통해 전환된 것이며, 분할의 목적, 방법 및 성격은 분할보고서(2000년 4월 11일; 정정 4월 30일)에 상세하게 서술되어 있다 (<표 4.4>).

먼저 이전의 SK가 해 오던 사업들이 두 부류로 나뉘어졌다. 하나는 투자사업 및 Life Science(생명과학)사업부문이고, 다른 하나는 이 2개 부문을 제외한 제조사업부문 모두이다.

〈표 4.4〉 SK(주) 분할의 일정 및 주요 내용, 2007년 4월-7월

4월 11일: 이사회 결의	5월 30일: 구주권 제출 공고
4월 13일: 주주명부 폐쇄 공고	5월 31일 - 6월 30일: 구주권 제출
4월 28일: 분할주주총회를 위한 주주확정	6월 28일 - 변경상장 전일: 주식매매거래 정지
	7월 1일: 분할 기일 및 분할신주 발행기준일
4월 29일 - 5월 4일: 주주명의개서 정지	7월 2일: 분할보고총회일 또는 창립총회일
5월 29일: 분할계획서 승인을 위한 주주총회	7월 3일: 분할등기일
	7월 25일: 변경상장/재상장 예정

1. 목적: 1) 지배구조 투명성 제고, 경영 효율성 강화 → 주주가치 극대화
   2) 독립적 자율경영, 합리적 성과평가시스템 구축 → 책임경영체제 정착
   3) 사업부문별 특성에 적합한 의사결정체제 확립, 경영자원의 효율적 배분 → 사업경쟁력 강화, 성장잠재력 확보, 경영위험 최소화

2. 회사명: 1) 분할 전 회사 - SK주식회사 (SK Corporation)
   2) 분할되는 회사 - SK주식회사 (SK Holdings Co., Ltd.)
   신설회사 - SK에너지주식회사 (SK Energy Co., Ltd.)

3. 사업부문: 1) SK(주) - 투자사업부문, Life Science사업부문
   2) SK에너지 - 위 2개 부문을 제외한 주요 제조사업부문 일체 (석유사업부문, 화학사업부문, 윤활유사업부문, 석유개발사업부문, 석탄사업부문, Trading사업부문, Cashbag 사업부문, Car Life 사업부문; 관련 연구개발업무, 생산업무, 물류업무; 기타 경영지원업무 (사옥관리업무 등 일체의 총무업무 포함))

4. 방법: 1) 분할되는 회사의 영위 사업 중 주요 제조사업부문을 분할하여 신설회사 설립
   2) 분할되는 회사의 주주가 분할기일 현재의 지분율에 비례하여 신설회사의 주식을 배정받는 인적 분할 방식
   3) 분할되는 회사는 존속하며, 신설회사는 한국증권선물거래소에 재상장

5. 분할 재산 관련 사항:
   1) 분할되는 회사의 신설회사 주주에 대한 주식 배정비율: 1주당 보통주/우선주 0.71주
   2) 분할되는 회사가 보유하고 있는 a) 'SK, 에스케이, 행복날개' 및 이들 중 하나 이상을 포함하고 있는 상표, b) 'SK, 에스케이, 행복날개'와 유사성을 인정할 수 있는 일체의 상표(愛思開, 愛施凱 등)는 분할되는 회사에 존속
   3) 재무구조 (2006년 12월 31일 기준; 백만 원; 분할 전 = 분할되는 회사 + 신설회사)

a) 자산:	19,601,646	<	6,116,830	+	14,338,380	=	20,455,210	[29.9% : 70.1]
b) 부채:	11,570,603	=	2,965,063	+	8,605,540			[25.6 : 74.4]
자본:	8,031,043	<	3,151,767	+	5,732,840	=	8,884,607	[35.5 : 64.5]
c) 자본금:	653,452	=	190,389	+	463,063			[29.1 : 70.9]
d) 매출액:	23,651,503	=	34,106	+	23,617,397			[0.1 : 99.9]

주: 자산 및 자본의 경우 분할로 인한 항목 조정으로 인해 오른쪽 수치가 더 큼.
출처: 분할신고서, 분할종료보고서.

후자에는 석유, 화학, 윤활유, 석유개발, 석탄, Trading, Cashbag, Car Life 사업 등 주력 사업들이 망라되어 있다.

첫 번째 부류의 사업은 SK가 계속 담당하되 지주회사로 개편되었으며, 다만 투자사업만 하는 순수지주회사 대신 사업도 일부 병행하는 사업지주회사의 성격을 가지게 되었다. 두 번째 부류의 사업은 신설된 SK에너지로 이관되었다. 회사 이름은 처음에는 각각 SK홀딩스(주)와 SK에너지화학(주)로 정하고 금융감독위원회에 신고하였으나, 4월 30일의 이사회에서 SK(주)와 SK에너지(주)로 변경한 뒤 재신고하였다.

이에 따라 이전의 SK가 해오던 '회사가 영위하는 목적사업' 28개는 모두 SK에너지의 목적사업이 되었다. 이 중 제15호(의약품제조업을 포함한 의약 관련 사업의 영위)와 제25호(생물체나 생명현상을 이용하여 유용한 지식이나 물질, 서비스를 개발하고 사업화하는 생명과학사업의 영위)의 2개 목적사업은 생명과학사업과 관련되어 있는데, 분할 직후인 2007년 9월 분기보고서에는 이 2개가 포함되었다가 12월 사업보고서에서는 제외되었다.

한편 지주회사 SK의 목적사업은 17개가 새로 설정되었다. 이 17개 중 첫 번째는 지주(持株)사업이었으며, '의약 및 생명과학 관련사업'(제11호)도 포함되었다.

분할 직후인 2007년 9월 분기보고서에 있는 SK의 '회사가 영위하는 목적사업'은 다음과 같다: ① 자회사의 주식 또는 지분을 취득·소유함으로써 자회사의 제반 사업내용을 지배·경영지도·정리·육성하는 지주사업. ② 건설업과 부동산 매매 및 임대업. ③ 광고대행업을 포함하는 광고사업. ④ 국내외 자원의 탐사, 채취, 개발사업. ⑤ 도·소매업, 통신판매업을 포함한 각종 판매 유통사업. ⑥ 브랜드, 상표권 등의 지적재산권의 관리 및 라이센스업. ⑦ 수출입대행업, 무역대리업을 포함한 수출입사업. ⑧ 시장조사, 경영자문 및 컨설팅업. ⑨ 신기술사업 관련 투자, 관리, 운영사업 및 창업지원사업. ⑩ 운송, 보관, 하역 및 이와 관련된 정보, 서비스를 제공하는 물류관련 사업. ⑪ 의약 및 생명과학 관련 사업. ⑫ 자회사 등과 상품 또는 용역의 공동개발·판매 및 설비·전산시스템의 공동 활용 등을 위한 사무지원사업. ⑬ 정보처리 내지 정보통신기술을 이용한 정보의 조사용역, 생산, 판매, 유통, 컨설팅, 교육, 수출사업 및 이에 필요한 소재, 기기설비의 제공. ⑭ 정보통신사업 및 뉴미디어사업과 관련된 연구, 기술개발, 수출, 수입, 제조, 유통사업. ⑮ 환경 관련 사업. ⑯ 회사가 보유하고 있는 지식·정보 등 무형자산의 판매 및 용역사업. ⑰ 전 각호의 목적 달성에 부수 또는 수반되거나 직접, 간접으로 회사에 유익한 기타 투자 및 부대사업.

이 17개 목적사업은 3년이 지난 2010년 12월의 사업보고서에도 그대로 제시되어져 있으며,

다만 제2호에 '주택건설사업 및 국내외 부동산의 개발, 투자, 자문, 운용업'(제2호의 2)과 '마리나항만시설의 설치, 운영, 관리 및 이에 수반되는 부대사업'(제2호의 3)이 추가되었다.

뒤에서 논의하는 것처럼, 이전의 SK는 오래전부터 그룹의 실질적인 지주회사 역할을 해왔으며 2003년부터는 투자관리실을 신설하여 지주사업을 보다 강화하였다. 이전의 SK를 지주회사로 전환한 것은 오랫동안 해 오던 지주사업을 공식적으로 그리고 보다 본격적으로 하겠다는 의미를 담고 있다.

한편 생명과학사업은 1993년 이전의 SK가 신약 연구개발 분야에 진출하면서 시작되었으며, 분할되기 전인 2006년 12월 현재 생명과학사업이 SK 전체 매출액에서 차지한 비중은 0.1%로 극히 미미한 상태였다. 하지만 이 사업은 그룹의 신수종사업으로 육성되어 왔으며 이에 따라 지주회사가 직접 챙기기로 한 것이다. 앞으로 생명과학사업은 '약효는 증진되고 부작용 및 독성은 최소화시킨 차세대 신약'을 개발할 계획이며, 궁극적으로는 전문제약기업으로 도약하는 것을 목표로 하고 있다.

이전 SK의 분할은 인적분할 방식으로 이루어졌다. 즉, 분할되는 회사 SK의 주주가 분할기일 7월 1일 현재의 지분율에 비례하여 신설회사 SK에너지의 주식을 받는 방식이다. 이전 SK 주주들은 1주당 지주회사 주식 0.29주, 신설회사 주식 0.71주를 각각 배당받았다. 자산(19.6조 원; 2006년 12월 현재), 부채(11.6조 원), 자본(8조 원), 자본금(6,534억 원) 등의 재산도 비슷한 비율(29-35% vs. 65-74%)로 나뉘어졌다. 반면 매출액은 신설회사로 넘어가는 제조사업부문이 99.9%를 차지하였으며, 대신 이전의 SK가 보유하던 브랜드는 지주회사 SK가 모두 물려받아 '브랜드, 상표권 등의 지적재산권의 관리 및 라이센스업'(목적사업 제6호)을 하는 것으로 조정되었다.

분할의 목적으로는 세 가지가 제시되었다. 첫째, 지배구조의 투명성을 제고하고 경영의 효율성을 강화함으로써 주주가치를 극대화한다. 둘째, 독립적인 자율경영 및 합리적인 성과평가시스템 구축을 용이하게 함으로써 책임경영체제를 정착시킨다. 그리고 셋째, 사업부문별 특성에 적합한 의사결정체제 확립과 경영자원의 효율적 배분을 통해 사업경쟁력을 강화하여 성장잠재력을 확보하고 경영위험을 최소화한다.

이 세 가지는 지주회사체제의 일반적인 장점들로 분할보고서들에 단골로 등장하는 사항들이다. 사실은 뒤에서 논의하는 것처럼, 그 이면에는 '소유권 및 경영권 강화'라는 절박한 사정이 있었다. 최태원은 2003년 SK글로벌(이후 SK네트웍스) 분식회계 사태의 여파로 그룹 지배권을 박탈당한 적이 있었으며, 2003년 3월에서 2005년 7월까지는 외국계 투자회사 소버린의 자회사인 크레스트 시큐러티즈가 이전 SK의 최대주주로 등장하면서 경영권에 심각한 위협을 받기도 하였다. 지주회사체제의 채택은 안정적인 지배구조 확립이 시급한 상황에서 나온 자구책이었다.

4. 소유구조의 변화

4.1 SK그룹의 지주회사체제, 2010년 9월

2010년 9월 현재 SK그룹은 75개 계열회사 중 63개(84%)가 지주회사체제에 편입되어 있다. 본격적인 지주회사체제가 막 출범한 2007년(57개 중 35개, 61%)에 비하면 체제가 더욱 공고하게 되었지만, 그룹 계열회사가 빠른 속도로 늘어나면서 적지 않은 회사들이 체제에 편입되어 있지 않은 상태이다 (<표 4.5>; <표 4.3> 참조).

2010년 지주회사 SK(주)의 계열회사는 53개로 2007년(23개)에 비해 2.3배 늘어났다. 자회사는 9개로 2007년의 자회사 7개(SK네트웍스, SK에너지, SK텔레콤, SKC, SK E&S, SK해운, 케이파워)에 2개(SK가스, SK건설)만이 더 추가된 반면, 손자회사는 16개에서 35개로 2배 이상 늘어났고 증손회사가 9개 새로 생겼다.

지주회사 SK의 자회사에 대한 지분은 72%(SK해운)에서 23%(SK텔레콤)에 이르는 다양한 분포를 보이고 있다. 5개 상장자회사(SK가스, SK네트웍스, SK에너지, SK텔레콤, SKC)에서는 23-45% 수준이고, 4개 비상장자회사(SK건설, SK E&S, SK해운, 케이파워)에서는 33-72% 수준

〈표 4.5〉 SK그룹의 지주회사체제, 2010년 9월

(1) 개관

- 그룹 계열회사 75개(A) = 지주회사체제 편입 회사 63개(B) + 미편입 회사 12개
- 지주회사체제 달성 비율(B/A) = 84%
- [B] 지주회사 SK(주) + 자회사 9 (SK E&S 포함) + 손자회사 35 + 증손회사 9 = 54개
  지주회사 SK E&S + 자회사 9 = 10개
- * 표시된 14개 회사는 상장회사이며, 밑줄 친 11개 회사는 손자 또는 증손 회사 보유

(2) 지주회사 SK(주)*의 계열회사

자회사(9개): SK가스(* 45.53%), SK네트웍스(* 39.12), SK에너지(* 32.96), SK텔레콤(* 23.22), SKC(* 42.5), SK건설(33.43), SK E&S(67.55), SK해운(72.13), 케이파워(65)

손자회사(35개): (2개) (SK가스) 파나블루(80.36), 그린바이로(69.01)
(5개) (SK네트웍스) SK증권(* 22.71), SK네트웍스서비스(100), 더블유에스통상(100), 아이플랫폼(66.67), 엠알오코리아(51)
(8개) (SK에너지) SK루브리컨츠(100), SK모바일에너지(100), SK유화(100), 제주유나이티드에프씨(100), 엔카네트워크(87.5), SK마케팅앤컴퍼니(50), 대한송유관공사(38.28), 내트럭(33.67)
(12개) (SK텔레콤) SK커뮤니케이션즈(* 64.82), 로엔엔터테인먼트(* 63.48), SK브로드밴드(* 43.42), 아이에이치큐(* 37.09), 커머스플래닛(100), 피에스엔마케팅(100), SK와이번스(99.99), SK텔링크(90.77), 엔트리브소프트(63.7), 팍스넷(59.74), 에프앤유신용정보(50), 티유미디어(44.15)
(5개) (SKC) SK솔믹스(* 48.7), 인싸이토(100), SKC미디어(100), SKC에어가스(80), SK텔레시스(77.13)
(3개) (SK건설) 리얼베스트(100), SK임업(100), SK디앤디(44.98)

증손회사(9개): (1개) (SK루브리컨츠) 지코스(100)
(2개) (SK마케팅앤컴퍼니) 크로스엠인사이트(100), 오케이캐쉬백서비스(100)
(1개) (SK커뮤니케이션즈) SK아이미디어(100)
(3개) (SK브로드밴드) 브로드밴드디앤엠(100), 브로드밴드미디어(100), 브로드밴드씨에스(100)
(2개) (SK디앤디) 남원사랑발전소(100), 엠케이에스개런티(100)

(3) 지주회사 SK E&S의 계열회사

자회사 (9개): 대한도시가스(* 47.62%), 부산도시가스(* 40), 강원도시가스(100), 영남에너지서비스(100), 전남도시가스(100), 전북에너지서비스(100), 충남도시가스(100), 충청에너지서비스(100), 디오피서비스(96.38)

주: 1) 지분은 2009년 12월 현재; 그룹 계열회사는 2010년 4월 현재.
2) 지주회사 SK E&S의 자회사 9개는 지주회사 SK(주)의 손자회사이기도 함.
3) SK마케팅앤컴퍼니: SK에너지와 SK텔레콤이 50%씩 지분 보유, 전자의 자회사로 분류.
4) 위의 14개 상장회사 외에 다른 3개 계열회사(SK케미칼, SK C&C, 유비케어)도 상장회사임.
5) 사업보고서에 의하면 2010년 12월 현재의 상황은 다음과 같다: 그룹 계열회사 84개(A) = 지주회사체제 편입 회사 65개(B) + 미편입 회사 19개; 지주회사체제 달성 비율(B/A) = 77%; [B] 지주회사 SK(주) + 자회사 8개(SK E&S 포함) + 손자회사 38 + 증손회사 9 / 지주회사 SK E&S + 자회사 9; 자세한 내용은 〈부록 표 5.12〉 참조.
출처: 공정거래위원회홈페이지 자료, 분기보고서, 〈표 4.3〉.

이다. SK의 지주비율([소유하고 있는 자회사의 주식(지분 포함)가액의 합계액 ÷ 지주회사 자산총액] × 100)은 96.4%로 매우 높으며, 2010년 현재의 17개 대규모사기업집단 관련 22개 지주회사들 중에서는 부영(96.9%) 다음으로 높다.

SK의 9개 자회사 중에서는 5개 상장회사와 1개 비상장회사가 각각 2-12개씩 모두 35개의 손자회사를 거느리고 있다. SK텔레콤이 12개로 가장 많으며, SK에너지(8개), SK네트웍스(5개), SKC(5개), SK건설(비상장, 3개), SK가스(2개) 순이다. 손자회사 35개 중 6개(SK증권, SK커뮤니케이션즈, 로앤엔터테인먼트, SK브로드밴드, 아이에이치큐, SK솔믹스)는 상장회사이며, 비상장회사 29개 중 25개에 대한 자회사 보유 지분은 50% 이상이고 100%인 회사도 12개나 된다.

35개 손자회사 중에서는 SK텔레콤 산하 2개 상장회사(SK커뮤니케이션즈, SK브로드밴드)가 모두 4개의 증손회사(1개, 3개)를 거느리고 있으며, 3개의 비상장회사(SK에너지 산하의 SK루브리컨츠, SK건설 산하의 SK디앤디, SK텔레콤과 SK에너지가 각각 50% 지분을 보유하고 있는 SK마케팅앤컴퍼니)가 5개의 증손회사(1개, 2개, 2개)를 가지고 있다. 이들 9개 증손회사는 모두 비상장회사이고 100% 피지배회사이다.

9개 증손회사들 중 6개는 SK텔레콤의 지배를 받고 있으며, 따라서 지주회사체제에 편입된 63개 회사 중 1/3가량(30%)에 해당하는 19개(SK텔레콤 + 12개 손자회사 + 6개 증손회사)가 SK텔레콤의 영향권에 들어 있는 셈이다. 그룹 전체로는 1/4(75개 중 19개, 25%)에 해당되는 숫자이다.

비상장 지주회사인 SK E&S는 9개의 자회사를 가지고 있다. 2개 상장회사(대한도시가스, 부산도시가스)를 제외한 7개 비상장회사들에 대한 지분은 거의 100%이다. SK E&S는 2000년 지주회사로 전환될 당시에는 11개 자회사를 가지고 있었는데, 2007년에 1개가 줄어 10개가 되었고 2009년에는 SK가스가 SK의 자회사로 넘어가면서 다시 1개가 줄어 9개가 되었다. 이에 따라 SK E&S 및 계열회사 수도 2000-2003년 14-15개 수준이던 것이 이후 조금씩 줄어들어 2010년에는 가장 적은 10개가 되었다. 2010년 현재 SK E&S의 지배 범위(지주회사체제 편입 63개 회사 중 10개, 16%)는 SK텔레콤(19개, 30%)의 절반 정도이다.

한편 그룹 계열회사 75개 중 지주회사체제에 편입되지 않은 회사는 12개(16%)이다. 이 중에는 상장회사인 SK케미칼과 SK C&C가 포함되어 있다.

SK케미칼의 최대주주는 2007년 초까지 최태원이었는데, 7월 지주회사체제가 출범한 직후 최창원으로 최대주주가 바뀌었다. 최창원은 2010년 9월 현재 비상근대표이사로서 경영에도 관여하고 있다. SK케미칼은 오래전부터 창업주 최종건의 가족이 많은 지분을 보유해 왔고 최윤원(첫째 아들, 2000년 사망)과 최창원(셋째 아들)이 경영을 담당해 왔다. SK케미칼이 지주회사체제에서 제외된 것은 최종건 가족에 대한 배려로 보이며, 이후 분가할지가 주목된다. 지주회사체제에 들어와 있는 SKC의 경우에는 최종건의 둘째 아들인 최신원과 둘째 사위인 박장석이 경영을 전담해 오고 있는데, 최종건 가족의 지분은 조금이다.

지주회사체제에 편입되어 있지 않는 SK C&C는 뒤에서 논의하는 것처럼 지주회사 SK의 최대주주이며, SK C&C의 최대주주는 최태원이다. 따라서 SK그룹의 소유구조는 '[최태원 → SK C&C → 지주회사 SK → 지주회사 SK E&S 및 자회사 → 손자회사 → 증손회사] + [지주회사 SK E&S → 자회사 → 손자회사] + 기타 회사'의 형태로 되어 있다.

4.2 SK(주) 및 주요 계열회사의 지분 보유, 2000-2010년

4.2.1 지분 보유 현황

SK(주)는 지주회사로 전환되기 이전부터 SK그룹의 실질적인 지주회사 역할을 수행해 왔으며, 2007년 7월 지주회사로의 전환은 이 역할을 공식화하는 한편 보다 강화하겠다는 의도로 볼 수 있다. 2010년 9월 현재의 자회사 9개(SK가스, SK네트웍스, SK에너지, SK텔레콤, SKC, SK건설, SK E&S, SK해운, 케이파워)도 대부분 지주회사체제 이전부터 다른 계열회사들에 지분을 가지고 있었다. 이 계열회사들 사이에는 출자관계가 순환적이고 중층적으로 얽혀 있었으며, 지주회사체제를 도입함으로써 이런 구조가 대부분 정리되기는 하였지만 일부 해소되지는 않은 상태가 계속되었다.

지주회사 SK와 4개 자회사(SK네트웍스, SK텔레콤, SKC, SK E&S)는 2007년 7월의 지주회사 체제 이전에 각각 10개 내외의 계열회사에 출자하면서 오래 동안 그룹 소유구조의 거점 역할을 해 왔다 (<표 4.6>; <그림 4.3>; <표 4.1> 참조).

2000년 3월 현재 이전의 SK는 그룹 계열회사 39개(4월 현재) 중 1/5(21%)에 해당하는 8개 회사에 지분을 가지고 있었다. 2002년까지는 출자회사가 15개로 거의 2배로 늘어났는데, 그룹 계열회사가 62개로 대폭 늘어난 상태여서 출자회사의 비중(24%)은 조금 늘어난 정도였다. 이후 출자회사는 2005년 10개(그룹 계열회사 50개의 20%)로 줄어들었다가 지주회사로 전환되기 직전인 2007년 3월 현재에는 12개(57개의 21%)였다.

SK텔레콤의 출자 범위는 SK보다 조금 더 넓었다. 2000년에는 SK보다 2개가 적은 6개 계열회사에 지분을 가지고 있었는데, 2001년에는 3개가 더 많은 13개 회사에, 그리고 2002년에는 2개가 더 많은 17개 회사에 출자하였다. 이후 2007년 초까지 12-14개 회사에 지분을 보유하면서 SK와 더불어 그룹 소유구조의 쌍두마차를 형성하였다. SK네트웍스와 SKC도 각각 7-13개, 6-9개씩의 계열회사와 출자관계를 형성하였다. SK네트웍스의 출자회사 수는 2002년과 2005년 사이에는 10개 이상(10-13개)이었다. SK E&S는 2000년 1월 지주회사로 전환한 이후 줄곧 10-11개의 계열회사를 거느렸다.

한편 2010년 9월 현재의 지주회사 SK의 나머지 5개 자회사 중 SK건설과 SK해운은 지주회사체제 이전에 1-5개씩의 계열회사에 지분을 가지고 있었으며, SK가스는 2003년까지 1-3개의 회사에 출자한 적이 있었다. 반면 케이파워(이전의 대구전력, SK전력)는 지분 보유 회사가 전혀 없었고, SK에너지는 2007년 지주회사체제가 출범하면서 신설된 회사이다.

〈표 4.6〉 SK(주) 및 주요 계열회사의 지분 보유 회사, 2000–2010년 (개)

	소극적 지주회사체제								적극적 지주회사체제				
연.월	2000.3	01.3	02.2	03.3	04.3	05.2	06.3	07.3	07.12	08.12	09.12	10.9	10.12
SK(주)	8	10	15	14	13	10	13	12	7	8	9	9	8
SK에너지									6	7	8	9	9
SK네트웍스	7	9	13	13	12	10	8	9	12	12	7	7	7
SK텔레콤	6	13	17	14	14	13	13	12	15	15	14	17	16
SKC	6	8	9	8	7	7	8	8	8	10	8	8	7
SK가스	3	3	1	1						1	2	2	
SK건설	4	5	5	5	4	2	1		1	3	4	6	6
SK해운	3	4	4	3	3	2	2	1					
케이파워													
SK E&S	10	11	11	11	11	11	11	10	10	9	9	9	9

주: 1) SK네트웍스 = 2000년 SK상사, 2001–2003년 SK글로벌; 케이파워 = 2000–2002년 대구전력, 2003년 SK전력; SK E&S = 2000–2005년 SK엔론.
2) SK E&S는 SK(주)의 자회사이면서 지주회사임.
3) 2010년 9월의 회사 수: 기준 시점이 달라 공정거래위원회 자료(〈표 4.5〉)와는 다소 차이가 있음.
4) 2010년 12월 현재에는 SK가스가 SK케미칼의 자회사로 변경됨.
출처: 사업보고서, 분기보고서.

〈그림 4.3〉 SK(주) 및 주요 계열회사의 지분 보유 회사, 2000-2010년 (개)

(출처: <표 4.6>)

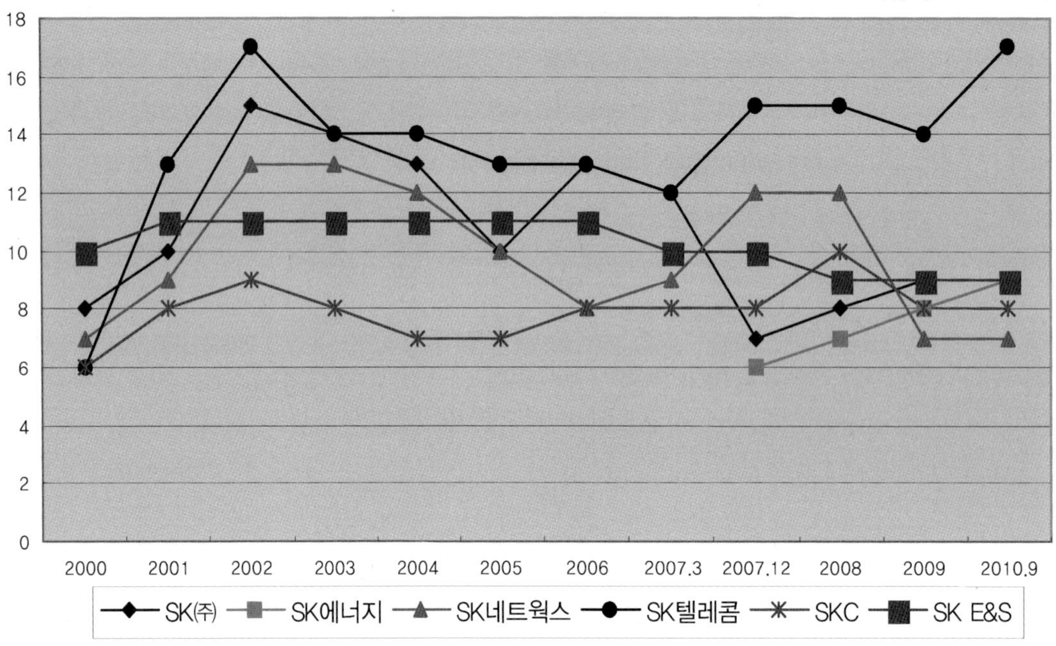

2007년 7월 이전의 SK가 지주회사로 전환되면서 3월 현재의 출자회사 12개 중 3개 상장회사(SK네트웍스, SK텔레콤, SKC)와 3개 비상장회사(SK해운, 케이파워, SK E&S)만 자회사로 편입시키고 나머지 6개 비상장회사(SK모바일에너지, SK인천정유, SKCTA, 대한송유관공사, 오케이케쉬백서비스, 엔카네트워크)는 신설 자회사인 SK에너지의 손자회사로 이관시켰다.

SK와 자회사 6개는 이전에도 '실질적인 지주회사 → 실질적인 자회사'의 관계였으며, 이것이 2007년 7월부터는 '공식적인 지주회사 → 공식적인 자회사'로 바뀌게 된 것이었다. 6개 자회사 중 SK텔레콤, SK해운, 케이파워 및 SK E&S는 2000년 또는 그 이전부터, 그리고 SK네트웍스와 SKC는 각각 2001년과 2002년부터 SK의 지배를 받아왔다 (<표 4.7>; <표 4.6> 참조).

지주회사 SK의 SK네트웍스에 대한 지분은 2004년에 50%를 넘기도 했으나 줄곧 40% 내외를 유지하면서 2007년 12월(40.47%)까지 지속되었으며, 이후 33.4%로 많이 낮아졌다가 다시 39.1%로 증가하였다. SKC에 대한 SK 보유 지분의 경우는 2007년 12월(42.5%) 이후 변함이 없으나 지주회사체제 이전에 비해서는 조금 낮아진 상태이다.

반면 SK텔레콤, SK E&S 및 SK에너지에 대한 SK의 지분은 최근 들어 더욱 높아졌다. SK텔레콤에 대한 지분은 2003년 이후 21% 수준이 유지되었는데 2008-2010년에는 23%대로 늘어났다. SK E&S에서는 2000년 이후 50%이던 지분율이 2006년 51%가 되었고 2009년 이후에는 67% 이상으로 대폭 상승하였다. 또 신설 자회사인 SK에너지에 대한 지분은 분할 직후인 2007년 10월에는 17.34%였는데 12월까지 31% 이상으로 2배가량 대폭 늘어났고 2008년에는 40%에 가까워졌다가 이후 33%대로 감소하였다.

한편 SK해운(2007년 12월 현재 72.13%)과 케이파워(65%)에서의 지주회사 SK 보유 지분은 2004년 이후 2009년까지 변동이 없었으며, 2010년 들어 두 지분 모두 100%로 껑충 뛰었다가 SK해운에서의 지분은 83.1%로 다시 줄었다. SK가스와 SK건설에 대해서는 SK는 지분을 가진 적이 없었는데, 2008년(45.53%)과 2009년(40.02%)에 각각 지주회사의 자회사로 편입하면서 처음으로 지분을 보유하였다. SK가스는 2010년 9월 이후 지주회사체제에 편입되어 있지 않은 SK케미칼의 자회사로 소속이 변경되었다.

〈표 4.7〉 SK(주)의 주요 계열회사에 대한 보유 지분, 2000-2010년 (%)

	소극적 지주회사체제								적극적 지주회사체제				
연.월	2000.3	01.3	02.2	03.3	04.3	05.2	06.3	07.3	07.12	08.12	09.12	10.9	10.12
SK에너지									31.18	39.88	33.4	33.4	33.4
SK네트웍스		39.16	38.68	38.68	50.36	41.32	40.97	40.59	40.47	33.4	39.1	39.1	39.1
SK텔레콤	27.47	19.61	26.81	20.85	21.47	21.47	21.47	21.75	21.75	23.09	23.2	23.2	23.2
SKC			47.66	47.66	47.66	47.27	46.22	44.19	42.5	42.5	42.5	42.5	42.5
SK가스										45.53	45.5	45.5	
SK건설											40	40	40
SK해운	34.39	35.47	47.59	47.81	72.13	72.13	72.13	72.13	72.13	72.13	72.1	100	83.1
케이파워	35	35	66	100	65	65	65	65	65	65	65	100	100
SK E&S	50	50	50	50	50	50	51	51	51	51	67.5	67.5	67.5

주: 1) 〈표 4.6〉의 주 참조.
2) 지주회사 전환 직후인 2007년 10월 현재의 지분 중 12월 지분과 다른 회사: SK에너지(17.34%), SK네트웍스(40.55).
3) 2010년 9월 지분: 기준 시점이 달라 공정거래위원회 자료(〈표 4.5〉)와는 다소 차이가 있음.
4) 2010년 12월 현재에는 SK가스가 SK케미칼의 자회사로 변경됨.
출처: 사업보고서, 분기보고서.

4.2.2 순환출자

이처럼 지주회사 SK와 자회사들은 지주회사체제 출범 이전부터 지배·피지배의 관계를 형성하고 있었고, 피지배 회사들은 다시 각각 다수의 계열회사에 지분을 보유하면서 그룹 계열회사의 대부분을 장악하였다.

이 과정에서 출자관계가 순환적이고 중층적으로 복잡하게 얽혀 있었다. 예를 들어 주요 7-8개 회사들의 지분 보유 회사 수를 계산해 보면, 2000년 47개, 2002년 75개, 2004년 64개, 2006년 56개 등이다 (중복 포함; <표 4.6> 참조). 그런데 이 4개년도(4월 현재)의 그룹 총 계열회사 수는 각각 39개, 62개, 59개 그리고 56개였다 (<표 4.1> 참조). 주요 회사들의 지분

〈표 4.8〉 SK그룹의 주요 순환출자, 2004-2010년

(소극적 지주회사체제)

2004년: a) SK C&C(8.63%) → SK(21.47) → SK텔레콤(30) → SK C&C
b) SK(72.13) → SK해운(30.99) → SK건설(3.39) → SK
c) SK(47.66) → SKC(6.2) → SK케미칼(3.28) → SK
d) SK(47.66) → SKC(14.62) → SK생명보험(0.48) → SK

2005년: a) SK C&C(11.21) → SK(21.47) → SK텔레콤(30) → SK C&C
b) SK(47.27) → SKC(6.2) → SK케미칼(2.39) → SK
c) SK(47.27) → SKC(14.62) → SK생명보험(0.47) → SK

2006-7년: a) SK C&C → SK → SK텔레콤 → SK C&C
b) SK C&C → SK → SK네트웍스 → SK C&C

(적극적 지주회사체제)

2008년: a) SK C&C(27.43) → SK(23.09) → SK텔레콤(30) → SK C&C
b) SK C&C(27.43) → SK(40.04) → SK네트웍스(15) → SK C&C

2009년: a) SK C&C(31.82) → SK(23.22) → SK텔레콤(30) → SK C&C
b) SK C&C(31.82) → SK(39.98) → SK네트웍스(15) → SK C&C

2010년: SK C&C(31.82) → SK(23.2) → SK텔레콤(9) → SK C&C

주: 4월 현재, 보통주 기준; 출처에는 2006-2007년 지분 정보 없음; SK = SK(주); 밑줄 친 회사는 비상장회사.
출처: 공정거래위원회홈페이지 자료.

보유 회사 수가 그룹 전체 회사 수와 같거나 훨씬 많다. 물론 계열회사 중 지분을 보유하는 회사는 더 많으며, 따라서 피출자회사의 수는 그룹 전체 회사 수를 훨씬 더 초과하게 된다.

지주회사체제 도입의 주된 취지는 재벌들에서 일반화되어 있던 이러한 복잡한 출자관계를 단순, 투명하게 개조하는 것이었으며, SK그룹에서도 이러한 취지는 상당 정도로 달성되었다. 하지만 일부 순환 관계는 계속 남아 있었다 (<표 4.8>).

2004년에는 SK C&C, SK, SK텔레콤, SKC, SK케미칼, SK생명보험, SK해운, SK건설 등 8개 회사의 일부 사이에 4개의 순환출자관계가 있었으며, 2005년에는 이 8개 회사 중 2개(SK해운, SK건설)를 제외한 6개 회사의 일부 사이에 3개의 관계가 형성되어 있는 것으로 변하였다. 2006년부터는 핵심 4개 회사 사이에 'SK C&C → SK → SK텔레콤/SK네트웍스 → SK C&C'의 순환구조가 형성되었으며, 이는 2007년 7월 지주회사체제가 출범한 이후에도 지속되어 오다가 2010년 들어 SK네트웍스 관련 순환출자는 해소되었다.

이 중 SK C&C는 2009년 11월 이전까지는 비상장회사로서 지주회사체제에 편입되지 않은 상태에서 지주회사 SK의 최대주주였으며, SK C&C의 최대주주는 최태원이다. 이렇게 본다면, SK그룹의 지주회사체제는 외형상으로는 미비하고 실질적으로는 상당한 결함이 있는 상태가 지속되어 왔다. 즉 지주회사체제 달성 비율(2009년 9월 현재 77%)이 여전히 상대적으로 낮고, 지주회사체제 밖의 비상장회사가 지주회사체제 전체를 장악하면서 지주회사의 자회사가 그 비상장회사의 주요 주주로 참여하는 혼탁한 양상을 보여 온 것이다. 이는 분명 지주회사체제의 전형적인 모습은 아니었으며, 재벌의 신지배구조로서의 지주회사체제 도입의 취지에도 맞지 않았다.

2009년 11월 SK C&C는 유가증권시장에 상장되었다. 또 2010년 9월까지 지주회사체제 달성 비율(84%)은 더욱 높아졌다. 하지만 순환출자구조는 여전히 남아 있었으며, 뒤에서 살펴보는 것처럼, 2011년 초에 가서야 비로소 순환출자가 완전히 해소되었다.

4.3 SK(주)의 최대주주 및 특수관계인 지분, 1998-2010년

4.3.1 이전 SK(주) vs. 지주회사 SK(주)와 SK에너지, 2007년

SK(주)가 지주회사로 전환하기 직전인 2007년 3월 현재 최대주주 및 특수관계인 지분은 12.17%였다. 대부분은 최대주주인 SK C&C(11.16%)가 가지고 있었고 나머지는 최태원(0.97%), 부인 노소영, 사촌형 최신원, 임원 3명 등이 조금씩 나누어 가졌다 (<표 4.9>; <표 4.10> 참조).

〈표 4.9〉 최대주주 및 특수관계인 지분:
이전 SK(주) vs. 지주회사 SK(주)와 SK에너지, 2007년 (%)

	이전 SK(주)	지주회사 SK(주)		신설회사 SK에너지	
	2007년 3월	2007년 9월	12월	2007년 9월	12월
최대주주: SK(주)				17.34	31.18
SK C&C	11.16	11.16	25.42		
계열회사: SK C&C				11.16	
친족: 최태원	0.97	0.97	2.22	0.97	
노소영	0.01	0.01	0.03	0.01	
최신원	0.01	0.01	0.01	0.01	0.01
임원: 김준호	0.00	0.00	0.00	0.00	0.00
신헌철	0.00	0.01	0.00	0.01	0.01
한영석	0.00	0.01	0.01	0.00	0.01
박영호		0.01	0.00	0.01	0.01
합	12.17	12.18	27.7	29.52	31.22

주: 0.00은 0.01 미만을 의미.
출처: 사업보고서, 분기보고서.

전환 직후인 2007년 9월에는 임원 1명이 더 지분을 가지게 된 것을 제외하고는 3월의 지분구조가 그대로 유지되었다. 또 12월까지 최대주주 및 특수관계인의 면면은 그대로이면서 SK C&C(11.16% → 25.42%), 최태원(0.97% → 2.22%), 노소영(0.01 → 0.03%) 등의 지분이 2-3배씩 늘어나 전체 지분이 2배 이상(12.17% → 27.7%) 증가하였다.

한편 자회사인 SK에너지의 경우, 신설 직후인 2007년 9월에는 지주회사 SK의 지분에 참여하는 특수관계인 8명(SK C&C, 최태원, 노소영, 최신원, 임원 4명)이 그대로 SK에너지에도 같은 지분을 가지는 한편으로 최대주주는 SK(17.34%)였는데, 12월까지는 SK C&C, 최태원, 노소영의 지분이 없어지고 대신 SK의 지분이 2배가량(31.18%) 증가하는 것으로 조정되었다.

4.3.2 SK(주), 1998-2010년

SK C&C가 SK(주)의 최대주주로 자리 잡은 것은 2001년 초였으며, 그 이전까지의 최대주주는 SK글로벌이었다 (<표 4.10>; <그림 4.4>).

SK(주)는 1962년 대한석유공사로 출발하였다. 1970년 6월 미국기업 걸프(Gulf)가 대한석유공사의 지분 50%와 경영권을 인수하였으며, 1976년 7월에는 정부 보유 지분이 대한석유지주(주)에 매각되었다. 1980년 8월 대한석유지주는 걸프의 지분을 모두 인수하였고, 같은 해 12월 정부의 민영화 방침에 따라 (주)선경(이후 SK글로벌)이 대한석유공사의 지분 50%와 경영권을 인수하였다. 1982년 7월 대한석유공사는 (주)유공으로 상호를 변경하였으며, 1985년 5월 (주)선경은 대한석유지주를 합병하였다. 1998년 3월 그룹명이 선경에서 SK로 바뀌면서 같은 달 (주)유공의 상호는 다시 SK(주)로 변경되었다. 한편 (주)선경은 1956년 선경직물로 설립되었으며, 이후 (주)선경(1976년 1월), SK상사(1998년 3월), SK글로벌(2000년 5월), SK네트웍스(2003년 9월) 등 상호가 네 차례 변경되었다.

1998년 말 현재 SK의 최대주주 및 특수관계인 지분은 20.64%로, 최대주주인 SK글로벌(13.78%)이 절반 이상을 가지고 있었고 나머지의 대부분(4.64%)은 SK케미칼, SK건설, SKC 등 3개 계열회사가 출자하였다. 최태원(0.13%)과 친족의 지분은 미미하였다. 2000년 3월까지 SK는 3개 계열회사 지분보다 많은 자사주(5.03%)를 매입하였으며, 자사주의 비중은 11월까지 2배 이상(11.37%)으로 늘어났고 이에 따라 최대주주 및 특수관계인 전체 지분(28.86%)은 역대 최고치를 기록하였다.

한편 SK글로벌의 최대주주는 1998-1999년에는 최태원(2.87-5.82%)이었으며, 2000년 9월까지는 SK(39.16%)로 바뀌었다. 따라서 2000년 11월 현재에는 SK와 S글로벌은 서로의 최대주주였다.

SK에 대한 SK글로벌의 출자 지분은 2001년 3월까지는 없어졌으며, 대신 SK C&C(10.83%)가 최대주주로 이름을 올렸다. 이 회사는 뒤에서 설명하는 것처럼 최태원이 최대주주인 정보통신업체로 1991년 4월에 설립된 이후 10년 만에 그룹의 실질적인 지주회사인 SK를 지배하는 핵심 소유 거점으로 부상한 것이었다.

2002년 3월 이후 몇 개월 동안에는 SK C&C의 지분이 1/3 이하(3.54%)로 급감하고 대신 최태원(5.2%)이 직접 최대주주로 나서기도 했지만, 이 시기를 제외하고는 SK C&C가 줄곧 최대주주였다. SK C&C 지분은 2002년 말까지 8.63%로 회복되었으며, 반면 최대주주 및 특수관계인 전체 지분(24.54%)은 2001년 3월(27.21%)에 비해 다소 줄어들었다.

2003년 5월부터 2년여 동안에는 외국계 투자회사가 '명목상의 최대주주'로 부상해 적대적인 주주권을 행사하면서 SK는 한바탕 혼란에 휩싸였다. '소버린사태' 때문이었다.

〈표 4.10〉 SK(주)의 최대주주 및 특수관계인 지분, 1998-2010년 (%)

연.월	최대주주 (A)			친족 (B)			기타 특수관계인 (C)					합	
	SK 글로벌	최태원	SK C&C	최태원	기타	합	계열 회사	자사주	비영리 법인	임원	합	B+C	A+B+C
1998.12	13.78			0.13	0.08	0.21	4.64		1.90	0.11	6.65	6.86	20.64
2000.3	12.68			0.12	0.08	0.2	3.84	5.03	0.74	0.03	9.64	9.84	22.52
2000.11	12.68			0.12	0.08	0.2	3.84	11.37	0.74	0.03	15.98	16.18	28.86
2001.3			10.83	0.11	0.07	0.18	5.12	10.39	0.67	0.02	16.2	16.38	27.21
2001.12			10.83	0.11	0.07	0.18	5.09	10.41	0.67	0.03	16.2	16.38	27.21
2002.3		5.20			0.07	0.07	8.43	10.41	0.67	0.03	19.54	19.61	24.81
2002.12			8.63	0.11	0.07	0.18	4.63	10.41	0.67	0.02	15.73	15.91	24.54
2003.11			8.63	0.11	0.5	0.61	6.67	10.41		0.02	17.1	17.71	26.34
2003.12			8.63	0.6	0.5	1.1	7.71	0.74		0.02	8.47	9.57	18.2
2004.12			11.21	0.89	0.48	1.37	2.97	0.74		0.04	3.75	5.12	16.33
2005.12			11.16	0.91	0.02	0.93	0.93			0.03	0.96	1.89	13.05
2007.3			11.16	0.97	0.02	0.99				0.02	0.02	1.01	12.17
(지주회사)													
2007.9			11.16	0.97	0.02	0.99				0.03	0.03	1.02	12.18
2007.12			25.42	2.22	0.04	2.26				0.02	0.02	2.28	27.7
2008.3			27.47	2.22	0.04	2.26				0.02	0.02	2.28	29.75
2008.6			28.08	2.22	0.04	2.26				0.02	0.02	2.28	30.36
2008.12			30.78	2.22	0.04	2.26				0.03	0.03	2.29	33.07
2009.6			31.82	0.02	0.04	0.06				0.02	0.02	0.08	31.9
2009.12			31.82	0.02	0.03	0.05				0.01	0.01	0.06	31.89
2010.9			31.82	0.02	0.03	0.05				0.01	0.01	0.06	31.89
2010.12			31.82	0.02	0.03	0.05				0.01	0.01	0.06	31.89

주: 1) 보통주 기준.
2) 최대주주: SK글로벌 = SK상사(1998-2000.3); SK C&C - 2001.3 처음 등장.
3) 친족: 최재원(동생, 1998.12-2004.12), 최신원(사촌형, 2003.11-2010.12), 노소영(부인, 2004.6-2010.12).
4) 계열회사: a) 1998.12-2001.12(3개), 2002.3(4), 2002.12-2003.11(2), 2003.12(4), 2004.12(3), 2005.12(2).
b) SK케미칼 - 1998.12-2004.12(2.26-3.28%), 2005.12(0.83);
SK건설 - 1998.12-2000.11(0.87-0.94), 2001.3-2003.12(2.37-3.39);
SKC - 1998.12-2002.3(0.26-0.97); SK C&C - 2002.3(3.54);
SK생명 - 2003.12-2004.12(0.47-0.95); SK증권 - 2003.12-2005.12(0.09-0.11).
5) 자사주: 2000.3 처음 등장, 2005.6 마지막 등장.
6) 비영리법인(= SK신협): 2002.12 마지막 등장.
7) 임원: 1998.12(11명), 2000.3-2000.11(6), 2001.3-2002.3(5), 2002.12(4), 2003.11-2003.12(3), 2004.12-2005.12(4), 2007.3(3), 2007.9-2008.6(4), 2008.12(3), 2009.6-2010.12(2).
8) SK글로벌의 최대주주: 1998.12 최태원(2.87%) [최대주주 및 특수관계인 11.42%]; 1999.12 최태원(5.82) [31.35]; 2000.12 SK(주)(39.16) [53.54].
출처: 사업보고서, 반기보고서, 분기보고서.

〈그림 4.4〉 SK(주)의 최대주주(SK C&C) 및 특수관계인 지분, 2001-2010년 (%)

(출처: <표 4.10>)

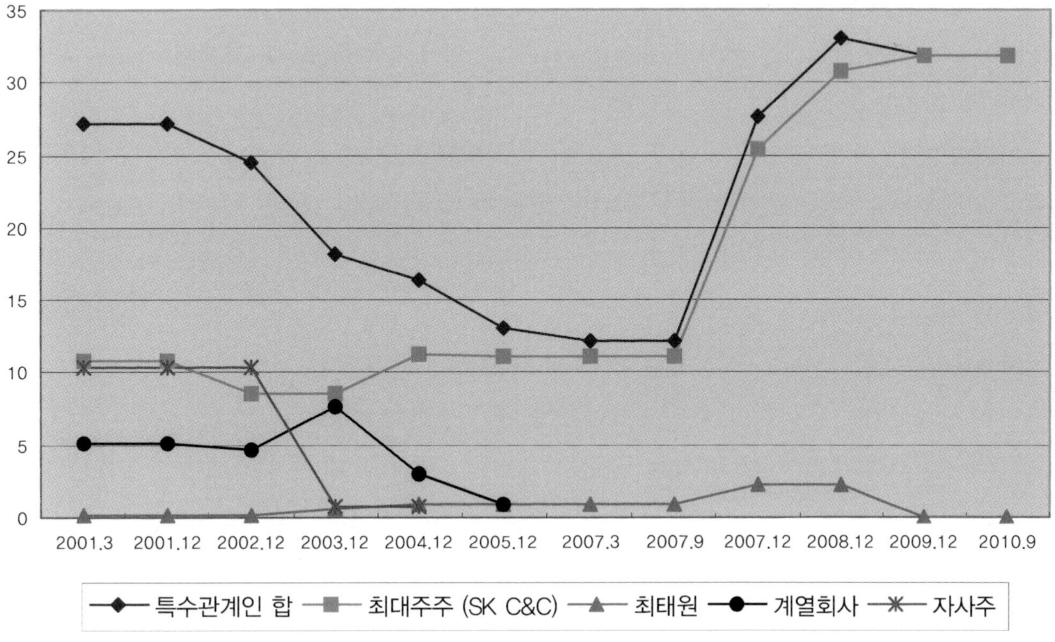

사건은 크레스트 시큐러티즈(Crest Securities)라는 영국계 투자회사가 2003년 3월말부터 4월초까지 SK 주식을 대거 매입하면서 시작되었다. 이 회사는 모나코 국적의 투자회사 소버린(Sovereign Global Investment)의 자회사였다. 소버린은 1986년 뉴질랜드인 형제 리처드와 크리스토퍼 챈들러(Richard and Christopher Chandler)가 설립하였으며, 2006년 말 두 사람은 각각 다른 회사(Orient Global, Legatum Capital)를 차려 분가하였다.

2003년 5월 14일까지 크레스트 시큐러티즈의 지분은 14.99%(보통주 기준)로 늘어나 SK C&C 지분(8.63%)의 2배가량이나 되었다. 이를 무기로 소버린은 2004년과 2005년의 주주총회에서 최태원 대표이사회장이 등기이사로 다시 선출되지 못하게끔 강력하게 요구하였으며, 이러한 시도가 무위로 끝남에 따라 2005년 7월 지분 매각을 공식 발표하기에 이르렀다.

SK의 자료(사업보고서, 반기보고서, 분기보고서)에는 그레스트 시큐러티즈가 '5% 이상 주주'로서 2003년 3월(14.99%)부터 2004년 9월(14.93%)까지만 소개되어 있다. 하지만 실제로는 2004년 10월 현재 15.1%, 그리고 2005년 7월 지분 매각 발표 당시에는 14.86%를 보유하고 있었다. 매각으로 인한 시세 차익은 8,000억 원 이상일 것으로 예상되었다.

또 2004년 3월-9월 사이의 '5% 이상 주주' 명단에는 템플턴(3월, 5.04%), Wellington Management Company(3-9월, 9.07-9.04%), Capital Research and Management Company(6-9월, 6.7%) 등 3개 외국계 투자회사도 올라와 있는데, 뒤의 두 회사는 2005년 7월 현재에도 각각 5.42%, 5.04%를 보유하고 있었다.

이러한 혼란 속에서 SK의 지분구조는 계속해서 불안한 모습을 보였다. '공식적이고 실질적인 최대주주'인 SK C&C의 지분은 2002년 12월(8.63%)에 비해 2004년 12월(11.21%)까지 2배가량 증가하였으나 크레스트 시큐러티즈의 지분에는 여전히 미치지 못하였으며, 더구나 계열회사 지분과 자사주가 급격하게 줄어들면서 최대주주 및 특수관계인 전체의 지분은 절반 이하(2003년 11월 26.34% → 2005년 12월 13.05%)로 줄어들었다.

이런 상황에서도 소버린의 거사가 실패로 끝났던 것은 최태원의 우호지분 때문이었다. SK는 크레스트 시큐러티즈로부터 지분 매입을 제안받지 않았으며 스스로 매입할 명분이나 의도도 없었다. 불안한 지분구조는 1년 이상 지속되었으며, 이런 가운데 자구책으로 나온 것이 SK의 지주회사로의 전환이었다.

전환(7월) 직전인 2007년 3월 현재까지 SK C&C의 지분은 11.16%로 조금 더 떨어졌고, 계열회사 지분이 완전히 없어지면서 최대주주 및 특수관계인 지분(12.17%)은 1998년 이후 최저치를 기록하였다. 하지만 지주회사로의 전환 직후인 2007년 12월까지 SK C&C의 지분은 2배 이상(25.42%)으로 껑충 뛰었으며, 이후 지속적으로 늘어나 2008년 12월까지는 30%를 넘었고 2009년부터는 32%에 가까운 수치(31.82%)를 보이고 있다. 2002년 12월(8.63%)에 비하면 거의 4배 수준이다.

최대주주 및 특수관계인 지분 또한 급상승하였는데, 2008년 12월(33.07%)까지는 사상 최고치를 기록하여 2007년 3월 최저치(12.17%)의 3배 수준이 되었으며, 2009년 이후에는 약간 줄어들어 2010년 12월 현재에는 31.89%이다.

SK C&C를 제외한 다른 특수관계인의 지분은 미미하였다. 자사주는 2004년 12월 이후, 그리고 계열회사 지분은 2005년 12월 이후 자취를 감추었으며, 친족과 임원이 약간의 지분을 보유해 오고 있다. 최태원 보유 지분의 경우, 2003년 전반까지 0.1% 수준이다가 소버린사태 기간 동안 1% 가까이로 늘어났으며, 지주회사 전환 이후 2.22%까지 더 늘어났다가 2009년 들어 거의 처분되어 0.02%만이 남아 있는 상태이다. 이 때문에 SK C&C의 지분이 30% 이상으로 늘어났음에도 최대주주 및 특수관계인 전체 지분은 2008년 12월 최고치(33.07%)를 기록한 이후 2009년(31.9%) 들어 소폭 감소하였다.

4.4 SK C&C의 최대주주 및 특수관계인 지분, 1999-2010년

SK(주)의 최대주주인 SK C&C는 1991년 4월 선경텔레콤으로 설립되었으며 이듬해 6월 대한텔레콤으로 상호를 변경하였다. 1998년 3월 'SK그룹'이 공식 출범하면서 12월 SK C&C로 다시 이름을 바꾸었고, 같은 달 SK컴퓨터통신을 합병하고 그룹 계열회사들의 정보기술(Information Technology; IT)자산을 인수통합하면서 본격적인 정보기술 시스템통합(System Integration; SI) 업체로 새로운 출발을 하였다. 2009년 6월 현재 삼성SDS(시장점유율 33.4%), LG CNS(22.2%)에 이어 업계 3위(15.3%)이다.

SK C&C의 소유구조는 단출하다. 2009년 11월 이전에는 비상장회사로서 특수관계인 3-5명이 100% 전부를 가지고 있었으며, 2009년 11월 상장된 이후에는 특수관계인 3-4명이 64%를 보유하고 있다 (<표 4.11>; <그림 4.5>).

상장 이전에는 최태원이 최대주주로서 절반 정도(44.5-49%)를 차지하였고 여동생 최기원이 10% 이상(10.5-15%)을 가지고 있었다. 이 두 사람의 지분은 2000년 6월 현재 59.5%이었으며, 2002년 12월에 55%로 조금 줄어들었다가 2009년 9월까지 59.5%를 회복하였다. 최태원 가족의 개인회사나 다름없는 비상장회사였다. 나머지 지분은 계열회사인 SK텔레콤(30%)과 SK네트웍스(이전의 SK글로벌; 10.5-15%)가 가지고 있으며, 한때 2개 계열회사(SK에너지판매, SK증권)가 지분에 참여한 적이 있었다.

앞에서 지적한 것처럼, 이들 출자 · 피출자 회사들 간에는 'SK C&C → SK → SK텔레콤 / SK네트웍스 → SK C&C'의 순환 관계가 오랫동안 형성되어 왔으며, 이러한 관계는 2007년 7월 이후에도 계속되어 지주회사체제가 기형적인 모습을 가지게 되었다 (<표 4.8> 참조). 방법은 SK C&C를 상장시켜 SK텔레콤과 SK네트웍스가 보유하고 있는 지분을 매각하는 것인데, 지주회사 요건을 충족시키기 위해서는 2009년 6월까지 순환출자를 해소하도록 되어 있었다.

이를 위해 SK그룹은 2008년 2월 우리투자증권과 기업공개를 위한 주관사 계약을 맺어 SK C&C의 상장을 검토하기 시작하였으며, 1년 9개월이 지난 2009년 11월 11일 유가증권시장에 구주매출방식을 통해 상장하였다. 대상 주식은 1,800만 주로, SK텔레콤 보유 주식 1,500만 주 중 1,050만 주와 SK네트웍스 보유 주식 전부인 750만 주였다. 이 중 20%는 우리사주에 우선 배정되었고, 20%는 일반에 그리고 나머지 60%는 기관투자자에 배정되어 청약이 이루어졌다. 이에 앞서 2009년 2월 27일의 주주총회에서는 주당 액면가액을 500원에서 200원으로 액면분할하기로 결의하고 4월 1일 등기 완료하였으며, 이에 따라 주주의 주식 수에는 변동이 있었지만 지분율은 그대로 유지되었다.

2009년 11월의 상장 이후 SK C&C에 대한 최대주주 최태원의 지분(44.5%)은 변동이 없는 반면 SK네트웍스의 지분은 없어지고(10.5% → 0%) SK텔레콤의 지분은 크게 감소하였으며 (30% → 9%) 최기원의 지분은 조금 감소하였다 (15% → 10.5%). 결과적으로 최대주주 및 특수관계인 전체 지분이 1/3가량 줄어들었다 (100% → 64%).

〈표 4.11〉 SK C&C의 최대주주 및 특수관계인 지분, 1999-2011년 (%)

연.월	최대주주	친족		계열회사				임원	합
	최태원	최기원	김준일	SK 텔레콤	SK 네트웍스	SK에너지 판매	SK 증권		
1999.12	49		21	30					100
2000.6	49	10.5		30		10.5			100
2000.10	49	10.5		30	10.5				100
2001.12	49	10.5		30	10.5				100
2002.12	44.5	10.5		30	10.5		4.5		100
2003.12	44.5	10.5		30	10.5		4.5		100
2004.12	44.5	10.5		30	15				100
2008.12	44.5	10.5		30	15				100
2009.9	44.5	15		30	10.5				100
2009.12	44.5	10.5		9					64
2010.3	44.5	10.5		9				0.00	64
2010.9	44.5	10.5		9				0.00	64
2010.12	44.5	10.5		4.1				0.00	59.1
2011.3	44.5	10.5						0.00	55

주: 1) 0.00은 0.01 미만을 의미.
2) SK네트웍스 = 1999년 SK상사, 2000-2003년 SK글로벌.
3) 최기원 - 최태원의 여동생; 김준일 - 최기원의 남편.
4) 임원: 2010년 - 김신배; 2011년 - 정철길, 조영호, 한영석.
출처: 사업보고서, 반기보고서, 분기보고서.

〈그림 4.5〉 SK C&C의 최대주주(최태원) 및 특수관계인 지분, 2000-2011년 (%)

(출처: <표 4.11>)

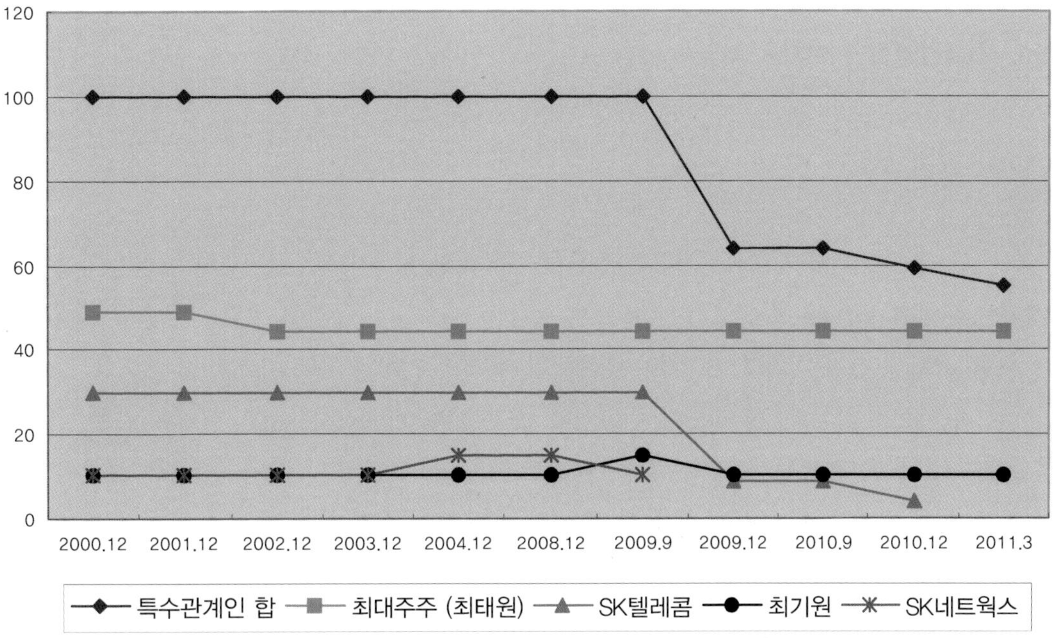

이후 이 상태가 1년 정도 유지되다가 2010년 12월까지 SK텔레콤의 보유 지분이 절반 이하(4.1%)로 줄어들었고, 이 지분은 2011년 1분기 중에 모두 처분되었다. 오랫동안 계속되어 온 순환출자가 비로소 모두 해소된 것이다.

최태원이 지주회사체제 이전부터 SK C&C를 통해 주력회사 SK를 간접 지배하는 방식을 고수해 오면서 SK그룹에서의 소유지배구조는 유난히 왜곡된 상태가 지속되어 왔다. 순환출자가 완전 해소되면서 상황은 다소 나아졌지만 간접지배 방식이 계속되는 한 왜곡 정도가 크게 개선되지는 않을 것으로 보이며, 이는 지주회사체제 도입의 취지에도 부합하지 않음에 틀림없다.

5. 경영구조의 변화

5.1. 최고경영진의 변화

5.1.1 이전 SK(주) vs. 지주회사 SK(주)와 SK에너지, 2007년

2007년 7월 SK(주)가 지주회사 SK(주)와 신설 자회사 SK에너지로 분할되면서 이전의 최고경영자들은 두 회사를 나누어 맡았다 (<표 4.12>).

이전 SK의 이사회는 최태원 대표이사회장, 신헌철 대표이사사장, 김준호 부사장 등 사내이사 3명과 사외이사 7명으로 구성되어 있었다. 분할 이후 사내이사 3명은 이전의 직책을 가지고 모두 SK에너지의 이사회에 참여하였으며, 이에 더하여 최태원은 지주회사의 대표이사회장직도 맡았다. 실질적인 지주회사 역할을 해 오던 SK가 공식적인 지주회사로 바뀌면서 최태원이 지주회사체제의 공식 수장으로 자리매김한 것이다. 소유에서는 '최태원 → SK C&C → 지주회사 SK → SK에너지 및 자회사'의 구도 속에서 SK와 SK에너지를 간접적으로만 지배한 반면 경영에서는 최태원이 직접 나서 지주회사와 주력 자회사를 장악하였다.

지주회사에는 이전 SK의 미등기사장 겸 투자관리실장인 박영호가 새로 대표이사사장으로 발탁되어 '최태원 - 박영호' 체제가 형성되었다. 뒤에서 설명하는 것처럼, 투자관리실은 SK가 실질적인 지주회사 역할을 수행할 수 있게 뒷받침한 핵심 부서로서 그룹회장 최태원을 최측근에서 보좌해 왔었다. 지주회사의 출범으로 비공식적이었던 '최태원 - 박영호'라인이 공식적으로 전면에 부각된 것이었으며, 이는 지주기능의 공식화 및 강화를 의미하는 것이기도 하였다.

지주회사에는 이전 SK의 등기이사였던 김준호도 관여하였다. 등기부사장 겸 윤리경영실장이었던 그는 SK에너지의 등기부사장으로 옮겨가는 동시에 지주회사에서는 미등기임원으로서 윤리경영실장직을 수행하였다. 사외이사의 경우, 이전 SK의 7명 중 5명은 SK에너지로 그리고 2명은 지주회사로 나뉘어졌으며, 각각 1명씩의 새로운 이사가 추가로 임명되었다.

한편 이전 SK의 이사회 산하에는 사외이사후보추천, 감사, 투명경영, 전략, 인사, 제도개선 등 6개의 위원회가 있었는데, 이들은 모두 SK에너지로 그대로 넘어갔다. 감사위원회를 제외한 5개 위원회는 사내이사인 최태원, 신헌철, 김준호 중 1명과 사외이사 2-3명으로 구성되어 있어 사내이사의 입김이 그대로 반영되었다. 반면 지주회사에는 3개 위원회가 신설되었다.

감사위원회와 투명경영위원회는 전원 사외이사 3명으로 구성되었고, 사외이사후보추천위원회에는 박영호 대표이사사장이 참여하여 영향력을 행사하였다. 이사회가 5명의 소수 인원으로 구성된 점을 고려하여 관련 안건을 이사회에서 직접 다루기로 하고 2007년 8월 31일자로 3개 위원회(전략, 인사, 제도개선)는 폐지하였다.

〈표 4.12〉 이사회 및 산하 위원회: 이전 SK(주) vs. 지주회사 SK(주)와 SK에너지, 2007년

(1) 이사회

	이전 SK(주)	지주회사 SK(주)	신설회사 SK에너지
	2007년 3월	2007년 9월	2007년 9월
사내이사 (A)	3	2	3
사외이사 (B)	7	3	6
(A)	최태원 (대표이사회장)	최태원 (대표이사회장)	최태원 (대표이사회장)
	신헌철 (대표이사사장)		신헌철 (대표이사사장)
	김준호 (부사장, 윤리경영실장)	[김준호 (미등기임원, 윤리경영실장)]	김준호 (부사장)
	[박영호 (미등기사장, 투자관리실장)]	박영호 (대표이사사장)	
(B)	김태유, 남대우		김태유, 남대우
	오세종, 조순, 한영석		오세종, 조순, 한영석
	강찬수, 서윤석	강찬수, 서윤석	
		박세훈	한인구

(2) 위원회 (사내이사 + 사외이사)

	이전 SK(주)	지주회사 SK(주)	신설회사 SK에너지
사외이사후보추천	1 (신헌철) + 2	1 (박영호) + 2	1 (신헌철) + 2
감사	0 + 3	0 + 3	0 + 3
투명경영	1 (김준호) + 2	0 + 3	1 (김준호) + 2
전략	1 (최태원) + 2	-	1 (최태원) + 2
인사	1 (신헌철) + 2	-	1 (신헌철) + 2
제도개선	1 (최태원) + 2	-	1 (최태원) + 2

주: 1) SK(주) 이사회: 2007년 9월의 사내/사외이사 구성(2명 + 3명)은 2008년 12월까지는 그대로임. 2009년 3월 사내이사(최재원)와 사외이사(권오룡)가 1명씩 추가되고, 2010년 3월 사외이사 1명이 교체됨(서윤석 → 남상덕).

2) SK(주) 사외이사후보추천위원회: 2009년 3월 위원회의 사내이사가 박영호에서 신임 최재원으로 바뀜.

출처: 사업보고서, 반기보고서, 분기보고서.

5.1.2 최태원 및 주요 임원의 직책, 1998-2010년

최태원은 1998년부터 주력회사 SK(주)의 대표이사회장직을 맡아왔다 (<표 4.13>). 1960년생인 그는 (주)유공(1998년 3월 이후 SK(주))의 상무를 거쳐 부사장으로 있었으며, 아버지 최종현이 1998년 8월 세상을 떠난 직후 최고경영자로 승진하였다. 38세의 젊은 나이에 그룹회장직을 수행하기는 이른 것으로 판단되어 손길승 그룹부회장이 회장직을 맡도록 하였으며, 대신 그룹소유권을 물려받아 동일인 신분을 가지면서 주력회사의 경영을 총괄하게 된 것이었다. 손길승은 비상근이사로서 SK의 이사회에 관여하면서 최태원의 경영수업을 가까이에서 도왔다. 2004년 2월 최태원은 그룹회장직에 올랐고, 손길승은 SK의 이사에서 물러났다.

2007년 7월 이후 지주회사 SK는 '대표이사회장 최태원 - 대표이사사장 박영호' 체제로 운영되었는데, 2009년 초 최태원의 동생인 최재원이 대표이사부회장으로 부임하면서 최태원의 친정체제로 경영구도가 바뀌었다. SK의 최대주주인 SK C&C의 지분이 2008년 12월(30.78%) 처음으로 30%를 넘어 2007년 7월(11.16%) 지분의 3배가량 급증한 상태였으며, SK C&C의 최대주주인 최태원으로서는 지주회사체제의 경영권을 보다 확고하게 장악하려고 한 것으로 보인다. 2008년 9월 현재 박영호는 등기이사로서 주요 자회사인 SK텔레콤을 챙기고 있었는데, 2009년 3월부터는 최재원이 SK텔레콤의 경영에 관여하고 박영호는 SK네트웍스의 등기이사로 직책을 바꾸었다. 최재원은 지주회사인 SK E&S 및 SK가스의 대표이사부회장도 겸하였다.

즉, 지주회사 SK는 최태원, 최재원 및 박영호가 공동 경영을 하는 한편 2010년 9월 현재의 자회사 9개 중 손자회사를 거느리고 있는 7개 회사 대부분(5개)을 이들 3명이 나누어 경영에 깊숙이 관여하였다. 최재원이 SK텔레콤(손자회사 12개, 등기이사), 지주회사 SK E&S(9개, 대표이사부회장), SK가스(2개, 대표이사부회장) 등 3개 회사를 담당하였고, 최태원과 박영호는 각각 SK에너지(8개, 대표이사회장), SK네트웍스(5개, 등기이사)를 맡았다. SK의 자회사 중 손자회사를 거느리고 있는 다른 회사인 SKC는 친척인 최신원(최태원의 사촌형이자 창업주 최종건의 둘째 아들, 대표이사회장)과 박장석(최종건의 둘째 사위, 대표이사사장)이 오래 전부터 경영해 왔다 (<표 4.5> 참조).

2010년 12월까지 최재원과 박영호는 각각 지주회사의 대표이사수석부회장, 대표이사부회장으로 승진하였다. 하지만 박영호는 2011년 3월 대표이사직을 그만두고 미등기부회장(부회장단 부회장)으로 물러났으며, 대신 김영태 미등기사장이 대표이사사장으로 선임되었다.

한편 최태원은 자신이 최대주주로 있는 SK C&C의 경영에는 한발 물러선 상태로 관여하였다. 2002년 대표이사회장직을 잠시 맡은 것을 제외하고는 지주회사체제 출범 직후까지 비상근이사 겸 회장의 신분을 가지고 있었으며, 2008년에는 회장 직함을 반납하였다. 그러다가 2009년부터는 이사회의 상근이사로 적극 나서고 있는데, 지주회사에 대한 SK C&C의 지분이 30%를 넘어선 상황에서 나온 경영권 강화 차원이었던 것으로 보인다. SK C&C에는 동생 최재원이 2002년까지 비상근이사 겸 주요 임원(사장보좌임원, 부사장 또는 CEO 보좌임원)으로 참여한 적이 있었다.

〈표 4.13〉 최태원 및 주요 임원의 직책, 1998-2010년

연.월	최태원			손길승
	SK(주)	SK C&C	SK에너지	SK(주)
1998.12	대표회장			비상근이사
1999.12	대표회장	비상근이사회장		비상근이사
(소극적 지주회사체제)				
2000.12	대표회장	비상근이사회장		비상근이사
2001.12	대표회장	비상근이사회장		비상근이사
2002.12	대표회장	대표회장		비상근이사
2003.3	대표회장	비상근이사회장		비상근이사
2003.12	대표회장	비상근이사회장		비상근이사
2004.12	대표회장	비상근이사회장		
2006.12	대표회장	비상근이사회장		
(적극적 지주회사체제)				
2007.9	대표회장	비상근이사회장	대표회장	
2008.3	대표회장	비상근이사	대표회장	
2008.12	대표회장	비상근이사	대표회장	
2009.3	대표회장	상근이사	대표회장	
2009.12	대표회장	상근이사	대표회장	
2010.9	대표회장	상근이사	대표회장	
2010.12	대표회장	상근이사	대표회장	

연.월	최재원				박영호		
	SK(주)	SK E&S	SK가스	SK텔레콤	SK(주)	SK텔레콤	SK네트웍스
2007.9					대표사장		
2008.9					대표사장	등기이사	
2009.3	대표부회장	대표부회장	대표부회장	등기이사	대표사장		등기이사
2009.12	대표부회장	대표부회장	대표부회장	등기이사	대표사장		등기이사
2010.9	대표부회장	대표부회장	대표부회장	등기이사	대표사장		등기이사
2010.12	대표 수석부회장				대표부회장		

주: 1) 대표 = 대표이사; 등기이사 - 상근/비상근 표시가 없으나 비상근인 것으로 보임.
2) 최재원: 최태원의 남동생; SK C&C의 비상근이사 겸 사장보좌임원(1999.12-2000.12), 비상근이사 겸 부사장(2001.12), 비상근이사 겸 CEO 보좌임원(2002.12).
3) 2004년 초까지 최태원은 SK(주)와 SK C&C를 제외한 다수의 계열회사에 겸직을 가짐: 1998.12 & 2000.3 - (이사) SK상사, SK텔레콤, 워커힐, SK건설; 2001.3 - (이사) SK텔레콤, 워커힐, SK건설, SKC; 2002.2 - (대표이사) 더컨텐츠컴퍼니, 와이더덴닷컴, (이사) SK텔레콤, 워커힐, SK건설, SK임업; 2002.12 - (대표이사) 더컨텐츠컴퍼니, 와이더덴닷컴, (이사) SK텔레콤, 워커힐, SK임업, SKC, 이노에이스; 2004.3 - (이사) SK임업, 워커힐, 이노에이스, 와이더덴닷컴.
4) 2010년 12월의 최재원과 박영호 겸직 정보 없음; 박영호는 2011년 3월 대표이사에서 물러남.
출처: 사업보고서, 반기보고서, 분기보고서.

결국, 지주회사체제 이후 최태원의 경영권은 이전에 비해 한층 강화되었다. 소유권의 강화에 수반되는 자연스러운 현상이다. '최태원 - 최재원' 라인의 가족경영체제가 구축된 점, 그리고 주요 5개 자회사의 경영에 직·간접적으로 관여함으로써 '지주회사 SK - 9개 자회사 - 44개 손자회사 - 9개 증손회사' 등 63개로 구성된 지주회사체제(2010년 9월 현재)를 최태원이 거의 완벽하게 장악하고 있는 점 등으로 볼 때 경영권 강화 및 집중의 정도가 매우 크다는 것을 알 수 있다.

5.2 업무조직의 변화

5.2.1 이전 SK(주) vs. 지주회사 SK(주)와 SK에너지, 2007년

2007년 7월 SK(주)가 분할되면서 투자사업과 Life Science(생명과학)사업부문은 지주회사 SK(주)가, 그리고 나머지 제조사업 일체는 신설 SK에너지가 담당하는 것으로 결정되었다. 이에 맞추어 업무부서 및 임직원들도 둘로 나뉘어졌다 (<표 4.14>; <표 4.4> 참조).

2007년 5월 현재 SK의 임직원은 5,294명으로 임원이 114명, 직원이 5,180명이었다. 7월 이후에는 임직원의 대다수가 SK에너지로 넘어갔으며, 9월 현재 SK에너지와 SK의 임직원은 각각 5,343명(임원 103명 포함), 235명(20명)이었다.

〈표 4.14〉 업무조직의 변화: (1) 이전 SK(주) vs. 지주회사 SK(주)와 SK에너지, 2007년

(1) 개관

- 이전 SK(주): 임직원 5,294명 = 임원 114명 (등기 10, 비등기 104) + 직원 5,180명
- 지주회사 SK(주): 235 = 20 (5, 15) + 215
- SK에너지: 5,343 = 103 (9, 94) + 5,240
- 이전 SK(주) 조직 중 밑줄 친 부분은 지주회사 SK(주)로 이전 또는 확대되고, 나머지는 신설 자회사 SK에너지로 이전됨.

(2) 이전 SK(주), 2007년 5월

CEO 직속: (실 5) 투자회사관리, CR전략, 사장, 윤리경영, 홍보기업문화;
(본부 4) Life Science사업, NEW FCC사업, 중국, 생산기술; (국 1) 이사회사무

(부문 5) 경영지원: (담당 7) 경영전략, 경영관리, 구매, 자금, 인력, 정보, IR
화학사업: (담당 3) 화학사업기획, 화학사업개발, 화학사업운영;
(사업부 6) 올레핀, 아로마틱, 폴리머, I/E소재, Performance Chemical, Performance Rubber
생산: (실 1) 생산부문장; (담당 2) 생산지원, 안전환경보건;
(본부 3) 생산, 설비, 노사협력
Resources & International: (담당 2) R&I전략, L-Project; SKI;
(센터 1) Global사업지원;
(사업부 5) 석유개발, 석탄, 윤활유, 석유Trading, 화학Trading
Energy & Marketing사업: (담당 5) CRM, E&M전략, 사업개발, 석유운영, 에너지환경;
(본부 3) 소매영업, 법인영업, 물류;
(사업부 4) Cashbag, Car Life, 가스, 특수제품

기술원: (담당 1) 연구기획; (본부 1) 신기술사업개발; (연구소 3) 에너지, 화학, CRD
* Life Science사업본부: (팀 1) Life Science기획
(사업부 2) 신약개발, CMS
(해외연구소 2) SK Energy & Chemical, 상해신약개발연구소

(3) 신설 자회사 SK에너지, 2007년 9월
CEO 직속: (실 3) 사장, 윤리경영, 홍보기업문화; (본부 3) NEW FCC사업, 중국, 생산기술; (국 1) 이사회사무
(부문 5) 경영지원, 화학사업, 생산, Resources & International, Energy & Marketing사업 (* 이전 SK(주) 조직과 동일함)
기술원: (담당 1) 연구기획; (본부 1) 신기술사업개발; (연구소 3) 에너지, 화학, CRD
(4) 지주회사 SK(주), 2007년 9월
(실 6) 기획, 재무, 인력, SKMS, Brand 관리, 윤리경영 (본부 1) Life Science 사업: (사업부 2) 신약개발, CMS; (해외연구소 2) SK Life Science, 상해신약개발연구소

주: 이전 SK(주) 임원 수 - 3월 현재.
출처: 분기보고서.

부서들 중에서는 투자회사관리실, CR전략실, Life Science사업본부 등 CEO 직속 부서 3개와 Life Science사업본부 산하 연구조직만 지주회사로 이전되었다.

이 중 투자회사관리실과 CR전략실은 6개 실(기획, 재무, 인력, SKMS(SK Management System), Brand관리, 윤리경영)로 확대 개편되었다. Life Science 사업본부와 연구조직 중에서는 Life Science기획팀은 없어졌고 2개 사업부(신약개발, CMS)와 2개 해외연구법인은 존속하였다. 다만 중국의 상해신약개발연구소는 그대로인 반면 미국 뉴저지에 있는 SK Energy & Chemical은 SK Life Science로 명칭이 변경되었다.

한편 이전 SK의 부서들 중 경영지원부문, 화학사업부문, 생산부문, Resources & International 부문, Energy & Marketing 사업부문 등 제조 관련 부서 일체, 그리고 CEO 직속 및 연구조직 중 나머지 부분은 SK에너지로 넘어갔다. 제조사업부문은 이전 SK 매출액의 99.9%를 차지하고 있었으며, 따라서 SK 업무부서의 거의 대부분이 그와 관련되어 있었다.

5.2.2 지주회사 SK(주), 2007-2010년

지주회사 SK(주)는 지주기능 이외에 사업을 병행하는 사업지주회사이다. 지주기능만 하는 순수지주회사에 비해 임직원 수가 월등하게 많은 것은 이 때문이다. Life Science사업은 1990년대 초부터 시작되었으며 그룹의 신수종사업으로 적극 육성하기 위해 지주회사가 직접 담당하기로 하였다. 궁극적으로는 전문제약기업으로 독립시킨다는 계획을 가지고 있다.

2007년 9월 현재의 직원 215명은 관리사무직 122명, 연구직 91명, 기타 2명 등으로 구성되어 있는데, 연구직 외에 관리사무직의 대다수는 Life Science사업과 관련이 있는 것으로 보인다(<표 4.15>). 임직원 수는 이후 더욱 늘어나 2008년 12월(315명)까지 300명을 넘었으며 2010년 12월 현재에는 354명이다. 이 중 임원은 54명으로 2007년 9월(20명)보다 2.7배 많아졌으며, 직원은 300명으로 2007년 9월(215명)보다 1/3 이상 증가하였다. Life Science사업에 가속도가 붙은 것으로 추측된다.

지주기능 담당 임직원 또한 보강된 것으로 보인다. 그룹 계열회사는 2007년 4월 57개에서 2008년 4월에는 64개로 늘어났고 2009년 4월에는 다시 77개로 더욱 늘어났으며 2010년 4월 현재에는 75개이다. 이에 따라 지주회사체제에 편입된 회사도 35개, 47개, 59개, 63개 등으로 급증해 왔다. 자회사는 7-9개로 거의 변함이 없는 반면 손자회사가 대폭 늘어났고 2009년부터는 증손회사도 7-9개 거느리게 되었다. 확장된 지배력을 관리하기 위해 보다 많은 인원이 필요한 상황이다 (<표 4.1>, <표 4.3> 참조).

〈표 4.15〉 업무조직의 변화: (2) 지주회사 SK(주), 2007-2010년

(1) 개관

연.월	임직원 (명)			조직 (개)				
	임원	직원	합	총괄	부문	실	본부	그룹
2007.9	20	215	235			6	1	
2007.12	23	222	245	1		4	1	1
2008.12	36	279	315	1	6			
2009.12	40	298	338					
2010.12	54	300	354					

(2) 연도별 현황

2007년 9월: 임직원 235명 = 임원 20명 (등기 5, 미등기 15)
직원 215명 (관리사무직 122, 연구직 91, 기타 2)

(실 6) 기획, 재무, 인력, SKMS, Brand관리, 윤리경영;
(본부 1) Life Science 사업
* 연구개발 조직: (사업부 2) 신약개발, CMS;
(해외연구법인 2) SK Life Science, 상해신약개발연구소

2007년 12월: 임직원 245명 = 임원 23명 (등기 5, 미등기 18)
직원 222명 (관리사무직 118, 연구직 99, 기타 5)

(총괄 1) 경영관리; (실 4) 재무, 기업문화, Brand관리, 윤리경영;
(그룹 1) 사업개발;
(본부 1) Life Science사업
* 연구개발 조직: (사업부 2) 신약개발, CMS;
(해외연구법인 2) SK Life Science Inc, SK Bio-Pharmaceutical Tech (Shanghai) Co. Ltd.

2008년 12월: 임직원 315명 = 임원 36명 (등기 5, 미등기 31)
직원 279명 (관리사무직 165, 생산직 102, 기타 12)

(총괄 1) 경영관리;
(부문 6) G&G, 재무, 기업문화, Brand관리, 윤리경영, Life Science 사업
* 연구개발 조직: (사업부 2) 신약개발, CMS
(해외연구법인 2) SK Life Science Inc, SK Bio-Pharmaceutical Tech (Shanghai) Co. Ltd.

2009년 12월: 임직원 338명 = 임원 40명 (등기 7, 미등기 33)
직원 298명 (관리사무직 182, 연구직 109, 기타 7)

* Life Science 사업부문 연구개발 조직:
(사업부 1) CMS; (연구소 1) 신약개발; (Center 1) Clinical Development;
(해외연구법인 2) SK Life Science Inc, SK Bio-Pharmaceutical Tech (Shanghai) Co. Ltd.

2010년 12월: 임직원 354명 = 임원 54명 (등기 7, 미등기 47)
직원 300명 (정규직 293, 계약직 7)

* Life Science 사업부문 연구개발 조직:
(사업부 1) CMS; (연구소 1) 신약개발; (Center 1) Clinical Development;
(해외연구법인 2) SK Life Science Inc, SK Bio-Pharmaceutical Tech (Shanghai) Co. Ltd.

주: 1) 해외연구법인: SK Life Science(a1) / SK Life Science Inc.(a2), 상해신약개발연구소(b1) / SK Bio-Pharmaceutical Tech(Shanghai) Co. Ltd.(b2): 출처에 표기가 다르게 나와 있는데 각각 같은 조직인 것으로 보임; 전자는 미국 뉴저지 소재 법인, 후자는 중국 상해 소재 법인; SK(주)가 지분 100% 보유.
2) 해외연구법인의 연구 내용이 다소 달라짐: (a1) 신약개발 연구 수행, (a2) 신약 임상개발 및 의약중간체 판매; (b1) 전통 중약(TCM; Traditional Chinese Medicine) 관련 신약 연구개발 수행, (b2) 신약 합성 및 공정개발 연구.
3) 2009-2010년 조직도 없음.

출처: 사업보고서, 반기보고서, 분기보고서.

지주회사 SK의 조직 또한 조금씩 개편되어 갔다. 2007년 9월 현재의 부서는 6개 실(기획, 재무, 인력, SKMS, Brand관리, 윤리경영), 1개 본부(Life Science 사업), 본부 산하 연구개발조직 등이었다.

12월까지 6개 실 중 3개(기획, 인력, SKMS)가 없어졌고 대신 1개 실(기업문화)이 새로 생겼다. 경영관리총괄과 사업개발그룹 또한 신설되었다. 1개 본부와 산하 연구조직은 그대로였다. 2008년 들어서는 4개 실(재무, 기업문화, Brand 관리, 윤리경영)과 1개 본부(Life Science)가 '부문'으로 개편되었고 1개 부문(G&C)이 추가되었다. 사업개발그룹은 폐지된 반면 경영관리총괄과 연구조직은 변함이 없었다.

Life Science 사업을 뒷받침하는 연구개발조직은 지주회사로 넘어오기 이전 조직인 2개 사업부(신약개발, CMS)와 2개 해외연구법인이 그대로 유지되었다. 다만 해외연구법인의 연구 수행 내용에 변화가 생겼다. 미국 법인인 SK Life Science는 신약개발을 위주로 하다가 신약 임상개발 및 의약중간체 판매로 역할이 보완되었다. 또 중국 법인인 상해신약개발연구소(SK Bio-Pharmaceutical Tech (Shanghai) Co. Ltd.)는 전통 중약(TCM; Traditional Chinese Medicine) 관련 신약 개발에서 신약 합성 및 공정개발로 연구 범위를 확대하였다. 국내 연구조직에는 2009년 들어 약간의 변화가 일어났다. CMS사업부는 그대로인 반면 신약개발 '사업부'는 '연구소'로 변경되었고 Clinical Development Center가 신설되었다.

5.3 SK그룹 구조조정본부와 SK(주) 투자관리실 vs. 지주회사 SK(주), 1997-2007년

지주회사 SK(주)는 이전 SK(주)의 투자관리실이 확대 개편된 것이었다. 또 투자관리실은 그룹 차원의 경영기획실, 구조조정추진본부, SK구조조정추진본부 등의 맥을 잇는 부서였다. 이들은 지주 및 구조조정 기능을 담당하는 핵심부서들로서 실질적인 지주회사 SK 내에서 그리고 SK그룹 전체에서 막강한 영향력을 행사해 왔다. 최태원이 SK 대표이사회장직과 그룹회장직을 제대로 수행하게끔 보좌하는 실세실무기구였다. 지주회사의 탄생은 지주기능과 구조조정 기능의 공식화 및 강화를 의미하는 것이었다 (<표 4.16>).

1998년 현재의 그룹회장 보좌기구는 경영기획실이었다. 그룹부회장 겸 SK 비상근등기이사인 손길승이 책임자였으며, SK의 등기상무인 유승렬은 파견임원이었다. 경영기획실은 1980년대에 생긴 것으로 보이며, 1993년의 '선경그룹 본부 경영기획실 운영규정'에는 다음의 내용이 포함되어 있다.

첫째, 회장 전속 기구로서 계열회사로부터 독립하여 기능을 수행한다. 둘째, 계열회사들이 효율적인 경영을 하도록 회장을 보좌하고, 그룹 최고의사결정기구로 회장이 의장인 운영위원회의 사무국 기능을 한다. 그리고 셋째, 주요 업무는 계열회사의 경영관리실태 파악 및 개선책 연구개발, 계열회사의 장기경영계획 수립 및 조정, 인력 및 조직 개발, 경영위원회에서 정한 계열회사들의 공통 업무 수행, 회장의 특명사항 등이다.

〈표 4.16〉 SK그룹의 그룹회장 보좌기구, 1997-2007년

연.월	그룹회장 보좌기구	책임자			파견임원
		이름	직책	SK(주)에서의 직책	
1997.12	1. 경영기획실	손길승	실장	비상근등기이사	유승렬
1998.12	2.구조조정추진본부	유승렬	파견임원	등기부사장	-
1999.12		유승렬	담당임원	등기부사장	-
2001.3	2. SK구조조정추진본부	김창근	본부장	등기부사장	-
2001.6					3명
2001.12					4명
2002.3		김창근	본부장	등기사장	
2002.6		김창근	본부장	대표이사사장	
2003.3					4명
2003.6	2. SK구조조정추진본부	김창근	본부장	대표이사사장	4명
	3. 투자회사관리실	-			-
2003.9	2. SK구조조정추진본부	김창근	본부장	대표이사사장	-
	3. 투자회사관리실	최광식	실장	미등기상무	-
2004.3	3. 투자회사관리실	박영호	실장	미등기부사장	-
2007.3		박영호	실장	미등기사장	-
2007.9	4. 지주회사 SK(주)	최태원	-	대표이사회장	
		박영호	-	대표이사사장	

주: 1) 파견임원: 2001.6 – 이창규, 정철길, 조기행; 2001.12 – 이창규, 정철길, 조기행, 이문석; 2003.3 – 정철길, 조기행, 이문석, 김헌표; 2003.6 – 정철길, 조기행, 이문석, 김헌표.

2) 파견임원 중 유승렬은 SK(주) 등기상무, 나머지는 SK(주) 비등기상무.

3) 유승렬: 2000년 10월 현재까지 구조조정추진본부 담당임원 (등기부사장), 2000년 12월 현재까지 SK(주) 대표이사사장.

출처: 사업보고서, 반기보고서, 분기보고서.

1998년 2월 새로 출범한 김대중정부는 재벌개혁의 일환으로 재벌의 구조조정을 강력하게 요구하였으며, 이에 따라 경영기획실이 폐지되고 대신 구조조정추진본부가 새로 생겼다. 정부의 요구에 따라 구조조정을 위해 한시적으로 설치하는 것으로 하였지만, 구조조정 이상의 역할을 하면서 그룹회장의 새로운 보좌기구로 자리 잡았다. 책임자에는 경영기획실 파견임

〈표 4.17〉 SK(주)의 투자관리실 vs. 지주회사 SK(주), 2007년

임원	이전 조직에서의 직책 (2007년 3월 또는 8월)	지주회사 SK(주)에서의 직책 (2007년 9월)
	[SK(주)]	
박영호	투자회사관리실: 실장 (사장)	대표이사사장
정헌	기획지원담당 (전무)	기획실장
장진원	재무지원담당 (상무)	재무실장
김태진	HR지원담당 (상무)	인력실장
박상규	기획팀장 (상무)	기획담당
한정규	CR지원팀장 (상무)	CR담당
김준호	윤리경영실장 (등기부사장)	윤리경영실장
황규호	비서실장 (전무)	비서실장
이승훈	IR담당 (상무)	Portfolio전략 담당
강선희	기업법무담당 (상무)	Compliance 담당
김윤욱	'변호사' (상무)	법무담당
곽병성	Life Science 사업본부장 (상무)	Life Science 사업본부장
김기태	CMS사업부장 (상무)	CMS사업부장
박영덕	R&I부문부임원 (전무)	(K-Power 대표이사)
	[SK텔레콤]	
권오용	기업문화실장	Brand 관리실장
문연회	SKMS실천센터장	SKMS담당

주: 1) 2007년 9월 현재 SK(주)의 조직: 6실(기획, 재무, 인력, SKMS, Brand관리, 윤리경영), 1본부(Life Science사업).
2) SKMS실장은 임명되지 않음.
3) 2007년 3월 또는 8월: 김준호를 제외한 모든 직책은 비등기; 권오용, 문연회 – 직책 구분 없이 비등기임원.
4) 2007년 9월: 박영호를 제외한 모두는 직책 구분 없이 비등기임원.
5) 2007년 9월: 김준호 – SK에너지 윤리경영실장(등기부사장) 겸임; 황규호 – SK에너지 비서실장(비등기전무) 겸임.
출처: 분기보고서, 〈표 4.15〉.

원이었던 유승렬이 임명되었다. SK의 등기상무에서 등기부사장으로 승진하였으며, 파견임원 또는 담당임원의 직책을 가지고 구조조정추진본부를 총괄하였다. 경영기획실 실장이었던 손길승은 1998년 8월 그룹회장에 취임하였다.

2001년 초에는 구조조정추진본부의 명칭이 SK구조조정추진본부로 조정되었으며, 책임자인 본부장에는 김창근 SK 등기부사장이 새로 임명되었다. 유승렬은 SK의 대표이사사장으로 승진하면서 추진본부 일은 그만두었다. 2002년 중반에는 김창근이 유승렬 대신 SK의 대표이사사장이 되었으며, 본부장의 역할도 계속 수행하였다. 추진본부의 인원은 1998년 처음 생길 때는 90여 명으로 현대그룹의 구조조정본부 인원과 더불어 최대 규모였는데, 2002년까지는 40명 정도로 줄어들었다. 3-4명의 파견임원들이 본부장을 보좌하였다.

SK구조조정추진본부는 2003년 6월 폐지되었으며, 이를 대신해 제3의 그룹회장 보좌기구로 등장한 것이 투자관리실이었다. 처음에는 최광식 SK 미등기상무가 실장직을 맡았으며, 2004년 초 SK 미등기부사장인 박영호가 실장으로 부임하면서 투자관리실의 면모가 제자리를 잡게 되었다. 박영호는 이후 지주회사체제 출범 때까지 3년 이상 투자관리실을 이끌었으며, 2007년 초에는 SK 미등기사장으로 승진하였다.

2007년 7월 SK가 지주회사로 전환된 이후에는 투자관리실의 주요 임원들이 지주회사의 요직으로 옮겨 앉았다. 투자관리실이 지주회사로 다시 한 번 변신한 것이다. 지주회사의 대표이사회장인 최태원은 여전히 그룹회장으로 불리면서 그룹 전체를 총괄하고 있으며, 따라서 지주회사는 제4의 그룹회장 보좌기구인 셈이다 (<표 4.17>; <표 4.12> 참조).

2007년 9월 현재 지주회사의 임원은 20명이었다. 등기임원이 5명, 미등기임원이 15명이었고, 등기임원 중 2명은 사내이사, 3명은 사외이사였다. 이들 중 사내이사 1명(최태원)과 사외이사 3명을 제외하면 16명이다. 이 16명 중 14명은 이전 SK 출신이며, 나머지 2명은 SK텔레콤에서 차출되었다.

SK 출신 중에서는 투자관리실 소속 6명이 요직에 기용되었다. 무엇보다 투자관리실장 박영호가 대표이사사장으로 발탁되어 최태원에 이어 제2인자로 자리 잡았다. 또 지주회사의 6개 실 중 기획실, 재무실, 인력실 등 주요 3개의 실장에는 투자관리실의 기획지원담당(정헌), 재무지원담당(장진원), HR지원담당(김태진)이 각각 임명되었다. 투자관리실의 기획팀장(박상규)과 CR지원팀장(한정규)은 지주회사의 기획담당과 CR담당으로 자리를 옮겼다.

이전 SK 소속이었던 다른 8명도 지주회사에서 유사한 업무를 담당하였다. 이들 중 김준호(윤리경영실장), 황규호(비서실장), 곽병성(Life Science사업본부장), 김기태(CMS사업본부장) 등

4명은 같은 직책을 유지하였다. 한편 지주회사의 Brand 관리실(권오용 실장)과 SKMS실(문연희 담당)에는 SK텔레콤 출신이 책임자로 기용되었다.

6. 요약 · 정리

(1) SK그룹의 지주회사체제는 1999년 1월 한미 합작지주회사인 SK엔론(이후 SK E&S)이 설립되면서 시작되었다. SK엔론은 2000년 1월 최초의 공정거래법상 지주회사로 등록되었으며, 이후 7년여 동안 그룹 계열회사의 1/4 정도에 해당하는 가스사업 관련 회사들을 지배해 왔다.

SK그룹이 본격적인 지주회사체제로 확대 개편된 것은 2007년 7월이었다. 실질적인 지주회사 역할을 해 오던 주력 석유화학회사 SK(주)를 지주회사 SK(주)로 전환시키고 석유화학사업은 SK에너지를 신설하여 담당하도록 한 것이다. 이로써 그룹 계열회사의 2/3 정도가 지주회사체제에 편입되었다. 이후 보다 많은 회사들이 편입되어 2010년 9월 현재에는 그룹 계열회사의 5/6 이상(75개 중 63개)이 '지주회사 SK - 지주회사 SK E&S 포함 9개 자회사 - 44개 손자회사 - 9개 증손회사'로 조직되어 있다.

지주회사체제가 본격 도입된 이후 나타난 가장 큰 특징은 '소유권과 경영권의 동반 강화 및 최태원에 의한 완전 장악'이었다. 지주회사체제 이전에 비해 최태원 1인 체제가 보다 공고하게 확립되었다.

(2) 소유에서 최태원은 지주회사를 직접 지배하지 않고 SK C&C를 통해 간접 지배하는 방식을 고수하고 있다. 최태원은 SK C&C의 최대주주로 남아 있고 SK C&C가 지주회사의 최대주주인 구조이다. 즉 SK그룹의 소유구조는 '[최태원 → SK C&C → 지주회사 SK → 자회사 → 손자회사 → 증손회사] + [지주회사 SK E&S → 자회사 → 손자회사] + 기타 회사'의 형태로 되어 있다.

먼저 SK C&C에 대한 최태원의 지분(44.5%)은 2002년 이후 변함이 없으며 친족 지분(10.5%) 또한 2000년 이후 10% 이상이 유지되면서 가족의 총지분(55%)이 50% 이상이었다. 나머지 지분은 주력 2개 계열회사(SK텔레콤, SK네트웍스)가 줄곧 보유해 왔는데 2009년 말 대부분이 공개 매각되었다. 유가증권시장 상장으로 인해 SK C&C의 소유구조에 큰 변화가 생긴 것은 사실이지만, 가족 지분이 여전히 절대적이고 매각 지분 중 20%가 우리사주에 우선 배정되어

'우호지분'으로 남아 있으므로 최태원의 최대주주로서의 영향력 행사에는 문제가 없는 상태이다.

대신 최태원은 지주회사 SK에 대한 SK C&C 보유 지분을 대폭 늘림으로써 지주회사체제에 대한 소유권을 강화하였다. 이전 SK에 대한 SK C&C의 지분은 2002년 8.65%에서 '소버린 사태'가 한창이던 2004년 11.21%로 늘어났으며, 이 수준은 SK가 지주회사로 전환된 직후인 2007년 9월까지 유지되었다. 그러던 것이 2007년 12월까지는 지분이 2배 이상(25.42%)으로 급증하였고, 이후 조금씩 늘어나 2009년 6월까지는 31.82%가 되었다. 반면 지주회사에 대한 최대주주 이외의 특수관계인 지분은 미미하다. 최태원 자신은 2007년 12월 현재 2.22%를 가지고 있다가 2009년 들어 거의 처분하였다.

지주회사 SK의 자회사에 대한 소유권 또한 강화되었다. 무엇보다 2007년 12월 현재 7개이던 자회사는 2009년 말까지 2개(SK가스, SK건설)가 더 늘어났다. 또 앞의 7개 자회사 중 주력 3개 회사에 대한 지주회사의 지분이 증가하였다. SK텔레콤(21.75% → 23.2%)과 SK에너지(31.18% → 33.4%)에서는 조금, 그리고 지주회사 SK E&S(51% → 67.5%)에서는 대폭 늘어났다. 반면 또 다른 주력 회사인 SK네트웍스(40.47% → 39.1%)에서는 지분이 약간 줄어들었다. 나머지 3개 자회사 중 SKC(42.5%)에 대한 지주회사의 지분은 변함이 없으며, SK해운(72.15%)과 케이파워(65%)에 대한 지분 또한 2009년 말까지 변함이 없다가 2010년 9월까지 두 회사 모두에서 100%로 껑충 뛰었다.

한편 지주회사체제의 도입으로 이전의 중층적이고 순환적인 출자관계가 대폭 정리되어 하향·단선적인 단순한 구조로 변하였고 이에 따라 소유구조의 투명성 또한 제고되었다. 하지만 'SK C&C → SK → SK텔레콤 / SK네트웍스 → SK C&C'의 순환구조는 지주회사체제 이후에도 해소되지 않아 왔다. 2009년 말 SK C&C가 상장되기는 하였지만 'SK C&C → SK → SK텔레콤 → SK C&C'의 순환구조는 여전히 남아 있었으며, 2011년 초에 비로소 완전히 해소되었다.

(3) 소유권이 강화되면서 경영권 또한 동반 강화되었다. 최태원과 박영호가 경영해 오던 지주회사 SK에 동생 최재원이 합류하면서 가족경영체제가 확고해졌으며, 이들 3명은 자회사들의 경영에도 깊숙이 관여하고 있다. 최태원은 최근 들어 SK C&C에의 경영에도 적극적인 자세를 취하기 시작하였다. 즉 SK그룹의 경영구조는 '[최태원 + 최재원·박영호 → 지주회사 SK] & [최태원·최재원·박영호 → 자회사] & [최태원 → SK C&C]'의 형태로 2011년 초까

지 유지되었다.

무엇보다 최태원이 지주회사 SK의 대표이사회장에 취임하였다. 그는 1998년 이후 줄곧 SK의 대표이사회장직을 맡아 왔는데, SK가 실질적인 지주회사 역할을 해 왔으므로 지주기능을 이어 받은 공식 지주회사의 수장이 되는 것은 자연스러운 일이다. 최태원은 신설 자회사인 SK에너지의 대표이사회장직도 겸하였다. 소유에서는 '최태원 → SK C&C → 지주회사 SK → SK에너지'의 구도 속에서 간접적으로만 지배한 반면 경영에서는 두 중심 회사를 직접 장악한 것이다.

한편 최태원은 자신이 최대주주로 있는 SK C&C에는 비상근이사로서만 관여해 오다가 2009년부터는 상근이사로 직책을 바꾸어 적극 개입하고 있다. 지주회사에 대한 SK C&C의 지분이 30%를 넘어서면서 지주회사 최대주주(SK C&C)의 최대주주(최태원)로서 경영권을 강화한 것이다.

이와 같은 맥락에서 경영권 강화를 위한 또 다른 조치가 취해졌다. 최재원이 2009년 지주회사 SK의 대표이사부회장(2010년 말 대표이사수석부회장)으로 부임한 것이다. 이로써 '최태원 대표이사회장 - 박영호 대표이사사장'체제는 '최태원 - 최재원 - 박영호'체제로 바뀌었고, 최태원은 동생과 함께 안정적인 가족경영을 할 수 있게 되었다.

최재원의 역할은 컸다. 박영호를 대신해 지주회사의 사외이사후보추천위원회 멤버가 되었으며, 박영호가 가지고 있던 자회사 SK텔레콤의 등기이사직도 물려받았다. 다른 2개 자회사인 지주회사 SK E&S 및 SK가스에서는 대표이사부회장으로서 경영을 총괄하였다. 박영호는 처음에는 SK텔레콤에, 나중에는 SK네트웍스에 등기이사로서 관여하였다. 한편 박영호는 2010년 말 대표이사부회장으로 승진했다가 2011년 초에 등기임원에서 물러났으며, 김영태가 대표이사사장으로 선임되었다.

지주회사체제의 도입 취지 중의 하나가 이전의 그룹 총수는 지주회사만 경영하게 하고 계열회사들은 자율경영을 하도록 한다는 것인데, 이런 취지가 SK그룹에서는 무색해져버렸다. 지주회사체제 이전에 비해 최태원의 영향력이 보다 조직적이고 보다 일사불란하게 전달되게끔 경영구도가 재편된 것이다. 계열회사들이 자율경영을 할 수 있는 여지는 거의 없어 보인다.

최태원의 경영권 강화에는 지주회사가 든든한 보좌기구로 자리매김한 것도 큰 몫을 하였다. 지주회사 SK는 이전 SK의 투자관리실이 확대 개편된 것이었으며, 투자관리실은 그룹 차원의 경영기획실과 구조조정추진본부의 맥을 잇는 핵심조직으로서 최태원이 실질적인 지주회사 SK의 대표이사회장직과 그룹회장직을 수행할 수 있게끔 실무를 담당해온 최측근 기구였다. 투자관리실장 박영호가 지주회사 SK의 대표이사사장으로 발탁된 것을 비롯해 투자관리실의 주요 임원들이 지주회사의 요직에 기용되었다. 지주기능을 비롯해 계열회사의 경영을 지원하고 감독하는 역할을 하고 있다.

(4) 지주회사체제가 도입되면서 소유구조가 단순·투명해진 것은 분명 긍정적인 현상이다. 또 계열회사들이 자율경영 또는 책임경영을 할 수 있는 여건이 어느 정도 마련된 것도 사실이다.

반면 최태원의 소유권과 경영권은 한층 더 강화되었고 1인 체제는 더욱 확고해졌다. 지주회사 SK의 최대주주(SK C&C)의 최대주주로서 그리고 지주회사의 대표이사회장으로서 지주회사체제 이전에 비해 보다 강력한 영향력을 행사할 수 있게 되었다. 최태원은 여전히 그룹의 동일인으로서 오너의 지위를 가지고 있고 그룹회장으로 불린다. 지주회사체제 이전에 비해 외형적인 지배시스템은 바뀌었지만 실질적인 영향력의 행사 내용은 전혀 변화가 없으며 오히려 강화된 것이다.

SK그룹 지주회사체제는 본격 도입된(2007년 7월) 이후 2011년 현재 4년째에 접어들고 있다. 아직 진행형인 셈이다.

앞으로 최태원의 간접소유 방식이 얼마나 지속될지, 순환출자가 완전 해소되면서 최태원의 소유권에 어떤 변화가 생길지, 그리고 최재원의 승진과 박영호의 사퇴로 인해 최태원의 경영권이 얼마나 더 강화될지 등이 관심거리이다. 지주회사체제에 편입되어 있지 않은 창업주 최종건 일가 몫의 계열회사들이 어떤 행보를 보일지도 주목된다. 또 그룹 계열회사 수의 빠른 증가(2005년 50개 → 2007년 57개 → 2008년 64개 → 2009년 77개 → 2011년 86개)를 안정된 지배구조로 인한 긍정적인 결과로 보아야 할지, 아니면 지주회사체제의 부작용으로 지적되는 경제력 집중 또는 지배력 확장이라는 부정적인 측면의 강화로 보아야 할지도 예의주시해야 할 대목이다.

제5장

종합 및 전망

1. 한국재벌과 지주회사체제

2000년 1월 SK엔론(이후 SK E&S)이 공정거래법상 지주회사로 처음 지정되면서 SK그룹은 지주회사체제를 도입한 최초의 재벌이 되었다. 그룹 계열회사의 1/4 정도만이 편입된 부분적인 지주회사체제였지만 재벌 역사상 처음으로 새로운 지배구조가 공식적으로 모습을 드러내기 시작하는 순간이었다. 이후 올해(2011년)로 11년째가 된다.

지주회사는 다른 회사의 주식 보유가 주된 목적인 회사이다. 소유구조가 '지주회사 → 자회사 → 손자회사 → 증손회사'로 이어지는 단선・하향적인 단순한 형태로 되어 있으며, 적은 자본으로 다른 회사들을 용이하게 지배할 수 있는 가능성을 가진 조직이다.

이러한 양면성 중 '지배력'의 부작용을 우려해 정부는 1987년 경제력집중 억제를 위한 대규모기업집단지정제도를 도입하면서 지주회사제도를 금지시켰다. 하지만 기업집단들의 문어발식 확장은 계속되었으며 이는 1997년 외환위기의 주요 요인으로 작용하였다. 1998년 2월 출범한 김대중정부는 재벌 구조조정을 적극 추진하였으며, 이 과정에서 투명하고 민주적인 지배구조의 정착이 시급한 과제로 떠올랐고 이에 따라 1999년 2월 지주회사의 설립・전환을 다시 허용하였다.

종래의 재벌들에서는 계열회사들 상호 간에 출자가 순환적이고 중층적으로 얽혀 있었으며, 그 정점에는 극히 적은 지분을 갖는 오너 겸 그룹회장이 있었다. 소유가 뒷받침되지 않는 상태에서 경영권은 무분별하고 무책임하게 행사되었으며, 그 결과 문어발식 확장과 방만한 경영이 초래되었다. 반면 지주회사의 소유구조는 단선적이고 투명한 형태로 되어 있다. 이전의 오너들이 충분한 지분으로 지주회사만 소유・경영하면서 책임을 지게끔 하고, 계열회사들은 독자적으로 자율경영을 하도록 한다는 것이 지주회사체제 허용의 취지였다.

지주회사 관련 내용은 <독점규제 및 공정거래에 관한 법률>과 <독점규제 및 공정거래에 관한 법률 시행령>에 자세하게 규정되었으며, 지주회사가 지배력 확장의 수단으로 악용될 소지를 최소화하기 위해 행위제한 규정 또한 명시되었다.

정부의 장려정책에 맞추어 이 새로운 형태의 지주회사에 대한 관심이 해를 거듭할수록 고조되어 왔으며, 그 결과 수많은 크고 작은 지주회사들이 생겨나 큰 흐름을 형성하고 있다. 특히 2000년대 후반 들어 크게 활성화되었다.

2010년 9월 현재까지 공정거래법상 지주회사로 신규 지정된 수는 127개로, 2000년 1월 이후 11년 동안 매년 평균 12개씩의 지주회사가 생겼다. 127개 중 111개는 일반지주회사이고 나머지 16개는 금융지주회사이다.

신설 지주회사 중 일부는 시간이 지남에 따라 자산총액(1999-2000년 100억 원 이상, 2001년 300억 원 이상, 2002년 이후 1,000억 원 이상) 및 지주비율(50% 이상)의 법률상 요건 중 하나 이상을 충족하지 못하여 공정거래법상 지주회사에서 제외되었다. 2010년 9월 현재에는 누적 신설회사 127개 중 96개가 존속하고 있다. 누적 일반지주회사 111개 중에서는 84개가, 그리고 누적 신설 금융지주회사 16개 중에서는 12개가 남아 있다.

111개 신설 일반지주회사 중 1/3가량(29%)인 32개가 공정거래위원회 지정 대규모사기업집단 즉 재벌 소속이며, 관련 재벌은 모두 25개이다. 2010년 9월 현재의 84개 존속 일반지주회사 중에서는 1/4가량(26%)인 22개가 재벌 소속이며, 관련 재벌은 모두 17개이다.

재벌 소속 일반지주회사의 수가 전체 일반지주회사에서 차지하는 비중은 '증가 후 감소' 추세를 보이고 있다. 2000년대 전반에는 1/4 이하이던 것이 중반에는 절반 가까이로 늘어났다가 2008년부터는 신설 지주회사가 크게 늘어나면서 비중이 다시 1/4 수준으로 줄어들었다.

반면 일반지주회사를 보유하는 재벌의 수가 공정거래위원회 지정 전체 사기업집단에서 차지하는 비중은 지속적으로 증가해 오고 있다. 2001년 7%(30개 집단 중 2개)에 불과하던 것이 2005년에는 19%(48개 중 9개)로 그리고 2007년에는 25%(55개 중 14개)로 늘어났으며, 2009년 33%(39개 중 13개)로 더욱 증가한 후 2010년 현재에는 40%(43개 중 17개)로 역대 최고치를 기록하였다.

지주회사에 대한 전기업적인 관심이 고조되는 가운데 재벌들의 참여가 보다 적극적임을 알 수 있다. 공정거래법상 일반지주회사를 계열회사로 가진 적이 있거나 가지고 있는 25개 재벌 중 19개는 적극적인 지주회사체제를 채택하여 그룹 계열회사들의 상당수 또는 대다수가 지주회사의 계열회사로 편입되었으며, 13개는 2010년 현재에도 체제를 유지하고 있고 6개는 2010년 이전에 유지한 적이 있었다. 반면 25개 재벌 중 6개는 소극적인 지주회사체제를 채택하여 그룹 계열회사의 일부만이 지주회사와 관련되어 있으며, 4개는 2010년 현재에도 체제를 유지하고 있고 2개는 2010년 이전에 유지한 적이 있었다 (<표 5.1>).

2010년 현재 적극적인 지주회사를 채택하고 있는 13개 재벌 중 SK(3위), LG(4위), GS(7위), 한진(10위) 등 4개는 순위가 10위 이내이다. 또 두산(12위), LS(15위), CJ(18위), 한진중공업(29위) 등 4개는 11-30위이며, 웅진(33위), 현대백화점(34위), 코오롱(36위), 하이트맥주(38위), 세아(44위) 등 나머지 5개는 31위 이하이다.

〈표 5.1〉 지주회사체제를 도입한 25개 재벌, 2000-2010년

	2010년 현재 존속	2010년 이전 존속
적극적인 지주회사체제	(13개)	(6개)
	1-10위: SK, LG, GS, 한진	금호아시아나
	11-30위: 두산, LS, CJ, 한진중공업	STX
	31위 이하: 웅진, 현대백화점, 코오롱, 하이트맥주, 세아	동원, 농심, 태평양, 오리온
소극적인 지주회사체제	(4개)	(2개)
	1-10위: 삼성	현대자동차, 롯데
	11-30위: 한화, 부영	
	31위 이하: 대한전선	
2000-2004년 시작	(4개)	(2개)
	2000: SK	
	2001: LG	
	2003: -	동원, 농심
	2004: 세아, 삼성	
2005-2010년 시작	(13개)	(6개)
	2005: GS, 한화	STX, 롯데
	2006: 현대백화점	
	2007: CJ, 한진중공업	금호아시아나, 태평양, 오리온, 현대자동차
	2008: LS, 대한전선	
	2009: 두산, 웅진, 한진	
	2010: 코오롱, 하이트맥주, 부영	

주: 시작 연도는 공정거래법상 대규모기업집단으로서 지주회사를 보유한 첫 연도.

GS, 한진, 현대백화점 등 3개 재벌에서는 지주회사체제 달성 비율이 50% 미만으로 상대적으로 낮은 반면 나머지 10개에서는 비율이 매우 높으며 100%인 집단도 1개(한진중공업) 있다. 특히 SK, 두산, CJ 등 3개 재벌은 2개 이상의 지주회사를 중심으로 중층적인 지주회사체제를 구축하고 있다.

2010년 이전에 적극적인 지주회사체제를 유지한 적이 있는 6개 재벌 중에서는 1-10위가 1개(금호아시아나), 11-30위가 1개(STX), 그리고 31위 이하가 4개(동원, 농심, 태평양, 오리온)이다. 지주회사체제 달성 비율은 50% 내외였다.

한편 2010년 현재 소극적인 지주회사체제를 채택하고 있는 재벌은 모두 4개이며, 순위가 1-10위인 재벌 1개(삼성), 11-30위 2개(한화, 부영), 31위 이하 1개(대한전선) 등이다. 또 2010년 이전에 소극적인 지주회사체제를 가진 적이 있는 2개(현대자동차, 롯데) 재벌은 순위가 5위 이내였다. 6개 재벌 모두 체제 달성 비율은 20% 이하이다.

지주회사체제를 최초로 도입한 재벌은 2000년의 SK그룹이다. 2001년 LG그룹이 그 뒤를 이었으며, 2003년(동원, 농심)과 2004년(세아, 삼성)에 각각 2개씩의 재벌이 신지배구조를 새로 채택하였다. 따라서 지주회사체제와 관련된 25개 재벌 중 1/4가량(6개, 24%)만 2000년대 전반에 시작하였으며, 이들 중 4개(SK, LG, 세아, 삼성)는 2010년 현재에도 지주회사체제를 유지하고 있고 앞의 3개 재벌은 적극적인 지주회사체제를 채택하고 있다. 2010년 현재 SK그룹의 지주회사체제 역사가 10년으로 가장 오래되었고, 그다음이 LG그룹 9년, 세아그룹 6년 등의 순이다.

25개 재벌 중 대다수인 19개(75%)는 2005년 이후 지주회사체제를 채택하였으며, 따라서 도입 역사가 5년 또는 그 이하로 짧다. 2007년에 가장 많은 6개 재벌(CJ, 한진중공업, 금호아시아나, 태평양, 오리온, 현대자동차)이 관련되어 있고, 그다음이 2005년 4개(GS, 한화, 롯데, STX), 2009년 3개(두산, 웅진, 한진), 2010년 3개(코오롱, 하이트맥주, 부영), 2008년 2개(LS, 대한전선), 2006년 1개(현대백화점) 등의 순이다. 19개 재벌 중 13개는 2010년 현재에도 지주회사체제를 유지하고 있으며, 이들 중 10개(GS, 현대백화점, CJ, 한진중공업, LS, 두산, 웅진, 한진, 코오롱, 하이트맥주)는 적극적인 지주회사체제를 채택하고 있다.

2. LG그룹과 SK그룹의 지주회사체제

SK그룹은 2011년 4월 현재 공정거래위원회 지정 대규모사기업집단 중 3위이고, LG그룹은 4위이다. 5대 재벌(1위 삼성, 2위 현대자동차, 5위 롯데) 중에서는 두 그룹만 지주회사체제를 채택하고 있다. 지주회사체제를 각각 도입한 2000년과 2001년 이후 SK와 LG는 재벌 순위가 3-4위 그리고 2-4위이며, 따라서 5대 재벌 중에서는 SK와 LG만이 신지배구조를 채택하여 2010년 현재까지 유지해 오고 있다.

더구나 SK는 2000년 재벌 중에서는 최초로 지주회사체제로 전환하여 2010년 현재 10년의 가장 오랜 역사를 가지고 있다. LG는 2001년 재벌 중 두 번째로 전환하여 두 번째로 긴 9년의 역사를 가지고 있다. 다만 LG는 2001년부터 적극적인 지주회사체제를 도입한 반면 SK는 2007년에 적극적인 체제로 전환하였으며, 따라서 적극적인 지주회사체제를 채택한 시기로 보면 LG가 재벌 최초이고 역사도 9년으로 가장 길다. 적극적인 지주회사체제로서의 SK그룹의 역사는 3년으로 매우 짧다.

재벌 중에서의 비중으로 보나 지주회사체제의 연륜으로 보나 SK와 LG는 지주회사체제를 채택한 대표적인 재벌들이며, 이들의 경험은 한국에서의 지주회사 실험과정에서 매우 귀중한 테스트 케이스들(test cases)로서 실험의 성공 여부에 큰 시사점을 제공해 주는 한편 다른 재벌들에 대한 학습효과 또한 매우 컸고 앞으로도 계속 클 것으로 생각된다.

2.1 성립 과정

지주회사체제의 성립 과정으로 보면 LG그룹의 경우가 매우 인상적이다. 2001년 4월부터 2005년 1월까지 4년여의 기간 동안 분할 네 차례와 합병 한 차례의 다섯 단계를 거쳐 용의주도하게 진행되었다. 다른 어떤 재벌들에서도 찾아볼 수 없는 매우 독특하고 이례적인 방식이다 (<표 5.2>).

이 과정에서 모두 11개 회사들(지주회사 4개, 일반 회사 7개)이 등장하여 존속하거나 신설되거나 소멸하였다. 기존의 주력회사(LG화학)는 주력 지주회사(LGCI, 이후 LG)로 전환하여 존속하고 기존의 또 다른 주력회사(LG전자)는 또 다른 주력 지주회사(LGEI)로 전환하여 존속한 뒤 합병되었으며, 4개의 회사(LG화학, LG전자, LG생활건강, LG생명과학)와 1개 지주회사(GS홀딩스)가 신설되고 1개 회사(LG MRO)의 일부가 합병되었다. 최종적으로 2005년 1월부터

〈표 5.2〉 LG그룹과 SK그룹의 지주회사체제: (1) 성립 과정

SK그룹	LG그룹
(2단계, 2000-2007년)	(5단계, 2001-2005년)
2000.1: 소극적 체제	2001.4: 적극적 체제
2007.7: 적극적 체제	
2000.1: SK엔론	2001.4: LG화학 → LGCI + LG화학 + LG생활건강
2007.7: SK → SK + SK에너지 ↓ SK E&S	2002.4: LGCI ↓ LG전자 → LGEI + LG전자
	2002.7: LGCI → LGCI + LG생명과학 ↓ LGEI
	2003.3: LGCI ← LGEI + LG MRO 일부 [→ LG]
	2004.7: LG → LG + GS홀딩스
	[2005.1: LG (↔ GS홀딩스)]

주: 밑줄 친 회사는 지주회사.

는 지주회사 LG(이전 LGCI)를 정점으로 하는 지주회사체제가 정착하였다.

SK그룹 지주회사체제의 성립 과정 또한 두 단계를 거쳐 독특하게 진행되었다. 2000년 1월 기존의 지주회사(SK엔론)가 공정거래법상 지주회사로 전환하였고, 2007년 7월 주력회사(SK)가 주력 지주회사(SK)로 전환하여 존속하고 1개 회사(SK에너지)가 신설되었다. 이후 주력 지주회사가 다른 지주회사를 지배하는 중층적인 지주회사체제가 구축되었다.

2.2 소유권 및 경영권의 강화 · 집중 vs. 단순 · 투명화

지주회사체제로 전환된 이후 나타난 가장 큰 특징은 소유권과 경영권이 동반 강화되면서 구본무에게로 그리고 최태원에게로 집중되었다는 점이다 (<표 5.3>).

〈표 5.3〉 LG그룹과 SK그룹의 지주회사체제: (2) 소유권 및 경영권의 강화 · 집중 vs. 단순 · 투명화

		SK그룹	LG그룹
소유구조:	소유권 강화 · 집중	Y	YY
	단순 · 투명화	Y	YY
경영구조:	경영권 강화 · 집중	YY	Y
	단순 · 투명화	Y	Y
	자회사 자율 · 책임경영	NN	NN
	사업별 전문적 의사결정체제	NN	NN

주: Y = Yes; N = No; YY 또는 NN는 그 정도가 상대적으로 크다는 의미임.

경영에서는 구본무와 최태원 모두 점진적으로 강력한 체제를 구축하였다. 구본무가 전문경영인과 한 팀을 이룬 반면 최태원은 동생 및 전문경영인과 함께 보다 강력한 가족경영체제를 구축하였다.

두 사람 모두 지주회사의 대표이사회장이 최우선 직책이 되었다는 점에서는 경영구조가 보다 단순 투명해진 것으로 볼 수 있다. 하지만 이들은 주요 계열회사의 경영에도 등기임원으로서 큰 영향력을 행사하고 있으며, 이는 지주회사체제 도입의 주요 취지인 '자회사의 자율 · 책임경영' 또는 '사업별 전문적 의사결정체제 구축'에는 부합하지 않는 상황이다.

소유에서는 구본무가 최대주주로서 지주회사를 직접 지배하는 반면 최태원은 자신이 최대주주로 있는 계열회사 SK C&C를 지주회사의 최대주주로 내세워 지주회사를 간접 지배하고 있다. 또 LG그룹에서는 2001-2005년의 체제 성립과정에서 순환출자가 완전히 정리되어 지주회사를 정점으로 하는 단선 · 하향적인 소유구조가 확립된 반면 SK그룹에서는 2007년 본격적인 지주회사체제 출범 이후에도 일부 회사들 간에 순환출자가 남아 있다가 2011년 초에 비로소 완전히 해소되었다.

2.3 소유권의 강화 · 집중

먼저 LG그룹의 경우, 2001년 4월에 생긴 첫 지주회사 LGCI의 최대주주는 이전 LG화학의 최대주주 LG연암학원이 계속 담당하였다. LG연암학원은 구씨 일가의 지배를 받는 비영리법

인으로 최대주주로서의 지분은 적었으며, 가장 많은 지분은 구씨 일가가 보유하였고 구본무는 가족 구성원의 일원으로서 약간의 지분을 가지고 있었다. 최대주주 및 특수관계인 지분은 20% 미만이었다 (<표 5.4>).

두 번째 지주회사 LGEI가 생기기 직전인 2002년 초 구본무는 LGCI의 새로운 최대주주로 자리매김하였고 이전보다 크게 증가한 4% 이상의 지분을 보유하게 되었다. 또한 구씨 일가의 지분은 25% 이상으로, 그리고 최대주주 및 특수관계인 지분은 45% 이상으로 대폭 증가하였다. 이어 2003년 3월 통합지주회사 LG가 출범하면서는 구본무의 지분은 5% 이상으로, 그리고 최대주주 및 특수관계인 지분은 50% 이상으로 더욱 늘어났다.

2004년 7월 지주회사 LG가 2개의 지주회사 LG・GS홀딩스로 분할된 이후에는 LG의 최대주주 구본무의 지분이 10% 이상으로 2배가량 크게 증가하였으며, 구씨 일가의 지분은 처음으로 30%를 넘어섰다. 이후 구본무의 지분은 10-11% 사이에서 매년 조금씩 늘어났으며, 구씨 일가의 지분은 2004년 말에 39% 가까이로 증가한 이후 조금씩 줄어들어 2007-2010년 사이에는 35-36% 사이에 머물고 있다. 또 최대주주 및 특수관계인 지분은 2004년 말 51% 이상이던 것이 이후 조금씩 줄어들어 2007년 이후에는 48-49% 수준이 유지되고 있다.

〈표 5.4〉 LG그룹과 SK그룹의 지주회사체제: (3) 소유권의 강화・집중

SK그룹	LG그룹
1999년: **최태원** (5.8%)	2000년: LG연암학원 (1.6% / 특 17.9)
↓	↓
SK글로벌 (13.8)	LG화학 (5.4 / 특 37.3)
↓	↓
SK (50)	LG전자
↓	
SK E&S	
2000년: SK글로벌 (12.7)	2001년: LG연암학원 (1.4 / 특 13)
↓ ↑	↓
SK (39.2)	LGCI (5.4 / 특 28,8)
↓ (50)	↓
SK E&S	LG전자

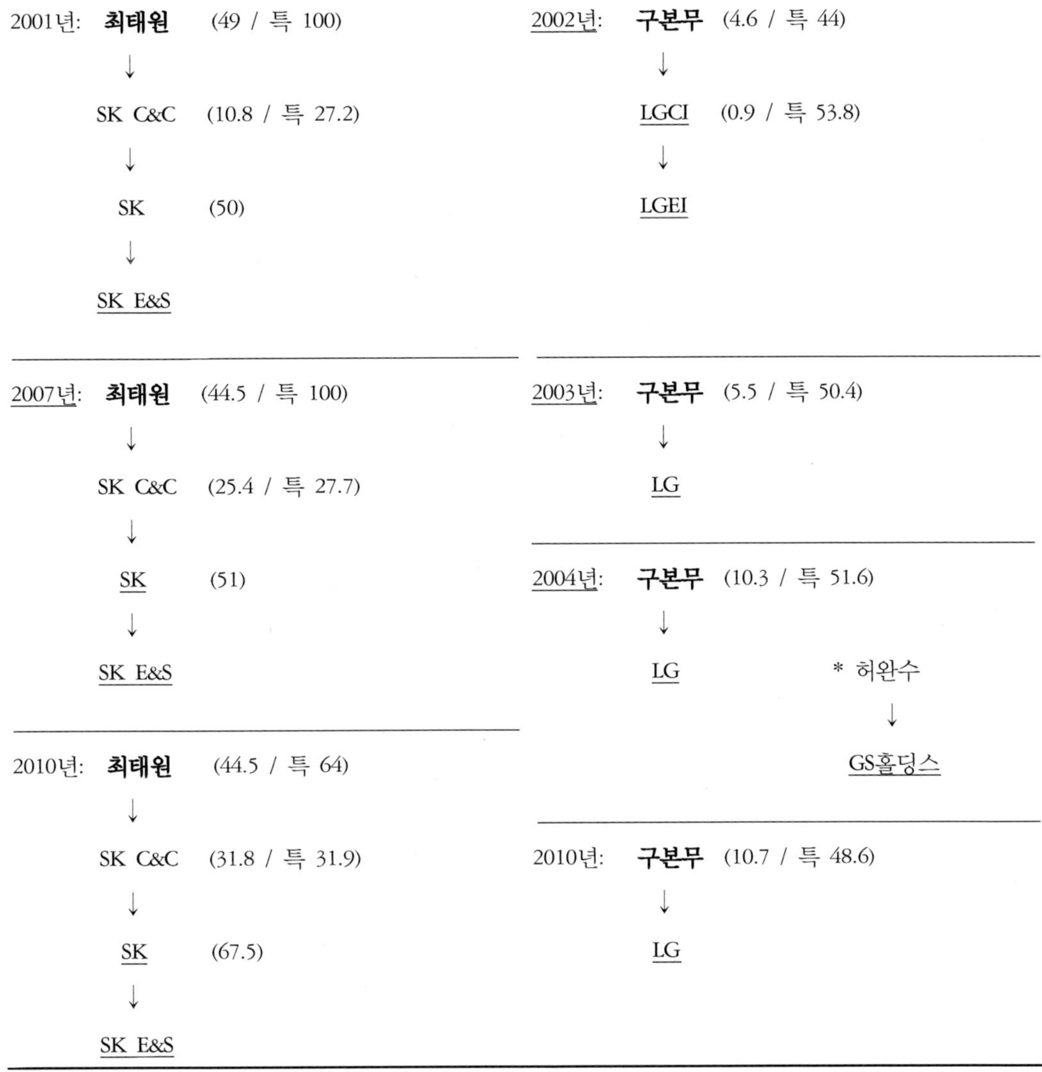

주: 1) 밑줄 친 연도는 지주회사체제 성립과정에 관련된 연도; 밑줄 친 회사는 지주회사.
2) 괄호 안의 수치는 지분; 특 = 최대주주 및 특수관계인 지분.

2005년 1월 GS홀딩스가 LG그룹에서 분리되어 나가면서 지주회사 LG의 소유구조는 '최대주주 구본무 + 구씨 일가 + 구씨 일가의 지배를 받는 2개 비영리법인'이 주축이 되는 구씨 일가의 친정체제로 재편되었고, 이후 이 체제가 유지되는 가운데 구본무의 영향력이 꾸준히 증가하고 있는 상황이다.

구본무와는 달리 최태원은 지주회사의 소유권을 직접 장악하지 않고 계열회사 SK C&C를 통해 간접적으로만 관여하고 있으며, 더구나 지주회사 SK에서의 최대주주 및 특수관계인 지분은 30% 내외로 LG에서의 50% 내외에 비해 2/3 정도 수준이다.

SK C&C가 주력회사 SK의 최대주주가 된 것은 2001년이었으며, 그 이전에는 지분구조가 불안정한 상태였다. 1999년 현재에는 SK글로벌(이후 SK네트웍스)이 SK의 최대주주이고 SK글로벌의 최대주주는 최태원이었으며, 2000년에는 SK글로벌과 SK가 서로의 회사에서 최대주주가 되는 상황으로 바뀌었다.

그러던 것이 2001년부터는 최태원이 SK C&C의 최대주주이고 SK C&C가 SK의 최대주주인 구도로 바뀌었고, 이후 이 구도가 정착되었다. SK엔론(이후 SK E&S)은 1999년 1월 지주회사로 설립되어 SK의 자회사로 편입되었으며 꼭 1년 뒤에 공정거래법상 지주회사 제1호로 지정되었다. SK엔론의 자회사로서의 신분은 2010년 현재까지 그대로 유지되어 오고 있다.

SK에 대한 SK C&C의 지분은 2001년에는 10%를 조금 넘는 수준이었으며, 이듬해 8% 남짓으로 줄어들었다가 2004년부터 11% 이상으로 다시 증가하였다. 최태원 또한 0.1%가량의 지분을 보유하였는데, 이후 조금씩 늘어나 2007년에는 1%에 조금 못 미치는 크기로 늘어났다. 2002년 초에는 SK C&C 대신 최태원이 5% 이상의 지분을 보유하면서 일시적으로 SK의 최대주주가 된 적이 있었다. 한편 최대주주 및 특수관계인의 지분은 2001년 27%이던 것이 이후 계속 줄어들어 2003년에는 20% 미만으로 떨어졌고 2007년 초에는 2001년 수준의 절반 이하인 12%대로 곤두박질쳤다.

2007년 7월 SK가 지주회사로 전환한 이후, 최대주주 SK C&C의 지분은 25% 이상으로 2배 이상 껑충 뛰었고 2008년 처음으로 30%를 넘어선 뒤 2009년 이후에는 31%를 조금 넘는 수준이 유지되고 있다. 최태원의 지분은 2007-2008년에는 2% 이상으로 크게 늘어난 상태였다가 이후 0.1% 이하로 미미해졌다. 또 최대주주 및 특수관계인 지분은 2007년 초에는 12%이던 것이 지주회사로 전환된 이후인 그 해 말에는 27%로 2배 이상 증가하였다. 2008년에 처음으로 30%를 넘어섰고, 2009년 이후에는 31%를 조금 넘는 수준이 유지되고 있다.

2000년대 초에는 계열회사 지분과 자기주식의 비중이 컸는데, 2005년까지 이들의 지분은 모두 없어졌다. 대신 최태원이 지배하는 최대주주 SK C&C가 가장 많은 지분을 보유하고 여기에 최태원과 일부 가족구성원이 약간의 지분을 갖는 구도가 정착되었다.

한편 2009년까지 비상장회사였던 SK C&C의 경우, 최대주주는 2000년 이전부터 최태원이었으며, 지분은 2001년까지는 49%였고 2002년부터는 줄곧 44.5%이다. 나머지 지분은 최태원의 여동생 최기원과 소수의 계열회사들이 모두 보유해 2009년 후반까지는 최대주주 및 특수관계인 지분이 100%였다. SK C&C는 2009년 말 상장되었는데, 최태원(44.5%)과 최기원(10.5%)의 지분에는 변함이 없는 반면 계열회사 보유 지분은 2011년 초까지 모두 없어져 최대주주 및 특수관계인 지분은 55%로 낮아졌다.

2.4 경영권의 강화 · 집중

경영에서는 구본무와 최태원 모두 점진적으로 강력한 체제를 구축하였다. 다만 최태원이 최근 들어 가족경영체제를 구축함으로써 구본무에 비해 상대적으로 강화된 경영권을 행사할 수 있는 여건을 마련한 것으로 볼 수 있다 (<표 5.5>).

구본무는 이전의 두 주력회사인 LG화학과 LG전자의 대표이사회장이었다. 이들 회사가 2001-2002년 LGCI와 LGEI로 차례로 전환되면서 구본무는 자연스럽게 두 주력지주회사의 대표이사회장이 되었고, 이어 2003년에 생긴 통합지주회사 LG에서도 대표이사회장직을 이어 갔다.

2003년 이전까지 구본무는 두 가족구성원의 지원을 받았다. 구자홍은 LG전자의 대표이사부회장이었고 구본준은 LGEI의 대표이사사장이었다. 하지만 이 두 사람은 지주회사 LG에는 참여하지 않았으며, 대신 구조조정본부장이었던 강유식이 대표이사부회장으로 들어와 '구본무 - 강유식' 투톱체제를 형성하였다. 이 구도가 2003년 이후 계속 이어져 오고 있으며, 2009년에 조준호가 대표이사사장으로 임명되어 대표이사 3인체제로 보강되었다.

2003년 통합지주회사 LG의 출범에 맞추어 기존의 구조조정본부는 해체되었고, 본부의 기능과 인력은 대부분 지주회사로 흡수되었다. 지주회사가 구본무의 새로운 보좌기구로 자리잡으면서 구본무는 공식적이고 합법적으로 그리고 보다 강력하게 경영권을 행사할 수 있게 되었다.

최태원의 경우도 비슷하다. 그는 2000년 이전부터 주력회사 SK의 대표이사회장이었다. 그리고 2007년 SK가 지주회사로 전환되면서 자연스럽게 지주회사의 대표이사회장으로 취임하였다. 소유에서는 SK C&C를 통해 간접 지배하는 반면 경영에서는 직접 지배하고 있는 것이다.

자신이 최대주주로 있는 SK C&C에서는 오랫동안 비상근이사회장으로서 이사회에 관여해 왔는데, 2009년부터는 직책을 상근이사로 바꾸어 관여의 정도를 높여 오고 있다. 2008년 후반에 지주회사 SK에 대한 SK C&C의 지분이 처음으로 30%를 넘어선 상태였다.

〈표 5.5〉 LG그룹과 SK그룹의 지주회사체제: (4) 경영권의 강화 · 집중

SK그룹	LG그룹
1999년: **최태원** ↓ SK (대표이사회장)	2000년: **구본무** ↓ LG화학 (대표이사회장) LG전자 (대표이사회장) **구자홍** ↓ LG전자 (대표이사부회장)
2000년: **최태원** ↓ SK (대표이사회장) 2001년: **최태원** ↓ SK C&C (비상근이사회장) SK (대표이사회장)	2001년: **구본무** ↓ LGCI (대표이사회장) LG전자 (대표이사회장) **구자홍** ↓ LG전자 (대표이사부회장)
2007년: **최태원** ↓ SK C&C (비상근이사회장) SK (대표이사회장) **박영호** ↓ SK (대표이사사장)	2002년: **구본무** ↓ LGCI (대표이사회장) LGEI (대표이사회장) **구본준** ↓ LGEI (대표이사사장)
2010년: **최태원** ↓ SK C&C (비상근이사회장) SK (대표이사회장)	2003년: **구본무** (대표이사회장) **강유식** (대표이사부회장) ↓ LG

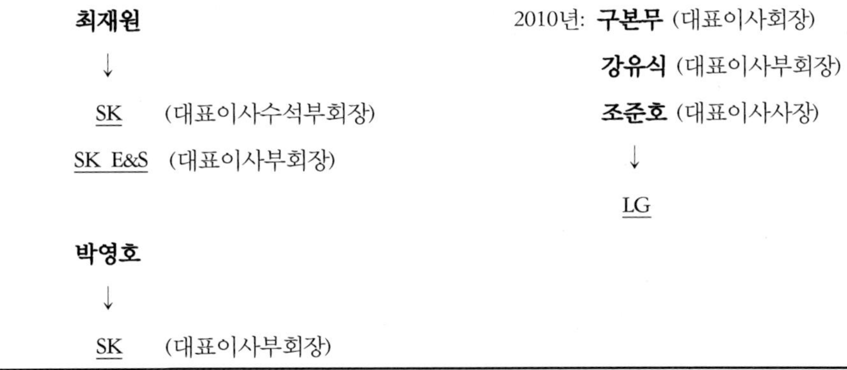

주: 밑줄 친 연도는 지주회사체제 성립과정에 관련된 연도; 밑줄 친 회사는 지주회사.

2007년 지주회사 SK의 출범에 맞추어 기존의 투자관리실은 해체되었고, 관리실의 기능과 인력은 대부분 지주회사로 흡수되었다. 투자관리실은 2003년 설치된 그룹 구조조정본부의 후신이었다. LG에서와 유사하게, 지주회사가 최태원의 새로운 보좌기구로 변신하였고, 투자관리실장이었던 박영호가 대표이사사장으로 임명되어 '최태원 - 박영호' 투톱체제가 형성되었다.

2009년에는 최태원의 동생 최재원이 지주회사 SK의 대표이사부회장으로 영입되었다. 3인 대표이사체제로 보강되는 동시에 가족경영체제가 구축되면서 최태원의 경영권 행사는 한층 더 탄력을 받게 되었다. 더구나 최재원은 또 다른 지주회사 SK E&S의 대표이사부회장이 되어 직접 개입하게 되었다. SK E&S에 대한 SK의 지분이 오랫동안 유지되어 왔던 50% 수준에서 처음으로 67%대로 늘어난 상황이었다. 2010년 말 최재원과 박영호는 각각 대표이사수석부회장과 대표이사부회장으로 승진하였는데, 2011년 초 박영호는 미등기부회장으로 물러나고 대신 김영태가 대표이사사장으로 선임되었다.

최근 들어 LG와 SK 모두에서 3인 대표이사체제로 경영권이 강화된 점은 주목할 만하며, SK에서의 '최태원 - 최재원' 체제의 강화 그리고 박영호의 사퇴는 더욱 의미가 깊다. 한편 구본무의 동생 구본준은 2011년 초 주력 자회사인 LG전자 대표이사부회장으로 전격 임명되었는데, 지주회사 LG에서도 '구본무 - 구본준' 중심의 가족경영체제가 구축될 가능성을 배제할 수 없는 상황이다.

2.5 소유지배구조의 왜곡 지속, 그리고 가시적인 경영성과의 미비

LG그룹과 SK그룹의 소유권 및 경영권이 강화되어 각각 구본무, 최태원에게로 집중되었다는 것은 분명 지주회사체제가 내세우는 민주적인 지배구조와는 거리가 있다. 외형적으로는 이전의 복잡한 소유관계가 단선적으로 정리되었지만, '1인 체제'에는 전혀 변함이 없고 오히려 더욱 굳건하게 구축된 것이다. 더구나 지주회사체제의 도입으로 인해 소유지배구조의 왜곡 정도가 개선되지 않고 있는 점 그리고 가시적인 경영성과가 나타나고 있지 않는 점 또한 새로운 지배구조에 대한 믿음을 약화시키고 있다.

2.5.1 소유지배구조의 왜곡

먼저 소유지배구조의 왜곡과 관련해서는 특히 최태원의 간접지배방식이 계속되고 있는 SK그룹에서 그 정도가 유난히 큰 상태가 지속되어 왔고, LG그룹에서도 그 정도가 상대적으로 큰 것으로 나타나고 있다 (<표 5.6>).

지주회사체제로 전환한(2007년 7월) 직후인 2008년 4월 현재의 SK그룹에서는, 총수(최태원)가 친인척과 함께 보유하는 계열회사 지분인 '소유지분율'은 2.19%에 불과하였으며, 이에 비해 총수가 특수관계인(친인척, 임원, 비영리법인, 계열회사)을 통해 실제로 영향력을 행사할 수 있는 지분인 '의결지분율'은 37.33%였다. 이에 따라, 소유지배구조의 왜곡 정도를 나타내는 '소유지배괴리도'는 35.14%포인트, 그리고 '의결권승수'는 17.05배였다.

SK그룹의 소유지배괴리도는 14개 출자총액제한기업집단의 평균(32.54%포인트)이나 28개 상호출자제한기업집단의 평균(32.33%포인트)과 엇비슷한 반면 의결권승수는 두 가지 평균(7.87배, 7.37배)의 2배를 훨씬 넘으며 28개 집단 중 최고치였다. SK 관련 4가지 지표는 지주회사체제 도입 이전인 2005-2007년에도 비슷한 상황이었다.

LG그룹의 경우에도, 2005-2008년에는 지주회사체제가 정착 단계에 접어든 시기인데, 소유지배괴리도(32.22-35.96%포인트)는 지주회사체제를 채택하고 있지 않은 삼성그룹(24.80-26.72%포인트)과 현대자동차그룹(30.43-33.49%포인트) 모두보다 높고, 의결권승수(6.78-7.74배)는 삼성(6.91-8.10배)에 비해서는 대체로 낮은 반면 현대자동차(5.60-7.00배)보다는 높다. 또 출자총액제한기업집단의 평균이나 상호출자제한기업집단의 평균과 비교해도 LG의 두 지표가 대체로 더 높다.

〈표 5.6〉 LG · SK그룹 vs. 삼성 · 현대자동차그룹:
(1) 소유지분율 (%), 의결지분율 (%), 소유지배괴리도 (%포인트), 의결권승수 (배), 2005-2008년

	소유지분율 (%)				의결지분율 (%)			
연도	2005	2006	2007	2008	2005	2006	2007	2008
LG	5.34	5.58	5.69	5.38	41.30	38.08	38.55	37.60
SK	2.15	2.21	2.47	2.19	34.06	36.32	38.54	37.33
삼성	4.41	4.20	3.55	3.57	31.13	29.00	28.74	28.88
현대자동차	5.58	6.28	6.45	6.62	39.07	38.51	37.10	37.05
출자총액제한 기업집단 평균	6.49	6.36	6.38	6.46	41.73	37.65	37.74	39.00
상호출자제한 기업집단 평균	9.13	9.17	9.52	8.04	40.33	39.72	40.80	40.37
	소유지배괴리도 (%포인트)				의결권승수 (배)			
연도	2005	2006	2007	2008	2005	2006	2007	2008
LG	35.96	32.50	32.86	32.22	7.74	6.83	6.78	6.99
SK	31.91	34.11	36.07	35.14	15.83	16.42	15.60	17.05
삼성	26.72	24.80	25.19	25.31	7.06	6.91	8.10	8.09
현대자동차	33.49	32.23	30.65	30.43	7.00	6.13	5.75	5.60
출자총액제한 기업집단 평균	35.24	31.28	31.36	32.54	8.57	7.47	7.54	7.87
상호출자제한 기업집단 평균	31.21	30.55	31.28	32.33	6.78	6.71	6.68	7.37

주: 1) 공정거래위원회는 2004년부터 대규모기업집단의 소유지배구조와 관련된 상세한 내용을 공개하고 있다. 이전에는 내부지분율(동일인 및 동일인 관련자의 지분)을 발표해 왔는데, 이에 더하여 친인척 지분과 계열회사 지분의 구체적인 내용을 추가한 것이다. 또 소유지배구조의 왜곡 정도를 보여 주기 위해 소유지배괴리도와 의결권승수 개념을 도입하였다. 2009-2010년 자료에는 위의 4개 지표가 계산되어 있지 않다.

2) 4월 1일 현재; 총수가 있는 민간기업집단만 포함.

3) 출자총액제한기업집단과 상호출자제한기업집단의 수: 2005년(9개, 38개), 2006년(14개, 41개), 2007년(11개, 43개), 2008년(14개, 28개).

4) 소유지분율 = 총수 일가가 보유하는 계열회사 지분 (총수, 친인척 지분 합; 의결권 있는 지분);
의결지분율 = 총수가 실제로 영향력을 행사할 수 있는 지분 (총수, 친인척, 임원, 비영리법인, 계열사 지분 합);
소유지배괴리도 = 의결지분율 − 소유지분율; 의결권승수 = 개별 그룹의 경우는 [의결지분율 ÷ 소유지분율],
집단 평균인 경우는 각 집단별 의결권승수를 먼저 계산한 뒤에 이를 각 집단의 자본총계(또는 자본금)의 합으로 가중 평균함.

출처: 공정거래위원회홈페이지 자료.

2.5.2 경영성과의 미비

한편 계열회사 수, 매출액, 당기순이익 등 몇 가지 대표적인 지표를 보면, LG그룹과 SK그룹이 지주회사체제 도입 이후 삼성그룹이나 현대자동차그룹에 비해 크게 나아졌다는 징후는 나타나지 않고 있다 (<표 5.7>; <그림 5.1>, <그림 5.2>, <그림 5.3>).

SK에서는 매출액이 불안한 모습을 보이는 가운데 당기순이익은 2009-2010년에 급감하였으며, LG에서는 매출액은 2005년 이후 꾸준히 증가하면서도 당기순이익은 증가와 감소가 반복되어 오고 있다. 반면 계열회사 수는 LG와 SK에서의 증가 정도가 상대적으로 큰 편이다.

〈표 5.7〉 LG · SK그룹 vs. 삼성 · 현대자동차그룹:
(2) 계열회사 수 (개), 자산총액 (조 원), 매출액 (조 원), 당기순이익 (조 원), 1999-2011년

(1) 계열회사 수 (개), 자산총액 (조 원)

연도	계열회사 수 (개)				자산총액 (조 원)			
	LG	SK	삼성	현대자동차	LG	SK	삼성	현대자동차
1999	48	41	49		49.5	32.8	61.6	
2000	43	39	45		47.6	40.1	67.4	
2001	43	54	64	16	52.0	47.4	69.9	36.1
2002	51	62	63	25	54.5	46.8	72.4	41.3
2003	50	60	63	25	58.6	47.5	83.5	44.1
2004	46	59	63	28	61.6	47.2	91.9	52.3
2005	38	50	62	28	50.9	48.0	107.6	56.0
2006	30	56	59	40	54.4	54.8	115.9	62.2
2007	31	57	59	36	52.4	60.4	129.1	66.2
2008	36	64	59	36	57.1	72.0	144.4	74.0
2009	52	77	63	41	68.3	85.9	174.9	86.9
2010	53	75	67	42	78.9	87.5	192.8	100.8
2011	59	86	78	63	90.6	97.0	230.9	126.7

(2) 매출액 (조 원)

연도	LG	SK	삼성	현대자동차
1999	64.6 (60.8)	37.4 (36.8)	99.0 (74.6)	
2000	62.0 (60.3)	38.0 (37.3)	108.8 (83.0)	
2001	75.3 (71.1)	47.6 (45.4)	130.3 (101.2)	36.4 (36.0)
2002	80.0 (74.7)	50.3 (48.6)	128.7 (92.9)	45.9 (45.0)
2003	85.0 (78.2)	53.4 (51.8)	144.4 (108.1)	55.4 (53.5)
2004	70.9 (70.0)	49.8 (48.1)	121.0 (84.0)	56.6 (54.5)
2005	63.1 (63.1)	56.1 (54.2)	139.2 (105.0)	67.0 (64.9)
2006	64.0 (64.0)	64.5 (64.4)	142.6 (108.7)	73.8 (71.2)
2007	66.5 (66.5)	70.5 (70.2)	150.5 (115.0)	77.6 (74.4)
2008	72.7 (72.7)	69.1 (68.8)	160.7 (123.7)	84.4 (80.9)
2009	83.9 (83.9)	105.2 (104.8)	189.0 (148.4)	96.3 (90.1)
2010	94.6 (94.6)	95.1 (94.7)	220.1 (177.6)	94.7 (89.5)
2011	107.1 (107.1)	112.0 (111.6)	254.6 (209.4)	129.6 (123.9)

(3) 당기순이익 (조 원)

연도	LG	SK	삼성	현대자동차
2000	3.8 (3.6)	0.7 (1.0)	2.5 (2.0)	
2001	2.0 (1.3)	1.0 (1.3)	8.3 (7.4)	1.2 (1.2)
2002	1.6 (1.2)	1.2 (1.2)	5.3 (4.0)	2.9 (2.1)
2003	2.9 (2.4)	1.9 (1.9)	10.7 (9.0)	2.8 (3.0)
2004	3.6 (3.5)	3.8 (3.9)	7.4 (7.6)	2.8 (3.6)
2005	5.5 (5.5)	4.6 (4.5)	13.3 (13.8)	3.4 (4.0)
2006	3.3 (3.3)	4.6 (4.6)	9.4 (9.8)	5.8 (5.3)
2007	1.2 (1.2)	4.3 (4.2)	12.4 (10.9)	3.8 (3.2)
2008	5.1 (5.1)	4.9 (4.9)	12.4 (10.7)	3.9 (3.3)
2009	4.3 (4.3)	2.9 (2.9)	11.8 (9.9)	4.4 (3.8)
2010	7.3 (7.3)	2.6 (2.6)	17.7 (16.1)	8.4 (7.8)
2011	4.6 (4.6)	5.0 (4.9)	24.5 (21.6)	13.5 (12.6)

주: 4월 현재; 괄호 안은 비금융보험회사.

출처: 공정거래위원회홈페이지 자료.

LG에서는 2006년 30개에서 2011년에는 59개로 거의 2배가 늘어났으며, SK에서는 2005년 50개에서 2011년에는 86개로 1.7배 늘었다.

삼성과 현대자동차의 경우, 매출액에서는 지속적인 증가 추세를 유지해 오고 있고, 당기순이익은 다소의 변화가 이어져 오고 있는 가운데 2009-2011년의 최근 3년간 크게 증가하였다. 이에 비해, 계열회사에서는 삼성이 2010년 이후 60개 내외 수준을 유지하다가 2011년(78개)에 처음으로 70개를 넘어섰으며, 현대자동차는 2006년 이후 40개 내외 수준이다가 2011년(63개)에 큰 폭으로 늘어났다.

〈그림 5.1〉 LG · SK그룹 vs. 삼성 · 현대자동차그룹: (1) 계열회사 수, 1999-2011년 (개)

(출처: <표 5.7>)

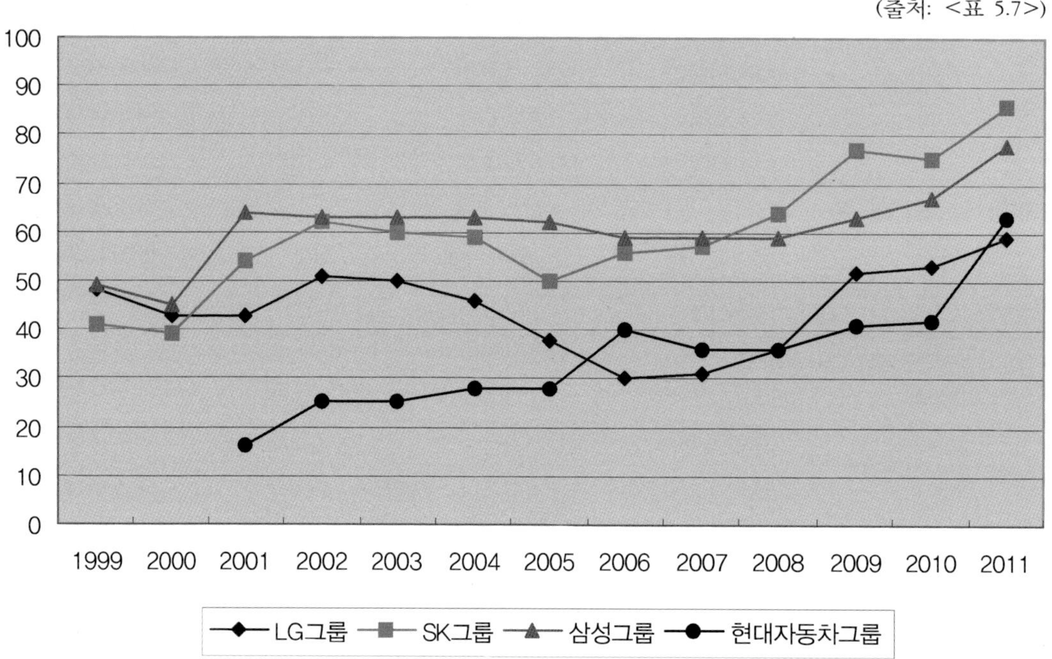

〈그림 5.2〉 LG · SK그룹 vs. 삼성 · 현대자동차그룹: (2) 매출액, 1999–2011년 (조 원)

(출처: <표 5.7>)

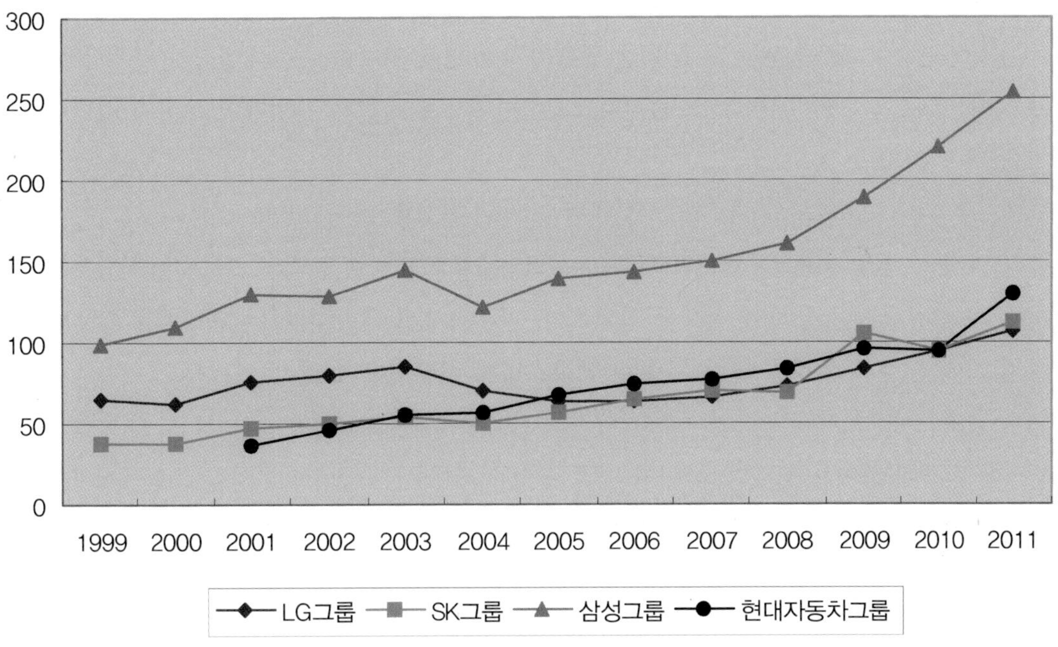

〈그림 5.3〉 LG · SK그룹 vs. 삼성 · 현대자동차그룹: (3) 당기순이익, 2000–2011년 (조 원)

(출처: <표 5.7>)

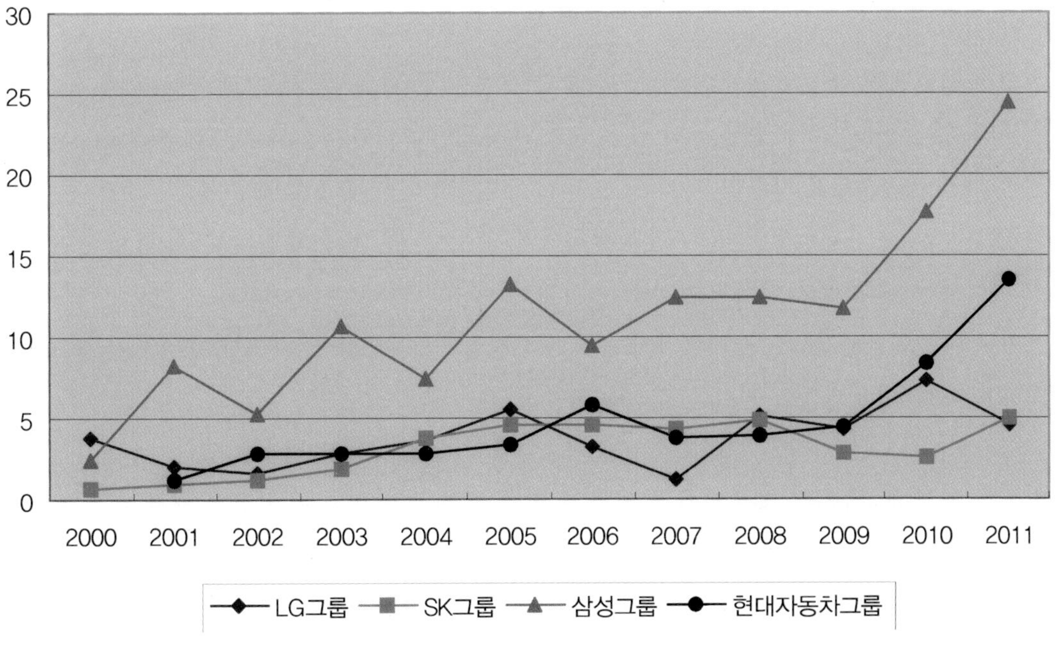

3. 과제 및 전망

(1) 1999년 2월 재도입된 이후 2010년 현재까지 11년을 지나면서 한국에서의 지주회사제도는 상당 정도로 정착되고 있는 모습이며, 그런 한편으로 여전히 진행형이고 아직 실험 단계에 있기도 하다.

새로운 지배구조로서의 지주회사에 대해 뜨거운 관심을 보이고 있는 속사정은 무엇이고, 어떤 과정을 거쳐 지주회사체제를 구축하게 되었으며, 그 체제가 만족스럽게 유지되고 있는지에 대해 종합적인 분석이 필요한 상황이다. 지주회사에 대한 열기는 고조되고 있는 반면 그 열기에 대한 학문적인 평가 작업은 만족스럽게 이루어지지 않고 있는 실정이다.

무엇보다 지주회사체제를 채택하고 있거나 한 적이 있는 25개 재벌 하나하나에 대한 집중 분석이 이루어질 필요가 있다. 나아가 일정 수의 모집단을 대상으로 다양한 측면에서 일반화를 시도하는 종합연구 또한 병행되어야 한다.

19개 재벌은 왜, 어떤 과정을 거쳐 적극적인 지주회사체제를 구축하게 되었는지, 이들 중 6개 재벌은 왜 2010년 현재까지 체제를 유지하지 못했는지, 그리고 유지하고 있는 13개 재벌은 그 체제를 어느 정도로 만족스럽게 유지해 왔고 앞으로 유지해 나갈 것인지 등에 대해 속시원하게 밝혀진 것은 없다. 또 6개 재벌은 왜 소극적인 지주회사체제에 머물고 있는지에 대한 분석도 요구된다.

25개 재벌에 속하는 32개 일반지주회사들 개개에 대한 관심도 필요하다. 자산총액 기준 상위 10개 일반지주회사에 속한 적이 있는 31개 회사 중 17개 재벌 소속의 19개 회사들, 그리고 20개 이상 계열회사를 보유한 적이 있는 12개 일반지주회사 중 9개 재벌 소속의 9개 회사들이 일차적인 관심 대상이다. 또 지주회사체제의 세 유형 즉 '지주회사 → 자회사', '지주회사 → 자회사 → 손자회사' 및 '지주회사 → 자회사 → 손자회사 → 증손회사'에 대한 비교분석, 그리고 지주회사체제를 구성하는 4개 종류의 회사들 즉 지주회사, 자회사, 손자회사 및 증손회사에 대한 비교분석도 필요한 작업이다.

지주회사체제를 채택한 재벌에 대한 분석은 여러 방향으로 진행될 수 있다. 우선 개별 재벌에서 지주회사체제를 채택하기 이전과 이후에 어떤 변화가 일어났는지, 그리고 공정거래법상 지주회사체제를 유지하다가 실질적인 지주회사체제로 바뀐 뒤에는 어떤 변화가 일어났는지를 분석할 수 있을 것이다. 나아가, 공정거래법상 지주회사체제를 채택한 재벌들, 실질적인 지주회사체제를 채택한 재벌들, 공정거래법상 지주회사체제를 채택한 재벌과 실질적인 지주회사체제를 채택한 재벌들, 지주회사체제를 채택한 재벌과 지주회사체제를 채택하지 않은 재벌들 등 각각의 모집단을 대상으로 공통점과 차이점 그리고 장점과 단점을 비교 분석할 수 있을 것이다. 지주회사체제의 분석에서 특히 주목해야 할 두 가지 측면은 지배구조와 경영성과이다.

(2) 먼저 지배구조와 관련해서는 최대주주가 소유권과 경영권을 동반 장악하는 과정 및 그 의미에 대한 분석과 평가가 필수적이다. 지주회사체제에서는 최대주주가 지주회사에 대해 절대적인 지분을 가지는 동시에 지주회사 및 주요 자회사들의 경영에도 직간접적으로 관여하게 된다. 소유구조가 '지주회사 → 자회사 → 손자회사 → 증손회사'로 이어지는 단선·하향적인 단순한 형태를 가지는 한편으로 지주회사 최고경영진의 의사결정 또한 신속하게 이루어지고 일사불란하게 아래로 전달되는 것이다.

특히 한국경제에서 큰 비중을 차지하고 있는 주요 재벌들이 지주회사체제를 채택함으로써 종래의 순환적이고 복잡하게 얽혀 있던 소유 및 경영구조가 단순·투명하고 민주적인 성격의 구조로 바뀌었는지, 그럼으로써 재도입 취지에 맞게 지주회사체제가 재벌의 바람직한 신지배구조로 제대로 자리매김하고 있는지를 평가하는 작업이 지속적으로 이루어져야 한다.

LG그룹과 SK그룹에 지주회사체제가 도입되면서 소유구조가 단순·투명해진 것은 분명 긍정적인 현상이다. 또 계열회사들이 자율경영 또는 책임경영을 할 수 있는 여건이 마련된 것도 사실이다. 반면 구본무와 최태원의 소유권·경영권은 한층 더 강화되었고 1인 체제는 더욱 확고해졌다. 두 사람은 여전히 그룹의 동일인으로서 오너의 지위를 가지고 있고 그룹회장으로 불린다. 지주회사체제 이전에 비해 외형적인 지배시스템은 바뀌었지만 실질적인 영향력의 행사 내용은 전혀 변화가 없으며 오히려 강화되었다.

'소유권과 경영권의 동반 강화 및 최대주주에 의한 완전 장악'은 지주회사체제를 도입한 다른 재벌에서도 공통적으로 나타나고 있는 것으로 파악되고 있다. 지분 보유와 경영 개입의 정도 및 방식에는 차이가 있지만 최대주주들은 보다 강력한 영향력을 행사할 수 있게끔 독자적인 지주회사체제를 형성하고 있다. 지주회사체제가 과거의 황제경영체제를 대신해 한국재벌의 새로운 민주적 지배구조로 자리 잡고 있는 것으로 보기는 힘든 상황이다.

지배구조의 투명성과 집중성은 지주회사체제의 양날이다. 재벌들은 투명성을 부각시키고 있고 정부도 이를 거들고 있지만 집중성에 대한 경계를 늦추기에는 아직 시기상조인 것이 현실이다. 과거의 행적에 비추어 볼 때 칼을 쥐고 있는 이의 진정성에 대한 믿음이 아직 형성되어 있지 않기 때문이다.

최근 들어 재계에서는 지주회사의 설립 요건을 완화해 줄 것을 강력하게 요구해 오고 있고 정부도 전향적인 자세를 취하고 있다. 지주회사의 장점을 적극적으로 살리기 위해 완화 조치를 하는 것은 일정 부분 필요하지만 이와 더불어 '집중성'에 대한 안전장치 또한 적절하게 마련되어야 한다. 특히 재벌들에 대해서는 이러한 장치가 더욱 필요하다. 한국재벌에서의 지주회사 실험은 아직 진행형이며, 투명성과 집중성이 조화로운 접점을 찾을 수 있게끔 보다 긴 시간 속에서 다양한 형태의 지배시스템이 실험되어야 할 것으로 보인다.

(3) 지주회사체제의 사례연구 또는 종합연구에서 주목해야 할 다른 주요 측면은 경영성과이다. 지주회사체제의 도입으로 지배구조가 변하면서 이전에는 생각할 수 없었던 새로운 경영전략의 수립이 가능하게 되었는지, 그러한 전략이 성공적으로 수행되어 매출액, 순이익, 배당, 주식가격 등에 고무적인 변화가 일어났는지에 대한 분석 및 평가가 요구된다.

지배구조가 상당 정도로 개선되었다고 하더라도 그것이 의사결정의 체계나 내용의 개선 그리고 최종 성과의 개선으로 이어지지 못한다면 지주회사체제의 도입은 실패한 것이거나 절반의 성공밖에 거두지 못한 것으로 볼 수 있기 때문이다. 반대로, 최대주주의 1인 체제가 강화되어 지배구조가 오히려 비민주적인 성격으로 변했다 하더라도 일사불란하고 신속한 의사결정체계가 괄목할 만한 경영성과로 이어진다면 지주회사체제는 신지배구조의 유력한 대안으로서 여전히 실험대상으로 주목받을 수 있기 때문이다.

문제는 경영성과의 분석에는 적지 않은 어려움이 따를 수 있다는 점이다. 무엇보다 경영성과의 변화가 지주회사체제로 인한 지배구조의 변화의 직접적인 결과인지 또는 어느 정도로 영향을 받은 것인지를 판단하기는 쉽지 않다. 경영성과는 기업 내외의 다양한 요인들의 복합적인 작용에 의해 결정되기 마련인데, 이 요인들 중 '지주회사체제 도입으로 인한 신지배구조의 확립' 요인이 경영성과에 미치는 영향력의 정도를 찾아내기 위해서는 변수들 간의 치밀한 관계 설정이 요구된다.

또 지주회사체제로 인한 지배구조의 변화가 경영성과에 긍정적인 영향을 미치는 것으로 분석된다 하더라도, 대부분의 재벌들에서는 지주회사체제를 도입한 역사가 일천하기 때문에 도입 이전의 긴 시간 동안의 경영성과에 비해 도입 이후의 짧은 기간 동안의 성과를 과연 '긍정적'인 것으로 판단할 수 있겠느냐 하는 의문이 제기될 수 있다. 25개 재벌 중 대다수가 2005년 이후에 지주회사체제를 도입하였는데, 2010년까지 5년 이하 기간 동안의 경영성과가

호전되었고 그것이 지배구조의 변화 때문이었다고 하더라도 이를 근거로 지주회사체제의 도입이 성공적이라고 섣불리 판단할 수는 없을 것이다. 성공적이라는 확신을 가지기 위해서는 보다 긴 기간 동안의 추세를 살펴보는 것이 필수적이기 때문이다. 따라서 현재로서는 지주회사체제가 경영성과에 미치는 영향에 대한 분석은 매우 제한적이고 잠정적인 상태에 머무를 수밖에 없는 상황이다.

한편 경영성과와 관련해 LG그룹과 SK그룹의 계열회사가 지주회사체제 도입 이후 크게 증가한 점이 주목된다. 강화되고 안정된 지배구조로 인한 긍정적인 결과로 볼 수도 있는 반면 지주회사제도의 부작용으로 지적되는 '지배력 확장' 또는 '경제력 집중'이라는 부정적인 측면이 강화되고 있는 것은 아닌지 우려되며, 이에 대해서는 비판적인 안목을 가지고 예의주시해야 할 것으로 보인다.

(4) 공정거래위원회는 2010년 11월에 발표한 자료에서 '공정거래법상 지주회사가 허용된 지 11년이 경과하면서 지주회사체제가 국내 대기업집단 기업구조의 선진화를 위한 대안으로 자리잡아가고 있다'고 긍정적으로 평가하고 있다. 그러면서 앞으로 지주회사체제의 확산을 위해 다양한 제도적 장치를 마련할 것이라는 정책 방향을 제시하고 있다. 특히 일반지주회사의 금융자회사 보유 허용, 증손회사에 대한 지분율 완화 등을 골자로 하는 공정거래법 개정안의 통과에 큰 기대를 걸고 있다.

정부의 평가와 정책 방향이 정당한 것인지에 대한 학계의 냉정한 평가가 있어야 할 것으로 보이며, 이를 위해 '지배구조'와 '경영성과'를 포함하여 다양한 관점에서 지주회사체제에 대한 사례연구 및 종합연구가 활발하게 진행되어야 할 것으로 생각된다. 이 과정에서 본 저서에서 제시된 기초자료 및 LG·SK그룹의 사례연구가 십분 활용될 수 있기를 기대해 본다.

부 록

〈부록 1〉 독점규제 및 공정거래에 관한 법률, 2010년 11월

(시행 2010.11.18; 법률 제10303호)

제1장 총칙

제2조(정의) 이 법에서 사용하는 용어의 정의는 다음과 같다.

1의2. '지주회사'라 함은 주식(지분을 포함한다. 이하 같다)의 소유를 통하여 국내회사의 사업내용을 지배하는 것을 주된 사업으로 하는 회사로서 자산총액이 대통령령이 정하는 금액 이상인 회사를 말한다. 이 경우 주된 사업의 기준은 대통령령으로 정한다.

1의3. '자회사'라 함은 지주회사에 의하여 대통령령이 정하는 기준에 따라 그 사업내용을 지배받는 국내회사를 말한다.

1의4. '손자회사'란 자회사에 의하여 대통령령으로 정하는 기준에 따라 사업내용을 지배받는 국내회사를 말한다.

제3장 기업결합의 제한 및 경제력집중의 억제

제8조(지주회사 설립・전환의 신고) 지주회사를 설립하거나 지주회사로 전환한 자는 대통령령이 정하는 바에 의하여 공정거래위원회에 신고하여야 한다.

제8조의2(지주회사 등의 행위제한 등)

① 이 조에서 사용하는 용어의 정의는 다음과 같다.

1. '공동출자법인'이라 함은 경영에 영향을 미칠 수 있는 상당한 지분을 소유하고 있는 2인 이상의 출자자(특수관계인의 관계에 있는 출자자 중 대통령령이 정하는 자 외의 자는 1인으로 본다)가 계약 또는 이에 준하는 방법으로 출자 지분의 양도를 현저히 제한하고 있어 출자자 간 지분변동이 어려운 법인을 말한다.
2. '벤처지주회사'라 함은 「벤처기업육성에 관한 특별조치법」 제2조(정의) 제1항에 따른 벤처기업(이하 '벤처기업'이라 한다)을 자회사로 하는 지주회사로서 대통령령이 정하는 기준에 해당하는 지주회사를 말한다.

② 지주회사는 다음 각 호의 어느 하나에 해당하는 행위를 하여서는 아니 된다.

1. 자본총액(대차대조표상의 자산총액에서 부채액을 뺀 금액을 말한다. 이하 같다)의 2배를 초과하는 부채액을 보유하는 행위. 다만 지주회사로 전환하거나 설립될 당시에 자본총액의 2배를 초과하는 부채액을 보유하고 있는 때에는 지주회사로 전환 하거나 설립된 날부터 2년간은 자본총액의 2배를 초과하는 부채액을 보유할 수 있다.
2. 자회사의 주식을 그 자회사 발행주식총수의 100분의 40[자회사가 「자본시장과 금융투자업에 관한 법률」에 따른 주권상장법인(이하 '상장법인'이라 한다)인 경우, 주식 소유의 분산요건 등 상장요건이 국내 유가증권시장의 상장요건에 상당하는 것으로 공정거래위원회가 고시하는 국외 증권거래소에 상장된 법인(이하 '국외상장법인'이라 한다)인 경우, 공동출자법인인 경우 또는 벤처지주회사의 자회사인 경우에는 100분의 20으로 한다. 이하 이 조에서 '자회사주식보유기준'이라 한다] 미만으로 소유하는 행위. 다만 다음 각 목의 어느 하나에 해당하는 사유로 인하여 자회사주식보유기준에 미달하게 된 경우에는 그러하지 아니하다.

가. 지주회사로 전환하거나 설립될 당시에 자회사의 주식을 자회사주식보유기준 미만으로 소유하고 있는 경우로서 지주회사로 전환하거나 설립된 날부터 2년 이내인 경우

나. 상장법인 또는 국외상장법인이거나 공동출자법인이었던 자회사가 그에 해당하지 아니하게 되어 자회사주식보유기준에 미달하게 된 경우로서 그 해당하지 아니하게 된 날부터 1년 이내인 경우

다. 벤처지주회사이었던 회사가 그에 해당하지 아니하게 되어 자회사주식보유기준에 미달하게 된 경우로서 그 해당하지 아니하게 된 날부터 1년 이내인 경우

라. 자회사가 주식을 모집하거나 매출하면서 「증권거래법」 제191조의7(우리사주 조합원에 대한 우선배정)의 규정에 따라 우리사주조합에 우선 배정하거나 당해 자회사가 「상법」 제513조(전환사채의 발행) 또는 제516조의2(신주인수권부사채의 발행)의 규정에 따라 발행한 전환사채 또는 신주인수권부사채의 전환이 청구되거나 신주인수권이 행사되어 자회사주식보유기준에 미달하게 된 경우로서 그 미달하게 된 날부터 1년 이내인 경우

마. 자회사가 아닌 회사가 자회사에 해당하게 되고 자회사주식보유기준에는 미달하는 경우로서 당해 회사가 자회사에 해당하게 된 날부터 1년 이내인 경우

바. 자회사를 자회사에 해당하지 아니하게 하는 과정에서 자회사주식보유기준에 미달하게 된 경우로서 그 미달하게 된 날부터 1년 이내인 경우(자회사주식보유기준에 미달하게 된 날부터 1년 이내에 자회사에 해당하지 아니하게 된 경우에 한한다)

사. 자회사가 다른 회사와 합병하여 자회사주식보유기준에 미달하게 된 경우로서 그 미달하게 된 날부터 1년 이내인 경우

3. 계열회사가 아닌 국내회사(「사회기반시설에 대한 민간투자법」 제4조(민간투자사업의 추진방식) 제1호부터 제4호까지의 규정에 정한 방식으로 민간투자사업을 영위하는 회사를 제외한다. 이하 이 호에서 같다)의 주식을 당해 회사 발행주식총수의 100분의 5를 초과하여 소유하는 행위(소유하고 있는 계열회사가 아닌 국내회사의 주식가액의 합계액이 자회사의 주식가액의 합계액의 100분의 15 미만인 지주회사에 대하여는 적용하지 아니한다) 또는 자회사 외의 국내계열회사의 주식을 소유하는 행위. 다만 다음 각목의 1에 해당하는 사유로 인하여 주식을 소유하고 있는 계열회사가 아닌 국내회사나 국내계열회사의 경우에는 그러하지 아니하다.

가. 지주회사로 전환하거나 설립될 당시에 이 호 본문에서 규정하고 있는 행위에 해당하고 있는 경우로서 지주회사로 전환하거나 설립된 날부터 2년 이내인 경우

나. 계열회사가 아닌 회사를 자회사에 해당하게 하는 과정에서 이 호 본문에서 규정하고 있는 행위에 해당하게 된 날부터 1년 이내인 경우(같은 기간 내에 자회사에 해당하게 된 경우에 한한다)

다. 주식을 소유하고 있지 아니한 국내계열회사를 자회사에 해당하게 하는 과정에서 그 국내계열회사 주식을 소유하게 된 날부터 1년 이내인 경우(같은 기간 내에 자회사에 해당하게 된 경우에 한한다)

라. 자회사를 자회사에 해당하지 아니하게 하는 과정에서 당해 자회사가 자회사에 해당하지 아니하게 된 날부터 1년 이내인 경우

4. 금융업 또는 보험업을 영위하는 자회사의 주식을 소유하는 지주회사(이하 '금융지주회사'라 한다)인 경우 금융업 또는 보험업을 영위하는 회사(금융업 또는 보험업과 밀접한 관련이 있는 등 대통령령이 정하는 기준에 해당하는 회사를 포함한다) 외의 국내회사의 주식을 소유하는 행위. 다만 금융지주회사로 전환하거나 설립될 당시에 금융업 또는 보험업을 영위하는 회사 외의 국내회사 주식을 소유하고 있는 때에는 금융지주회사로 전환하거나 설립된 날부터 2년간은 그 국내회사의 주식을 소유할 수 있다.

5. 금융지주회사 외의 지주회사(이하 '일반지주회사'라 한다)인 경우 금융업 또는 보험업을 영위하는 국내회사의 주식을 소유하는 행위. 다만 일반지주회사로 전환하거나 설립될 당시에 금융업 또는 보험업을 영위하는 국내회사의 주식을 소유하고 있는 때에는 일반

지주회사로 전환하거나 설립된 날부터 2년간은 그 국내회사의 주식을 소유할 수 있다.

③ 일반지주회사의 자회사는 다음 각 호의 어느 하나에 해당하는 행위를 하여서는 아니 된다.

1. 손자회사의 주식을 그 손자회사 발행주식총수의 100분의 40(그 손자회사가 상장법인 또는 국외상장법인이거나 공동출자법인인 경우에는 100분의 20으로 한다. 이하 이 조에서 '손자회사주식보유기준'이라 한다) 미만으로 소유하는 행위. 다만 다음 각 목의 어느 하나에 해당하는 사유로 인하여 손자회사주식보유기준에 미달하게 된 경우에는 그러하지 아니하다.

가. 자회사가 될 당시에 손자회사의 주식을 손자회사주식보유기준 미만으로 소유하고 있는 경우로서 자회사에 해당하게 된 날부터 2년 이내인 경우

나. 상장법인 또는 국외상장법인이거나 공동출자법인이었던 손자회사가 그에 해당하지 아니하게 되어 손자회사주식보유기준에 미달하게 된 경우로서 그 해당하지 아니하게 된 날부터 1년 이내인 경우

다. 손자회사가 주식을 모집 또는 매출하면서 「증권거래법」 제191조의7(우리사주조합원에 대한 우선배정)의 규정에 따라 우리사주조합에 우선 배정하거나 당해 손자회사가 「상법」 제513조(전환사채의 발행) 또는 제516조의2(신주인수권부사채의 발행)의 규정에 따라 발행한 전환사채 또는 신주인수권부사채의 전환이 청구되거나 신주인수권이 행사되어 손자회사주식보유기준에 미달하게 된 경우로서 그 미달하게 된 날부터 1년 이내인 경우

라. 손자회사가 아닌 회사가 손자회사에 해당하게 되고 손자회사주식보유기준에는 미달하는 경우로서 당해 회사가 손자회사에 해당하게 된 날부터 1년 이내인 경우

마. 손자회사를 손자회사에 해당하지 아니하게 하는 과정에서 손자회사주식보유기준에 미달하게 된 경우로서 그 미달하게 된 날부터 1년 이내인 경우(같은 기간 내에 손자회사에 해당하지 아니하게 된 경우에 한한다)

바. 손자회사가 다른 회사와 합병하여 손자회사주식보유기준에 미달하게 된 경우로서 그 미달하게 된 날부터 1년 이내인 경우

2. 손자회사가 아닌 국내계열회사의 주식을 소유하는 행위. 다만 다음 각 목의 어느하나에 해당하는 사유로 인하여 주식을 소유하고 있는 국내계열회사의 경우에는 그러하지 아니하다.

가. 자회사가 될 당시에 주식을 소유하고 있는 국내계열회사의 경우로서 자회사에 해당하

게 된 날부터 2년 이내인 경우

나. 계열회사가 아닌 회사를 손자회사에 해당하게 하는 과정에서 당해 회사가 계열회사에 해당하게 된 날부터 1년 이내인 경우(같은 기간 내에 손자회사에 해당하게 된 경우에 한한다)

다. 주식을 소유하고 있지 아니한 국내계열회사를 손자회사에 해당하게 하는 과정에서 당해 계열회사의 주식을 소유하게 된 날부터 1년 이내인 경우(같은 기간 내에 손자회사에 해당하게 된 경우에 한한다)

라. 손자회사를 손자회사에 해당하지 아니하게 하는 과정에서 당해 손자회사가 손자회사에 해당하지 아니하게 된 날부터 1년 이내인 경우(같은 기간 내에 계열회사에 해당하지 아니하게 된 경우에 한한다)

마. 손자회사가 다른 자회사와 합병하여 그 다른 자회사의 주식을 소유하게 된 경우로서 주식을 소유한 날부터 1년 이내인 경우

바. 자기주식을 보유하고 있는 자회사가 회사분할로 인하여 다른 국내계열회사의 주식을 소유하게 된 경우로서 주식을 소유한 날부터 1년 이내인 경우

3. 금융업이나 보험업을 영위하는 회사를 손자회사로 지배하는 행위. 다만 일반지주 회사의 자회사가 될 당시에 금융업이나 보험업을 영위하는 회사를 손자회사로 지배하고 있는 경우에는 자회사에 해당하게 된 날부터 2년간 그 손자회사를 지배할 수 있다.

④ 일반지주회사의 손자회사는 국내계열회사의 주식을 소유하여서는 아니 된다. 다만 다음 각 호의 어느 하나에 해당하는 경우에는 그러하지 아니하다.

1. 손자회사가 될 당시에 주식을 소유하고 있는 국내계열회사의 경우로서 손자회사에 해당하게 된 날부터 2년 이내인 경우
2. 주식을 소유하고 있는 계열회사가 아닌 국내회사가 계열회사에 해당하게 된 경우로서 당해 회사가 계열회사에 해당하게 된 날부터 1년 이내인 경우
3. 자기주식을 소유하고 있는 손자회사가 회사분할로 인하여 다른 국내계열회사의 주식을 소유하게 된 경우로서 주식을 소유한 날부터 1년 이내인 경우
4. 손자회사가 국내계열회사(금융업 또는 보험업을 영위하는 회사를 제외한다) 발행 주식 총수를 소유하고 있는 경우

⑤ 제4항 제4호에 따라 손자회사가 주식을 소유하고 있는 회사(이하 '증손회사'라 한다)는 국내계열회사의 주식을 소유하여서는 아니 된다. 다만 다음 각 호의 어느 하나에 해당

하는 경우에는 그러하지 아니하다.

1. 증손회사가 될 당시에 주식을 소유하고 있는 국내계열회사인 경우로서 증손회사에 해당하게 된 날부터 2년 이내인 경우
2. 주식을 소유하고 있는 계열회사가 아닌 국내회사가 계열회사에 해당하게 된 경우로서 그 회사가 계열회사에 해당하게 된 날부터 1년 이내인 경우

⑥ 제2항 제1호 단서, 제2항 제2호 가목, 제2항 제3호 가목, 제2항 제4호 단서, 제2항 제5호 단서, 제3항 제1호 가목, 제3항 제2호 가목, 제3항 제3호 단서, 제4항 제1호 및 제5항 제1호를 적용함에 있어서 각 해당 규정의 유예기간은 주식가격의 급격한 변동 등 경제여건의 변화, 주식처분금지계약, 사업의 현저한 손실 그 밖의 사유로 인하여 부채액을 감소시키거나 주식의 취득·처분 등이 곤란한 경우에는 공정거래위원회의 승인을 얻어 2년을 연장할 수 있다.

⑦ 지주회사는 대통령령이 정하는 바에 의하여 당해 지주회사·자회사·손자회사 및 증손회사(이하 '지주회사등'이라 한다)의 주식소유현황·재무상황 등 사업내용에 관한 보고서를 공정거래위원회에 제출하여야 한다.

제8조의3(채무보증제한기업집단의 지주회사 설립제한) 제14조(상호출자제한기업집단 등의 지정 등) 제1항의 규정에 따라 지정된 채무보증제한기업집단에 속하는 회사를 지배하는 동일인 또는 당해 동일인의 특수관계인이 지주회사를 설립하고자 하거나 지주회사로 전환하고자 하는 경우에는 제10조의2(계열회사에 대한 채무보증의 금지)의 규정에 의한 채무보증으로서 다음 각 호의 1에 해당하는 채무보증을 해소하여야 한다.

1. 지주회사와 자회사간의 채무보증
2. 지주회사와 다른 국내계열회사(당해 지주회사가 지배하는 자회사를 제외한다)간의 채무보증
3. 자회사 상호간의 채무보증
4. 자회사와 다른 국내계열회사(당해 자회사를 지배하는 지주회사 및 당해지주회사가 지배하는 다른 자회사를 제외한다)간의 채무보증

제17조(과징금)

④ 공정거래위원회는 제8조의2(지주회사 등의 행위제한 등) 제2항 내지 제5항을 위반한 자

에 대하여 다음 각 호의 금액에 100분의 10을 곱한 금액을 초과하지 아니하는 범위 안에서 과징금을 부과할 수 있다.

1. 제8조의2(지주회사 등의 행위제한 등) 제2항 제1호의 규정을 위반한 경우에는 대통령령이 정하는 대차대조표(이하 이 항에서 '기준대차대조표'라 한다)상 자본총액의 2배를 초과한 부채액
2. 제8조의2(지주회사 등의 행위제한 등) 제2항 제2호의 규정을 위반한 경우에는 당해 자회사 주식의 기준대차대조표상 장부가액의 합계액에 다음 각 목의 비율에서 그 자회사 주식의 소유비율을 뺀 비율을 곱한 금액을 그 자회사 주식의 소유비율로 나누어 산출한 금액

가. 당해 자회사가 상장법인 또는 국외상장법인이거나 공동출자법인인 경우 및 벤처지주회사의 자회사인 경우에는 100분의 20

다. 가목에 해당하지 아니하는 경우에는 100분의 40

3. 제8조의2(지주회사 등의 행위제한 등) 제2항 제3호 내지 제5호, 같은 조 제3항 제2호, 같은 조 제4항 또는 같은 조 제5항을 위반한 경우에는 위반하여 소유하는 주식의 기준대차대조표상 장부가액의 합계액
4. 제8조의2(지주회사 등의 행위제한 등) 제3항 제1호의 규정을 위반한 경우에는 당해 손자회사 주식의 기준대차대조표상 장부가액의 합계액에 다음 각 목의 비율에서 그 손자회사 주식의 소유비율을 뺀 비율을 곱한 금액을 그 손자회사 주식의 소유 비율로 나누어 산출한 금액

가. 당해 손자회사가 상장법인 또는 국외상장법인이거나 공동출자법인인 경우에는 100분의 20

나. 가목에 해당하지 아니하는 손자회사의 경우에는 100분의 40

제14장 벌칙

제66조(벌칙) ① 다음 각 호의 어느 하나에 해당하는 자는 3년 이하의 징역 또는 2억 원 이하의 벌금에 처한다.

3. 제8조의2(지주회사 등의 행위제한 등) 제2항 내지 제5항을 위반한 자
4. 제8조의3(채무보증제한기업집단의 지주회사 설립제한)의 규정에 위반하여 지주회사를 설립하거나 지주회사로 전환한 자

제68조(벌칙) 다음 각 호의 어느 하나에 해당하는 자는 1억 원 이하의 벌금에 처한다.

1. 제8조(지주회사 설립 · 전환의 신고)의 규정에 위반하여 지주회사의 설립 또는 전환의 신고를 하지 아니하거나 허위의 신고를 한 자
2. 제8조의2(지주회사 등의 행위제한 등) 제7항을 위반하여 당해 지주회사 등의 사업내용에 관한 보고를 하지 아니하거나 허위의 보고를 한 자

〈부록 2〉 독점규제 및 공정거래에 관한 법률 시행령, 2010년 11월

(시행 2010.11.2; 대통령령 제22467호)

제1장 총칙

제2조(지주회사의 기준)

① 「독점규제 및 공정거래에 관한 법률」(이하 '법'이라 한다) 제2조(정의) 제1호의2 전단에서 '자산총액이 대통령령이 정하는 금액 이상인 회사'란 다음 각 호의 회사를 말한다.

1. 해당 사업연도에 새로이 설립되었거나 합병 또는 분할 · 분할합병 · 물적분할(이하 '분할'이라 한다)을 한 회사의 경우에는 각각 설립등기일 · 합병등기일 또는 분할 등기일 현재의 대차대조표상 자산총액이 1천억 원 이상인 회사
2. 제1호 외의 회사의 경우에는 직전 사업연도 종료일(사업연도 종료일 이전의 자산 총액을 기준으로 지주회사 전환신고를 하는 경우에는 해당 전환신고 사유의 발생일) 현재의 대차대조표상의 자산총액이 1천억 원 이상인 회사

② 법 제2조(정의) 제1호의2 후단에 따른 주된 사업의 기준은 회사가 소유하고 있는 자회사의 주식(지분을 포함한다. 이하 같다)가액의 합계액(제1항 각 호의 자산총액 산정 기준일 현재의 대차대조표상에 표시된 가액을 합계한 금액을 말한다)이 해당 회사 자산총액의 100분의 50 이상인 것으로 한다.

③ 법 제2조(정의) 제1호의3에서 '대통령령이 정하는 기준'이란 다음 각 호의 요건을 충족하는 것을 말한다.

1. 지주회사의 계열회사(「중소기업 창업지원법」에 따라 설립된 중소기업창업투자회사 또는 「여신전문금융업법」에 따라 설립된 신기술사업금융업자가 창업투자 목적 또는 신기술사업자 지원 목적으로 다른 국내회사의 주식을 취득함에 따른 계열회사를 제외한다) 일 것
2. 지주회사가 소유하는 주식이 제11조(특수관계인의 범위)제1호 또는 제2호에 규정된 각각의 자중 최다출자자가 소유하는 주식과 같거나 많을 것

④ 법 제2조(정의) 제1호의4에서 '대통령령으로 정하는 기준'이란 다음 각 호의 요건을 충족하는 것을 말한다.

1. 자회사의 계열회사일 것
2. 자회사가 소유하는 주식이 제11조(특수관계인의 범위) 제1호 또는 제2호에 규정된 각각의 자 중 최다출자자가 소유하는 주식과 같거나 많을 것

제3장 기업결합의 제한 및 경제력집중의 억제

제15조(지주회사의 설립·전환의 신고등)

① 지주회사를 설립하거나 지주회사로 전환한 자는 법 제8조에 따라 공정거래위원회가 정하여 고시하는 바에 따라 다음 각 호의 기한 내에 신고인의 성명, 지주회사, 자회사, 손자회사와 법 제8조의2(지주회사 등의 행위제한 등) 제5항에 따른 증손회사(이하 '지주회사등'이라 한다)의 명칭, 자산총액, 부채총액, 주주현황, 주식소유현황, 사업내용 등을 기재한 신고서에 신고내용을 입증하는 서류를 첨부하여 공정거래위원회에 제출하여야 한다.

1. 지주회사를 설립하는 경우에는 설립등기일부터 30일 이내
2. 다른 회사와의 합병 또는 회사의 분할을 통하여 지주회사로 전환하는 경우에는 합병등기일 또는 분할등기일부터 30일 이내
3. 다른 법률에 따라 법 제8조의 적용이 제외되는 회사의 경우에는 다른 법률에서 정하고 있는 제외기간이 지난 날부터 30일 이내
4. 다른 회사의 주식취득, 자산의 증감 및 그 밖의 사유로 인하여 지주회사로 전환하는 경우에는 제2조(지주회사의 기준) 제1항 제2호의 자산총액 산정 기준일부터 4개월 이내

② 제1항의 규정에 의한 신고를 하는 자가 법 제10조의2(계열회사에 대한 채무보증의 금지) 제1항의 규정에 의한 채무보증제한기업집단에 속하는 회사를 지배하는 동일인 또는 당해동일인의 특수관계인에 해당하는 경우에는 법 제8조의3(채무보증제한기업집단의 지주회사 설립제한) 각호의 규정에 의한 채무보증의 해소실적을 함께 제출하여야 한다.

③ 제1항의 규정에 의한 지주회사의 설립신고에 있어서 설립에 참여하는 자가 2 이상인 경우에는 공동으로 신고하여야 한다. 다만 신고의무자 중 1인을 대리인으로 정하여 그 대리인이 신고하는 경우에는 그러하지 아니하다.

④ 지주회사로서 사업연도 중 소유 주식의 감소, 자산의 증감 등의 사유로 인하여 제2조(지주회사의 기준) 제1항 또는 제2항의 규정에 해당하지 아니하게 되는 회사가 이를 공정거래위원회에 신고한 경우에는 당해사유가 발생한 날부터 이를 지주회사로 보지 아

니한다.

⑤ 제4항의 규정에 의하여 신고를 하는 회사는 공정거래위원회가 정하는 바에 따라 당해 사유가 발생한 날을 기준으로 한 공인회계사의 회계감사를 받은 대차대조표 및 주식 소유현황을 공정거래위원회에 제출하여야 한다. 이 경우 공정거래위원회는 신고를 받은 날부터 30일 이내에 그 심사결과를 신고인에게 통지하여야 한다.

제15조의2(벤처지주회사의 기준) 법 제8조의2 제1항 제2호에서 '대통령령이 정하는 기준'이라 함은 지주회사가 소유하고 있는 「벤처기업육성에 관한 특별조치법」 제2조 제1항의 규정에 의한 벤처기업의 주식가액 합계액이 당해 지주회사가 소유하고 있는 전체 자회사 주식가액 합계액의 100분의 50 이상인 경우를 말한다.

제15조의4(금융지주회사의 자회사 주식 소유제한) 법 제8조의2 제2항 제4호 본문에서 '금융업 또는 보험업과 밀접한 관련이 있는 등 대통령령이 정하는 기준에 해당하는 회사'라 함은 다음 각 호의 1의 사업을 영위하는 것을 목적으로 하는 회사를 말한다.

1. 금융회사 또는 보험회사에 대한 전산·정보처리 등의 역무의 제공
2. 금융회사 또는 보험회사가 보유한 부동산 기타 자산의 관리
3. 금융업 또는 보험업과 관련된 조사·연구
4. 기타 금융회사 또는 보험회사의 고유업무와 직접 관련되는 사업

제15조의6(지주회사등의 주식소유현황등의 보고)

① 법 제8조의2(지주회사 등의 행위제한 등) 제7항에 따라 지주회사는 공정거래위원회가 정하여 고시하는 바에 따라 당해사업연도 종료 후 4개월 이내에 다음 각 호의 사항을 기재한 보고서를 공정거래위원회에 제출하여야 한다.

1. 지주회사등의 명칭·소재지·설립일·사업내용 및 대표자의 성명 등 회사의 일반현황
2. 지주회사등의 주주현황
3. 지주회사등의 주식소유현황
4. 지주회사등의 납입자본금·자본총액·부채총액·자산총액 등 재무현황

② 제1항에 따른 보고서에는 다음 각 호의 서류를 첨부하여야 한다.

1. 지주회사등의 직전사업연도의 대차대조표·손익계산서등 재무제표(「주식회사의 외부감

사에 관한 법률」의 규정에 의하여 연결재무제표를 작성하는 기업의 경우에는 연결재무제표를 포함한다) 및 재무제표에 대한 감사인의 감사보고서[상호출자제한기업집단 및 채무보증제한기업집단(이하 '상호출자제한기업집단등'이라 한다)에 소속된 회사 및 「주식회사의 외부감사에 관한 법률」의 규정에 의한 외부 감사의 대상이 되는 회사에 한한다]

2. 자회사, 손자회사와 법 제8조의2(지주회사 등의 행위제한 등) 제5항에 따른 증손회사(이하 '증손회사'라 한다)의 주주명부

③ 공정거래위원회는 제1항 및 제2항의 규정에 의하여 제출된 보고서 및 첨부서류가 미비된 경우에는 기간을 정하여 당해서류의 보정을 명할 수 있다.

〈부록 3〉 신설 및 존속 공정거래법상 지주회사 현황, 2000-2010년

〈부록 표 3.1〉 신설 공정거래법상 지주회사 127개, 2000-2010년

연도	합 (개)	회사 (설립 · 전환 월.일; 밑줄 친 회사는 금융지주회사)
2000	6	SK E&S(주)(1.1), (주)C&M커뮤니케이션(1.25), (주)화성사(4.1), KIG홀딩스(유)(5.24*), (주)온미디어(6.15), (주)세종금융지주(4.1)
2001	7	엘파소코리아홀딩(유)(1.1), (주)LG(4.3), (주)동원엔터프라이즈(4.16), (주)대교홀딩스(5.4), (주)세아홀딩스(7.3), 우리금융지주(주)(3.27), (주)신한금융지주회사(9.1)
2002	5	LGEI(4.3), 한국컴퓨터지주(주)(5.27), (주)대웅(10.2), 대한색소공업(주)(12.27), 퍼스트씨알비(1.1)
2003	7	대우통신(주)(1.1), (주)풀무원(3.11), (주)농심홀딩스(7.10), (주)이수(8.1), 동화홀딩스(주)(10.1), 한국투자금융지주(주)(1.11), 동원금융지주(주)(5.30)
2004	5	(주)다함이텍(1.1), 삼성종합화학(주)(1.1), (주)STX(4.1), (주)GS(7.7), 삼성에버랜드(주)(1.1)
2005	5	롯데물산(주)(1.1), 롯데산업(주)(1.1), 한화도시개발(주)(1.1), 대상홀딩스(주)(8.1), (주)하나금융지주(12.1)
2006	8	(주)차산골프장지주회사(1.1), 하이마트홀딩스(1.1), (주)BSE홀딩스(1.1), (주)HC&(1.1), (주)LIG홀딩스(1.1), 평화홀딩스(주)(5.2), 노루홀딩스(6.2), KPX홀딩스(9.1)
2007	15	(주)금호산업(1.1), (주)넥슨홀딩스(1.1), 바이더웨이CVS홀딩스(주)(1.1), (주)태평양(1.1), (주)CJ오쇼핑(1.1), 한국전자홀딩스(1.1), (주)TAS(4.1), (주)드림파마(4.2), (주)네오위즈(4.26), SK(주)(7.3), (주)한진중공업홀딩스(8.1),한국멀티플렉스투자(주)(8.17), CJ(주)(9.4), 한국선무(12.31), 에이오엔이십일(유)(1.1)

2008	31	DH홀딩스(1.1), (주)심명산업개발(1.1), (주)웅진홀딩스(1.1), (주)이지바이오시스템(1.1), (주)인터파크(1.1), (주)중외홀딩스(1.1), (주)포휴먼(1.1), 한림토건(1.1), (주)진양홀딩스(1.7), (주)S&T홀딩스(2.5), (주)반도홀딩스(3.3), SBS미디어홀딩스(주)(3.4), (주)티이씨앤코(5.2), (주)동성홀딩스(5.14), (주)LS(7.2), (주)풀무원(7.3), (주)풍산홀딩스(7.3), 하이트홀딩스(주)(7.3), 일진홀딩스(7.4), (주)티브로드수원방송(8.1), 키스코홀딩스(주)(9.3), 알파라발한국홀딩(주)(9.30), (주)풀무원홀딩스(9.30), 프라임개발(주)(10.1), (주)티브로드홀딩스(11.11), (주)동일홀딩스(12.1), (주)디와이에셋(12.23), (주)디와이홀딩스(12.23), 골든브릿지(1.1), (주)KB금융지주(9.29), 한국투자운용지주(주)(10.2)
2009	20	(주)넥슨(1.1), (주)다우데이타(1.1), (주)두산(1.1), 두산모트롤홀딩스(주)(1.1), (주)대명홀딩스(1.1), (주)심정개발(1.1), (주)영앤선개발(1.1), 큐릭스(1.1), 한국신용정보(주)(1.1), 한세예스24홀딩스(주)(6.30), (주)영원무역홀딩스(7.2), 몰트어퀴지션(주)(7.24), 엠피씨코리아홀딩스(주)(7.28), 씨앤에이치(주)(9.30), 대성홀딩스(주)(10.1), (주)한진해운홀딩스(12.1), (주)한화도시개발(12.2), (주)부영(12.30), 한국스탠다드차타드금융지주(주)(6.30), 산은금융지주(주)(10.28)
2010년 9월	18	(주)녹십자홀딩스(1.1), 디아이피홀딩스(주)(1.1), 몰트홀딩(주)(1.1), (주)셀트리온헬스케어(1.1), 우리조명(주)(1.1), (주)유승홀딩스(1.1), (주)에실로코리아(1.1), 엔오브이코리아홀딩(유)(1.1), (주)코오롱(1.1), KC그린홀딩스(주)(1.1), (주)티브로드한빛방송(1.1), 씨에스홀딩스(주)(1.5), (주)파라다이스글로벌(2.2), (주)휴맥스홀딩스(3.31), (주)오미디어홀딩스(9.15), (주)오션비홀딩스(9.28), 미래에셋컨설팅(주)(3.31), 한국씨티금융지주(6.1)

주: 1) * 신고수리일.
2) 6개 회사는 지주회사로의 전환 · 설립을 신고하였으나 수리 여부가 확인되지 않음: 리타워테크놀러지스(신고일 2000.12.11), (주)풍성모터스 (2001.4.28), (주)원진 (2001.4.30), (주)가오닉스 (2001.7.10), 타이거풀스인터네셔널(주) (2001.7.27), (주)미디어윌 (2001.7.31).
3) KIG홀딩스, 엘파소코리아홀딩, 에이오엔이십일, 엔오브이코리아홀딩 – 유한회사.
4) 노루홀딩스(이전 DPI홀딩스), DH홀딩스(동희엔지니어링), 대교홀딩스(대교네트워크), 세종금융지주(SDN), CJ오쇼핑(CJ홈쇼핑), SBS미디어홀딩스(SBS홀딩스), SK E&S(SK엔론), LG(LGCI), GS(GS홀딩스), KPX홀딩스(KPC홀딩스), TAS(TAS자동차손해사정서비스), 한국전자홀딩스(KEC홀딩스).
5) 풀무원: 2003년 3월 11일 – 지주회사 전환; 2008년 7월 3일 – 풀무원홀딩스와 풀무원으로 인적 분할되면서, '기존의 풀무원'은 지주회사에서 제외되고 '분할된 풀무원'은 신규로 지주회사로 전환됨.
6) 에이오엔이십일: 2008년 9월 현재까지는 일반지주회사였다가 2009년 9월 현재 금융지주회사로 재분류됨.

출처: 공정거래위원회홈페이지 자료.

〈부록 표 3.2〉 존속 공정거래법상 지주회사 11개, 2001년 7월 (자산총액 순)

회사	설립 · 전환 시기 (연.월)	자산총액 (억 원)	지주비율 (%)	부채비율 (%)	자회사 (개)
일반지주회사 (9개)					
1. (주)LGCI*	2001.4	26,500	77.0	121.6	13
2. SK엔론(주)*	2000.1	5,733	96.1	-	11
3. 화성사	2000.4	2,625	99.9	-	1
4. (주)세아홀딩스	2001.7	2,545	61.0	-	12
5. 엘파소코리아홀딩(유)	2001.1	1,403	99.5	13.4	1
6. C&M커뮤니케이션(주)	2000.1	1,254	73.0	-	13
7. (주)대교네트워크	2001.5	1,113	68.7	-	3
8. 온미디어	2000.6	643	56.0	-	5
9. (주)동원엔터프라이즈	2001.4	470	89.3	0	3
합					62
금융지주회사 (2개)					
1. 우리금융지주회사	2001.3	36,373	100	-	5
2. (주)SDN	2000.4	1,551	73.6	-	2
합					7
총합					69

주: 1) * 공정거래위원회 지정 30대 대규모기업집단 소속 (공정거래위원회의 '지주회사' 자료에는 별도의 표시가 없으며, '대규모기업집단' 자료 및 다른 연도의 '지주회사' 자료를 이용함).
2) 부채비율 – 3개 회사 정보만 있음.
출처: 공정거래위원회홈페이지 자료.

〈부록 표 3.3〉 존속 공정거래법상 지주회사 19개, 2003년 7월 (자산총액 순)

회사	설립 · 전환 시기 (연.월)	자산총액 (억 원)	지주비율 (%)	부채비율 (%)	계열회사 (개)		
					합	자	손자
일반지주회사 (15개)							
1. (주)LG*	2001.4	57,583	103.7	58.7	37	17	20
2. SK엔론(주)*	2000.1	7,016	92.9	6.1	14	11	3
3. (주)대교네트워크	2001.5	5,047	94.1	3.8	10	6	4
4. 대우통신(주)	2003.1	3,874	57.1	-	2	2	-
5. 세아홀딩스(주)	2001.7	2,805	71.4	11.7	11	11	-
6. (주)화성사	2000.4	2,634	99.9	3.4	1	1	-
7. (주)풀무원	2003.3	2,049	53.9	75.0	18	18	-
8. (주)온미디어	2000.6	1,841	92.0	8.3	11	10	1
9. (주)농심홀딩스*	2003.7	1,839	50.8	0	4	4	-
10. (주)C&M커뮤니케이션	2000.1	1,660	85.2	185.5	21	14	7
11. 엘파소코리아홀딩(유)	2001.1	1,584	95.9	4.6	1	1	0
12. (주)동원엔터프라이즈*	2001.4	1,398	95.4	49.7	9	8	1
13. 한국컴퓨터지주(주)	2002.5	1,176	95.1	24.6	10	10	-
14. (주)대웅	2002.10	1,097	66.3	18.1	14	12	2
15. 대한색소공업(주)	2002.12	1,013	50.1	113.3	3	3	-
합					166	128	38
금융지주회사 (4개)							
1. 우리금융지주(주)	2001.3	73,892	82.0	45.9	17	12	5
2. (주)신한금융지주회사	2001.9	47,850	83.4	19.3	11	10	1
3. 동원금융지주(주)*	2003.5	1,772	69.1	98.9	6	1	5
4. (주)세종금융지주	2000.4	1,050	95.1	137.3	2	1	1
합					36	24	12
총합					202	152	50

주: 1) 대교네트워크, 화성사, 동원엔터프라이즈, 대웅 및 세종금융지주는 2002년 3월 말 기준; 다른 회사는 2002년 12월 말 기준.
2) * 상호출자제한기업집단 소속.
3) 대우통신 부채비율 – 자본잠식.
출처: 공정거래위원회홈페이지 자료.

〈부록 표 3.4〉 존속 공정거래법상 지주회사 24개, 2004년 5월 (자산총액 순)

회사	설립 · 전환 시기 (연.월)	자산총액 (억 원)	지주비율 (%)	부채비율 (%)	계열회사 (개)		
					합	자	손자
일반지주회사 (19개)							
1. (주)LG*	2001.4	61,750	97.0	44.3	37	17	20
2. 삼성종합화학(주)*	2004.1	10,529	51.2	89.7	1	1	-
3. SK엔론(주)*	2000.1	7,685	92.7	6.1	13	11	2
4. (주)대교네트워크	2001.5	5,047	94.1	3.8	10	6	4
5. 세아홀딩스(주)*	2001.7	3,831	82.1	33.6	14	14	-
6. 대우통신(주)	2003.1	3,068	66.2	-	2	2	-
7. (주)STX	2004.4	3,034	59.5	163.6	5	3	2
8. (주)농심홀딩스*	2003.7	2,854	99.9	2.0	6	6	-
9. (주)화성사	2000.4	2,634	99.9	3.4	1	1	-
10. 동화홀딩스(주)	2003.10	2,380	87.4	5.7	6	6	-
11. (주)풀무원	2003.3	2,211	55.2	67.1	16	16	-
12. (주)온미디어	2000.6	1,896	94.8	10.2	11	10	1
13. 엘파소코리아홀딩(유)	2001.1	1,864	87.6	6.7	1	1	-
14. (주)동원엔터프라이즈*	2001.4	1,398	96.9	7.0	9	8	1
15. (주)다함이텍	2004.1	1,389	59.6	6.6	4	4	-
16. (주)이수	2004.1	1,380	97.1	46.6	8	5	3
17. (주)대웅	2002.10	1,079	66.3	18.0	14	12	2
18. 한국컴퓨터지주(주)	2002.5	1,065	80.4	25.4	9	8	1
19. 대한색소공업(주)	2002.12	1,004	50.0	99.9	3	3	-
합					170	134	36
금융지주회사 (5개)							
1. (주)신한금융지주회사	2001.9	82,944	76.1	35.6	16	11	5
2. 우리금융지주(주)	2001.3	82,478	85.0	47.3	13	9	4
3. 삼성에버랜드(주)*	2004.1	31,749	54.8	69.9	2	2	-
4. 동원금융지주(주)*	2003.5	10,915	86.3	8.7	5	3	2
5. (주)세종금융지주	2000.4	1,053	95.1	137.3	2	1	1
합					38	26	12
총합					208	160	48

주: 1) 대교네트워크, 화성사, 동원엔터프라이즈, 대웅 및 세종금융지주는 2003년 3월 말 기준; 다른 회사는 2003년 12월 말 기준.

2) 대우통신 부채비율 – 자본잠식.

3) * 상호출자제한기업집단 소속 (공정거래위원회의 '지주회사' 자료에는 별도의 표시가 없으며, '대규모기업집단' 자료 및 다른 연도의 '지주회사' 자료를 이용함).

출처: 공정거래위원회홈페이지 자료.

〈부록 표 3.5〉 존속 공정거래법상 지주회사 25개, 2005년 8월 (자산총액 순)

회사	설립·전환 시기 (연.월)	상장 여부	자산총액 (억 원)	지주비율 (%)	부채비율 (%)	계열회사 (개)		
						합	자	손자
일반지주회사 (22개)								
1. (주)LG*	2001.4	0	43,491	101.6	25.7	33	15	18
2. (주)GS홀딩스*	2004.7	0	26,646	93.8	37.6	12	4	8
3. 롯데물산(주)*	2005.1	X	9,707	55.8	11.9	4	1	3
4. SK엔론(주)*	2000.1	X	8,068	94.6	1.8	12	11	1
5. 삼성종합화학(주)*	2004.1	X	7,212	97.1	1.3	1	1	-
6. (주)대교홀딩스	2001.5	X	5,985	92.2	0.9	10	6	4
7. 세아홀딩스(주)*	2001.7	0	5,304	88.8	26.6	15	14	1
8. (주)농심홀딩스*	2003.7	0	3,594	99.8	6.8	6	6	-
9. (주)STX*	2004.4	0	3,301	58.0	153.0	8	4	4
10. (주)화성사	2000.4	X	2,863	99.7	5.3	1	1	-
11. (주)온미디어	2000.6	X	2,494	66.1	1.4	9	8	1
12. 동화홀딩스(주)	2003.10	0	2,401	86.9	5.6	7	7	-
13. (주)풀무원	2003.3	0	2,328	56.8	70.6	17	16	1
14. (주)동원엔터프라이즈	2001.4	X	2,240	88.9	50.1	9	8	1
15. 대상홀딩스(주)	2005.8	0	1,980	60.6	0.1	3	3	-
16. 롯데산업(주)*	2005.1	X	1,910	86.4	37.8	1	1	-
17. 엘파소코리아홀딩(유)	2001.1	X	1,642	99.0	7.5	1	1	-
18. (주)이수	2004.1	X	1,543	96.7	49.9	9	4	5
19. (주)다함이텍	2004.1	0	1,468	58.6	8.0	4	4	-
20. (주)대웅	2002.10	0	1,416	79.4	6.1	13	12	1
21. 한국컴퓨터지주(주)	2002.5	X	1,041	90.8	21.6	9	9	-
22. 한화도시개발(주)*	2005.1	X	1,007	57.7	68.7	1	1	-
합						185	137	48
금융지주회사 (3개)								
1. (주)신한금융지주회사	2001.9	0	100,744	82.0	30.0	18	11	7
2. 우리금융지주(주)	2001.3	0	97,364	96.8	30.9	15	8	7
3. 한국투자금융지주(주)	2003.5	0	13,832	84.4	17.0	4	3	1
합						37	22	15
총합						222	159	63

주: 1) 화성사, 동원엔터프라이즈 및 대웅은 3월 말 결산법인; 출처에 표시는 없으나 앞의 3개 회사는 2004년 3월 말 기준, 다른 회사는 2004년 12월 말 기준인 것으로 보임.

2) * 상호출자제한기업집단 소속.

출처: 공정거래위원회홈페이지 자료.

〈부록 표 3.6〉 존속 공정거래법상 지주회사 31개, 2006년 8월 (자산총액 순)

회사	설립 · 전환 시기 (연.월)	자산총액 (억 원)	지주비율 (%)	부채비율 (%)	계열회사 (개)		
					합	자	손자
일반지주회사 (27개)							
1. (주)LG*	2001.4	47,964	96.0	18.0	28	14	14
2. (주)GS홀딩스*	2004.7	29,871	96.0	29.0	15	5	10
3. 롯데물산(주)*	2005.1	11,461	61.4	20.1	4	1	3
4. SK E&S(주)*	2000.1	8,996	93.0	11.0	12	11	1
5. 삼성종합화학(주)*	2004.1	7,546	98.3	0.3	1	1	-
6. (주)대교홀딩스	2001.5	6,614	92.9	3.9	11	8	3
7. (주)세아홀딩스*	2001.7	6,423	90.8	25.8	14	14	-
8. 하이마트홀딩스(주)	2006.1	5,461	77.7	90.7	4	1	3
9. (주)농심홀딩스*	2003.7	4,191	98.6	27.6	6	6	-
10. 대상홀딩스(주)	2005.8	3,026	78.9	1.2	4	4	-
11. (주)화성사	2000.4	2,999	99.9	0.6	1	1	-
12. (주)온미디어	2000.6	2,983	62.0	4.1	8	7	1
13. 롯데산업(주)*	2005.1	2,282	84.5	27.7	1	1	-
14. 동화홀딩스(주)	2003.10	2,564	82.2	11.8	9	9	-
15. (주)동원엔터프라이즈	2001.4	2,525	91.9	40.9	11	10	1
16. (주)HC&*	2006.1	2,506	87.7	91.4	9	9	-
17. (주)풀무원	2003.3	2,444	58.3	68.2	16	16	-
18. (주)이수	2003.8	2,311	72.6	66.7	10	4	6
19. (주)DPI홀딩스	2006.6	1,599	59.5	54.5	10	7	3
20. (주)다함이텍	2004.1	1,569	62.2	3.0	4	4	-
21. (주)대웅	2002.10	1,528	80.9	7.4	14	13	1
22. (주)LIG홀딩스	2005.12	1,409	99.9	0.4	4	4	-
23. 한화도시개발(주)*	2005.1	1,366	99.2	6.5	1	1	-
24. (주)차산골프장지주회사	2006.1	1,214	66.4	787.6	1	1	-
25. 평화홀딩스(주)	2006.5	1,196	58.1	16.4	4	4	-
26. (주)BSE홀딩스	2006.1	1,064	93.5	0.4	1	1	-
27. 한국컴퓨터지주(주)	2002.5	1,033	94.6	13.8	10	10	-
합					213	167	46
금융지주회사 (4개)							
1. (주)신한금융지주회사	2001.9	124,621	87.3	22.9	15	12	3
2. 우리금융지주(주)	2001.3	120,318	97.7	23.8	16	9	7
3. (주)하나금융지주	2005.12	63,244	99.9	0.1	8	4	4
4. 한국투자금융지주(주)	2003.5	22,303	79.2	33.4	6	4	2
합					45	29	16
총합					258	196	62

주: 1) 화성사, 동원엔터프라이즈, 대교홀딩스, 대웅 및 한국투자금융지주는 3월 말 결산법인.
2) 출처에 표시는 없으나 위 5개 회사는 2005년 3월 기준인 것으로 보임; 나머지 회사는 원칙적으로는 직전 사업연도 결산일 기준; 2006년 1-8월에 신설된 경우는 다른 기준이 적용될 수도 있음.
3) * 상호출자제한기업집단 소속 (공정거래위원회의 '지주회사' 자료에는 별도의 표시가 없으며, '대규모기업집단' 자료 및 다른 연도의 '지주회사' 자료를 이용함).

출처: 공정거래위원회홈페이지 자료.

〈부록 표 3.7〉 존속 공정거래법상 지주회사 40개, 2007년 8월 (자산총액 순)

회사	설립·전환 시기 (연.월)	자산총액 (억 원)	지주비율 (%)	부채비율 (%)	계열회사 (개)		
					합	자	손자
일반지주회사 (36개)							
1. SK(주)*	2007.7	64,788	88.3	86.3	23	7	16
2. (주)LG*	2001.4	46,044	103.3	8.6	28	14	14
3. 금호산업(주)*	2007.1	38,868	65.8	240.9	21	11	10
4. (주)GS홀딩스*	2004.7	32,729	95.0	24.7	14	5	9
5. (주)태평양*	2007.1	13,705	68.2	12.3	4	4	-
6. SK E&S(주)*	2000.1	9,530	94.5	14.8	11	10	1
7. (주)CJ홈쇼핑*	2007.1	8,562	71.0	86.4	13	5	8
8. 삼성종합화학(주)*	2004.1	7,937	96.7	2.7	1	1	-
9. (주)세아홀딩스*	2001.7	7,291	91.2	23.7	14	14	-
10. (주)대교홀딩스	2001.5	6,880	94.2	4.2	13	7	6
11. (주)한진중공업홀딩스*	2007.8	5,872	54.1	52.3	4	4	-
12. (주)드림파마*	2007.4	5,280	63.8	104.1	5	5	-
13. (주)농심홀딩스*	2003.7	4,494	97.8	24.4	6	6	-
14. (주)넥슨홀딩스	2007.1	4,391	61.0	10.2	2	2	-
15. (주)온미디어*	2000.6	4,121	60.1	4.0	9	8	1
16. (주)동원엔터프라이즈	2001.4	3,735	90.5	66.4	12	11	1
17. 대상홀딩스(주)	2005.8	3,114	73.4	1.0	5	4	1
18. (주)화성사	2000.4	3,099	99.9	0	1	1	-
19. TAS자동차손해사정서비스(주)	2007.4	3,028	94.8	-	1	1	-
20. 동화홀딩스(주)	2003.10	2,817	56.4	20.1	11	11	-
21. (주)HC&*	2006.1	2,797	87.1	0.9	10	9	1
22. (주)풀무원	2003.3	2,624	58.0	65.9	14	14	-
23. 에이오엔이십일(유)	2007.1	2,379	67.3	32.9	9	9	-
24. (주)KPC홀딩스	2006.9	2,246	59.6	6.6	7	7	-
25. (주)이수	2003.8	2,026	69.3	80.0	9	4	5
26. (주)DPI홀딩스	2006.6	1,888	67.6	43.4	11	8	3
27. (주)다함이텍	2004.1	1,700	63.5	2.7	4	4	-
28. (주)대웅	2002.10	1,693	83.5	5.9	17	13	4
29. (주)LIG홀딩스	2006.1	1,536	83.2	1.7	4	4	-
30. (주)KEC홀딩스	2007.1	1,376	56.6	6.8	4	4	-
31. 바이더웨이CVS홀딩스(주)	2007.1	1,297	96.0	45.5	1	1	-
32. 평화홀딩스(주)	2006.5	1,223	81.1	14.4	7	6	1
33. (주)네오위즈	2007.4	1,210	58.2	56.5	6	6	-
34. 한국컴퓨터지주(주)	2002.5	1,185	98.5	6.4	10	10	-

35. (주)BSE홀딩스	2006.1	1,102	92.7	3.6	2	2	-
36. (주)차산골프장지주회사*	2006.1	1,002	70.8	-	1	1	-
합					314	233	81
금융지주회사 (4개)							
1. (주)신한금융지주회사	2001.9	150,036	85.2	32.1	14	11	3
2. 우리금융지주(주)	2001.3	137,935	98.5	15.6	15	9	6
3. (주)하나금융지주	2005.12	78,034	98.2	0.1	8	5	3
4. 한국투자금융지주(주)	2003.5	24,629	81.3	33.7	7	4	3
합					43	29	15
총합					358	262	96

주: 1) 재무현황 및 회사 수는 직전 사업연도 종료일 기준; 2007년 1월 이후 설립·전환된 경우는 설립·전환일 현재.
2) * 상호출자제한기업집단 소속 회사.
3) TAS자동차손해사정서비스와 차산골프장지주회사의 부채비율 – 자본잠식.

출처: 공정거래위원회홈페이지 자료.

〈부록 표 3.8〉 존속 공정거래법상 지주회사 60개, 2008년 9월 (자산총액 순)

회사	설립 · 전환 시기 (연.월)	상장 여부	자산총액 (억 원)	지주 비율 (%)	부채 비율 (%)	계열회사 (개)			
						합	자	손자	증손
일반지주회사 (55개)									
1. SK(주)*	2007.7	O	95,056	92.7	42.8	35	7	28	-
2. (주)LG*	2001.4	O	55,988	98.3	10.2	29	14	15	-
3. 금호산업(주)*	2007.1	O	41,240	57.4	272.8	22	8	14	-
4. (주)GS홀딩스*	2004.7	O	35,587	94.5	26.5	17	5	12	-
5. CJ(주)*	2007.9	O	21,594	84.8	25.8	43	15	27	1
6. (주)LS*	2008.7	O	17,364	89.7	16.1	14	4	10	-
7. (주)태평양	2007.1	O	13,858	76.1	10.0	6	6	-	-
8. (주)웅진홀딩스	2008.1	O	13,790	97.3	73.0	13	9	4	-
9. 하이트홀딩스(주)	2008.7	O	10,801	87.0	41.3	11	4	7	-
10. SK E&S(주)*	2000.1	X	9,989	94.8	17.7	11	10	1	-
11. (주)한진중공업홀딩스*	2007.8	O	9,958	85.6	9.6	4	4	-	-
12. (주)CJ홈쇼핑*	2007.1	O	8,886	68.4	85.9	13	5	7	1
13. 삼성종합화학(주)*	2004.1	X	8,833	98.3	3.3	1	1	-	-
14. (주)세아홀딩스	2001.7	O	7,938	90.2	22.8	14	14	-	-
15. (주)대교홀딩스	2001.5	X	6,613	92.9	3.7	13	7	6	-
16. (주)드림파마*	2007.4	X	5,166	62.1	99.4	5	5	-	-
17. (주)농심홀딩스	2003.7	O	4,820	97.9	23.0	6	6	-	-
18. (주)온미디어	2000.6	O	4,515	63.4	3.1	9	9	-	-
19. 키스코홀딩스(주)	2008.9	O	4,057	91.2	23.8	5	4	1	-
20. (주)풍산홀딩스	2008.7	O	3,688	69.1	22.8	8	5	3	-
21. (주)동원엔터프라이즈	2001.4	X	3,601	89.1	58.9	14	11	3	-
22. 대상홀딩스(주)	2005.8	O	3,266	71.1	2.1	5	4	1	-
23. 동화홀딩스(주)	2003.10	O	3,110	50.1	23.2	12	12	-	-
24. (주)HC&*	2006.1	X	3,018	93.2	19.1	10	9	1	-
25. 한국멀티플렉스투자(주)	2007.8	X	2,920	97.3	97.2	1	1	-	-
26. 에이오엔이십일(유)	2007.1	X	2,877	80.7	20.6	9	8	1	-
27. TAS자동차손해사정서비스(주)	2007.4	X	2,837	100	-	2	1	1	-
28. (주)KPC홀딩스	2006.9	O	2,813	55.5	6.2	6	6	-	-
29. (주)티브로드수원방송	2008.8	X	2,421	67.9	58.4	13	5	4	4
30. (주)LIG홀딩스	2006.1	X	2,149	91.9	31.8	6	4	2	-
31. (주)DPI홀딩스	2006.6	O	1,989	64.3	45.4	9	7	2	-
32. (주)네오위즈	2007.4	O	1,986	63.5	30.3	7	7	-	-

33. (주)진양홀딩스	2008.1	O	1,976	72.9	15.4	4	4	-	-
34. (주)반도홀딩스	2008.3	X	1,976	79.4	16.3	1	1	-	-
35. (주)SBS홀딩스	2008.3	O	1,940	67.4	4.2	8	5	3	-
36. (주)대웅	2002.10	O	1,916	83.7	3.6	19	13	6	-
37. 한국컴퓨터지주(주)	2002.5	X	1,868	52.8	56.9	9	8	1	-
38. (주)S&T홀딩스	2008.2	O	1,868	83.4	6.3	7	5	2	-
39. (주)이수	2003.8	X	1,864	73.4	714.0	9	4	5	-
40. 일진홀딩스(주)	2008.7	O	1,838	61.5	17.5	8	6	2	-
41. (주)다함이텍	2004.1	O	1,814	64.0	2.1	3	3	-	-
42. 평화홀딩스(주)	2006.5	O	1,792	69.2	49.0	8	6	2	-
43. (주)인터파크	2007.12	O	1,654	56.2	58.9	14	14	-	-
44. (주)이지바이오시스템	2008.1	O	1,639	52.3	56.1	17	4	11	2
45. (주)KEC홀딩스	2007.1	O	1,567	59.1	9.3	5	4	1	-
46. (주)중외홀딩스	2008.1	O	1,420	62.3	7.0	7	5	2	-
47. 한국선무(주)	2007.12	X	1,346	96.0	6.5	5	1	4	-
48. (주)티이씨앤코*	2008.5	O	1,280	61.4	13.5	3	3	-	-
49. (주)동희엔지니어링	2008.1	X	1,175	99.1	0	3	1	2	-
50. (주)BSE홀딩스	2006.1	O	1,162	94.5	3.7	3	3	-	-
51. (주)포휴먼	2008.1	O	1,055	59.0	4.9	1	1	-	-
52. (주)심명산업개발	2008.1	X	1,053	81.0	0.1	14	12	2	-
53. (주)한림토건	2008.1	X	1,019	88.1	10.8	3	2	1	-
54. (주)동성홀딩스	2008.5	O	1,010	50.5	6.3	8	5	3	-
55. (주)풀무원	2008.7	O	157	52.7	144.4	7	7	-	-
합						539	334	197	8
금융지주회사 (5개)									
1. (주)신한금융지주회사	2001.9	O	253,275	93.8	40.9	15	12	3	-
2. 우리금융지주(주)	2001.3	O	152,814	99.2	16.2	21	10	10	1
3. (주)KB금융지주	2008.9	O	130,548	100	0	10	8	2	-
4. (주)하나금융지주	2005.12	O	93,280	98.3	0.1	7	7	-	-
5. 한국투자금융지주(주)	2003.5	O	29,033	83.6	34.5	7	4	3	-
합						60	41	18	1
총합						599	375	215	9

주: 1) 원칙적으로 직전 사업연도 종료일(2007년 12월 말) 기준; 2007년 8월-2008년 9월에 신규 전환된 경우는 설립 · 전환일 기준.

2) * 상호출자제한기업집단 소속.

3) TAS자동차손해사정서비스의 부채비율 - 자본잠식.

출처: 공정거래위원회홈페이지 자료.

〈부록 표 3.9〉 존속 공정거래법상 지주회사 79개, 2009년 9월 (자산총액 순)

회사	설립·전환 시기 (연.월)	상장 여부	자산총액 (억 원)	지주 비율 (%)	부채 비율 (%)	계열회사 (개)			
						합	자	손자	증손
일반지주회사 (70개)									
1. SK(주)*	2007.7	O	96,197	96.6	41.7	58	8	42	8
2. (주)LG*	2001.4	O	69,563	92.0	11.6	45	15	28	2
3. (주)GS*	2004.7	O	44,557	89.9	25.6	24	5	19	-
4. (주)두산*	2009.1	O	27,910	57.6	78.3	21	11	8	2
5. CJ(주)*	2007.9	O	27,811	62.8	40.4	50	14	33	3
6. 몰트어퀴지션(주)	2009.7	X	22,534	96.8	108.3	2	1	1	-
7. (주)LS*	2008.7	O	16,180	91.4	11.3	19	4	14	1
8. (주)웅진홀딩스*	2008.1	O	14,755	93.9	103.0	18	10	7	1
9. (주)태평양	2007.1	O	14,325	76.5	8.0	6	6	-	-
10. (주)한진중공업홀딩스*	2007.8	O	10,892	89.0	4.1	5	4	1	-
11. 하이트홀딩스(주)	2008.7	O	10,644	90.6	53.0	11	4	7	-
12. (주)CJ오쇼핑*	2007.1	O	9,699	57.8	94.1	13	5	7	1
13. 프라임개발(주)	2008.10	X	9,536	55.5	388.3	24	17	7	-
14. (주)세아홀딩스*	2001.7	O	9,293	86.8	24.7	15	14	1	-
15. SK E&S(주)*	2000.1	X	9,095	89.0	13.7	10	9	1	-
16. 삼성종합화학(주)*	2004.1	O	8,693	92.6	2.1	1	1	-	-
17. (주)넥슨	2009.1	X	7,278	67.7	140.5	6	6	-	-
18. (주)대교홀딩스	2001.5	X	5,868	93.8	0.8	13	7	6	-
19. (주)농심홀딩스	2003.7	O	5,149	98.9	16.2	6	6	-	-
20. (주)드림파마*	2007.4	X	5,130	62.8	102.6	5	5	-	-
21. SBS미디어홀딩스(주)	2008.3	O	4,827	85.3	2.2	11	6	5	-
22. 키스코홀딩스(주)	2008.9	O	4,373	94.1	13.2	5	4	1	-
23. (주)온미디어	2000.6	O	4,345	66.5	2.3	9	9	-	-
24. (주)티브로드홀딩스	2008.11	X	4,136	58.9	170.5	13	7	3	3
25. (주)S&T홀딩스	2008.2	O	4,048	98.2	9.6	8	5	3	-
26. (주)풍산홀딩스	2008.7	O	3,818	71.3	17.4	8	5	3	-
27. (주)동원엔터프라이즈	2001.4	X	3,814	87.0	48.3	15	9	6	-
28. (주)대명홀딩스	2009.1	X	3,785	99.8	41.9	11	4	7	-
29. (주)HC&*	2006.1	X	3,530	84.9	37.4	9	9	-	-
30. 대상홀딩스(주)	2005.8	O	3,347	55.7	2.6	5	4	1	-
31. (주)반도홀딩스	2008.3	X	2,987	88.2	11.3	3	3	-	-
32. TAS자동차손해사정서비스(주)	2007.4	X	2,978	98.6	-	2	1	1	-
33. 동화홀딩스(주)	2003.10	O	2,893	88.1	22.6	12	12	-	-

34. KPX홀딩스(주)	2006.9	O	2,734	57.5	2.4	5	5	-	-
35. (주)다함이텍	2004.1	O	2,679	74.0	1.3	3	3	-	-
36. (주)디와이홀딩스	2008.12	X	2,637	71.3	43.8	7	2	1	4
37. (주)LIG홀딩스	2006.1	X	2,610	90.3	28.1	6	4	2	-
38. (주)DPI홀딩스	2006.6	O	2,546	65.3	48.7	12	7	5	-
39. (주)DH홀딩스	2008.1	X	2,450	98.5	0.7	4	2	2	-
40. (주)풀무원	2008.7	X	2,436	52.0	135.0	8	8	-	-
41. (주)대웅	2002.10	O	2,361	94.0	4.7	23	17	6	-
42. (주)풀무원홀딩스	2008.9	O	2,342	65.3	38.7	18	7	11	-
43. 한국멀티플렉스투자(주)	2007.8	X	2,180	99.2	88.0	1	1	-	-
44. (주)다우데이타	2009.1	O	2,116	64.8	57.7	7	3	4	-
45. 일진홀딩스	2008.7	O	1,980	72.3	8.6	8	6	2	-
46. 두산모트롤홀딩스(주)*	2009.1	X	1,947	95.6	298.7	1	1	-	-
47. (주)네오위즈	2007.4	O	1,925	68.5	27.0	9	7	2	-
48. 한국컴퓨터지주(주)	2002.5	X	1,917	53.5	50.3	9	7	2	-
49. (주)인터파크	2008.1	O	1,870	54.6	51.9	10	9	1	-
50. 한국신용정보(주)	2009.1	O	1,854	60.1	57.1	15	9	6	-
51. (주)영원무역홀딩스	2009.7	O	1,825	78.5	10.7	2	2	-	-
52. 평화홀딩스(주)	2006.5	O	1,736	58.8	55.8	9	6	3	-
53. (주)이수	2003.8	X	1,707	92.6	-	8	5	3	-
54. (주)동일홀딩스	2008.12	X	1,697	95.6	3.0	2	2	-	-
55. (주)중외홀딩스	2008.1	O	1,524	71.4	15.3	10	6	4	-
56. (주)포휴먼	2008.1	O	1,501	53.7	8.2	2	1	1	-
57. (주)KEC홀딩스	2007.1	O	1,464	57.7	6.3	5	4	1	-
58. (주)진양홀딩스	2008.1	O	1,409	92.6	1.7	9	9	-	-
59. (주)심명산업개발	2008.1	X	1,352	82.6	13.7	15	13	2	-
60. (주)한림토건	2008.1	X	1,331	91.4	7.8	3	2	1	-
61. 큐릭스	2009.1	O	1,240	76.5	97.3	8	3	5	-
62. 한세예스24홀딩스(주)	2009.6	O	1,217	76.4	11.0	3	2	1	-
63. (주)영앤선개발	2009.1	X	1,209	91.4	24.5	4	1	2	1
64. 알파라발한국홀딩(주)	2008.9	X	1,190	99.9	263.4	1	1	-	-
65. (주)심정개발	2009.1	X	1,173	71.4	0.1	4	2	2	-
66. (주)BSE홀딩스	2006.1	O	1,160	79.7	20.9	3	3	-	-
67. 엠피씨코리아홀딩스(주)	2009.7	X	1,084	96.6	6.1	2	2	-	-
68. (주)디와이에셋	2008.12	X	1,046	75.8	0	8	1	6	1
69. (주)티이씨앤코*	2008.5	O	1,013	58.8	14.0	4	2	2	-
70. (주)동성홀딩스	2008.5	O	1,008	47.2	6.3	10	7	3	-
합						721	402	292	27

금융지주회사 (9개)									
1. (주)신한금융지주회사	2001.9	O	259,136	87.5	47.2	18	12	6	-
2. (주)KB금융지주	2008.9	O	165,680	98.3	4.7	10	8	2	-
3. 우리금융지주(주)	2001.3	O	156,202	97.9	28.0	25	11	13	1
4. (주)하나금융지주	2005.12	O	104,022	98.6	16.4	6	6	-	-
5. 한국스탠다드차타드 금융지주(주)	2009.6	X	38,778	100	0	5	3	2	-
6. 한국투자금융지주(주)*	2003.1	O	28,580	78.6	57.9	12	5	5	2
7. 에이오엔이십일(유)	2007.1	X	3,054	60.4	0.9	9	8	1	-
8. (주)골든브릿지	2008.1	X	1,370	86.7	53.3	5	5	-	-
9. 한국투자운용지주(주)*	2008.10	X	1,170	90.3	0.1	2	2	-	-
합						92	60	29	3
총합						813	462	321	30

주: 1) 원칙적으로 직전 사업연도 종료일(2008년 12월 말) 기준; 2009년 6월 이후 신규 전환된 경우에는 설립·전환일 기준.

2) * 상호출자제한기업집단 소속.

3) 이수 및 TAS자동차손해사정서비스의 부채비율 – 자본잠식.

출처: 공정거래위원회홈페이지 자료.

〈부록 표 3.10〉 존속 공정거래법상 지주회사 96개, 2010년 9월 (자산총액 순)

회사	설립 · 전환 시기 (연.월)	상장 여부	자산총액 (억 원)	지주 비율 (%)	부채 비율 (%)	계열회사 (개)			
						합	자	손자	증손
일반지주회사 (84개)									
1. SK(주)*	2007.7	O	102,405	96.4	43.5	62	9	44	9
2. (주)LG*	2001.4	O	80,141	92.2	8.3	45	16	27	2
3. (주)GS*	2004.7	O	51,718	90.4	26.7	27	6	21	-
4. (주)부영*	2009.12	X	39,396	96.9	0.5	2	2	-	-
5. CJ(주)*	2007.9	O	27,914	68.8	35.8	46	16	27	3
6. (주)두산*	2009.1	O	27,484	66.1	51.4	23	9	12	2
7. (주)LS*	2008.7	O	17,971	89.6	12.6	24	4	19	1
8. 몰트어퀴지션(주)	2009.7	X	17,943	99.8	51.7	2	1	1	-
9. (주)웅진홀딩스*	2008.1	O	17,838	90.0	118.5	20	9	9	2
10. 하이트홀딩스(주)*	2008.7	O	17,172	95.7	91.7	13	5	8	-
11. (주)태평양	2007.1	O	15,015	77.9	7.5	7	7	-	-
12. 몰트홀딩(주)	2010.1	X	11,894	99.5	31.9	3	1	1	1
13. (주)CJ오쇼핑*	2007.1	O	11,321	50.0	104.6	5	3	2	-
14. (주)한진중공업홀딩스*	2007.8	O	10,543	89.3	3.4	6	4	2	-
15. 삼성종합화학(주)*	2004.1	X	10,442	94.0	2.3	1	1	-	-
16. SK E&S(주)*	2000.1	X	9,612	88.8	56.5	9	9	-	-
17. (주)세아홀딩스*	2001.7	O	9,220	86.1	22.5	12	11	1	-
18. 프라임개발(주)	2008.10	X	8,991	54.2	1,234	21	16	5	-
19. (주)넥슨	2009.1	X	8,811	65.7	81.1	10	10	-	-
20. (주)대교홀딩스	2001.5	X	6,325	92.1	2.0	13	7	6	-
21. (주)농심홀딩스	2003.7	O	5,762	98.8	16.3	7	7	-	-
22. (주)티브로드홀딩스	2008.11	X	5,658	78.6	195.8	13	5	4	4
23. SBS미디어홀딩스(주)	2008.3	O	5,490	83.7	8.7	13	6	7	-
24. (주)코오롱*	2010.1	O	5,388	54.3	35.5	29	5	23	1
25. (주)녹십자홀딩스	2010.1	O	5,170	52.0	67.3	10	6	4	-
26. 키스코홀딩스(주)	2008.9	O	5,147	98.1	4.3	5	4	1	-
27. (주)오미디어홀딩스*	2010.9	X	4,749	92.1	58.1	10	1	9	-
28. (주)온미디어*	2000.6	O	4,493	67.0	2.6	9	9	-	-
29. (주)동원엔터프라이즈	2001.4	X	4,452	83.7	41.7	16	8	8	-
30. (주)풍산홀딩스	2008.7	O	4,124	77.8	11.0	7	5	2	-
31. (주)S&T홀딩스	2008.2	O	3,984	91.3	10.1	8	5	3	-
32. (주)한진해운홀딩스*	2009.12	O	3,776	65.9	30.0	11	2	9	-
33. (주)한화도시개발*	2009.12	X	3,619	95.0	36.6	8	8	-	-

34. (주)대명홀딩스	2009.1	X	3,614	74.3	37.6	11	3	8	-
35. 대상홀딩스(주)	2005.8	O	3,592	61.9	1.4	8	5	3	-
36. (주)파라다이스글로벌	2010.2	X	3,501	52.8	121.5	12	6	6	-
37. (주)HC&*	2006.1	X	3,482	90.3	40.9	13	8	5	-
38. KPX홀딩스(주)	2006.9	O	3,478	68.3	3.7	6	6	-	-
39. (주)반도홀딩스	2008.3	X	3,431	91.1	11.4	4	3	1	-
40. 대성홀딩스(주)	2009.10	O	3,394	62.0	48.5	10	9	1	-
41. (주)풀무원홀딩스	2008.9	O	3,301	61.1	78.6	16	7	9	-
42. (주)LIG홀딩스	2006.1	X	3,288	81.7	39.1	6	4	2	-
43. (주)TAS	2007.4	X	3,181	100	-	5	2	3	-
44. 알파라발한국홀딩(주)	2008.9	X	3,087	99.6	183.0	4	4	-	-
45. 일진홀딩스	2008.7	O	3,050	80.2	18.8	10	6	4	-
46. (주)DH홀딩스	2008.1	X	2,947	92.1	7.3	4	2	2	-
47. 디아이피홀딩스(주)*	2010.1	X	2,920	66.0	77.6	3	3	-	-
48. (주)다함이텍	2004.1	O	2,845	74.5	1.0	3	3	-	-
49. 동화홀딩스(주)	2003.10	O	2,832	94.2	19.8	11	10	1	-
50. (주)영원무역홀딩스	2009.7	O	2,721	87.5	9.8	2	2	-	-
51. (주)대웅	2002.10	O	2,656	94.9	4.8	22	16	6	-
52. (주)노루홀딩스	2006.6	O	2,529	74.8	42.0	13	8	5	-
53. (주)네오위즈	2007.4	O	2,362	63.6	30.1	11	7	4	-
54. 한국신용정보(주)	2009.1	O	2,353	52.4	49.9	15	9	6	-
55. (주)디와이홀딩스	2008.12	X	2,179	95.3	7.0	7	2	1	4
56. (주)휴맥스홀딩스	2010.3	X	2,167	71.5	3.9	6	4	2	-
57. (주)심명산업개발	2008.1	X	2,106	98.6	10.7	14	14	-	-
58. (주)이수	2003.8	X	2,103	88.5	282.7	8	4	4	-
59. 한국컴퓨터지주(주)	2002.5	X	1,993	54.9	42.9	9	7	2	-
60. (주)티브로드한빛방송	2010.1	O	1,964	50.4	13.8	7	3	4	-
61. 한국멀티플렉스투자(주)	2007.8	X	1,909	99.5	114.1	1	1	-	-
62. (주)한림토건	2008.1	X	1,856	79.9	9.7	2	2	-	-
63. (주)동성홀딩스	2008.5	O	1,749	51.2	42.8	13	9	4	-
64. (주)한국전자홀딩스	2007.1	O	1,727	58.0	9.6	5	4	1	-
65. 평화홀딩스(주)	2006.5	O	1,650	64.0	53.4	8	6	2	-
66. (주)동일홀딩스	2008.12	X	1,648	98.0	0.7	2	2	-	-
67. 엠피씨코리아홀딩스(주)	2009.7	X	1,639	92.9	64.5	2	2	-	-
68. 엔오브이코리아홀딩(유)	2010.1	X	1,630	99.1	262.2	1	1	-	-
69. (주)중외홀딩스	2008.1	O	1,580	75.5	33.6	9	6	3	-
70. (주)포휴먼	2008.1	O	1,503	52.7	18.2	1	1	-	-
71. (주)진양홀딩스	2008.1	O	1,489	89.3	1.3	9	9	-	-

72. (주)영앤선개발	2009.1	X	1,341	92.1	24.9	5	1	3	1
73. (주)디와이에셋	2008.12	X	1,317	63.0	0.4	7	1	5	1
74. 한세예스24홀딩스(주)	2009.6	O	1,316	79.2	8.4	3	2	1	-
75. (주)셀트리온헬스케어	2010.1	X	1,310	57.3	3,099	7	5	2	-
76. (주)티이씨앤코*	2008.5	O	1,203	57.7	19.8	4	2	2	-
77. 씨앤에이치(주)	2009.9	O	1,123	50.7	6.2	4	2	2	-
78. (주)오션비홀딩스	2010.9	X	1,118	99.9	41.5	12	9	3	-
79. (주)BSE홀딩스	2006.1	O	1,101	83.5	0.9	2	2	-	-
80. (주)에실로코리아	2010.1	X	1,047	79.2	13.5	2	1	1	-
81. KC그린홀딩스(주)	2010.1	O	1,042	54.2	42.5	15	11	4	-
82. 우리조명(주)	2010.1	O	1,040	61.5	36.1	4	2	2	-
83. (주)유승홀딩스	2010.1	X	1,021	90.1	6.7	2	1	1	-
84. 씨에스홀딩스(주)	2010.1	O	1,006	69.8	0.2	1	1	-	-
합						858	457	370	31
금융지주회사 (12개)									
1. (주)신한금융지주회사	2001.9	O	271,207	92.3	30.8	17	11	6	-
2. (주)KB금융지주	2008.9	O	186,635	94.4	4.6	12	9	3	-
3. 우리금융지주(주)	2001.3	O	175,451	98.9	27.9	29	10	16	3
4. 산은금융지주(주)	2009.10	X	167,783	99.5	3.0	21	5	16	-
5. (주)하나금융지주	2005.12	O	114,653	97.9	20.1	10	7	2	1
6. 한국씨티금융지주	2010.6	X	53,742	100	0		4	3	1
7. 한국스탠다드차타드금융지주(주)	2009.6	X	44,090	99.5	8.3	5	5	-	-
8. 한국투자금융지주(주)*	2003.1	O	29,576	87.5	42.6	15	5	7	3
9. 에이오엔이십일(유)*	2007.1	X	3,992	65.9	5.1	9	8	1	-
10. (주)골든브릿지*	2008.1	X	1,382	96.9	50.8	7	7	-	-
11. 한국투자운용지주(주)*	2008.10	X	1,335	86.3	0.0	2	2	-	-
12. 미래에셋컨설팅(주)*	2010.3	X	1,069	62.2	34.6	2	1	1	-
합						133	73	53	7
총합						991	530	423	38

주: 1) 원칙적으로 직전 사업연도 종료일(2009년 12월 말) 기준; 2010년 이후 신규 전환된 경우에는 설립 · 전환일 기준.
2) * 상호출자제한기업집단 소속.
3) TAS 부채비율 – 자본잠식.

출처: 공정거래위원회홈페이지 자료.

〈부록 4〉 LG그룹의 지주회사체제, 2001-2010년

* 공정거래위원회홈페이지 자료를 기준으로 하였으며 사업보고서 상의 정보로 일부 보완함.

〈부록 표 4.1〉 LG그룹의 지주회사체제, 2001년 7월

(1) 개관

· 그룹 계열회사 43개(A) = 지주회사체제 편입 회사 ?개(B) + 미편입 회사 ?개
· 지주회사체제 달성 비율(B/A) = ?%
· [B] 지주회사 (주)LGCI + 자회사 13개 + 손자회사 ?개 = ?개
· * 표시된 7개 회사는 상장회사.

(2) 지주회사 (주)LGCI*의 계열회사

자회사 (13개): LG건설*, LG상사*, LG생활건강*, LG전선*, LG전자*, LG화학*, LG다우폴리카보네이트, LG백화점, LG유통, LG칼텍스정유, LG MMA, LG-EDS시스템, 실트론

주: 1) 그룹 계열회사 수는 2001년 4월 현재.
2) 자회사 지분 및 손자회사 정보 없음.
3) 상장 여부의 출처는 사업보고서.
출처: 공정거래위원회홈페이지 자료, 사업보고서.

〈부록 표 4.2〉 LG그룹의 지주회사체제, 2002년 12월

(1) 개관

· 그룹 계열회사 51개(A) = 지주회사체제 편입 회사 ?개(B) + 미편입 회사 ?개
· 지주회사체제 달성 비율(B/A) = ?%
· [B] [지주회사 (주)LGCI + 지주회사 (주)LGEI 포함 자회사 14개 + 손자회사 ?개] +
  [지주회사 (주)LGEI + 자회사 ?개 + 손자회사 ?개] = ?개
· * 표시된 12개 회사는 상장회사.

(2) 지주회사 (주)LGCI*의 계열회사

공정거래법상자회사 (12개): LG화학(* 30%), LG생활건강(* 30), LG홈쇼핑(* 30), LG전자(* 5.4), LG다우폴리카보네이트(50), LG MMA(50), LG MRO(50), 곤지암레저(50), LG CNS(31.8), LG칼텍스정유(31), LG유통(28.8), 실트론(28.8)

계열회사 (2개): LG생명과학(* 1.2), LGEI(* 0.9)

(3) 지주회사 (주)LGEI*의 계열회사

1차 피투자회사 (10개): (9개) (연결대상) LG산전(* 51.7%), LG텔레콤(* 35.6), LG전자(* 30.8), 데이콤(* 30.1), LG엔시스(100), LG MRO(50), 곤지암레저(50), LG유통(36.8), LG CNS(31.8)

(1개) (지분법대상) LG칼텍스정유(3.1)

2차 피투자회사 (9개): (6개) (연결대상) 하이프라자(100), LG이노텍(69.8), 데이콤크로싱(51), LG Philips LCD(50), CIC코리아(48.6), LG스포츠(39.3)

(3개) (지분법대상) LG마이크론(* 17.2), LG투자증권(* 7.2), LG-IBM PC(49)

주: 1) 그룹 계열회사 수는 2002년 4월 현재.
2) 손자회사 정보 없음.
3) LGCI와 LGEI 계열회사 중 6개는 중복됨: LG유통, LG전자, LG칼텍스정유, LG CNS, LG MRO, 곤지암레저.
출처: 사업보고서.

〈부록 표 4.3〉 LG그룹의 지주회사체제, 2003년 7월

(1) 개관

· 그룹 계열회사 50개(A) = 지주회사체제 편입 회사 38개(B) + 미편입 회사 12개
· 지주회사체제 달성 비율(B/A) = 76%
· [B] 지주회사 (주)LG + 자회사 17개 + 손자회사 20개 = 38개
· * 표시된 12개 회사는 상장회사이며, 밑줄 친 4개 회사는 손자회사 보유.

(2) 지주회사 (주)LG*의 계열회사

자회사 (17개): LG산전(* 48.9%), LG텔레콤(* 37.4), <u>LG전자</u>(* 32.1), <u>데이콤</u>(* 30.1), LG생활건강(* 30), LG홈쇼핑(* 30), <u>LG화학</u>(* 30), LG엔시스(100), LG MRO(100), 곤지암레저(100), LG유통(65.6), LG CNS(63.6), 실트론(51), LG다우폴리카보네이트(50), LG스포츠(50), LG MMA(50), <u>LG칼텍스정유</u>(49.8)

손자회사 (20개):

(5개) (LG전자) LG마이크론*, LG이노텍, LG필립스LCD, LG-IBM PC, 하이프라자

(6개) (데이콤) 데이콤멀티미디어인터넷, 데이콤아이엔, 데이콤크로싱, CIC코리아, 파워콤, 한국인터넷데이터센터

(2개) (LG화학) LG석유화학*, 현대석유화학

(7개) (LG칼텍스정유) LG칼텍스가스*, 극동도시가스*, LG파워, 서라벌도시가스, 세티, 오일체인, 해양도시가스

주: 1) 자회사 지분은 2003년 3월 현재; 그룹 계열회사 수는 2003년 4월 현재.
2) 손자회사 지분 정보 없음.
3) 상장 여부의 출처는 사업보고서.
출처: 공정거래위원회홈페이지 자료, 사업보고서.

〈부록 표 4.4〉 LG그룹의 지주회사체제, 2004년 5월

(1) 개관

- 그룹 계열회사 46개(A) = 지주회사체제 편입 회사 38개(B) + 미편입 회사 8개
- 지주회사체제 달성 비율(B/A) = 83%
- [B] 지주회사 (주)LG + 자회사 17개 + 손자회사 20개 = 38개
- * 표시된 10개 회사는 상장회사이며, 밑줄 친 5개 회사는 손자회사 보유.

(2) 지주회사 (주)LG*의 계열회사

자회사 (17개): LG텔레콤(* 37.4%), LG전자(* 32.1), LG생명과학(* 30.5), LG생활건강(* 30), LG홈쇼핑(* 30), LG화학(* 30), 데이콤(* 30), LG경영개발원(100), LG스포츠(100), LG엔시스(100), LG MRO(100), 곤지암레저(100), LG유통(65.8), LG CNS(63.6), 실트론(51), LG칼텍스정유(50), LG MMA(50)

손자회사 (20개): (6개) (LG전자) LG마이크론(* 37.4), 하이비지니스로지스틱스(100), 하이프라자(100), LG이노텍(69.8), LG필립스LCD(50), LG-IBM PC(49)

(3개) (LG화학) LG석유화학(* 40), LG다우폴리카보네이트(50), 현대석유화학(50)

(5개) (데이콤) 한국인터넷데이터센터(90.5), 데이콤멀티미디어인터넷(88.1), 데이콤크로싱(51), CIC코리아(48.8), 파워콤(45.4)

(1개) (LG 엔시스) 브이이엔에스(100)

(5개) (LG칼텍스정유) LG파워(100), 서라벌도시가스(100), 해양도시가스(100), 세티(58.8), 오일체인(31.3)

주: 1) 지분 시점 표시 없음(2003년 12월인 것으로 보임); 그룹 계열회사 수는 2004년 4월 현재.
2) 상장 여부의 출처는 사업보고서.

출처: 공정거래위원회홈페이지 자료, 사업보고서.

〈부록 표 4.5〉 LG그룹의 지주회사체제, 2005년 8월

(1) 개관

· 그룹 계열회사 38개(A) = 지주회사체제 편입 회사 34개(B) + 미편입 회사 4개
· 지주회사체제 달성 비율(B/A) = 89%
· [B] 지주회사 (주)LG + 자회사 15개 + 손자회사 18개 = 34개
· * 표시된 10개 회사는 상장회사이며, 밑줄 친 5개 회사는 손자회사 보유.

(2) 지주회사 (주)LG*의 계열회사

자회사 (15개): 데이콤(* 39.8%), LG텔레콤(* 37.4), LG전자(* 32.1), LG생명과학(* 30), LG생활건강(* 30), LG화학(* 30), LG경영개발원(100), LG스포츠(100), LG엔시스(100), 곤지암레저(100), 서브원(100), LG CNS(65.8), 루셈(64.8), 실트론(51), LG MMA(50)

손자회사 (18개): (5개) (데이콤) 한국인터넷데이터센터(90.5), 멀티미디어인터넷(88.1), 데이콤크로싱(51), CIC코리아(48.8), 파워콤(45.4)

(3개) (LG텔레콤) 씨에스리더(100), 인터네셔널텔레드림(100), 테카스(100)

(5개) (LG전자) LG필립스LCD(* 44.6), LG마이크론(* 36), 하이비지니스로지스틱스(100), 하이프라자(100), LG이노텍(69.8)

(4개) (LG화학) LG석유화학(* 40), LG대산유화(100), 씨텍(50), LG다우폴리카보네이트(50)

(1개) (LG CNS) 브이이엔에스(100)

주: 지분 시점 표시 없음(2004년 12월인 것으로 보임); 그룹 계열회사 수는 2005년 4월 현재.
출처: 공정거래위원회홈페이지 자료.

〈부록 표 4.6〉 LG그룹의 지주회사체제, 2006년 8월

(1) 개관

- 그룹 계열회사 30개(A) = 지주회사체제 편입 회사 29개(B) + 미편입 회사 1개
- 지주회사체제 달성 비율(B/A) = 97%
- [B] 지주회사 (주)LG + 자회사 14개 + 손자회사 14개 = 29개
- * 표시된 10개 회사는 상장회사이며, 밑줄 친 5개 회사는 손자회사 보유.

(2) 지주회사 (주)LG*의 계열회사

자회사 (14개): LG생명과학(* 100%), <u>데이콤</u>(* 86.84), LG생활건강(* 86.5), <u>LG화학</u>(* 51), <u>LG텔레콤</u>(* 45.53), <u>LG전자</u>(* 35.2), LG스포츠(100), LG엔시스(100), 루셈(100), 서브원(100), 실트론(51), LG MMA(50), LG경영개발원(40), <u>LG CNS</u>(40)

손자회사 (14개): (3개) (데이콤) 데이콤멀티미디어인터넷(88.06), 데이콤크로싱(51), LG파워콤(45.43)

(3개) (LG화학) LG석유화학(* 40), 씨텍(50), LG다우폴리카보네이트(50)

(2개) (LG텔레콤) 씨에스리더(100), 아인텔레서비스(100)

(5개) (LG전자) LG필립스LCD(* 37.9), LG마이크론(* 36), 하이비지니스로지스틱스(100), 하이프라자(100), LG이노텍(69.8)

(1개) (LG CNS) 브이이엔에스(100)

주: 1) 지분은 2005년 12월 현재; 그룹 계열회사 수는 2006년 4월 현재.
2) LG전자에 대한 지분과 상장 여부의 출처는 사업보고서.

출처: 공정거래위원회홈페이지 자료, 사업보고서.

〈부록 표 4.7〉 LG그룹의 지주회사체제, 2007년 8월

(1) 개관

· 그룹 계열회사 31개(A) = 지주회사체제 편입 회사 29개(B) + 미편입 회사 2개
· 지주회사체제 달성 비율(B/A) = 94%
· [B] 지주회사 (주)LG + 자회사 14개 + 손자회사 14개 = 29개
· * 표시된 10개 회사는 상장회사이며, 밑줄 친 5개 회사는 손자회사 보유.

(2) 지주회사 (주)LG*의 계열회사

자회사 (14개): LG텔레콤(* 37.4%), LG화학(* 34.5), LG전자(* 31.1), LG데이콤(* 30.8), LG생명과학(* 30), LG생활건강(* 30), LG경영개발원(100), LG스포츠(100), LG엔시스(100), 서브원(100), LG CNS(80.8), 루셈(64.8), 실트론(51), LG MMA(50)

손자회사 (14개): (2개) (LG텔레콤) 씨에스리더(100), 아인텔레서비스(100)

(3개) (LG화학) LG석유화학(* 40), 씨텍(50), LG다우폴리카보네이트(50)

(5개) (LG전자) LG필립스LCD(* 37.9), LG마이크론(* 36), 하이비지니스로지스틱스(100), 하이프라자(100), LG이노텍(69.8)

(3개) (LG데이콤) 데이콤멀티미디어인터넷(88), 데이콤크로싱(51), LG파워콤(45.4)

(1개) (LG CNS) 브이이엔에스(100)

주: 지분은 2006년 12월 현재; 그룹 계열회사 수는 2007년 4월 현재.
출처: 공정거래위원회홈페이지 자료.

〈부록 표 4.8〉 LG그룹의 지주회사체제, 2008년 9월

(1) 개관

· 그룹 계열회사 36개(A) = 지주회사체제 편입 회사 30개(B) + 미편입 회사 6개
· 지주회사체제 달성 비율(B/A) = 83%
· [B] 지주회사 (주)LG + 자회사 14개 + 손자회사 15개 = 30개
· * 표시된 9개 회사는 상장회사이며, 밑줄 친 5개 회사는 손자회사 보유.

(2) 지주회사 (주)LG*의 계열회사

자회사 (14개): LG텔레콤(* 37.4%), LG전자(* 34.8), LG생활건강(* 34), LG화학(* 33.5), LG생명과학(* 30.4), LG데이콤(* 30), LG경영개발원(100), LG솔라에너지(100), LG스포츠(100), 서브원(100), LG CNS(82.7), 루셈(64.8), 실트론(51), LG MMA(50)

손자회사 (15개):
(2개) (LG텔레콤) 씨에스리더(100), 아인텔레서비스(100)

(5개) (LG전자) LG디스플레이(* 37.9), LG마이크론(* 36), 하이비지니스로지스틱스(100), 하이프라자(100), LG이노텍(69.8)

(2개) (LG화학) 씨텍(50), LG다우폴리카보네이트(50)

(3개) (LG데이콤) 데이콤멀티미디어인터넷(88.1), 데이콤크로싱(51), LG파워콤(45.4)

(3개) (LG CNS) LG엔시스(100), 브이이엔에스(100), 비즈테크앤엑티모(58.9)

주: 지분은 2007년 12월 현재; 그룹 계열회사 수는 2008년 4월 현재.
출처: 공정거래위원회홈페이지 자료.

〈부록 표 4.9〉 LG그룹의 지주회사체제, 2009년 9월

(1) 개관

· 그룹 계열회사 52개(A) = 지주회사체제 편입 회사 46개(B) + 미편입 회사 6개
· 지주회사체제 달성 비율(B/A) = 88%
· {B} 지주회사 (주)LG + 자회사 15개 + 손자회사 28개 + 증손회사 2개 = 46개
· * 표시된 12개 회사는 상장회사이며, 밑줄 친 9개 회사는 손자 또는 증손 회사 보유.

(2) 지주회사 (주)LG*의 계열회사

자회사 (15개): LG텔레콤(* 37.37%), 지투알(* 35), LG전자(* 34.8), LG생활건강(* 34.03), LG화학(* 33.53), LG생명과학(* 30.43), LG데이콤(* 30.04), LG경영개발원(100), LG솔라에너지(100), LG스포츠(100), 서브원(100), LG CNS(82.67), 루셈(64.81), 실트론(51), LG MMA(50)

손자회사 (28개): (2개) (LG텔레콤) 씨에스리더(100), 아인텔레서비스(100)

(10개) (지투알) 더블유브랜드커넥션(100), 에이치에스애드(100), 엘베스트(100), 지아웃도어(100), 탐스미디어(100), 투엔티투엔티(100), 벅스컴애드(70), 프레스라인(70), 알키미디어(51), 엠허브(50.6)

(6개) (LG전자) LG마이크론(* 52), LG이노텍(* 50.1), LG디스플레이(* 37.9), 시스템에어컨엔지니어링(100), 하이비지니스로지스틱스(100), 하이프라자(100)

(1개) (LG생활건강) 코카콜라음료(90)

(2개) (LG화학) 씨텍(50), LG다우폴리카보네이트(50)

(3개) (LG데이콤) LG파워콤(* 40.87), 데이콤멀티미디어인터넷(88.06), 데이콤크로싱(51)

(4개) (LG CNS) LG엔시스(100), 브이이엔에스(100), 유세스파트너스(100), 비즈테크앤엑티모(61.3)

증손회사 (2개): (1개) (에이치에스애드) 와이즈벨(100)

(1개) (LG파워콤) 씨에스원파트너(100)

주: 지분은 2008년 12월 현재; 그룹 계열회사 수는 2009년 4월 현재.
출처: 공정거래위원회홈페이지 자료.

〈부록 표 4.10〉 LG그룹의 지주회사체제, 2010년 9월

(1) 개관

- 그룹 계열회사 53개(A) = 지주회사체제 편입 회사 46개(B) + 미편입 회사 7개
- 지주회사체제 달성 비율(B/A) = 87%
- [B] 지주회사 (주)LG + 자회사 16개 + 손자회사 27개 + 증손회사 2개 = 46개
- * 표시된 12개 회사는 상장회사이며, 밑줄 친 10개 회사는 손자 또는 증손 회사 보유.

(2) 지주회사 (주)LG*의 계열회사

자회사 (16개): LG텔레콤(* 37.37%), 지투알(* 35), LG전자(* 34.8), LG생활건강(* 34.03), LG하우시스(* 33.53), LG화학(* 33.53), LG생명과학(* 30.43), LG데이콤(* 30.04), LG경영개발원(100), LG솔라에너지(100), LG스포츠(100), 서브원(100), LG CNS(84.97), 루셈(64.81), LG MMA(50), 실트론(51)

손자회사 (27개): (2개) (LG텔레콤) 씨에스리더(100), 아인텔레서비스(100)

(7개) (지투알) 더블유브랜드커넥션(100), 에이치에스애드(100), 엘베스트(100), 지아웃도어(100), 탐스미디어(100), 벅스컴애드(70), 알키미디어(51)

(5개) (LG전자) LG이노텍(* 50.6), LG디스플레이(* 37.9), 시스템에어컨엔지니어링(100), 하이비지니스로지스틱스(100), 하이프라자(100)

(2개) (LG생활건강) 다이아몬드샘물(100), 코카콜라음료(90)

(2개) (LG하우시스) 하우시스이엔지(100), LG토스템비엠(51)

(2개) (LG화학) 씨텍(50), LG다우폴리카보네이트(50)

(3개) (LG데이콤) LG파워콤(* 40.87), 데이콤멀티미디어인터넷(88.06), 데이콤크로싱(51)

(4개) (LG CNS) LG엔시스(100), 브이이엔에스(100), 유세스파트너스(100), 비즈테크앤엑티모(61.3)

증손회사 (2개): (1개) (에이치에스애드) 와이즈벨(100)

(1개) (LG파워콤) 씨에스원파트너(100)

주: 지분은 2009년 12월 현재; 그룹 계열회사 수는 2010년 4월 현재.
출처: 공정거래위원회홈페이지 자료.

〈부록 표 4.11〉 LG그룹의 지주회사체제, 2010년 12월

(1) 개관

· 그룹 계열회사 59개(A) = 지주회사체제 편입 회사 51개(B) + 미편입 회사 8개
· 지주회사체제 달성 비율(B/A) = 86%
· [B] 지주회사 (주)LG + 자회사 15개 + 손자회사 33개 + 증손회사 2개 = 51개
· * 표시된 10개 회사는 상장회사이며, 밑줄 친 10개 회사는 손자 또는 증손 회사 보유.

(2) 지주회사 (주)LG*의 계열회사

자회사 (15개): 지투알(* 35%), LG전자(* 34.8), LG생활건강(* 34), LG화학(* 33.5), LG하우시스(* 33.5), LG유플러스(* 30.6), LG생명과학(* 30.4), 서브원(100), LG경영개발원(100), LG솔라에너지(100), LG스포츠(100), LG CNS(85), 루셈(64.8), 실트론(51), LG MMA(50)

손자회사 (33개): (7개) (지투알) 더블유브랜드커넥션(100), 에이치에스애드(100), 엘베스트(100), 지아웃도어(100), 탐스미디어(100), 벅스컴애드(70), 알키미디어(51)

(6개) (LG전자) LG이노텍(* 48), LG디스플레이(* 37.9), 하이비지니스로지스틱스(100), 하이엠솔루텍(100), 하이텔레서비스(100), 하이프라자(100)

(3개) (LG생활건강) 다이아몬드샘물(100), 더페이스샵(100), 코카콜라음료(90)

(2개) (LG화학) LG폴리카보네이트(100), 씨텍(50)

(3개) (LG하우시스) 하우시스이엔지(100), 하우시스인터페인(90), LG토스템비엠(51)

(5개) (LG유플러스) 씨에스리더(100), 씨에스원파트너(100), 아인텔레서비스(100), 데이콤멀티미디어인터넷(88.1), 데이콤크로싱(51)

(3개) (서브원) 곤지암예원(90), LG도요엔지니어링(70), 미래세움(4.8)

(4개) (LG CNS) LG엔시스(100), 브이이엔에스(100), 유세스파트너스(100), 비즈테크앤엑티모(61.3)

증손회사 (2개): (1개) (에이치에스애드) 와이즈벨(100)

(1개) (코카콜라음료) 한국음료(100)

주: 1) 지분 및 그룹 계열회사 수는 2010년 12월 현재.
2) 미편입 회사 8개: LG상사(27.8%; 상장회사), 지흥(90.9); (LG상사 자회사) 한국상용차(100), 트윈와인(100), 지오바인(100), 픽스딕스(100), 금아스틸(51), 글로벌다이너스티 해외자원개발 사모투자전문회사(7.5).
출처: 사업보고서.

〈부록 5〉 SK그룹의 지주회사체제, 2000-2010년

* 공정거래위원회홈페이지 자료를 기준으로 하였으며 사업보고서 상의 정보로 일부 보완함.

〈부록 표 5.1〉 SK그룹의 지주회사체제, 2000년 3월

(1) 개관

· 그룹 계열회사 39개(A) = 지주회사체제 편입 회사 14개(B) + 미편입 회사 25개
· 지주회사체제 달성 비율(B/A) = 36%
· {B} 지주회사 SK엔론 + 자회사 11개 + 손자회사 2개 = 14개

(2) 지주회사 SK엔론의 계열회사

자회사 (11개): SK가스, 구미도시가스, 동부해양도시가스, 대일도시가스, 대한도시가스, 보배도시가스, 부산도시가스, 벽산에너지, 청주도시가스, 충남도시가스, 포항도시가스

손자회사 (2개): 대한도시가스엔지니어링, 부산도시개발

주: 1) 그룹 계열회사 수는 2000년 4월 현재. 2) 지분 및 상장 여부 표시 없음.
출처: 공정거래위원회홈페이지 자료.

〈부록 표 5.2〉 SK그룹의 지주회사체제, 2001년 7월

(1) 개관

· 그룹 계열회사 54개(A) = 지주회사체제 편입 회사 14개(B) + 미편입 회사 40개
· 지주회사체제 달성 비율(B/A) = 26%
· {B} 지주회사 SK엔론 + 자회사 11개 + 손자회사 2개 = 14개

(2) 지주회사 SK엔론의 계열회사

자회사 (11개): SK가스, 강원도시가스, 구미도시가스, 대한도시가스, 부산도시가스, 익산도시가스, 익산에너지, 전남도시가스, 청주도시가스, 충남도시가스, 포항도시가스

손자회사 (2개): 대한도시가스엔지니어링, 부산도시개발

주: 1) 그룹 계열회사 수는 2001년 4월 현재. 2) 지분 및 상장 여부 표시 없음.
3) 손자회사 정보는 없으며, 2000년 3월 현재의 2개를 그대로 취함.
출처: 공정거래위원회홈페이지 자료.

〈부록 표 5.3〉 SK그룹의 지주회사체제, 2002년 12월

(1) 개관

· 그룹 계열회사 60개(A) = 지주회사체제 편입 회사 15개(B) + 미편입 회사 45개
· 지주회사체제 달성 비율(B/A) = 25%
· [B] 지주회사 SK엔론 + 자회사 11개 + 손자회사 3개 = 15개
· * 표시된 3개 회사는 상장회사이며, 밑줄 친 3개 회사는 손자회사 보유.

(2) 지주회사 SK엔론의 계열회사

자회사 (11개): SK가스(* 45.53%), 대한도시가스(* 40), 부산도시가스(* 40), 강원도시가스(86.5),
구미도시가스(100), 익산도시가스(51), 익산에너지(86.84), 전남도시가스(100),
청주도시가스(100), 충남도시가스(100), 포항도시가스(100)

손자회사 (3개): (1개) (SK가스) 은광가스산업(100)
(1개) (대한도시가스) 대한도시가스엔지니어링(100)
(1개) (부산도시가스) 부산도시가스개발(51)

주: 지분은 2003년 3월 현재; 그룹 계열회사 수는 2003년 2월 현재.
출처: 사업보고서.

〈부록 표 5.4〉 SK그룹의 지주회사체제, 2003년 7월

(1) 개관

· 그룹 계열회사 60개(A) = 지주회사체제 편입 회사 15개(B) + 미편입 회사 45개
· 지주회사체제 달성 비율(B/A) = 25%
· [B] 지주회사 SK엔론 + 자회사 11개 + 손자회사 3개 = 15개

(2) 지주회사 SK엔론의 계열회사

자회사 (11개): SK가스(45.5%), 강원도시가스(86.5), 구미도시가스(100), 대한도시가스(40), 부산도시가스(40),
익산도시가스(51), 익산에너지(86.8), 전남도시가스(100), 청주도시가스(100),
충남도시가스(100), 포항도시가스(100)

손자회사 (3개): 대한도시가스엔지니어링, 부산도시가스개발, 은광가스산업

주: 1) 그룹 계열회사 수는 2003년 7월 현재. 2) 지분 시점 및 상장 여부 표시 없음. 3) 손자회사는 회사 이름만 있음.
출처: 공정거래위원회홈페이지 자료.

〈부록 표 5.5〉 SK그룹의 지주회사체제, 2004년 5월

(1) 개관

· 그룹 계열회사 59개(A) = 지주회사체제 편입 회사 14개(B) + 미편입 회사 45개
· 지주회사체제 달성 비율(B/A) = 24%
· {B} 지주회사 SK엔론 + 자회사 11개 + 손자회사 2개 = 14개
· 밑줄 친 2개 회사는 손자회사 보유.

(2) 지주회사 SK엔론의 계열회사

자회사 (11개): <u>부산도시가스</u>(40%), <u>대한도시가스</u>(40), SK가스(45.5), 강원도시가스(86.5), 구미도시가스(100), 익산도시가스(51), 익산에너지(86.8), 전남도시가스(100), 청주도시가스(100), 충남도시가스(100), 포항도시가스(100)

손자회사 (2개): (1개) (부산도시가스) 부산도시가스개발(51)

(1개) (대한도시가스) 대한도시가스엔지니어링(100)

주: 1) 그룹 계열회사 수는 2004년 4월 현재. 2) 지분 시점 및 상장 여부 표시 없음.
출처: 공정거래위원회홈페이지 자료.

〈부록 표 5.6〉 SK그룹의 지주회사체제, 2005년 8월

(1) 개관

· 그룹 계열회사 50개(A) = 지주회사체제 편입 회사 13개(B) + 미편입 회사 37개
· 지주회사체제 달성 비율(B/A) = 26%
· {B} 지주회사 SK엔론 + 자회사 11개 + 손자회사 1개 = 13개
· * 표시된 3개 회사는 상장회사이며, 밑줄 친 1개 회사는 손자회사 보유.

(2) 지주회사 SK엔론의 계열회사

자회사 (11개): <u>대한도시가스</u>(* 40%), SK가스(* 45.5), 강원도시가스(86.5), 구미도시가스(100), 부산도시가스(* 40), 익산도시가스(51), 익산에너지(86.8), 전남도시가스(100), 청주도시가스(100), 충남도시가스(100), 포항도시가스(100)

손자회사 (1개): (대한도시가스) 대한도시가스엔지니어링(100)

주: 1) 지분 시점 표시 없음. 2) 그룹 계열회사 수는 2005년 4월 현재.
출처: 공정거래위원회홈페이지 자료.

〈부록 표 5.7〉 SK그룹의 지주회사체제, 2006년 8월

(1) 개관

· 그룹 계열회사 56개(A) = 지주회사체제 편입 회사 13개(B) + 미편입 회사 43개
· 지주회사체제 달성 비율(B/A) = 23%
· [B] 지주회사 SK E&S + 자회사 11개 + 손자회사 1개 = 13개
· 밑줄 친 1개 회사는 손자회사 보유.

(2) 지주회사 SK E&S의 계열회사

자회사 (11개): 대한도시가스(40%), SK가스(45.53), 강원도시가스(86.5), 구미도시가스(100), 부산도시가스(40), 익산도시가스(51), 익산에너지(86.84), 전남도시가스(100), 청주도시가스(100), 충남도시가스(100), 포항도시가스(100)

손자회사 (1개): (대한도시가스) 대한도시가스엔지니어링(100)

주: 1) 지분은 2005년 12월 현재; 그룹 계열회사 수는 2006년 4월 현재. 2) 상장 여부 표시 없음.
출처: 공정거래위원회홈페이지 자료.

〈부록 표 5.8〉 SK그룹의 지주회사체제, 2007년 8월

(1) 개관

· 그룹 계열회사 57개(A) = 지주회사체제 편입 회사 35개(B) + 미편입 회사 22개
· 지주회사체제 달성 비율(B/A) = 61%
· [B] 지주회사 SK(주) + 자회사 7개(SK E&S 포함) + 손자회사 16개 = 24개
지주회사 SK E&S + 자회사 10개 + 손자회사 1개 = 12개
· * 표시된 10개 회사는 상장회사이며, 밑줄 친 6개 회사는 각각 손자회사 보유.

(2) 지주회사 SK(주)*의 계열회사

자회사 (7개): SK네트웍스(* 40.6%), SK에너지(* 17.3), SK텔레콤(* 21.8), SKC(* 43.8), SK E&S(51), SK해운(72.1), 케이파워(65)

손자회사 (16개): (1개) (SK네트웍스) 에콜그린(55)

(5개) (SK에너지) SK모바일에너지(88.3), SK인천정유(90.6), SKC티에이(33.7), 대한송유관공사(32.4), 오케이캐쉬백서비스(96.7)

(8개) (SK텔레콤) SK커뮤니케이션즈(85.9), SK텔링크(90.8), 글로벌신용정보(50), 서울음반(* 60), 아이에이치큐(* 34.1), 에어크로스(100), 티유미디어(32.7), 팍스넷(59.7)

(2개) (SKC) SKC미디어(100), SKC에어가스(80)

(3) 지주회사 SK E&S의 계열회사

자회사 (10개): 대한도시가스(* 40%), SK가스(* 45.5), 강원도시가스(100), 구미도시가스(100), 부산도시가스(* 40), 익산도시가스(100), 전남도시가스(100), 청주도시가스(100), 충남도시가스(100), 포항도시가스(100)

손자회사 (1개): (대한도시가스) 대한도시가스엔지니어링(100)

주: 지분은 SK(주) 2007년 4월, SK E&S 2006년 12월 현재; 그룹 계열회사 수는 2007년 4월 현재.
출처: 공정거래위원회홈페이지 자료.

〈부록 표 5.9〉 SK그룹의 지주회사체제, 2008년 9월

(1) 개관

· 그룹 계열회사 64개(A) = 지주회사체제 편입 회사 47개(B) + 미편입 회사 17개
· 지주회사체제 달성 비율(B/A) = 73%
· [B] 지주회사 SK(주) + 자회사 7개(SK E&S 포함) + 손자회사 28개 = 36개
　　지주회사 SK E&S + 자회사 10개 + 손자회사 1개 = 12개
· * 표시된 12개 회사는 상장회사이며, 밑줄 친 6개 회사는 각각 손자회사 보유.

(2) 지주회사 SK(주)*의 계열회사

자회사 (7개): SK네트웍스(* 39.9), SK에너지(* 30.8), SK텔레콤(* 21.8), SKC(* 42.5), SK E&S(51), SK해운(72.1), 케이파워(65)

손자회사 (28개): (7개) (SK네트웍스) SK네트웍스서비스(100), SK증권(* 22.7), 아이플랫폼(66.7), 이노에이스(43.1), 에콜그린(55), 엠알오코리아(51), 워커힐(50.4)

(6개) (SK에너지) SK모바일에너지(88.3), SK인천정유(90.6), SKC티에이(33.7), 대한송유관공사(32.4), 오케이캐쉬백서비스(96.7), 엔카네트워크(50)

(12개) (SK텔레콤) SK와이번스(100), SK커뮤니케이션즈(* 64.8), SK텔링크(90.8), 글로벌신용정보(50), 바바클럽(100), 서울음반(* 60), 아이에이치큐(* 37.1), 에어크로스(100), 엔트리브소프트(66.7), 커머스플래닛(100), 티유미디어(32.7), 팍스넷(59.7)

(3개) (SKC) SK텔레시스(77.1), SKC미디어(100), SKC에어가스(80)

(3) 지주회사 SK E&S의 계열회사

자회사 (10개): 대한도시가스(* 40%), SK가스(* 49.6), 강원도시가스(100), 부산도시가스(* 40), 영남에너지서비스(100), 전남도시가스(100), 전북에너지서비스(100), 충남도시가스(100), 충청에너지서비스(100), 포항도시가스(100)

손자회사 (1개): (대한도시가스) 대한도시가스엔지니어링(100)

주: 지분은 2007년 12월 현재; 그룹 계열회사 수는 2008년 4월 현재.
출처: 공정거래위원회홈페이지 자료.

〈부록 표 5.10〉 SK그룹의 지주회사체제, 2009년 9월

(1) 개관

· 그룹 계열회사 77개(A) = 지주회사체제 편입 회사 59개(B) + 미편입 회사 18개
· 지주회사체제 달성 비율(B/A) = 77%
· [B] 지주회사 SK(주) + 자회사 8개(SK E&S 포함) + 손자회사 33개 + 증손회사 7개 = 49개
지주회사 SK E&S + 자회사 9개 + 손자회사 1개 = 11개
· * 표시된 14개 회사는 상장회사이며, 밑줄 친 10개 회사는 각각 손자 또는 증손 회사 보유.

(2) 지주회사 SK(주)*의 계열회사

자회사 (8개): SK가스(* 45.53%), SK네트웍스(* 39.96), SK에너지(* 32.56), SK텔레콤(* 23.09), SKC(* 42.5), SK E&S(51), SK해운(72.13), 케이파워(65)

손자회사 (33개): (1개) (SK가스) 을릉미네랄(80.36)

(8개) (SK네트웍스) SK네트웍스서비스(100), SK증권(* 22.71), 더블유에스통상(100), 아이플랫폼(66.67), 이노에이스(43.08), 에코그린(55), 엠알오코리아(51), 워커힐(50.37)

(7개) (SK에너지) SK마케팅앤컴퍼니(50), SK모바일에너지(88.3), SK유화(100), 내트럭(33.67), 대한송유관공사(38.3), 엔카네트워크(87.5), 제주유나이티드에프씨(100)

(12개) (SK텔레콤) SK브로드밴드(* 43.42), SK커뮤니케이션즈(* 64.82), SK와이번스(99.99), SK텔링크(90.77), 로엔엔터테인먼트(* 63.48), 아이에이치큐(* 37.09), 에어크로스(100), 에프앤유신용정보(50), 엔트리브소프트(63.7), 커머스플래닛(100), 티유미디어(44.15), 팍스넷(59.74)

(5개) (SKC) SK텔레시스(77.13), SKC미디어(100), SKC에어가스(80), 솔믹스(* 48.7), 인싸이토(100)

증손회사 (7개): (2개) (SK마케팅앤컴퍼니) 크로스엠인사이트(100), 오케이캐쉬백서비스(100)

(3개) (SK브로드밴드) 브로드밴드디앤엠(100), 브로드밴드미디어(100), 브로드밴드씨에스(100)

(2개) (SK커뮤니케이션즈) SK아이미디어(100), 이투스(100)

(3) 지주회사 SK E&S의 계열회사

자회사 (9개):	대한도시가스(* 47.62%), 강원도시가스(100), 디오피서비스주식회사(95.1), 부산도시가스(* 40), 영남에너지서비스(100), 전남도시가스(100), 전북에너지서비스(100), 충남도시가스(100), 충청에너지서비스(100)
손자회사 (1개):	(대한도시가스) 대한도시가스엔지니어링(100)

주: 1) 지분은 2008년 12월 현재; 그룹 계열회사 수는 2009년 4월 현재.

2) SK E&S의 경우 출처에는 두 가지로 소개되어 있는데 전자를 취함. 2007-2008년 자료에는 전자의 형태로만 소개되어 있고 2009년 자료에는 두 가지로 소개되어 있음: (a) 지주회사 SK E&S → 자회사 9개 → 손자회사 1개; (b) 지주회사 SK(주) → 자회사 SK E&S → 손자회사 9개 → 증손회사 1개.

3) SK마케팅앤컴퍼니: SK에너지와 SK텔레콤이 각각 50% 지분 보유, SK에너지 자회사로 분류함.

출처: 공정거래위원회홈페이지 자료.

〈부록 표 5.11〉 SK그룹의 지주회사체제, 2010년 9월

(1) 개관

· 그룹 계열회사 75개(A) = 지주회사체제 편입 회사 63개(B) + 미편입 회사 12개
· 지주회사체제 달성 비율(B/A) = 84%
· [B] 지주회사 SK(주) + 자회사 9개 (SK E&S 포함) + 손자회사 35개 + 증손회사 9개 = 54개
    지주회사 SK E&S + 자회사 9개 = 10개
· * 표시된 14개 회사는 상장회사이며, 밑줄 친 11개 회사는 손자 또는 증손 회사 보유.

(2) 지주회사 SK(주)*의 계열회사

자회사 (9개): SK가스(* 45.53%), SK네트웍스(* 39.12), SK에너지(* 32.96), SK텔레콤(* 23.22), SKC(* 42.5), SK건설(33.43), SK E&S(67.55), SK해운(72.13), 케이파워(65)

손자회사 (35개): (2개) (SK가스) 파나블루(80.36), 그린바이로(69.01)

(5개) (SK네트웍스) SK증권(* 22.71), SK네트웍스서비스(100), 더블유에스통상(100), 아이플랫폼(66.67), 엠알오코리아(51)

(8개) (SK에너지) SK루브리컨츠(100), SK모바일에너지(100), SK유화(100), 제주유나이티드에프씨(100), 엔카네트워크(87.5), SK마케팅앤컴퍼니(50), 대한송유관공사(38.28), 내트럭(33.67)

(12개) (SK텔레콤) SK커뮤니케이션즈(* 64.82), 로엔엔터테인먼트(* 63.48), SK브로드밴드(* 43.42), 아이에이치큐(* 37.09), 커머스플래닛(100), 피에스엔마케팅(100), SK와이번스(99.99), SK텔링크(90.77), 엔트리브소프트(63.7), 팍스넷(59.74), 에프앤유신용정보(50), 티유미디어(44.15)

(5개) (SKC) SK솔믹스(* 48.7), 인싸이토(100), SKC미디어(100), SKC에어가스(80), SK텔레시스(77.13)

(3개) (SK건설) 리얼베스트(100), SK임업 (100), SK디앤디(44.98)

증손회사 (9개): (1개) (SK루브리컨츠) 지코스(100)

(2개) (SK마케팅앤컴퍼니) 크로스엠인사이트(100), 오케이캐쉬백서비스(100)

(1개) (SK커뮤니케이션즈) SK아이미디어(100)

(3개) (SK브로드밴드) 브로드밴드디앤엠(100), 브로드밴드미디어(100), 브로드밴드씨에스(100)

(2개) (SK디앤디) 남원사랑발전소(100), 엠케이에스개런티(100)

(3) 지주회사 SK E&S의 계열회사

자회사 (9개):	대한도시가스(* 47.62%), 부산도시가스(* 40), 강원도시가스(100), 영남에너지서비스(100), 전남도시가스(100), 전북에너지서비스(100), 충남도시가스(100), 충청에너지서비스(100), 디오피서비스(96.38)

주: 1) 지분은 2009년 12월 현재; 그룹 계열회사 수는 2010년 4월 현재.
2) 지주회사 SK E&S의 자회사 9개는 지주회사 SK(주)의 손자회사이기도 함.
3) SK마케팅앤컴퍼니: SK에너지와 SK텔레콤이 각각 50% 지분 보유, SK에너지 자회사로 분류함.
출처: 공정거래위원회홈페이지 자료, 분기보고서.

〈부록 표 5.12〉 SK그룹의 지주회사체제, 2010년 12월

(1) 개관

· 그룹 계열회사 84개(A) = 지주회사체제 편입 회사 65개(B) + 미편입 회사 19개
· 지주회사체제 달성 비율(B/A) = 77%
· [B] 지주회사 SK(주) + 자회사 8개 (SK E&S 포함) + 손자회사 38개 + 증손회사 9개 = 56개
  지주회사 SK E&S + 자회사 9개 = 10개
· * 표시된 12개 회사는 상장회사이며, 밑줄 친 10개 회사는 손자 또는 증손 회사 보유.

(2) 지주회사 SK(주)*의 계열회사

자회사 (8개): SK네트웍스(* 39.1%), SK에너지(* 33.4), SK텔레콤(* 23.2), SKC(* 42.5), SK건설(40), SK E&S(67.5), SK해운(83.1), 케이파워(100)

손자회사 (38개): (6개) (SK네트웍스) SK증권(* 22.7), SK핀크스(100), 더블유에스통상(100), 아이플랫폼(100), SK네트웍스서비스(85), 엠알오코리아(51)

(9개) (SK에너지) SK루브리컨츠(100), SK모바일에너지(100), SK유화(100), 제주유나이티드에프씨(100), 엔카네트워크(87.5), 그린아이에스(84.3), 내트럭(67.3), SK마케팅앤컴퍼니(50), 대한송유관공사(38.3)

(14개) (SK텔레콤) SK커뮤니케이션즈(* 64.7), 로엔엔터테인먼트(* 63.5), SK브로드밴드(* 50.6), 네트웍오앤에스(100), 서비스에이스(100), 서비스탑(100), SK와이번스(100), 커머스플래닛(100), 피에스엔마케팅(100), SK텔링크(83.5), 엔트리브소프트(63.7), 팍스넷(59.7), 텔레비전미디어코리아(51), 에프앤유신용정보(50)

(6개) (SKC) SKC솔믹스(* 48.7), 인싸이토(100), 섬레이코퍼레이션(83.5), SKC에어가스(80), SK텔레시스(77.1), SK더블유(60)

(3개) (SK건설) 리얼베스트(100), SK임업(100), SK디앤디(45)

증손회사 (9개): (2개) (SK루브리컨츠) 유베이스매뉴팩처링아시아(100), 지코스(100)

(1개) (SK마케팅앤컴퍼니) 엠앤서비스(100)

(1개) (SK커뮤니케이션즈) SK아이미디어(100)

(3개) (SK브로드밴드) 브로드밴드디앤엠(100), 브로드밴드미디어(100), 브로드밴드씨에스(100)

(2개) (SK디앤디) 남원사랑발전소(100), 엠케이에스개런티(100)

(3) 지주회사 SK E&S의 계열회사

자회사 (9개):	대한도시가스(* 51.3%), 부산도시가스(* 40), 강원도시가스(100), 영남에너지서비스(100), 전남도시가스(100), 전북에너지서비스(100), 충남도시가스(100), 충청에너지서비스(100), 평택에너지서비스(100)

주: 1) 지분 및 그룹 계열회사 수는 2010년 12월 현재.

2) 지주회사 SK E&S의 자회사 9개는 지주회사 SK(주)의 손자회사이기도 함.

3) SK건설: 다음 2개 회사에도 지분 보유함 – 광주맑은물(42%), 대전맑은물(32).

4) SK마케팅앤컴퍼니: SK에너지와 SK텔레콤이 각각 50% 지분 보유, SK에너지 자회사로 분류함.

출처: 사업보고서.

〈참고문헌〉

(1) 금융감독원 전자공시시스템(http://dart.fss.or.kr) 자료:

(1.1) LG그룹

(주)LG화학 <사업보고서> 제36기(1997.1-12), 제37기(1998.1-12), 제38기(1999.1-12), 제39기(2000.1-12);
<분기보고서> 제39기 3분기(2000.1-9);
<분할신고서> (2000.11.15).

(주)LGCI <사업보고서> 제40기(2001.1-12);
<분기보고서> 제40기 1분기(2001.1-3), 3분기(2001.1-9), 제41기 3분기(2002.1-9);
<반기보고서> 제40기 반기(2001.1-6);
<분할신고서> (2002.5.7; 정정신고 5.8, 5.18);
<분할종료보고서> (2001.4.3); <분할종료보고서> (2002.8.2);
<합병신고서> (2002.11.28; 정정신고 2003.1.10).

(주)LG <사업보고서> 제41기(2002.1-12), 제42기(2003.1-12), 제43기(2004.1-12), 제44기(2005.1-12), 제45기 (2006.1-12), 제46기(2007.1-12), 제47기(2008.1-12), 제48기(2009.1-12), 제49기 (2010.1-12);
<분기보고서> 제42기 1분기(2003.1-3), 제43기 1분기(2004.1-3), 3분기(2004.1-9), 제44기 1분기 (2005.1-3), 3분기(2005.1-9), 제47기 3분기(2008.1-9), 제49기 1분기(2010.1-3), 제50 기 1분기(2011.1-3);
<반기보고서> 제43기 반기(2004.1-6), 제47기 반기(2008.1-6);
<합병종료보고서> (2003.3.4; 정정신고 5.15);
<분할신고서> (2004.4.13; 정정신고 5.6);
<분할종료보고서> (2004.7.8).

(주)LG화학 <사업보고서> 제1기(2001.4-12), 제2기(2002.1-12), 제3기(2003.1-12), 제4기(2004.1-12), 제5기 (2005.1-12), 제6기(2006.1-12), 제7기(2007.1-12), 제8기(2008.1-12), 제9기 (2009.1-12), 제10기(2010.1-12);
<분기보고서> 제1기 1분기(2002.1-3), 제5기 3분기(2005.1-9).

LG전자(주) <사업보고서> 제39기(1997.1-12), 제40기(1998.1-12), 제41기(1999.1-12), 제42기(2000.1-12), 제43 기(2001.1-12);
<분기보고서> 제42분기 3분기(2000.1-9), 제43기 1분기(2001.1-3); <반기보고서> 제42기 반기 (2000.1-6).

(주)LGEI <사업보고서> 제44기(2002.1-12);
<분기보고서> 제44기 1분기(2002.1-3);
<반기보고서> 제44기 반기(2002.1-6);
<분할신고서> (2001.11.15);
<분할종료보고서> (2002.4.2; 정정신고 4.4).

LG전자(주) <사업보고서> 제1기(2002.4-12), 제2기(2003.1-12), 제3기(2004.1-12), 제4기(2005.1-12), 제5기 (2006.1-12), 제6기(2007.1-12), 제7기(2008.1-12), 제8기(2009.1-12), 제9기 (2010.1-12);
<분기보고서> 제4기 3분기(2005.1-9);
<반기보고서> 제1기 반기(2002.4-6).

LG생명과학 <사업보고서> 제1기 (2002.8-12), 제2기 (2003.1-12);
<분기보고서> 제1기 3분기(2002.8-9), 제2기 3분기(2003.1-9).

LG생활건강 <분기보고서> 제1기 1분기(2001.1-3).
GS홀딩스 <분기보고서> 제1기 3분기(2004.7-9).

LG상사 <사업보고서> 제45기(1997.1-12), 제46기(1998.1-12), 제48기(2000.1-12), 제51기(2003.1-12), 제53기 (2005.1-12);
<분기보고서> 제53기 3분기(2005.1-9).

LG CNS <사업보고서> 제18기(2004.1-12).

LG텔레콤 <사업보고서> 제4기(1999.1-12), 제5기(2000.1-12), 제6기(2001.1-12), 제7기(2002.1-12), 제8기 (2003.1-12), 제10기(2005.1-12), 제12기(2007.1-12);
<분기보고서> 제10기 3분기(2005.1-9).

LG유플러스 <사업보고서> 제15기(2010.1-12).
LG하우시스 <사업보고서> 제1기(2009.4-12).
데이콤 <사업보고서> 제19기(2000.1-12), 제20기(2001.1-12), 제21기(2002.1-12), 제22기(2003.1-12).
지투알 <사업보고서) 제25기(2008.1-12).

(1.2) SK그룹

SK(주) <사업보고서> 제36기(1997.1-12), 제37기(1998.1-12), 제38기(1999.1-12), 제39기(2000.1-12), 제40기 (2001.1-12), 제41기(2002.1-12), 제42기(2003.1-12), 제43기(2004.1-12), 제44기 (2005.1-12), 제45기(2006.1-12), 제46기(2007.1-12), 제47기(2008.1-12), 제48기 (2009.1-12), 제49기(2010.1-12);
<분기보고서> 제39기 1분기(2000.1-3), 3분기(2000.1-9), 제40기 1분기(2001.1-3), 3분기(2001.1-9), 제 41기 1분기(2002.1-3), 3분기(2002.1-9), 제42기 1분기(2003.1-3), 3분기(2003.1-9), 제

43기 1분기(2004.1-3), 3분기(2004.1-9), 제44기 3분기(2005.1-9), 제46기 1분기 (2007.1-3), 3분기(2007.1-9), 제47기 1분기(2008.1-3), 3분기(2008.1-9), 제48기 1분기 (2009.1-3), 3분기(2009.1-9), 제49기 3분기(2010.1-9), 제50기 1분기(2011.1-3);
<반기보고서> 제38기 반기(1999.1-6), 제39기 반기(2000.1-6), 제40기 반기(2001.1-6), 제41기 반기 (2002.1-6), 제42기 반기(2003.1-6), 제43기 반기(2004.1-6), 제44기 반기(2005.1-6), 제47기 반기(2008.1-6), 제48기 반기(2009.1-6);
<분할신고서> (2007.4.11; 정정 2007.4.30);
<분할종료보고서> (2007.7.4; 정정 2007.8.1).

SK C&C <사업보고서> 제9기(1999.1-12), 제10기(2000.1-12), 제11기(2001.1-12), 제12기(2002.1-12), 제13기 (2003.1-12), 제14기(2004.1-12), 제15기(2005.1-12), 제16기(2006.1-12), 제17기 (2007.1-12), 제18기(2008.1-12), 제19기(2009.1-12), 제20기(2010.1-12);
<분기보고서> 제10기 3분기(2000.1-9), 제12기 3분기(2002.1-9), 제13기 1분기(2003.1-3), 제17기 3분기(2007.1-9), 제18기 3분기(2008.1-9), 제19기 1분기(2009.1-3), 3분기(2009.1-9), 제20기 1분기(2010.1-3), 3분기(2010.1-9), 제21기 1분기(2011.1-3);
<반기보고서> 제10기 반기(2000.1-6).

SKC <분기보고서> 제37기 3분기(2009.1-9), 제38기 3분기(2010.1-9).
SK상사 <사업보고서> 제45기(1997.1-12), 제46기(1998.1-12), 제47기(1999.1-12).
SK글로벌 <사업보고서> 제48기(2000.1-12).

SK네트웍스 <사업보고서> 제51기(2003.1-12), 제53기(2005.1-12), 제55기(2007.1-12);
<분기보고서> 제53기 3분기(2005.7-9).

SK에너지(주) <사업보고서> 제1기(2007.7-12);
<분기보고서> 제1기 3분기(2007.7-9).

SK엔론 <사업보고서> 제3기(2001.1-12), 제4기(2002.1-12), 제5기(2003.1-12).

SK케미칼 <사업보고서> 제37기(2005.1-12);
<분기보고서> 제41기 3분기(2009.7-9).

SK텔레콤 <사업보고서> 제22기(2005.1-12), 제24기(2007.1-12);
<분기보고서> 제24기 1분기(2007.1-3).

케이파워 <주요 사항 보고> (2004.1.16).

(2) 공정거래위원회 홈페이지(http://www.ftc.go.kr) 자료:

'지주회사 설립동향' (2000.3.10).
'지주회사 설립동향' (2000.5.31).
'지주회사 전환, 설립 신고현황' (2001.5.11).
'지주회사 설립, 전환 신고동향' (2001.8.7).
'지주회사 설립, 전환 신고현황(2003년1월 현재)'.
'지주회사 설립, 전환 신고현황(2003.7.31 현재)'.
'2003년 지주회사 현황' (2003.8.15).
'지주회사 설립, 전환 신고현황(2003.12.31 현재)'.
'2004년 지주회사 현황' (2004.7.1).
'2005년 8월말 현재 지주회사 현황' (2005.9.30).
'2006년 공정거래법상 지주회사 현황 분석(06.8 현재)' (2006.11.1).
'2007년 공정거래법상 지주회사 현황 분석(07.8.31 현재)' (2007.10.4).
'2008년 공정거래법상 지주회사 현황 분석 결과 발표' (08.9.30 현재; 2008.10.30).
'2009년 공정거래법상 지주회사 현황 분석 결과' (09.9.30 현재; 2009.10.28).
'지주회사 증가 추세 지속' (2010.5 현재; 2010.5.25).
'지주회사 증가 추세 계속' (2010.9 현재; 2010.11.8).

'지주회사 관련 법령' (2006.6).
'지주회사제도 안내' (2006.7).
'지주회사제도 해설' (2008.4).
'독점규제 및 공정거래에 관한 법률'.
'독점규제 및 공정거래에 관한 법률시행령'.
<공정거래백서> (1999, 2001, 2002, 2003, 2004, 2005, 2006, 2009).
권오승(2007), '지주회사에 대한 정책 방향' (한국이사협회 강연원고, 6월 13일 연세대).

'99년도 대규모기업집단 지정' (1999.4.6).
'2000년도 대규모기업집단 지정' (2000.4.17).
'2001년도 대규모기업집단 지정' (2001.4.2).
'2002년도 출자총액제한대상 기업집단 지정' (2002.4.3).
'2003년도 상호출자제한기업집단 등 지정' (2003.4.2).
'2004년도 상호출자제한기업집단 등 지정' (2004.4.2).
'2005년도 상호출자제한기업집단 등 지정' (2005.4).
'2006년도 상호출자제한기업집단 등 지정' (2006.4.14).
'2007년도 상호출자제한기업집단 등 지정' (2007.4.13).
'2008년도 상호출자제한기업집단 등 지정' (2008.4.4).
'공정위, 자산 5조원 이상 48개 상호출자제한기업집단 지정' (2009.4.1).
'공정위, 자산 5조원 이상 53개 상호출자제한기업집단 지정' (2010.4.1).
'공정위, 자산 5조원 이상 상호출자제한기업집단으로 55개 지정' (2011.4.5).

'대기업집단의 소유지분구조 공개' (2004.12.28).
'2005년 대기업집단의 소유지배구조에 관한 정보공개' (2005.7.13).
'2006년 대규모기업집단 소유지배구조에 대한 정보공개' (2006.7.31).
'2007년 대규모기업집단 소유지분구조에 대한 정보공개' (2007.9.3).
'2008년 대규모기업집단 소유지분구조에 대한 정보공개' (2008.11.6).
'2009년 대기업집단 주식소유 현황 등 정보공개' (2009.10.23).
'2010년 대기업집단 주식소유 현황 등 정보공개' (2010.10.11).

(3) 일반문헌

고동수(2008), <기업구조조정 촉진을 위한 지주회사 관련 제도의 개선방향>, 산업연구원.
권오승(2006), '지주회사 설립 및 전환에 관한 연구: 주식의 포괄적 교환 및 이전 방식을 중심으로', 숭실대 박사학위논문.
김건식 외(2005), <지주회사와 법>, 소화.
김경곤(2004), '지주회사의 법적 문제점에 관한 연구: 상법 및 독점규제법을 중심으로', 고려대 박사학위논문.
김동운(2007), 'LG그룹 지주회사체제의 성립과정과 의의', <경영사학> 제22집 제1호.
김동운(2008), <한국재벌과 개인적 경영자본주의>, 혜안.
김동운(2009), 'STX그룹과 지주회사체제', <경영사학> 제24집 제4호.
김동운(2010), '한진중공업그룹 지주회사체제의 성립과정과 의의', <지역사회연구> 제18권 제1호.
김동운(2010), '한국재벌과 지주회사체제 - SK그룹의 사례', <경영사학> 제25집 제2호.
김동운(2010), '금호아시아나그룹과 지주회사체제', <지역사회연구> 제18권 제3호.
김동운(2011), '대규모기업집단과 지주회사', <지역사회연구> 제19권 제1호.
김동운(2011), '공정거래법상 지주회사의 주요 추세와 특징 - 신설 · 존속 지주회사, 계열회사, 지주비율, 자산총액을 중심으로', <기업경영연구> 제18권 제2호.
김동운(2011), 'LG그룹 지주회사체제와 개인화된 지배구조의 강화, 2001-2010년', <경영사학> 제26권 제3호.
김동운 외 (2005), <재벌의 경영지배구조와 인맥 혼맥>, 나남출판.
김동찬(2003), '한국에서의 지주회사 설립과 경영투명성 확보에 관한 실증적 연구', 단국대 석사학위논문.
김범수(2005), '지주회사로의 전환이 기업투명성에 미치는 영향: 공시효과를 중심으로', 고려대 석사학위논문.
김상일(2011), 'Chaebol's Transitions Effects into Holding Companies', 연세대 박사학위논문.
김우찬, 이수정(2010), '지주회사체제로의 전환은 과연 기업집단의 소유지배구조 개선을 가져 오는가?', <기업지배구조연구> 제36호
김주영, 이은정, 이주영(2003), '지주회사 전환과 기업지배구조', <Business Finance Law>, 제2호.
김진방(2005), <재벌의 소유구조>, 나남출판.
김학현(2004), '지주회사의 규제논리와 향후 과제: 소유와 지배의 괴리문제를 중심으로', <상장협> 제49호.
나승성(2007), <금융지주회사법>, 한국학술정보.
박상욱(2007), '지주회사 전환 효과에 관한 연구: 농심 사례를 중심으로', 한국과학기술원 석사학위논문
박정민(2007), '공정거래법상 지주회사제도의 효율성에 관한 연구: 실증분석을 중심으로', 연세대 석사학위논문.

박창욱 · 최종범(2008), 'SK그룹 지주회사 전환 사례', <경영교육연구> 제12권 제2호.
박철순, 진문균, 신동훈(2010), '기업지배구조로서 지주회사체제의 성공적 도입 및 실행: 신한금융지주회사', <경영교육연구> 제14권 제1호.
박철훈(2008), '한국 기업집단의 지배구조와 경영성과 간의 관계', 부산대 석사학위논문.
박화윤(2008), '지주회사 전환 기업의 이익조정과 지배구조 개선', 한양대 석사학위논문.
서울신문사 산업부(2006), <재벌 家脈 (상)>, 무한.
안주영(2009), '지주회사와 기업지배구조 연구', 서울대 석사학위논문.
윤지의(2009), '지주회사체제가 기업지배구조의 투명성과 사업집중화에 미치는 영향', 한국외국어대 석사학위논문.
윤진수(2004), '기업집단의 지주회사 전환에 관한 연구: LG 사례', 중앙대 석사학위논문.
이은정, 이주영(2003), '지주회사 LG의 설립과정 및 특징: 소유구조를 중심으로', <기업지배구조연구> 제8호.
이은정(2004), '삼성에버랜드의 금융지주회사법 위반을 통해 본 삼성그룹 소유구조의 문제', <기업지배구조연구> 제11호.
이원흠(2008), '지주회사와 대기업집단 규제의 정책효과에 대한 연구: 대리인비용의 추정을 중심으로', <규제연구> 제17권 제2호.
이주영(2007), '지주회사 현황과 전환 가능성: 상호출자제한기업집단을 중심으로', <기업지배구조연구> 제24호.
이재희(2004), '재벌과 지주회사제도', <상경연구> 특별1호.
이태윤(2004), '지주회사 설립 사례: (주)세아홀딩스', <상장협> 제49호.
이화성(2007), <지주회사의 경영전략>, 한국학술정보.
임묘경(2008), '지주회사의 지배구조와 이익조정', 충남대 석사학위논문.
정도진(2008), '지주회사 전환 기업집단과 상호출자제한기업집단의 경영성과와 기업가치 및 지배구조 투명성 비교', <대한경영학회지> 제21권 제2호.
전선희(2004), '우리나라 지주회사 설립에 관련된 문제점 및 개선방안: 사례연구를 중심으로', 성균관대 석사학위논문.
정찬엽(2006), '지주회사 전환 시 기업가치 변환에 대한 연구', 고려대 석사학위논문.
조용호(2010), '지주회사 전환기업의 소유구조가 경영성과와 기업가치에 미치는 영향', 중앙대 석사학위논문.
좋은기업지배구조연구소(2008), '지주회사 전환을 통한 지배주주의 지배권 확대', <기업지배구조연구> 제26호.
최륜경(2007), '금융위기 이후 지주회사 도입 사례연구: (주)LG 사례를 중심으로', 서울시립대 석사학위논문.
최미강(2010), 'Essays on Holding Company Structure and Korean Large Business Groups', 서울대 박사학위논문.
최영철(2006), '중소기업형 지주회사의 설립 및 전환에 관한 법적 연구', 숭실대 박사학위논문.
최인림(2011), '지주회사의 규제에 관한 연구', 조선대 박사학위논문.
최장현(2002), '지주회사의 법적 문제에 관한 연구: 회사법상의 문제를 중심으로', 조선대 박사학위논문.
최정표(2006), '지주회사와 재벌', <상경연구> 제31집 제2호.
황근수(2002), '지주회사에 관한 연구: 주주 및 회사채권자의 이해 조정을 중심으로', 전남대 박사학위논문.

(4) 기타

(4.1) LG그룹 발행 회사사

<럭키 40년사>(1987), <LG 50년사>(1997), <LG 60년사>(2007).
<LG화학 50년사>(1997).
<금성사 25년사>(1985), <금성사35년사>(1993).
<LG전자 50년사>(LG Electronics 50-Year History) 전4권(2008).
<금성전선 20년사>(1984).
<럭키개발 20년사>(1991).
<럭키증권 20년사>(1993).
<성장과 도약 33년 -엘지애드 창립 10주년을 맞이하여>(1994).
<엘지금속60년사>(1997).
<주식회사E1 20년사>(2004, 구 LG-Caltex가스).
<LG상사50년사>(2003).
<LG유통과 함께한 성장과 도전의 발자취>(2004).
<LG전선35년사>(1997).
<LG전자부품25년사>(1995).
<LG정밀20년사>(1996).
<LG텔레콤10년사>(2006).
<LG-Caltex정유30년사>(1997).
<LG-EDS시스템10년사>(1997).
<LS-Nikko동제련70년사>(2006, 구 LG-Nikko동제련).

(4.2) SK그룹 발행 회사사

<선경 30년사>(1983), <선경 40년사>(1993).
<SK 50년 - 패기와 지성의 여정>(2006).
<행복에너지 - SK Gas와 함께한 20년, 이젠 미래를 향하여>(2005).
<Mobile Story since 1984 - Typical History Book>(2004, SK텔레콤),
<Mobile Story since 1984 - Visual History Book>(2004, SK텔레콤).
<유공 10년사>(1968), <유공 20년사>(1983), <유공 삼십년사>(1993).

(4.3) 회사 홈페이지

(주)LG (www.lg.co.kr).
SK(주) (www.sk.co.kr).
K-Power (www.k-power.co.kr).
Sovereign Global Investment (www.sovereignglobal.com).
Orient Global (www.orientglobal.com).
Legatum (www.legatum.com).

(4.4) 일간신문

<동아일보>(2003.3.26).
<매일경제>(2004.3.26).
<세계일보>(2002.11.28, 2003.3.25).
<조선일보>(2000.2.19, 8.31; 2002.3.4; 2003.3.1, 4.10, 10.1, 11.25; 2004.3.16, 4.14, 7.7, 7.22, 10.28; 2005.3.12, 7.18, 8.13, 11.11, 12.2; 2006.2.9, 8.31; 2007.4.12, 4.19, 5.1, 7.17; 2008.2.19, 3.11, 4.11).
<파이낸셜뉴스>(2003.3.26).
<한국경제>(2003.3.26).
<한국일보>(2003.3.26).

김동운

동의대학교 경제학과 교수
이메일: dongwoon@deu.ac.kr

1958년 부산 출생
고려대학교 경제학과 학사, 석사, 박사
Oxford University, Harris Manchester College, Visiting Fellow

현) 한국경영사학회 부회장 · 학술지 『경영사학』 편집위원
　한국기업경영학회 상임이사 · 학술지 『기업경영연구』 편집위원
　경제사학회 이사

『대한민국기업사 2』(공저, 2010)
『한국재벌과 개인적 경영자본주의』(2008)
『대한민국기업사 1』(공저, 2008)
『재벌의 경영지배구조와 인맥 혼맥』(공저, 2005)
『A Study of British Business History』(2004)
『박승직상점, 1882-1951년』(2001)

「LG그룹 지주회사체제와 개인화된 지배구조의 강화, 2001-2010년」, 『경영사학』 제26권 제3호(2011)
「공정거래법상 지주회사의 주요 추세와 특징 - 신설 · 존속 지주회사,
　계열회사, 지주비율, 자산총액을 중심으로」, 『기업경영연구』 제18권 제2호(2011)
「대규모기업집단과 지주회사」, 『지역사회연구』 제19권 제1호(2011)
「한국재벌과 지주회사체제 - SK그룹의 사례」, 『경영사학』 제25집 제2호(2010)
「금호아시아나그룹과 지주회사체제」, 『지역사회연구』 제18권 제3호(2010)
「한진중공업그룹 지주회사체제의 성립과정과 의의」, 『지역사회연구』 제18권 제1호(2010)
「STX그룹과 지주회사체제」, 『경영사학』 제24집 제4호(2009)
「한국에서의 회사사 발행 현황, 『경영사학』 제23집 제2호(2008)
「LG그룹 지주회사체제의 성립과정과 의의」, 『경영사학』 제22집 제1호(2007)
「J. & P. Coats in Europe before 1914」, 『Business Archives』 92(2006)
「The British Multinational Enterprise in Latin America before 1945: The Case of J. & P. Coats」, 『Textile History』 36-1(2005)
「Interlocking Ownership in the Korean Chaebol」, 『Corporate Governance: An International Review』 11-2(2003)

한국재벌과 지주회사체제 : LG와 SK

초판인쇄 | 2011년 12월 30일
초판발행 | 2011년 12월 30일

지 은 이 | 김동운
펴 낸 이 | 채종준
펴 낸 곳 | 한국학술정보㈜
주　　소 | 경기도 파주시 문발동 파주출판문화정보산업단지 513-5
전　　화 | 031) 908-3181(대표)
팩　　스 | 031) 908-3189
홈페이지 | http://ebook.kstudy.com
E-mail | 출판사업부 publish@kstudy.com
등　　록 | 제일산-115호(2000. 6. 19)

ISBN 978-89-268-3102-1 93320 (Paper Book)
978-89-268-3103-8 98320 (e-Book)

이담 Books 는 한국학술정보(주)의 지식실용서 브랜드입니다.